Chrysostomus Stangl

Spaziergang nach Nordamerika

Reiseerlebnisse zur Belehrung und Unterhaltung

Chrysostomus Stangl

Spaziergang nach Nordamerika
Reiseerlebnisse zur Belehrung und Unterhaltung

ISBN/EAN: 9783337310325

Hergestellt in Europa, USA, Kanada, Australien, Japan

Cover: Foto ©Andreas Hilbeck / pixelio.de

Weitere Bücher finden Sie auf **www.hansebooks.com**

Spaziergang

nach

Nordamerika.

Reiseerlebnisse

zur

Belehrung und Unterhaltung

geschildert von

Chrysostomus Stangl.

―――◄•••►―――

Freiburg im Breisgau.
Herder'sche Verlagshandlung.
1880.
Zweigniederlassungen in Strassburg, München u. St. Louis, Mo.
St. Louis, Mo.
B. HERDER, Bookseller and Publisher,
19 South Fifth Street.

Vorrede.

Die freundliche Aufnahme, welche seiner Zeit „die Reisebilder aus Aegypten, Palästina und Constantinopel" gefunden haben, ermuthigt mich, auch meine „Reiseerlebnisse in Nordamerika" der Oeffentlichkeit zu übergeben. Ich hoffe, daß dieselbe einiges Interesse bei dem katholischen Volke finden, indem sie ihm Manches zu seiner Belehrung und Unterhaltung über das vielbesprochene Thema „Nordamerika" bieten. Möge meinem „Spaziergange" eine wohlwollende Aufnahme und Beurtheilung gesichert sein!

Grafenau, am Passionssonntage 1880.

Der Verfasser.

1.

Seereise von Havre aus. Ebbe und Fluth. Das Gewitter. Aeble Folgen. Der Ocean in seiner Pracht. Leuchten des Meeres. Wellenbewegung.

Eben röthete die aufgehende Sonne das bisher dunkle Gewölke am östlichen Himmel, als mich am Bord des Hamburger Dampfers „Herder", auf dem ich mich während der Nacht zur Fahrt nach Nordamerika von Havre aus eingeschifft hatte, das Gebrüll der Dampfpfeife aufweckte, die das Zeichen der Abfahrt gab.

Die Reise über Havre anstatt über Hamburg und Bremen, allerdings etwas theurer, bietet den Vortheil, den meistens sehr unruhigen Kanal zwischen dem Continente und England nicht passiren zu müssen. Die Hamburger Dampfer reisen jeden Mittwoch von Hamburg ab, landen am Freitag in Havre und treten jeden Samstag von hier aus die Reise nach New-York an. Wer demnach am Donnerstag München, Stuttgart oder Karlsruhe mit dem Eilzuge verläßt, trifft ganz bequem am Freitag über Paris in Havre ein und ist, bei einigermaßen guter Fahrt, die Landreise mitgerechnet, in zwölf Tagen in der neuen Welt. Wer über Hamburg geht, muß dort schon am Dienstag eintreffen, um am Mittwoch seine Abreise bewerkstelligen zu können.

Ich hatte die Reise über Paris nach Havre gemacht und war Freitag vor Mitternacht, wie gesagt, an Bord gegangen, um in meiner Cabine etwas auszuruhen. Einige Ruhe vor Beginn einer längeren Seereise ist sehr empfehlenswerth. Ich richte jedesmal meine Reise so ein, daß ich zwei Tage vor der festgesetzten Zeit an das Meer komme, um einige Seebäder zu nehmen und gut zu ruhen; und dieß war bisher mein Schutz gegen die leidige Seekrankheit, die einige Tage der Reise recht unangenehm machen kann.

Der zweite Steuermann hatte mir, als ich das Schiff bestieg, mitgetheilt, daß der Kapitän den Auftrag gegeben habe, um die Mitternachtsstunde die Treppen zu beseitigen, die Taue bis auf zwei einzuziehen, die Ausgänge des Dampfers zu schließen und diesen für die Seereise um diese Stunde in Bereitschaft zu setzen. Der Kapitän war augenscheinlich mit dem Einnehmen der Frachten fertig und wollte nur das Eintreten der Ebbe abwarten, damit diese den Dampfer aus dem Hafen trage.

Ich war schon vor 3 Uhr Morgens auf dem Verdecke, um die Fahrt aus dem Hafen und unsere Abreise von Europa beobachten zu können. In der Regel sind auf dem Ocean Anfang und Ende das Schönste der ganzen Seereise. Man sieht zuerst die Gestade, dann die Häuser und Thürme, endlich die höchsten Bergspitzen in die blaue Fluth sinken, um sie später in der umgekehrten Ordnung wieder langsam aus dem Meere auftauchen zu sehen.

Wie ich beim Leuchten des Morgenrothes, vom Verdecke des Schiffes aus, beobachten konnte, trat die Ebbe wirklich um 3 Uhr Morgens ein, und dieses Ereigniß verkündete die große Dampfpfeife den Reisenden und den Einwohnern von Havre mit einem so schauerlichen Gebrülle, daß das Schiff erzitterte.

Alsbald wurden die beiden wuchtigen Taue, die unsern Dampfer noch am Festlande von Europa festhielten, eingezogen und — Anfangs fast unmerklich — dann rascher und rascher setzte das riesige Schiff sich dem Ocean zu in Bewegung. Die Schraube blieb vorderhand unthätig oder drehte sich nach Anordnung des Lootsen nur einmal um ihre Achse. Die künstliche Bucht, in welcher der Dampfer Tags zuvor angelegt hatte, bot zu ihrer ferneren Bewegung zu wenig Spielraum; und es mußte die äußerste Vorsicht angewendet werden, um zu verhüten, daß die Schiffswände am Mauerwerk oder am Damme streiften. Die Seestadt Havre mußte künstliche Buchten bauen, um ihren Hafen in directer Verbindung mit dem Ocean zu erhalten. Seine Meeresgestade sind hier meistens zu wenig tief, um den Schraubendampfern, die jetzt den Ocean befahren, mit einem Tiefgange von mehr als sechs Metern, das Ein= resp. das Auslaufen zu ermöglichen. Diese künstlichen Buchten oder Baien sind, um das Wasser während der Fluth höher steigen zu machen, sehr enge, so daß sich meistens zwei Dampfer nicht bequem neben einander bewegen können. In diese Buchten hinein bringt die Flut die großen Seeschiffe, während die Ebbe sie hinausträgt, ein Schauspiel, das sich regelmäßig mit dem alle zwölf Stunden und fünfundzwanzig Minuten ein= tretenden Fallen und Steigen des Meeres wiederholt, wobei das Wasser in den Buchten einmal am höchsten, einmal am niedrigsten steht, oder die Meeresufer abwechselnd überschwemmt und trocken gelegt werden.

Bei unserer Abreise von Havre stand die Fluth um drei Uhr am höchsten, verharrte einige Minuten in derselben Höhe, begann dann zu fallen (ebben), erst langsam, dann mit wachsender Geschwindigkeit, und trug auf diese Weise unsern Dampfer auf die hohe See hinaus.

Diese regelmäßige, periodische Bewegung des Oceans, die sich von Jahrtausend zu Jahrtausend in unwandelbarer Ord= nung wiederholt, belebt das Meer. Ebbe und Fluth entstehen durch die Einwirkung des Mondes und der Sonne. Doch ist der Antheil, den der Mond an Ebbe und Fluth des Meeres nimmt, ein bedeutenderer, weil er der Erde näher steht, als der Sonne. Am stärksten sind die Fluthen bei den Neu= und Vollmonden, am schwächsten während der Mondsviertel. Wenn Sonne und Mond, wie bei den Neu= und Vollmonden, auf derselben Linie zur Erde stehen und harmonisch in derselben Richtung wirken, so fluthet der Ocean höher. Stehen sie hingegen 90 Grade, wie zur Zeit der Mondsviertel, von einander entfernt, so schwächen sie sich gegenseitig in der Anziehung des Meeres oder vermindern die Fluthen.

Es ist vom höchsten Interesse, dieses Sicherheben und Sichsenken des mächtigen erdumschlingenden Oceans zu verfolgen. Im Allgemeinen erreicht die Ebbe drei Stunden nach ihrem Beginne die höchste Schnelligkeit. Dann wird sie träge und langsam, wie beim Beginne, und hört nach sechs Stunden und wenigen Minuten auf. Jetzt ruht der Ocean, anscheinend, um sich die Kraft zu sammeln zur neuen, nun folgenden entgegengesetzten Bewegung, die alsbald eintritt und anhält, bis die Fluth auf's Neue ihre höchste Höhe erreicht hat.

Die Zeit von einer Hochfluth oder von einer Ebbe zur andern beträgt, genau berechnet, zwölf Stunden und fünfundzwanzig Minuten. Folglich treten Ebbe und Fluth jeden Tag um fünfzig Minuten später ein und treffen erst nach vierzehn Tagen wieder genau auf dieselbe Tagesstunde. Diese Abweichung muß natürlich der Kapitän eines größeren Schiffes sorgfältig studiren, denn er kann mit demselben nicht immer zur selben Stunde ein- oder auslaufen, wenn der Hafen ein künstlicher ist, d. h. von Ebbe und Fluth abhängt, wie der in Havre.

Auch bleibt die Fluth an demselben Platze nicht gleich, weil sie mit dem Monde zusammenhängt. Die zwei jährlichen Tag- und Nachtgleichen haben ebenfalls höhere Fluthen. Einen Unterschied trifft man auch in Bezug auf die Meere. Das schwarze Meer hat keine, das Mittelmeer nur eine schwache Fluth. Besonders hohe Fluthen haben Englands Küsten, wahrscheinlich, weil der aus dem Westen kommende Golfstrom sie fördert.

Ebbe und Fluth des Oceans bereiten dem Menschen, der sich am Meere aufhält, viele Freude. Ohne sie wäre der unermeßliche Ocean, vom Ufer aus gesehen, einförmig über alles Maß; sie bringen Abwechslung und Leben.

Wenn die anstürmenden Fluthwellen den ganzen Strand mit weißem Schaum, der hoch emporspritzt, übergießen und höher und höher steigend immer mächtiger vordrängen, dann hat es den Anschein, als wolle der Ocean am Lande Eroberungen machen. Aber mit einem Male erlahmt die Kraft der Wellen, wie von einer unsichtbaren Hand im Siegeslaufe gehemmt: wie sie langsam vorgerückt, ziehen sie sich wieder zurück, und nun wandelt der Strandbewohner bald trockenen Fußes dort, wo vor einer Stunde die Möve kreiste und lautschreiend sich aus dem Wasser ihren Raub holte.

Aber nicht bloß Leben und Wechsel verursachen und wirken Ebbe und Fluth; sie haben auch einen Nutzen.

Eine ungeheure Anzahl von Muscheln lebt nur auf dem schmalen Grenzstriche zwischen der höchsten und niedersten Fluth oder in geringer Tiefe darunter. Und viele der verbreitetsten Tange haben dort ihren Sitz, wo sie abwechselnd von Wasser= und Luftwogen umströmt werden. Gar manche dieser Pflanzen und Thiere müßten zu Grunde gehen, wenn ihnen nicht das an den Küsten auf= und niederwogende Meer den zu ihrem Dasein nothwendigen Wechsel von Luft und Wasser verschaffte, oder wenn nicht durch die beständige Wellenbewegung am Strande, verursacht durch Ebbe und Fluth, das Wasser des Oceans sich mit Luft sättigte, damit die unzähligen Fische und Thiere an den Küsten und in geringen Tiefen um so leichter und besser athmen können. (Vgl. Hartwig, Gott in der Natur. Seite 41.)

Mit der Fluth würden ferner nebst vielen Fischen und Pflanzen auch manche Strandvögel und sogar Säugethiere und dadurch aller Wechsel des Uferlebens verschwinden. Auch seltene und schöne Muscheln, die abenteuerlich gestalteten Crustaceen, die in der Brandung am üppigsten gedeihenden Korallen=

polypen, die Strandläufer und Taucher, die in so unendlicher Zahl vom Ueberflusse des Strandes sich nähren, verdanken der Ebbe und Fluth zum guten Theil ihr Dasein und verschönern dankbar dem Menschen wieder den Aufenthalt am Meere.

Für uns hatte am Morgen unserer Abreise die um 3 Uhr eingetretene Ebbe den Vortheil, daß unser Dampfer, langsam aber wohlbehalten, aus dem Hafen in die geräumige Bucht hinauskam, die Havre zuerst mit dem Kanale, dann mit dem Ocean verbindet.

Die Sonne stand bereits sehr hoch am Himmel, als die Schraube, die bis dahin nur geringe Dienste geleistet, innehielt. Der Lootse, welcher uns bis dahin begleitet hatte, verließ das Schiff, indem er sich an einem Taue in eine kleine Barke hinabließ, uns ein Lebewohl und eine glückliche Fahrt zurufend. Wir waren von Europa losgelöst und dem Ocean überantwortet. Dagegen war das riesige Schiff jetzt augenscheinlich in seinem Elemente. Große Dampfer sind unbeholfen, fast unlenksam im Hafen, in der Bucht, hingegen leicht und stolz auf hoher See; sie ist ihre wahre Heimath. Die Schraube griff, nachdem der Lootse in Sicherheit war, mit aller Kraft ein, und so flogen die nahen Schiffe, die Klippen und Riffe von Calvados, das Städtchen La Hogue an uns vorüber, und hinweg eilte Europa, als flüchtete es sich vor uns.

Wenn das Schiff auf die hohe See hinausfährt, ist es, als stünde der Dampfer ganz unbeweglich und als eilte das Meer in der Richtung zum Lande vorüber und als flöhen die Ufer.

An der Stelle, wo Havre lag, ragten bald nur noch die Thürme aus dem Wasser empor, bis auch sie verschwanden; so blieb nichts mehr sichtbar, als der hohe Bergrücken, der die Seestadt im Osten und Norden umschließt, mit seinen reizenden Villen auf niedlichen Hügelkuppen, mit seinen Weinbergen, Baumgruppen und dunklen Wäldern. Bald sah ich nichts mehr als stolze Dreimaster, einen Dampfer in der Richtung nach England, Möven, die über dem Wasser schwebten, die glänzende Wasserfläche und im Süden ein winziges Stücklein Land mit der Festung Cherbourg. Aber fast in demselben Momente, wo im Osten das feste Land versank, stieg im Westen ein dunkler Punkt aus dem Meere empor: die kleine Insel Alderney. Sie blieb einige Minuten lang das letzte Flecklein festen Landes von Europa, das mein Auge mit dem Fernrohr erreichen konnte. Mit ihm verschwand für mich — Europa. Es schien, als wäre es nicht mehr da.

Wie der Wanderer einem Freunde nachschaut, der in der Ferne verschwand, so schaut der Reisende auf dem Meere lange und gerne in die Richtung, wo das Land untersank.

Aus meinem Traume wurde ich bald durch einen zuckenden Blitz und einen ihn begleitenden heftigen Donnerschlag geweckt. Vom Westen her wälzte sich eine dunkle Wolkenmasse, die Blitze auf Blitze auf den Ocean niederschleuderte. Die Gefahren eines Gewitters zur See, die bei einem Dampfer wegen der spitzen Masten, der rauchenden Kamine, des vielen Eisens, der schnellen Bewegung nicht geringe sind, vermindern die Kapitäne dadurch, daß sie nicht in das Gewitter hineinsegeln, sondern meist abbiegen und es umfahren.

Wenn auch dieses Gewitter keine unmittelbare Gefahr für uns brachte, so hatte es doch eine höchst widerwärtige Folge und eine äußerst prosaische Wirkung. Die leichte Brise aus Osten, welche bisher unsere Fahrt begünstigt hatte, schlug in wenigen Minuten gen Westen um. Die Segel mußten eiligst entfernt werden; der heftige Westwind jagte mit wildem Ungestüme das Meer über das Vordertheil des Dampfers hinweg und bald hatten wir auf dem ganzen Verdecke abwechselnd die „jauchzende See".

Mit dem Meere verlor natürlich auch „Herder" seine bisherige Ruhe. Mit aller Heftigkeit fiel er auf die linke

Seite, so daß die See sich hoch aufbäumte. Andringende Wellen stießen ihn bald wieder nach rechts und nun stürzte die See von da her über Bord. Inzwischen hatte die Schraube das Schiff einer von vorne kommenden Welle entgegen getrieben, die es hob und fallen ließ. Ich sah dem mir nicht mehr neuen Schauspiele zu, mich haltend an einem Taue, wo der erste Maschinist auf mich zukam und lächelnd sagte: „Herder wackelt."

Dieses unheimliche „Wackeln" zeigte bald seine Folgen. Die anfänglich hübsche Reise, die entschwundene Insel, die angenehme Temperatur hatten die Reisenden auf's Verdeck gelockt. Die Stimmung war eine gehobene. Das änderte sich jetzt mit einem Male. Die Seekrankheit ergriff in wenigen Minuten mehrere hundert Reisende auf dem Verdecke, auf der Flucht in die Cabine, in den Gängen, im Salon. Ich trotzte der Krankheit und blieb auf dem Verdecke, in der Nähe des Maschinenüberbaues. Freilich suchten mich auch da von Zeit zu Zeit die Wellen heim, was besonders meiner grauen, neuen Mütze übel bekam. Der Reisende soll nie mit einem Hute allein zur See gehen, sondern sich eine passende, gut und fest sitzende Mütze mitnehmen, sonst setzt er sich der Gefahr aus, daß der Wind ihm seine Kopfbedeckung auf das Meer hinaus mitnimmt und ihm das Nachsehen und das allgemeine Gelächter läßt. Ich hatte beim Ankauf meiner Mütze nur das Versehen gemacht, daß ich nicht an das Meerwasser dachte, welches das Tuch zusammenzieht. Schon nach dem ersten Wellenbade war sie mir zu klein.

Inzwischen war der erste Abend da. Die Glocke des Obersteward (spr. Oberstuard), des ersten Aufwärters bei Tische, rief zum Souper. Es war die fünfte Mahlzeit an jenem Tage. Morgens um halb 8 Uhr hatte man uns Frühstück, bestehend in Kaffee mit Milch, in geröstetem Fleische und kalten Speisen, geboten. Zwischen 10 und 11 Uhr hatte es Butterbrod gegeben. Der Mittagstisch um 12 Uhr hatte den stärksten Esser zufrieden gestellt. Außer Fischen gab es noch verschiedene Gerichte, bestehend in Fleisch und Gemüsen, nebst Mehlspeisen. Um 3 Uhr wurde der unvermeidliche Thee und Kaffee servirt, jedoch schon an leeren Tischen. Der Abendtisch war fast gar nicht mehr besucht.

Der Leser sieht, daß man auf einem deutschen Dampfer nicht verhungert. Uebrigens dienen die öfteren Mahlzeiten auch dazu, die Langeweile zu vertreiben. Der Ruf der Glocke zum Mittag- oder Abendessen, oder zum Kaffee bringt eine kleine Abwechslung in das einförmige Leben einer Seereise. Es wird von Seite des Proviantmeisters, der in diesem Punkte das erste Wort spricht, Alles aufgeboten, um die Reisenden zweiter und erster Klasse zufrieden zu stellen. Dennoch glaube ich in Bezug auf den **deutschen** Dampfer die Bemerkung machen zu müssen, daß die Speisezettel in den ersten Tagen der Fahrt reicher als später besetzt waren. Ob der Proviantmeister bei Anfertigung der Speisezettel in der zweiten Hälfte der Reise, wenn der See-Appetit bereits erwacht ist, zu sehr an seine Tasche oder an den Vortheil der Compagnie denkt, weiß ich nicht.

Unstreitig schlimmer steht es mit den Passagieren im Zwischendecke. Sie essen und wohnen nicht gut. Es ist allen Auswanderern, denn diese reisen gewöhnlich im Zwischendecke, zu rathen, wo möglich eine Cabine zu nehmen und die Mehrauslage nicht zu scheuen. Leute, die an Anstand und Eingezogenheit gewöhnt sind, finden sich in der dritten Klasse nicht heimisch. Man lese hierüber die „Rathschläge für Auswanderer nach den Vereinigten Staaten vom Missionspfarrer Gronheid in Bremen" nach[1]. Derselbe schreibt: „Die weitaus größere Mehrzahl der Reisenden fährt im Zwischendecke, eine

---

[1] „Zeitgemäße Broschüren" von Hülskamp.

Wahl, von der mit aller Entschiedenheit abzurathen ist. In der Cabine reist man allerdings viel theurer. Wer aber irgendwie die Mittel aufbieten kann, soll sich diesen scheinbaren Luxus gönnen. Die oben geschilderten Unannehmlichkeiten betreffen fast nur die Zwischendeck-Passagiere, während die Cabine gegen Alles Schutz bietet. Ist das Wetter ungünstig oder kommt die Nacht, so muß man die untern Räume aufsuchen, die schon vor der Abfahrt eine verdorbene Luft haben. Entschließt sich der Auswanderer, eine Cabine zu nehmen, so sind die schlimmsten Gefahren gehoben." Die Seekrankheit haust natürlich im Zwischendeck am ärgsten, weil man dort außer Haferschleim kein Mittel dagegen hat. Aechter Rum und guter Rothwein sind entschieden die beste Arznei, weil sie den Magen erwärmen.

Doch kehren wir zur Reise selbst zurück. Der ungünstige, tobende Wind verschaffte am ersten Abende allerdings nur den Gesunden unter den Reisenden ein herrliches Schauspiel. Gerade in der Nähe von Frankreich leuchtet das Meer bei Nacht, aber gewöhnlich nur bei unruhiger und hochgehender See. Bei leichtem Winde ist das Meer, selbst in südlichen Breiten, wie Kolberg bemerkt, meistens vollständig dunkel, und kann man ganze Nächte auf das Phänomen vergeblich warten. Bei starkem Winde nimmt man, wenn es dunkel geworden ist, wahr, wie der Schaum der Wellen ein sanftes, gelbweißes, in der Finsterniß der Nacht stark gelbes Licht ausstrahlt. Der Jesuit Kolberg schilderte diese interessante Erscheinung gelegentlich seiner Reise „von Southampton nach Quito" in den „Stimmen aus Maria Laach" in anschaulicher Weise. „Wenn die Welle sich überstürzt," sagt er, „und ein Theil ihrer Wassermasse mit Gewalt in's folgende Wellenthal niederfällt, so erscheint dieser Streifen für einen Augenblick hellleuchtend, und man unterscheidet unzählige Tropfen, wie von geschmolzenem Golde. Bei hochgehender See ist das ein überaus reizender Anblick: in der Ferne vereinigen sich alle leuchtenden Punkte zu einem Flammenstreifen, und so viele Wellenkämme ringsum, so viele Flammen; jeder leuchtet einige Sekunden lang und das Licht wächst und verschwindet und rollt mit ihnen voran. Aber nicht immer zeigt sich dieses Leuchten. Auf einem Dampfer kann man es im Kleinen immer sehen unmittelbar hinter der Schraube des Schiffes. Es zeigen sich viele hellleuchtende Punkte neben mattweißen Wölkchen; die letztern sind ohne Zweifel nichts Anderes als Wasserschaum, der von unten durch die tiefliegenden hellleuchtenden Punkte sein Licht erhält. Je mehr man nach Süden kommt, desto mehr vereinigen sich die leuchtenden Punkte in breite handgroße oder gar mehrere Fuß im Durchmesser habende, hellleuchtende Flächen, die einige Minuten lang ihr Licht ausstrahlen und dann verschwinden. Die Ursache dieser Erscheinung bilden einige kleine Polypenarten, die im Wasser ebenso leuchten, wie in Deutschland die Johanneswürmchen. Aber nicht immer strahlen sie ihr Licht aus. Sie müssen gereizt sein. Wenn das Wasser einer Welle einige Fuß hinunterstürzt, wenn die Flügel der Schraube das Wasser peitschen, wenn das schnellsegelnde Schiff am Wasser sich reibt, so kommen diese Thierchen in die richtige Stimmung und erzürnt strahlen sie ihr Licht aus, um ihren Feind zu vertreiben, und haben sie ihn überwunden, so sind sie zufrieden und leuchten nicht mehr. Oder vielleicht haben sie an diesem Bischen Bewegung bei der sonstigen Langeweile ihre Freude und strahlen das Licht vor Freude aus."

Im Kleinen erhält man von dem Leuchten des Meeres eine Vorstellung, wenn man mit einem Gefäße Seewasser schöpft und es rasch, mit einer gewissen Hast auf einen harten Gegenstand ausgießt. Anfangs merkt man am Wasser keinen leuchtenden Punkt. Sobald aber die Wasserstrahlen am harten Gegenstande abprallen, treten kleine leuchtende Funken hervor.

Kolberg hatte dieses Phänomen unter einer mehr südlichen Breite des atlantischen Oceans beobachtet, wo es allgemeiner und öfter gesehen wird. Ich beobachtete es nur, und zwar in einem kleinen Maßstabe, am ersten Abende unweit der Küste von Frankreich, wo das Meer etwas mehr Wärme hat wegen des Golfstromes, der, von Amerika kommend, sich dort bricht. Es leuchteten die Wellen am Hintertheile in jenem gelbweißen Lichte. Wenn ich später nichts mehr sah, obwohl ich nicht selten lange das durch die Schraube bewegte Wasser beobachtete, so erklärt sich dieß aus dem eintretenden Regen und der Kälte, die dieß hinderten.

Dieß sind die Erlebnisse des ersten Tages der Seereise gewesen. Der eisige Wind und die hochgehenden Wellen machten einen langen Aufenthalt auf dem Verdecke unmöglich.

Obwohl Niemand wegen des Polterns der Maschine, wegen des unaufhörlichen Klapperns vom Dampfsteuerruder, wegen des Lärmes, das der Bootsmann mit seinen Leuten machte, hatte schlafen können, sah ich doch keinen Reisenden, als ich am Morgen des zweiten Tages auf das Verdeck stieg, um die Seeluft zu genießen und nach dem Wetter zu schauen. Die Seekrankheit hielt zu Viele vom Verdecke ferne. Dagegen traf ich den Bootsmann mit einem Schlauche, ähnlich dem unserer Feuerwehrmänner, vollauf beschäftigt, das ganze Verdeck von vorn bis hinten, den Maschinenüberbau, den Rauchsalon der ersten Cabine, das kleine Häuschen, in dem der Steuermann sich befindet, kurz Alles, was auf dem Verdecke stand oder lag, mit Seewasser zu begießen, während hinter ihm mehrere Matrosen mit stumpfen Besen nachfegten. Alle trugen die sogenannte Sturmkleidung, d. h. dichte, hohe Stiefel, ein Beinkleid mit Joppe aus dicker Wachsleinwand und eine Haube vom selben Stoffe. Durch sie bringt kein Wasser, auch nicht, wenn die stärkste Sturzwelle über das Verdeck hinwegrollt. Wehe dem, der den Matrosen während ihrer Morgenarbeit in den Weg kommt: er muß Seewasser schlucken; damit soll aber nicht gesagt sein, daß sie unartig gegen die Reisenden sein dürfen. Es herrscht unter ihnen stets die strengste Disciplin, dieses eine Geschäft abgerechnet.

Das Meer war nach dem Gewitter des vorhergehenden Tages nicht ruhiger, sondern wilder geworden. In der Nacht hatten die Wellen den Dampfer so stark von einer Seite auf die andere gestoßen, daß ich im Bette bald mit den Füßen an die untere Wand, bald mit dem Kopfe an die obere Wand stieß. Daß unter solchen Umständen nur ein Seemann schlafen kann, ist selbstverständlich. Es gehört eine Gewohnheit dazu und eine langjährige Erfahrung, um hier jede Furcht bei Seite zu halten. Die meisten Reisenden empfingen ein unheimliches Grauen. Nicht ohne Grund. Es ist immer Gefahr vorhanden. Und es bleibt eine Wahrheit, daß jeder während der Fahrt betet, der nicht jede Empfindung für die Religion verloren hat. Den Grund gibt Colberg treffend an, wenn er sagt: „Ich muß gestehen, trotz all' der Vorsicht der Menschen habe ich mich auf dem Schiffe nie so sicher gefühlt, um den Gedanken an eine weise, liebevolle Vorsehung entbehren zu können. Wenn man in der Stille der Nacht allein für sich ist, und der Schlaf nicht kommen will, und man hört und fühlt die furchtbaren Stöße der Maschine, durch welche das Schiff in die äußersten Fugen erbebt, und wenn man sich dann bewußt wird, daß jedes Land hunderte von Meilen entfernt ist, und ringsum nichts als unermeßliches Meer — o lieber Gott, dann bist du uns mit deiner allbarmherzigen Vaterliebe doch viel lieber als alle Berechnung, als alle Klugheit der Menschen! Wie viele solcher Stöße kann das Schiff aushalten? Und wenn in der Dunkelheit der Nacht das Schiff sich mehr als gewöhnlich auf die Seite legt, eine furchtbare Welle an die Wände und Fenster der Cajüte schlägt, wenn man das dumpfe Brausen hört und dazwischen die bangen

Töne der Signalglocke und den schrillen Pfiff des Bootsmannes; — ach ja, da kommen, wenn gar keine wirkliche Gefahr vorhanden ist, allerlei sonderbare Gedanken, deren man sich nicht immer ohne Weiteres entschlagen kann; und zu wem soll man da anders fliehen, als zu Gott? Kann dieser jetzt noch so sanfte Wind nicht bis zu einer Cyklone anwachsen, der nichts zu widerstehen vermag, und diese noch so kleine Welle zu einem Wassergebirge, das uns in seinem Zusammensturze zerschmettert? — Welch' fürchterliches Feuer hat man dann noch unter den Kesseln! Wie viel pulvertrockenes Holz überall! Wenn nun Feuer ausbräche, ganz unten etwa, wo ihm Niemand beikommen kann! Was helfen uns da alle unsere Löschmittel, unsere Feuerbereitschaft? Wäre das etwa das erste Mal, daß ein Dampfer in Feuer aufgegangen? Welche Kraft besitzt nicht die Maschine! Mehr als tausend Pferdekräfte. Aber welche Gewalt üben nicht auch die Wellen aus, wenn sie zwischen die Schraube gerathen? Für einen Augenblick zwingen sie die Maschine zum Stillstand. Wie! wenn bei einem so furchtbaren Gegenstoß die Kolbenstange, die Achse, die Welle bräche? Ist es das erste Mal, daß dergleichen vorgekommen? Dann komm, lieber Gott, mit deiner Hilfe! Von allen erdenkbaren Fahrzeugen ist ein Dampfer das ungeschickteste, wenn ihm die Welle gebrochen ist, Segel hat er wenige, und wir sind auf dem Ocean in einer endlosen Wasserwüste, ferne von jeder menschlichen Hilfe. Die Lebensmittel, jetzt so reichlich vorhanden, würden bald zu Ende gehen."

Solche und ähnliche Betrachtungen hat man während einer schlaflosen Nacht und auch bei Tag, besonders wenn man Niemanden findet, mit dem man sich unterhalten kann. Uebrigens scheuen ergraute Seeleute die Fahrt auf dem Dampfer. Ein Kapitän aus Bremen, der fünfzig Jahre auf dem Meere die weitesten Reisen gemacht hatte, gestand mir, daß er auf dem Dampfer nie ruhig schlafe, weil ihm die Angst vor dem

Feuer keine Ruhe lasse. Doch wird auch hier gethan, was nach menschlicher Vorsicht nur immer gethan werden kann. Im Maschinenraum ist die Mannschaft ohnehin stets beschäftigt. In allen andern Abtheilungen des Schiffes aber halten die Matrosen Wache und werden von den Aufwärtern darin unterstützt.

Der zweite Tag auf dem Ocean war ein Sonntag. Im Benehmen der Mannschaft oder der Reisenden merkte man nichts davon. Das ist augenscheinlich ein großer Mangel auf den deutschen Dampfern. Die Menschen leben hier in den Tag hinein, wie die Hühner, welche mitgenommen und während der Fahrt geschlachtet werden.

Weil die Seekranken nicht auf's Verdeck gingen, obwohl die frische, freie Luft das beste Gegenmittel ist, so beschränkte sich meine Unterhaltung auf einen jungen Mann aus Wien, der, obwohl seekrank, es in seiner Cabine nicht hatte aushalten können. Er hatte jetzt die erste Bekanntschaft mit dem Meere gemacht und zwar, wie ich bald merkte, unfreiwillig. Sein Vater hatte nach dem Tode der Mutter das leichtsinnige Leben des einzigen Kindes nicht mehr ertragen können und deßwegen zu dem nicht mehr seltenen Mittel gegriffen, den ungerathenen Sohn in Amerika die Noth verkosten zu lassen.

Der stürmische Ocean und das Leben auf dem schwankenden unruhigen Dampfer hatten in ihm die ersten bessern Gedanken geweckt. Er begann sein Unrecht einzusehen. Ob die Reue zur That wurde, weiß ich nicht. Eine unfreiwillige Verbannung nach Amerika hat schon Viele gebessert, die, angefeuert durch das Beispiel der regen Thätigkeit und des religiösen Eifers, die sie jenseits des Oceans gefunden, anfingen, bessere Menschen zu werden. Aber es fehlt auch nicht an Tausenden, die vollkommen zu Grunde gingen. Den Wiener machte noch an demselben Tage die Angst so elend, daß er mehrere Tage gar nicht mehr aufstehen konnte.

Das Schiff kam den ganzen zweiten Tag nicht zur Ruhe,

weßhalb die Stewards für leere Tische auftrugen. Einige
versuchten, sich zum Essen zu nöthigen; es ging nicht. Sie
mußten bald wieder vom Tische fort, die Einen auf's Ver=
deck, die Andern in die Cabinen. Nur ein Prediger aus
New-York, der unter dem Namen Neumann reiste, und seine
Frau blieben bei guter Stimmung. Was mir an dem Prediger
sofort auffiel, war, daß der, wie es schien, vielgereiste Mann
beständig die religiösen Fragen in die Unterhaltung mengte,
die Vorzüge des Lutherthums pries, das dem „Gotteswworte"
folgte, und Anspielungen auf die Katholiken machte. Der
Mann erschien mir als eine leibhaftige Bestätigung für das,
was der Missionär Weninger in seinem Büchlein „Protestan=
tismus und Unglaube" sagt. „Die Verleumdungswuth von
Seite der Protestanten," schreibt er, „gegen die Katholiken
und anderseits die Ehrlichkeit der Katholiken gegen die Pro=
testanten muß auf jeden ehrlichen Denker einen gewaltigen
Eindruck machen zu Gunsten der katholischen Kirche. Nie hat
ein katholischer Schriftsteller den Protestanten eine Lehrmeinung
angedichtet, die sie nicht wirklich lehrten." Dieser Prediger
Neumann ließ keine Gelegenheit unbenützt, über die katholische
Kirche herzufallen und über die Katholiken zu schmähen. Er
suchte um jeden Preis Streit und hatte keine Ruhe, bis er
in die rechten Hände gefallen war.

2.
Fortsetzung.

Während der Nacht hatte es den Anschein, als nähme
die starke Wellenbewegung etwas ab, dennoch schwankte das
Schiff sehr heftig, der Wind kam nicht mehr, wie Tags vorher,
direct aus Westen, sondern hatte bereits eine starke Neigung
aus Südwest. Ein Decksegel konnte beigesetzt werden, und
doch lief der Dampfer nicht ruhiger. Einer der Offiziere, an
den ich mich um nähere Auskunft wendete, gab mir die Ant=

wort: „Wahrscheinlich tobte in der Nähe vor Kurzem ein arger Sturm, dessen Folgen der Dampfer noch empfindet."

Das machte mich erst aufmerksam auf die majestätische Wellenbewegung, die dem Ocean eigenthümlich ist und die ich weder auf dem adriatischen noch auf dem mittelländischen Meere beobachtet habe.

So weit das Auge reichte, gab es kein Pünktlein, das ruhig stand, nicht einmal die Sonnenscheibe, die durch finstere Wolken blickte, denn in Folge des Schwankens des Schiffes hatte es den Anschein, als nehme auch die Sonne Antheil an der allgemeinen Bewegung. Auf dem weiten Meere bildeten sich sanft abfallende Thäler, eingesäumt von Wellenbergen, deren Kamm mit zahllosen, weißen Schaumbündeln umhüllt war, die in Folge der raschen Bewegung immer auf's Neue entstanden. Ein einziges Wellenthal oder ein Wellenberg, und es waren deren zahllose im Umkreise des weiten Horizonts, dessen Endpunkte gleichweit abstehen und dessen Mittelpunkt das Schiff bildet, hatte eine unberechenbare Länge. Im ununterbrochenen Auf= und Niederwogen begegneten sich zwei Wellenberge, die rauschend oder brausend oder dumpf stöhnend, je nach ihrer größeren oder geringeren Kraft, übereinanderstürzten, woraus zahllose Kegel aus Wasser entstanden, heller in Bezug auf die Farbe, als die anliegenden Thäler, und eine weiße Decke auf ihrer Spitze, die oft bis zur Hälfte hinabreichte. Längs des Schiffes bäumten sich Wasserhöhen empor, die es durchschnitt und in ihrer Bewegung hemmte. Man meinte, sie würden sich auf dasselbe stürzen und es begraben, von solcher Höhe schienen sie zu sein, namentlich wenn der Dampfer sich auf die ihnen zugekehrte Seite legte. Sie überragten ihn scheinbar um Vieles. Den Neuling auf dem Meere setzen sie in Angst, weil er sich der Vorstellung nicht erwehren kann, daß sie über das Verdeck hinstürzen. Aber diese Wellenberge kommen aus der Tiefe und entfalten eine solche Kraft, daß sie immer wieder den Dampfer mit in ihre Bewegungen hineinziehen.

Das majestätische und großartige Bild blieb sich nie gleich. Seine Formen wechselten in jeder Sekunde; wo ein Berg war, erschien sofort ein tiefes Thal. Eine Schaumhülle verschwand und daneben tauchte schon eine neue auf. Dieser beständige Wechsel der Wellenbewegung macht sie so interessant.

Kolberg schildert die Wellenbewegung des Oceans, die er in mehr südlichen Breiten beobachtete, folgendermaßen: „Dazu (zu den übrigen Schönheiten auf dem Meere) kommen diese mächtigen, ewig sich thürmenden, ewig versinkenden Wogen, die drohend gleich Bergen sich an das Schiff heranwälzen, um unter ihm schadlos zu verschwinden; dieser schneeige Kamm der sich überstürzenden Wellen, die, allmählich immer steiler aufsteigend, für Momente wandelnden Grotten ähnlich, brausend in sich selbst zerfallend, in unzählige weiße Flocken oder blitzende Funken sich auflösen. Manche schöne Tage werden mir für immer unvergeßlich bleiben."

Diese Wellenbewegung ist jedoch selten eine einfache. Kolberg sagt: „Unzählige Menschen sind über den Ocean gefahren, ohne daß sie auf gewisse allgemeine Eigenschaften der Bewegung seiner Wasser aufmerksam geworden; eine Bewegung verdeckt die andere in einer Weise, daß beide fast unkenntlich werden und sich in ein regelloses Chaos auflösen. Dem aufmerksamen Beobachter entgeht aber nicht, daß er es mit verschiedenen Klassen von Wellen zu thun hat."

Die mächtigsten Wellen sind die Grundwellen, die sich in der Tiefe des Meeres bilden. Wenn sie allein erscheinen, ohne von den Oberwellen beeinträchtigt zu werden, so zeigen sie sich als sanft anschwellende Wassererhebungen von bedeutender Ausdehnung. Aber meistens beobachtet man sie nicht für sich allein, sondern bedeckt mit Oberwellen, die der Wind momentan bildet. Die Grundwellen brauchen ein weites Wassergebiet.

Ein Landsee hat keine Grundwellen, sondern nur Oberwellen. Auf dem Ocean tragen die Oberwellen hie und da kleinere Wellen, die bei lebhaftem Winde gekräuselt erscheinen. Die Grundwellen sind die Frucht eines langen, in derselben Richtung wehenden allgemeinen Windes, der das Meer bis in eine gewisse Tiefe aufwühlt, und sie pflanzen sich hunderte von Meilen fort. Aus ihnen entstehen die gewaltigen Brandungen an den Küsten des Oceans in windstiller Zeit. Die Oberwelle bildet sich in Folge eines örtlichen Windes.

Grundwellen und Oberwellen kreuzen sich fast immer, d. h. nehmen eine verschiedene Richtung, daher entspringen denn auch die verschiedenen Unregelmäßigkeiten in den geraden Linien der Thäler oder Wellenkämme.

In Rücksicht auf die Schiffe ist der Einfluß der zweifachen Wellenbewegung verschieden. Die kleinen Schiffe bringt schon die Oberwelle aus dem Gleichgewichte. Der große Dampfer schwankt nur in Folge der Grundwellen. Wir z. B. mußten den aus der Tiefe kommenden Grundwellen das Schwanken unseres Schiffes zuschreiben. Manchmal begegnen sich ein Segler und ein Dampfer, von denen der eine schwankt, der andere ruhig dahinfährt. Der Unterschied hat in der Verschiedenheit der Wellen seinen Grund.

Wer wohl ist, beschäftigt sich stundenlange mit der Beobachtung der Wellenbewegung und wird dadurch entschädigt für das Unbehagliche, das ihm das Schwanken des Dampfers verursacht; das um so mehr, wenn auch noch der Himmel sich einige Stunden aufklärt, was freilich auf dem Ocean zwischen Europa und Nordamerika eine ziemliche Seltenheit ist, und dann Seefische von allen Größen, Delphine, Springer, die Grundwellen quer durchschneiden, im Wellenthal fast über dem Wasser sich befinden, im Wellenkamme aber verschwinden, um alsbald wieder zu erscheinen über und über mit weißen Schaumbüscheln bedeckt.

Wer von Frankreich, Deutschland, Holland oder England

aus nach New-York reist, soll nicht versäumen, sich mit warmen Kleidern zu versehen, selbst wenn er in den Monaten Juli und August die Reise macht, um viel auf dem Verdecke sich aufhalten zu können. Die starke Seeluft und die Nordwinde werden allerdings ihm das Gesicht bräunen, aber er wird die wohlthätigen Wirkungen später verspüren und an mancherlei Kenntnissen bereichert landen. Das ist besser, als jene Reisenden nachzuahmen, die im Bette der Seekrankheit pflegen, wenn die See hoch geht; oder Romane lesen, die sie aus der Schiffs= bibliothek holen; oder auch das Meer zehn, elf und zwölf Tage anschauen, kauernd an der Maschine oder sonst an einem Platze, wo sie von Wind und Wellen wenig belästigt werden; dagegen für die Erscheinungen des Meeres und das Leben auf dem Schiffe kein Interesse zeigen; ebenso wenig sich kümmern, wenn auf den schrillen Pfiff des Bootsmannes zehn Matrosen auf's Hintertheil des Dampfers stürzen, wenn der vierte Offizier daher eilt, wenn um die Mittagsstunde der Kapitän mit den zwei ersten Offizieren, den Sertanten in der Hand, oft lange auf dem obersten Verdecke steht, nach der Sonne sieht und den Sertanten richtet. Das sind Vorkommnisse, die sich jeden Tag, oft sogar mehrmals wiederholen. Wer aus seiner Seereise für das spätere Leben Nutzen ziehen will, nimmt an allen diesen Dingen Interesse; er hört, so oft der Kapitän am Sex= tanten bestimmte Zahlen abliest, in der Nähe stehend auf= merksam zu, beobachtet einige Minuten später den Kompaß, notirt die westliche Länge und die nördliche Breite und die Abweichung des Kompasses. Thut er das regelmäßig, so be= kommt er einen Einblick in die Geschichte der Schifffahrt auf dem Ocean und vermag sich von der Größe einer Entdeckung, wie sie Columbus auf seiner ersten, waghalsigen Fahrt zu siegreichem Ende führte, eine bessere Vorstellung zu machen. Wer für die eben genannten Vorgänge ein Interesse an den Tag legt, fällt den Offizieren und dem Kapitäne bald auf.

Diese Seeleute sind jahrelang unter sich und sind auf den engen Raum des Dampfers beschränkt, lieben daher oder suchen sogar eine Abwechslung. „Kommen Sie herauf," pflegte der Kapitän des „Herder" zu sagen, wenn ich am frühen Morgen, gewöhnlich als einziger Passagier, in der Nähe des Offizier-Verdeckes stand, um zu sehen, wie bei Sonnenaufgang zum ersten Male für den Tag der Sextant gerichtet wurde. Meine Theilnahme freute ihn, wenn ich den Sextanten besah, den Kompaß verglich: eine Beschäftigung, die mir eine lehrreiche Unterhaltung bot.

Ich komme damit zu sprechen auf die so wichtigen „Messungen", die während einer jeden Seereise, und wenn sie der Kapitän mit demselben Schiffe auch hundertmal wiederholt, immer auf's Neue gemacht werden müssen. Wer mit dem Postomnibus reist, schaut von Zeit zu Zeit auf die Kilometersäule an der Straße, um abzulesen, wo er sich befindet; der Maschinist, der einen Bahnzug führt, schaut auf gewisse Tafeln neben dem Bahngeleise, deren Zeichen ihm das Steigen oder Fallen des Bahnkörpers angeben, während die Nummer auf dem Bahnwärterhäuschen ihm die Entfernung von der nächsten Station angibt. Aber auf dem Ocean hat der Kapitän keinerlei sichtbare Anhaltspunkte, an denen er sich orientiren könnte, sondern muß die Kilometer- oder Meilensäulen für seine Fahrt selber, mittels Berechnung setzen und zwar für jede Fahrt eigens. Bei aller Genauigkeit der Seekarten treffen stets Umstände ein, die eine Abweichung herbeiführen, wovon ich mich im Notizbuche des Kapitäns und auf der Seekarte des Herder überzeugen konnte.

Pfiff daher der Wind noch so stark, machten auch die Wellen auf dem Verdecke ihren Besuch, ich ließ mich dadurch nicht verscheuchen. Es gab immer etwas zu sehen. Bald wurde das „Log" ausgeworfen, bald mit dem Sextanten die Sonnenhöhe gemessen, um zu bestimmen: 1) wie die Schiffsuhr gerichtet werden mußte; 2) wo das Schiff in einem gewissen Momente stand. „Log", „Kompaß", „Sextant" und „Seekarten" sind in unserer Zeit so genau construirt, daß ein Kapitän mit ihrer Hilfe jeden Punkt auf dem Ocean, dessen Länge und Breite ihm angegeben wird, findet. Für ein Schiff, das auf dem Ocean segelt, nichts als Himmel und Wasser sieht, ist es eine Lebensfrage, zu wissen, wo es sich befindet.

Unser Dampfer segelte von Havre nach New-York, also in westlicher Richtung, deßhalb mußte die Schiffsuhr täglich zurückgerichtet werden. Um wie viele Minuten? Das hing davon ab, wie weit das Schiff in seiner Richtung nach Westen vorwärts gekommen war. Je weiter wir vorrückten, desto später ging die Sonne auf, desto später mußten unsere Uhren, besonders die Schiffsuhr, gehen.

Nach dem Stande des Schiffes wird aber nicht bloß die Uhr, sondern ebenso der Kompaß gerichtet, und wird bestimmt, wie weit man sich von Europa entfernt und Amerika genähert hat, und zwar in folgender Weise:

Jeden Morgen und jeden Mittag erscheint der Kapitän, begleitet von zwei Offizieren, auf dem Verdeck, den Sextanten in der Hand. Er wartet geduldig, bis die Sonne aus dem Gewölke hervortritt, oder bis in Mitte der Nebelhülle ein glänzender Punkt sichtbar wird. Kein Wort wird gewechselt. Sobald die Sonne gesehen wird, stellt der Kapitän den Sextanten, liest laut vier Zahlen ab, die ein in der Nähe stehender Matrose in die Cabine des Kapitäns hinabruft, wo sie notirt werden. Dort befindet sich das Chronometer, welches genau die Zeit angibt vom Platze, von dem der Dampfer ausgegangen ist. Der Sextant aber hat angegeben den Punkt, wo das Schiff steuert, nämlich dadurch, daß er die Länge und Breite bestimmte. Auf diese Weise kennt der Kapitän die Stunde oder die Zeit des Ortes der Abfahrt und die Schiffszeit. Segelt das Schiff westlich, so geht die Schiffsuhr später.

Aus der Differenz zwischen ihr und dem Chronometer weiß man, wie viele Grade der Dampfer zurückgelegt hat, ebenso auch, wie viele Seemeilen.

Hat der Kapitän den Längegrad gefunden, so liest er aus der Sonnenhöhe die Breite ab. Weiß man die westliche Länge und nördliche Breite, so weiß man auch zwischen Havre und New-York den Punkt, wo sich der Dampfer auf dem Ocean befindet. Der Punkt wird auf der Seekarte notirt, wo der Kapitän alle seine Reisen verzeichnet.

Damit ist aber die Berechnung noch nicht abgeschlossen. Es handelt sich nun, den Kompaß richtig zu stellen. Der Kompaß eines Schiffes besteht aus der Magnetnadel, die an ihrem Schwerpunkte auf einem kupfernen Stifte ruht, der oben mit einem kleinen Knopf von Achat versehen ist. An diesem Stifte ist ein kleiner Kreis von Papier, das auf Marienglas geklebt ist, befestigt. Auf diesem Kreise, den man Windrose nennt, sind die zweiunddreißig Himmelsgegenden verzeichnet. Das Ganze befindet sich in einer Schüssel von gelbem Blech und diese wieder in einer andern, die sich in einem sie umgebenden Ringe frei bewegt, so daß sie bei allen Schwankungen des Schiffes stets im Gleichgewicht bleiben kann. Nach diesem Instrumente, das vor dem Steuermanne steht, lenkt er das Schiff. Die Magnetnadel zeigt indeß zwischen Amerika und Europa nur einmal, nämlich unter dem fünfzigsten Grade westlicher Länge, nach Norden, während sie in Europa zwischen zehn bis fünfundzwanzig Graden nach Westen abweicht. Sorgfältig sind diese Abweichungen auf jedem Punkte des Oceans berechnet worden, und die Seekarte gibt die Resultate an.

Auf der Reise nach Amerika vermindert sich die Abweichung mit jedem Grade, den das Schiff vorwärts macht, und hört beim fünfzigsten Grade auf. Behielte daher der Kapitän den anfänglichen Windstrich bei, so käme er zu weit gegen Norden und würde in Quebec statt in New-York landen.

Um nun die wirkliche gerade Linie beizubehalten, muß täglich der Kompaß nach den Angaben der Seekarte corrigirt werden. Wer von dieser Abweichung keine Kenntniß hat, begreift gar nicht, wie man täglich nach einem andern Windstrich steuert. Man meint, das Schiff mache absichtlich eine Kurve. Doch ist das unrichtig. „Das Schiff," sagt Kolberg, „steuert immer in einerlei wahrer Richtung, nur die scheinbare Richtung ist verschieden." Der Dampfer segelt, soweit es thunlich ist, schnurgerade.

Aber es können gewisse Zeichen auf der Seekarte den Kapitän zwingen, seinem Schiffe eine andere Richtung zu geben.

Wie ein Blick auf die Karte zeigt, entspringt im Meerbusen von Meriko, in Folge des Einflusses der Sonne, der bekannte Golfstrom, treibt seine warmen Gewässer an der Ostküste der Vereinigten Staaten nach Norden, verzweigt sich in zahllosen Windungen, wendet sich theilweise Europa zu und zwar in mehreren Verzweigungen. So lauft, in einer größeren oder minder großen Geschwindigkeit, ein Strom, dessen Wasser wärmer als die des Oceans sind, von Westen nach Osten, von New-York nach Havre, und ihn muß der Kapitän berücksichtigen, um nicht von der geraden Linie abzukommen. Will nämlich Jemand über einen Strom fahren, so faßt er nicht den Punkt in's Auge, wo er landen soll, sondern einen aufwärts gelegenen. Der Strom treibt ihn dann selbst an den Punkt, wohin er will.

Die oben erwähnten Berechnungen mit dem Sertanten setzen das Erscheinen der Sonne voraus. Für den Fall, daß dieselbe nicht erscheint, ist man auf das „Log" angewiesen. Dieses kleine Instrument ist ein Fahrtenmesser von verschiedenartiger Construction. Am häufigsten besteht das Log aus einem Holzquadranten, an dem ein kleines Säckchen von Leder oder Segeltuch befestigt ist, das sich im Meere mit Wasser füllt. Holzquadrant und Säckchen sind mit drei Schnüren an eine Leine befestigt, die durch Knoten und Marken so in Fuß abgetheilt ist, daß sich dieselben zu fünfzehn Sekunden verhalten, wie eine Seemeile zu einer Stunde. Der erste oder zweite Steuermann wirft vom Hintertheile des Schiffes aus das Log mit einer langen Leine über Bord. Das Säckchen füllt sich mit Wasser und hält das Log an ein und derselben Stelle fest. Das Schiff segelt inzwischen vorwärts, und so muß die um eine Rolle geschlungene Leine rasch ablaufen. An einer Sanduhr zählt der vierte Offizier die fünfzehn Sekunden und die Matrosen die in dieser Zeit ablaufenden Knoten. Waren zehn Knoten in fünfzehn Sekunden abgelaufen, so segelte das Schiff zehn Meilen in der Stunde. Weiß man nun, wie viele Meilen man von Stunde zu Stunde zurücklegte und hat man die Richtung durch den Kompaß, so läßt sich wieder auf der Seekarte der Punkt bestimmen, wo das Schiff steuert, freilich nur mit annähernder Sicherheit, weßwegen ein umsichtiger Kapitän, wenn er mehrere Tage keine Sonne gesehen hat, und auf die Messungen mit dem Log angewiesen war, nicht landet, sondern „lavirt" so lange, bis die Sonne sich zeigt und eine zuverlässige Berechnung mit dem Sertanten ermöglicht.

Uebrigens sieht man fast alle Tage die Sonne, wenn auch matt, doch deutlich genug, um die Berechnung mit dem Sextanten anzustellen. Das Log wird indessen regelmäßig angewendet und beide Resultate notirt. Die verschiedenen Abweichungen liefern wieder Stoff zur Berechnung der Meeresströmungen an verschiedenen Punkten des Oceans und zur Vervollkommnung der Seekarten.

Die Reisenden erfahren das Ergebniß der angestellten Messungen und Berechnungen nach zwölf Uhr. Dann wird die Schiffsuhr gerichtet und ein Blatt Papier im Speisesalon angeheftet, welches die zurückgelegten Meilen und den Längen- und Breitegrad anzeigt, unter dem das Schiff um zwölf Uhr steuerte. Diese Anzeige bringt jedesmal einiges Leben in die Reisegesellschaft.

Prachtvoll ist der Sonnenaufgang auf dem Ocean. Als eine mächtige Krystallkugel steigt die Sonne aus der dunkeln Fluth und verwandelt sie bald in eine glänzende Fläche, die beim Morgenroth fast schwarz schien, ein Wechsel, der in seiner wunderbaren Großartigkeit das Herz zu Gott erhebt.

An den zwei ersten Tagen hatten uns Nebel und Wolken um den Genuß betrogen. Erst der Abend des dritten Tages schien mit Sicherheit einen hellen Morgen und damit einen herrlichen Sonnenaufgang zu versprechen. Schon vor vier Uhr war ich auf dem Verdecke. Aber trügerisch sind die nördlichen Meere. Tief verschleiert und umwölkt erschien die Sonne im Osten.

Hingegen hatte sich während der Nacht der Wind gebessert, so daß mehrere Segel beigesetzt werden konnten. Durch sie wurde der Lauf des Dampfers regelmäßiger und ruhiger und zugleich rascher. Wir legten dreizehn Seemeilen in der Stunde zurück. Um neun Uhr ließ sich endlich auch die Sonne sehen. Mit ihr verbreitete sich eine wohlthätige Wärme, und dann neues Leben. Die milde Luft, die ruhige, tiefblaue See, die feste Haltung des „Herder", der jetzt zum ersten Male ohne Schwanken über die Salzfluth hinflog, entlockten den Cabinen und dem Zwischendecke ihre Bewohner. Die bisher verlassenen Plätze füllten sich mit Menschen, die einander neugierig betrachteten, weil sie schon den vierten Tag auf ein und demselben Schiffe reisten, ohne sich gesehen und kennen gelernt zu haben.

Ueber deutsche Schiffe, welche Auswanderer befördern, ist schon so viel geredet und geschrieben worden, daß ich mit großem Interesse die näheren Verhältnisse und die Auswanderer selbst kennen zu lernen wünschte. Ich hätte vielleicht sonst vorgezogen, mit einem französischen Dampfer die Reise nach New-York zu machen. Jeden Samstag geht ein französisches Postschiff von Havre ab, legt in England an und fährt von da direkt nach New-York. Viele ziehen ein französisches Schiff vor, wo Auswanderer gar nicht befördert werden, wo es nur Reisende erster und zweiter Klasse gibt und folglich auf dem Verdecke mehr Bequemlichkeit herrscht. Auch die Preise sind etwas billiger und die Fahrzeit in der Regel kürzer.

Wenn ich auf alle diese angegebenen Vortheile des französischen Dampfers, der am selben Tage mit dem unsrigen, nur mit der nächstfolgenden Ebbe, abreiste, Verzicht geleistet habe, so geschah es in der Absicht, um seiner Zeit ein richtiges Urtheil über die deutschen Auswandererschiffe abgeben zu können.

In jüngster Zeit liefert nicht mehr Irland, sondern Deutschland die meisten Auswanderer. Man staunt, wie viele Tausende in jedem Jahre dem Vaterlande den Rücken zuwenden. Zwar hat die allgemeine Geschäftsstockung und die dadurch bedingte Arbeitslosigkeit, die sich auch in den Vereinigten Staaten fühlbar macht, etwas hemmend auf den Strom der Auswanderung gewirkt. Unser Dampfer, der nach Aussage des Kapitäns in früheren Jahren tausend bis elfhundert Auswanderer und Europamüde im Zwischendecke befördert hat, zählte während dieser Reise kaum viel über vierhundert. Für die im Zwischendeck Reisenden war das ein großes Glück, weil ihnen ein größerer Raum zur Bewegung geboten war. Geht die See nicht sehr hoch, so können kleine Fensterchen geöffnet und hierdurch frische Luft in das Zwischendeck gebracht werden. Bei hoher See indessen müssen seine Bewohner die gesunde gute Seeluft fast ganz entbehren. Trostlos ist ihre Lage beim Sturm, der die See beständig über das Vordertheil des Schiffes jagt und wo „viel Wasser eingeschifft" wird. In diesem Falle sieht sich der Kapitän genöthigt, die viereckige Oeffnung, durch die das Zwischendeck Luft und Licht erhält, schließen zu lassen. Fast ein beständiges Dunkel umgibt dann die Bewohner. Sie hören die Wellen, wenn sie an die Schiffswände anprallen und über ihren Köpfen auf das Verdeck stürzen. Dabei werden sie mehr als die Cajütenreisenden auf und ab geschleudert, weil die vordere Hälfte des Dampfers unruhiger ist als das Hintertheil, besonders bei Schraubendampfern. Zudem verzögert der Sturm die Fahrt. Ein Dampfer, der bei günstigem Wetter 300—360 Seemeilen zurücklegt in vierundzwanzig Stunden, läuft während des Sturmes vielleicht dreißig Seemeilen.

Soviel im Allgemeinen über das Zwischendeck, das nebenbei bemerkt doch auf Dampfern noch viel besser eingerichtet ist, als auf den Segelschiffen. Was nun die Bewohner unseres Zwischendecks anlangt, die am Morgen des vierten Tages auf einer steilen Leiter aus dem Zwischendecke hervorkrochen, so waren unter ihnen Männer, Weiber, ledige Manns- und Weibspersonen und Kinder in verschiedenen Altersstufen. Weitaus die Mehrzahl sah arm, zerlumpt und leidend aus. Nur wenige Deutsche waren unter ihnen, denn sie redeten dänisch, polnisch, ungarisch, slavisch und italienisch. Die Juden hatten ein großes Contingent gestellt. Ich sah das, wenn sie am Samstag ihre Gebete mit dem Gebetsriemen verrichteten und ihre Speisen holten, indem sie durchaus nicht mit den Andern im Zwischendeck aßen. Sie wurden berücksichtigt. Mir ist das aufgefallen, weil in der Regel der Katholik nicht' berücksichtigt wird, wenn er die Vorschriften seines Glaubens beobachten will.

Einige aus diesen Zwischendeck-Reisenden sprachen mir oft ihre Besorgniß aus, in Amerika keine Arbeit zu finden. Für solche, die ohne Mittel reisen, und keine Verwandten jenseits des Oceans finden, an die sie sich sogleich nach der Landung anschließen können, bleibt die Auswanderung eine gewagte Sache. Wie ich später ausführlicher nachweise, sind jene Auswanderer am besten daran, welche gleich nach ihrer Ankunft, mit einer, wenn auch nicht bedeutenden Summe Geldes versehen, in die westlichen Staaten ziehen, sich dort Land aussuchen, eine Farm bauen und gründen. Sie werden, wenn sie fleißig und sparsam sind, in der Regel schon nach einigen Jahren vermögliche, wohlhabende Leute. Unter den vierhundert Auswanderern auf dem „Herder" befanden sich mehr als hundert Polen, wie ich aber zu bemerken glaubte, Juden und Protestanten, die unter der Leitung des oben erwähnten Neumann reisten. Derselbe soll — wenigstens wie die Offiziere uns sagten — öfter nach Europa kommen und stets eine Anzahl von armen Leuten über den Ocean mitführen, um sie in der neuen Welt irgendwo anzusiedeln, ein Geschäft, das einige Prediger in Amerika treiben, nicht zum Vortheile ihres Standes und Berufes.

Eine viel mindere Zahl an Passagieren, als das Zwischendeck, lieferte die zweite Cajüte, eine noch geringere die erste Cajüte. Unter den Passagieren der letzteren traf ich eine berühmte Persönlichkeit, die Mistreß Mason, eine amerikanische Convertitin, die in den weitesten Kreisen bekannt ist durch ihre schriftstellerische Thätigkeit und ihre Anhänglichkeit an den heiligen Stuhl. Sie hatte, wie sie versicherte, fünfmal die Reise über den Ocean gemacht, um Papst Pius IX. zu besuchen, und befand sich eben in Rom, als er am 7. Februar starb. Sie blieb, um auch dem Nachfolger huldigen zu können, und kehrte jetzt nach den Vereinigten Staaten zurück.

Was meine Reisegesellschaft in der zweiten Cajüte anbelangt, so waren unser sechsunddreißig in einem Raume, der mehr als fünfzig zu beherbergen bestimmt war. Ich gestehe es offen, ich war im Leben nie in üblere Gesellschaft gerathen. Eine junge Schauspielerin wollte in Amerika ihr Glück suchen und fing mit diesem Geschäfte schon unterwegs an. Ihr Benehmen war der Art, daß ich ihr einmal eine derbe Bemerkung machen mußte, worauf sie in die Cabine verschwand und mit demselben Kleide nicht wieder zum Vorschein kam. Eine andere junge Dame reiste ihrem durchgegangenen Manne in die neue Welt nach. Ihr gewährte der Kapitän die Gunst, daß sie in zweiter Cajüte reisen durfte, obwohl sie für's Zwischendeck bezahlt hatte.

Unter den männlichen Reisenden that sich ein Amerikaner hervor, der in Europa die Brauerei studirt hatte. Er war aus St. Francisco und zeichnete sich bei jeder Gelegenheit durch ein unerträglich anmaßendes Wesen aus. Er repräsentirte die frühreife amerikanische Jugend auf dem Dampfer, die überall mitspricht und die Alles wissen und verstehen will. Ein anderer Herr mit Vollbart und ernster Miene stellte sich mir als Doctor vor. Ob er vielleicht in der Heimath keine Patienten fand und deren in der neuen Welt suchte, sagte er mir zwar nicht, aber ich nahm mir die Freiheit, es zu vermuthen. Ein Jude, aus der bayerischen Pfalz im Jahre 1848 entflohen, hatte die Reise schon zum neunzehnten Male gemacht. Er prahlte viel mit seinem Unglauben, sprach jedoch überaus gerne von Religion, ein Beweis für mich, daß er alte Erinnerungen und Anklänge an eine religiöse Erziehung nicht los werden konnte. Ein Student aus Berlin hatte bei seiner ersten Seereise nichts Geringeres vor, als im stillen Ocean eine bisher unentdeckte Insel aufzusuchen. Er sprach sehr viel, wie die meisten seiner Landsleute. Ich begnügte mich, ihm in der Stille meine Bewunderung zu zollen. In diese Gesellschaft hatten sich drei Prediger verirrt: der schon genannte Neumann, der äußerst „gläubig" sprach, ein Däne, der nur dänisch redete, und ein Engländer, mit dem ich viel verkehrte. Er hatte seine Predigerstelle niedergelegt, weil er seine Gemeinde nicht länger hintergehen wollte, indem er an Sonntagen predigte, was er selbst nicht glaubte. Sein Entschluß war, in Amerika als Kaufmann sein Leben zu fristen. Sein gutes Gemüth und sein aufrichtiges Wesen zogen mich sehr an.

Uebrigens stellte alle diese gezeichneten Persönlichkeiten ein herkulischer Schuhmacher in Schatten; er war ein Deutscher und Protestant. Bei seiner ersten Anwesenheit in Amerika hatte er Streit mit seinem Prediger bekommen und haßte seitdem alle Prediger. Neumann gerieth auf den unseligen Ge=

danken, ihm den Unglauben zu verweisen, indem er ihn mit Bibelsprüchen überschüttete. Der Unglückliche! Unser schusternder Herkules schilderte jetzt das Treiben der protestantischen Prediger mit so schwarzen Farben, daß er bald der Gegenstand aller Neugierigen wurde. Von da an war es um die Seelenruhe Neumanns und seiner Ehehälfte geschehen. Der Schuster glich einer beleidigten Wespe, die ihr Opfer in jeder Richtung verfolgt. Ich konnte hier die Beobachtung machen, wie sehr die Prediger alles Ansehen bei ihren eigenen Glaubensgenossen eingebüßt haben; denn Neumann fand keinen Vertheidiger unter den zahlreichen Reisenden seines Bekenntnisses.

Das war, einige wenige Reisende abgerechnet, die Gesellschaft, mit der ich über den Ocean fuhr. Der Eindruck, den unser Auswandererschiff auf mich machte, war ein nicht besonders günstiger. Streitigkeiten waren an der Tagesordnung, gegenseitige Beleidigungen wiederholten sich. Glücklicherweise bot mir der Ocean reichlichen Stoff zur Unterhaltung. Wenn die geschilderte Gesellschaft im Salon oder auf dem Verdecke in eine Stimmung kam, die einen üblen Ausgang befürchten ließ, flüchtete ich mich auf einen einsamen Platz des Verdeckes, um mich dort meinen Betrachtungen zu überlassen.

Ich habe oben die Bemerkung gemacht, daß die erste Seereise über den atlantischen Ocean eigene Gefühle erweckt. Vorerst unterscheidet er sich in vieler Beziehung von den andern Meeren, nicht bloß, weil er jetzt mehr befahren wird als die andern, sondern weil er insbesondere zwischen Europa und Amerika seine Tücken hat. Man darf, um sich davon zu überzeugen, nur die Dampfer, welche nach Indien, Südamerika und über den stillen Ocean gehen, vergleichen mit jenen, welche den Verkehr zwischen England, Holland, Belgien, Deutschland und Frankreich und den Vereinigten Staaten unterhalten. Die ersteren haben meistens bequeme, luftige Deckcabinen, viele aus ihnen sogar auf dem Hintertheile des

Schiffes eine in der Höhe des Deckes herumlaufende Gallerie mit einem Geländer, auf welche die Passagiere erster Klasse aus ihren Cabinen gehen können, um von da aus das Meer zu betrachten.

Von alledem nimmt man auf den zwischen New=York und Europa verkehrenden Dampfern nichts wahr. Vielmehr sind alle Gegenstände, die auf dem Verdecke sich befinden müssen, als: der Maschinenüberbau, das Häuschen für den Steuermann, das Deck der Offiziere, mit wuchtigen Eisenstangen befestigt, damit sie von den Wellen, insbesondere von den Sturzwellen, die mit wilder Wuth sich neben dem Schiffe erheben und dann auf das Verdeck stürzen und über dasselbe hinwegrollen, nicht fortgerissen werden. Ungeachtet dieser Befestigungen hat „Herder", wie der Kapitän mir mittheilte, auf einer seiner Fahrten den ganzen Maschinenüberbau durch eine einzige Sturzwelle verloren, welche die wuchtigen Eisenstangen wie dürre Stäbe zerbrochen hat. Daher pflegen die alten Seeleute zu sagen: „Zwischen Nordamerika und Europa ist die schwerste See!" Das dürfte richtig sein, wenn wir die der Eismeere abrechnen.

Eines Tages, als eben der Kapitän mit mir sprach, fiel mir das bekannte Matrosenlied ein:

„Auf dem Meer bin ich geboren,
Hab's zur ew'gen Braut erkoren,
Auf dem Meer stirbt der Matros'!"

Ich fragte ihn, ob er sich wohl vom Meere und vom Ocean trennen könnte? Er antwortete mir: „Jeder von uns verläßt heute die See, wenn er anderswo ein passendes Unterkommen findet."

Hat aber der atlantische Ocean sein Unangenehmes, so hat er doch auch seine Poesie. Es lohnt sich, ihn zu sehen, ihn zu bereisen, ihn zu studiren, wie ich es oft in Stunden, wenn ich allein war und hinaussah bis in die äußersten Fernen des Horizonts, wo sich Himmel und Meer zu vermählen schienen, gethan habe. Wahrhaftig, wer nie den Ocean bereist, nie auf ihm geträumt hat, weiß nicht, wie der menschliche Geist sich abgemüht hat, dieses ihm fremde Element sich zu unterwerfen, sich dort Einfluß und Herrschaft zu sichern, wo anscheinend die Vorsehung selbst ihm keine Herrschaft gewährt hat, wo nach der Meinung der Alten, die nie auf die Höhe des Oceans sich wagten, die wilden Seeungeheuer für ewige Zeiten die Herrschaft besitzen sollten.

Was ist der Ocean? Worin suchen wir seine Poesie? Welches ist seine Majestät? Wo ist ein Welttheil, wo ein Land, wo eine Insel, von denen man sagen kann, die Sonne lächelt sie mit ewiger Morgenröthe an und verläßt sie ewig mit ihren scheidenden Strahlen? Das gilt aber vom erdumschlingenden Ocean — natürlich in seiner Allgemeinheit aufgefaßt —, weil er Morgen= und Abendroth beständig sieht. Ihm allein geht die Sonne nie unter, weil er die Welt umschließt. Tag und Nacht sieht er sie zur selben Zeit, wie auch die Pracht des Sonnen=Auf= und Unterganges. Ihn lächelt der Frühling mit seinen Reizen ewig an und brechen sich die Strahlen der Sonne ewig an seinen Eisbergen. Er berührt alle Erdtheile und wird ihr Wohlthäter und Segenspender. Würde der Ocean seinen Schooß einem Erdtheile nur wenige Monate verschließen, so müßte auf demselben jede Vegetation verkümmern.

Und erst in Bezug auf die Geschichte! Was kann er uns erzählen? Er allein kennt die Nationen, die lebten und vergingen, denn er sah sie entstehen und vergehen. An seinen Gestaden wurden tausend Blätter der Geschichte geschrieben. Groß ist sein Alter. Als die erste Pflanze aus dem jungfräulichen Boden der Erde sproßte, hat er sie befeuchtet; als das erste Thier athmete, hat er es getränkt; er hat die Ströme des Paradiesberges gespeist und den Baum des Lebens in

Mitte des Paradieses bethaut. Darum vermag er den Menschen zu begeistern, zu erheben und zu erfreuen. „Wie groß und gewaltig ist," schreibt Hartwig in seinem Buche, das wir oben schon genannt, „der erdumschlingende Ocean! Wo wären seine Grenzen zu finden, wo sein Anfang, wo sein Ende? Er rollt durch alle Zonen und die Continente tauchen nur wie Inseln aus seinem unermeßlichen Schooße! Tag und Nacht, Winter und Sommer herrschen gleichzeitig auf seinem ewig schwankenden Wogengebiete. Die Sonne lächelt ihn mit ewiger Morgenröthe an und verläßt ihn ewig mit ihren scheidenden Strahlen. Hier steigen Palmenwälder an seinem Gestade empor, dort starren seine Küsten im unvergänglichen Eise; hier wüthen Orkane auf seiner wildbewegten Fläche, dort aber ruht er im tiefsten Frieden und kein Zephyr kräuselt seine spiegelglatte Stirne.

„Wer zählt die Völker, die an seinem Anblick sich weiden? Wer faßt das unendliche Leben, das in seinen Tiefen sich birgt? Groß ist die Wüste, von der durstigen Karavane wochenlang durchzogen; groß das Gebirge, das seinen schnee= bedeckten Scheitel hoch zum Himmel erhebt: aber die Wüste und das Gebirge erscheinen uns klein und unbedeutend neben der gewaltigen Größe des Oceans.

„Erhaben im Raume ist der Ocean, nicht nur erhaben in der Zeit; denn die Flügel der Einbildungskraft erlahmen, ehe sie uns zum ersten Morgenrothe seines Entstehens zurückführen. Das jetzige Festland trägt überall die Spuren, daß es einst auf seinem Boden geruht, und wie manche Inseln und Continente mag er im Laufe unzähliger Jahrtausende verschlungen, wie oft mag er seinen Sitz gewechselt, seine Grenzen verrückt haben? Unzählige Thierformen sind nacheinander in seinem Schooße entstanden und vergangen: nacheinander hat er die Geburt und den Untergang der Trilobiten, der Ammoniten, der gestiefelten Seesterne, der Riesensaurier gesehen. Was wüßte er uns nicht von längst entschwundenen Zeiten, vom Wechsel, von der Ver=

gänglichkeit aller irdischen Dinge zu erzählen, hätten wir ein Ohr für das gewaltige Epos seiner Geschichte?

„Und wie lange mag er nicht seine Wogen gerollt haben, ehe die erste Spur des organischen Lebens in ihm erwachte, ehe die erste Alge sich in ihm entfaltete, das erste Weichthier in seinen Gewässern umherschwamm?

„Welch ein hehres, majestätisches Alter, welch eine Vergangenheit und welch eine Zukunft! Denn der Ocean, der schon so manche Thiergestalten begraben, wird auch den Menschen überleben, und Alles, was gleichzeitig mit ihm das Dasein genießt, und nach unzähligen Jahrtausenden, wenn einst vielleicht edlere Wesen an unsere Stelle getreten sein werden, noch immer so wie jetzt im goldenen Abendrothe funkeln, oder, vom dunklen Sturmgewölke überzogen, sich überstürzen in donnernden Wogen. Alles, was er in sich erzeugt und gebiert, versinkt in Altersschwäche und trägt das Todeszeichen auf der Stirne: er aber wogt und rollt in ewig brausender Jugendkraft. Und so wie die Morgenröthe der Schöpfung ihn sah, wird er bleiben, so lange der belebende Sonnenstrahl die Erde beleuchtet und erwärmt.

„Wer zählte die Wohlthaten des Oceans, des reichen Gabenspenders, des Erhalters alles organischen Daseins! Er speist alle Flüsse und Bäche; aus seinem Schooße gehen der erfrischende Thau, der befruchtende Regen hervor. Sollten seine ewigen Brunnen versiegen, dann wäre die Oberfläche der Erde nur ein nackter Schutt- und Trümmerhaufen, ein ödes lebloses Chaos! Ihm verdanken wir die Pracht der Wälder, das üppige Wiesengrün, das anmuthig wogende Saatfeld. Seine Säfte sind es, die wir in den schwellenden Früchten unserer Obstbäume, im perlenden Wein genießen. Sie sind es, die in den Gefäßen unzähliger Thierformen kreisen; der Biene, die uns ihren Honig schenkt; des Vogels, der uns mit seinem lieblichen Gesang erfreut; des Hausthieres, dessen Fleisch uns ernährt, dessen Dienste uns so unentbehrlich sind. Ja unser eigenes Blut entstammt den Quellen des Oceans und wird fortwährend durch ihn erneuert und erfrischt.

„Er trennt die Völker nicht von einander, wie die in der Schifffahrt noch so unerfahrenen Alten wähnten, nein, er verknüpft sie auf die mannigfaltigste Weise durch die segensreichen Bande des Handels. Unzählige Flotten durchfurchen stets seine Gewässer, um im ewigen Umtausch alle Länder der Erde mit den Producten aller Zonen zu bereichern, um dem Bewohner des kalten Nordens die Früchte der tropischen Sonne, dem Sohne des heißen Erdgürtels die Erzeugnisse des nordischen Kunstfleißes darzubringen.

„Mit dem fortschreitenden Handel hat sich auch die Cultur auf der weiten Völkerstraße des Meeres von einem Welttheile zum andern verbreitet; die Civilisation blühte zuerst an seinen Gestaden auf und jetzt umsäumt sie vorzugsweise seine Küsten."

Darum fühlt der Mensch sich freier, gehobener auf dem Meere oder in seiner Nähe. Sein Selbstgefühl wächst, wenn er einen Theil des Oceans überschaut. Es durchzuckt ihn der Gedanke, daß dem Kühnen, dem Starken die Welt mit ihren Schätzen gehört, daß, wohin auch die wechselnden Geschicke ihn werfen, er doch in der Hand dessen sich befindet, der den Ocean mit dieser Pracht und Herrlichkeit ausgestattet hat. Das Meer in seiner Allgemeinheit hat von Gott einen unermeßlichen Einfluß erhalten. Die Erde bringt den Baum, bringt die Rose, bringt das zarte Gräslein, das Veilchen im Saume des Birkenhaines hervor. Das Meer aber befruchtet die Erde. Der Vogel durchzieht die Luft, der Adler erhebt sich zum blauen Aether, sie sehen das Meer nicht, denn es ist zu ferne. Aber das Meer gab ihnen die Blutwelle in ihren Adern und erhält sie in Thätigkeit und Kraft.

So besitzt der Mensch, wenn er nicht gedankenlos über den Ocean reist, Mittel, um sich zu unterhalten, aufzuheitern und zu beschäftigen. Durch sie bewahrt er seine Ruhe, wenn die Seekrankheit in aller Form ihren Einzug hält, und wenn sie bei Tisch, auf dem Verdecke, in den Gängen, auf den Stiegen und in den Cabinen ihm entgegentritt. Durch diese und ähnliche Gedanken tröstet er sich, wenn die Grundwellen, verbunden mit heftigem Gegenwind, den riesigen Dampfer heben, senken, mit Wellen bedecken, links, rechts, vorwärts und rückwärts werfen, so daß der Reisende nicht mehr ein Plätzchen findet, um ruhig zu stehen, keinen Platz, um stille zu sitzen oder zu liegen, nicht auf dem Verdecke, nicht im unteren Raume, nicht in seiner Cabine, nicht im Salon, nicht während des Tages, nicht während der Nacht. Er lächelt, wenn das Schiff schwankt, so daß, wer nur zwei Schritte im Gange oder auf dem Verdecke macht, sich eines festen Gegenstandes versichern muß, will er nicht zusammenstürzen, an die Wand geschleudert oder auf eine Taurolle geworfen werden, während mehrere Passagiere, die zufällig noch stehen, in ein schallendes Gelächter ausbrechen.

Die Erinnerung an einen herrlichen Sonnenaufgang oder an ein unvergleichliches Abendroth auf dem Ocean muß den Reisenden entschädigen und trösten, umhüllt in südlicher Richtung von Island eine dichte, undurchdringliche Nebeldecke das Schiff, so daß man Tage und Nächte hindurch nichts sehen, nichts wahrnehmen kann, was nur ein wenig erheiterte; oder zeigt das Thermometer durch rasches Fallen an, daß ganz in der Nähe und umhüllt und verschleiert durch den Nebel ein Eisberg schifft, der den Dampfer unvermeidlich vernichtet und mit dem Untergange bedroht, führt ihn das Glück nicht vorüber.

Die Pracht und Schönheit des Oceans kann den denkenden Reisenden auch dann noch begeistern und fröhlich stimmen, wenn der Kapitän auf dem Verdecke stehend dichte Wolken aus der Cigarre um sich bläst, mürrisch, bald die dunklen Wolken, bald die hochgehende See betrachtend, seine Berechnungen macht, seinen Offizieren in kurzen, abgerissenen, unverständlichen

Sätzen Befehle ertheilt, worauf diese hin und her rennen, das Log auswerfen, und wenn hernach die Matrosen sich gegenseitig zuflüstern: „Heute Abend acht Uhr werden wir in das ‚Teufelsloch' kommen!"

3.
Auf hoher See. Das Teufelsloch. Neufundlandsbanken. Die ersten Boten. Feuerinsel.

Wenn der Reisende auf seiner Fahrt von Europa nach New-York den 20. Grad westlicher Länge erreicht hat, und wenn er auf diesem Punkte ungefähr 1500 Seemeilen von jedem Lande entfernt ist, kann er mit Recht sagen, er befinde sich „auf hoher See". Diesen schon den Alten geläufigen Ausdruck lernt man erst auf dem Ocean recht verstehen. Ist nämlich der Himmel wolkenlos, und vergoldet die Sonne die Meeresfläche, so daß sie wie ein leuchtender Spiegel in majestätischer Ruhe daliegt, und kommt uns ein Schiff entgegen, so scheint es, als fahre dasselbe eine sanfte Anhöhe herauf. Aehnlich ist der Eindruck, wenn dasselbe in der entgegengesetzten Richtung langsam, wie eine sanfte Anhöhe hinabgleitend, in der Tiefe verschwindet. Trifft es sich, daß von einer Seite her ein Segelschiff oder Dampfer fährt, so kommen und verschwinden sie über eine Anhöhe: ein Beweis, daß der Ocean an der kugelförmigen Gestalt der Erde Antheil hat; deßwegen scheint weit im Meere draußen ein jedes Schiff wie auf einer Wasseranhöhe, die nach allen Seiten sanft abfällt, zu segeln.

Aus dem Gesagten darf aber nicht der Schluß gezogen werden, als dehne sich vor dem Auge des Beobachters „auf hoher See" ein fast unermeßlicher Horizont aus. Eine solche Vorstellung wäre irrig und falsch. Wer einen recht engbegrenzten Horizont sehen will, gehe auf die „hohe See". Steht man auf einem Vorgebirge, das weit in's Meer hinein sich erstreckt, etwa 200 Meter über der Meeresfläche, so kann man mit einem gewissen Rechte sagen, das Auge überschaue eine unermeßliche Wasserfläche. In weiter Ferne erst berühren sich das Himmelsgewölbe und der Ocean, und hat der Horizont seinen Abschluß. An Bord des „auf hoher See" segelnden Schiffes, wo das Auge des Beobachters wenig über sieben Meter über der Meeresfläche sich befindet, ist der wahre Gesichtskreis ein sehr beschränkter und beherrscht wenig mehr als ein und eine Viertelmeile in der Runde. Und von diesem kleinen Stücklein Horizont verdecken noch einen guten Theil die fernen Wellenerhebungen und die Dünste, die aus dem Meere aufsteigen und auch bei klarer Witterung das ferne Himmelsgewölbe umrahmen. „Mir ist es stets vorgekommen," sagt Kolberg treffend, „als sei die Welt nirgends kleiner, als gerade auf dem Ocean; man hat in der That einen äußerst beschränkten Gesichtskreis."

Unser Dampfer erreichte am fünften Tage ungefähr die Mitte der unermeßlichen Wasserfläche, die sich zwischen Europa und der neuen Welt, in ihrer größten Breite 3000 Seemeilen messend, ausdehnt. Havre und New-York, die Ausgangs- und Zielpunkte unserer Reise, lagen je 1500 Seemeilen oder siebenhundert fünfzig Stunden von uns entfernt. Gegen Norden war die Wasserfläche noch endloser, denn bis an die Küsten Grönlands lagen sicher noch 2000 oder mehr Seemeilen. Eine ähnliche Entfernung trennte uns im Süden von den Küsten Brasiliens.

Auf dieser Höhe ist der atlantische Ocean einförmig. Kommt hier einmal ein Schiff in Sicht, so verschwindet es gleich wieder an den Grenzen des beschränkten Horizonts. Der Spielraum, den die Schiffe haben, ist hier zu weit. Hier stört sie keine Insel, keine Untiefe, kein Riff, der Ocean könnte hier vielleicht den 6425 Meter hohen Chimborazo in sich aufnehmen, solche Abgründe birgt er in dieser westlichen Länge. Wie klein erscheint da der Dampfer! Wie der Planet durch den endlosen Himmelsraum, so jagt er durch das endlose Meer hinter ihm und vor ihm unabsehbare Wassermassen. Er scheint ungeachtet seiner Thätigkeit nicht vorwärts zu kommen. Am Morgen ist der Horizont derselbe, der er war am Abende. Sähe man nicht den Ocean augenscheinlich am Schiffe vorüberfliegen, man dächte, der Dampfer stehe still und komme nicht mehr vom Platze. Man schaut nach Westen, wohin der Kiel schon so lange gerichtet ist, hoffend, einen Umriß vom Lande auftauchen zu sehen, aber umsonst.

Hier auf der Höhe des Oceans erscheint uns der Seeheld Columbus erst in seiner wahrhaft einzigen Größe. Er hatte keinen Schraubendampfer mit eisernen Wänden, mit allen Mitteln der Kunst so gebaut, wie es dem wilden Elemente des atlantischen Oceans angemessen ist, der täglich 300 und mehr Seemeilen zurücklegt; er hatte nur elende hölzerne Segelschiffe, die gar wenig dem Ocean angepaßt waren; zudem waren zwei seiner Schiffe nicht einmal mit festen und richtigen Verdecken versehen. Vor ihm lag keine Seekarte, die ihm die Windrichtungen und Strömungen des Meeres und die Entfernung der Küsten angab. Ihm war diese Wasserfläche einfach ein verschlossenes Buch, dessen Siegel er erst lösen mußte. Er besaß eine mangelhafte Magnetnadel und einen noch unvollkommenen Sextanten, denn die Abweichung der ersteren auf der Fahrt gegen Westen war ihm noch nicht bekannt. Er hatte seine Lebensmittel nicht annähernd bestimmt berechnen können, sondern mußte sie auf das Gerathewohl mitnehmen. Und dann war er vom August bis Oktober unterwegs. Ihm und seinen Leuten mußte die Wasserwüste noch viel ausgedehnter vorkommen in Folge des täglichen Harrens und Hoffens. Es gehörte ein eiserner Wille dazu, um die Fahrt zu wagen, ein noch eisernerer, um sie bis in den dritten Monat unverzagt fortzusetzen.

Wir haben die Erfahrungen der Jahrhunderte, haben Boote,

Segel, Kohlen, Wasser, Speise in Hülle und Fülle. Man ist auf ein jedes unerwartete Ereigniß vorbereitet, wie die verschiedenen Uebungen beweisen, welche die Schiffsmannschaft während der Fahrt anstellt. Man hört ein Signal. Im Nu stürzen hundert Matrosen auf das Verdeck, Eimer, Brechstangen, Aexte und Decken schleppend, die Maschine setzt die Pumpen in Bewegung und innerhalb weniger Minuten ist die vollkommenste und beste Feuerwehr in Thätigkeit. Columbus hatte Alles dieses nicht, aber ihm allein und seinem Heldensinn gebührt das Verdienst, der Menschheit neue Wege, eine neue Zukunft, eine neue Welt eröffnet zu haben.

Die Reise über die zweite Hälfte des Oceans begann unter günstigeren Verhältnissen, als sie in der Nähe Europa's begonnen hatte. Der Wind hatte von Süden nach Norden umgeschlagen, blieb uns indessen günstig. Wir konnten alle Segel benützen und der Dampfer glitt flink und rasch über die ruhige, glatte See hin. Die Segel drückten ihn stark auf die linke Seite, doch wendete er sich von Zeit zu Zeit nach rechts, gleichsam um die andere Seite, die meistentheils im Wasser lag, etwas ausruhen zu lassen. Bei Sonnenuntergang klärte sich das Firmament auf. Der dunkle Kaminrauch über dem Schiffe und die lang sich hinziehenden Furchen der Schraube blieben dem Auge lange wahrnehmbar.

Hat jede Nacht auf dem Dampfer etwas Beunruhigendes, so begab ich mich am Abend des fünften Tages besorgter als sonst zur Ruhe. Der Kapitän hatte mir nach Tisch gesagt: „Um acht Uhr kommen wir in's Teufelsloch, will sehen ob wir uns durchlügen!" Dieser Theil des Oceans, welcher den Namen „Teufelsloch" trägt, erstreckt sich über viele Grade und hat besondere Eigenthümlichkeiten, die wahrhaft nicht geeignet sind, den Reisenden, welcher die Schwierigkeiten kennt, heiter und fröhlich zu stimmen. Sturm, Regen und Nebel folgen sich hier in buntem Wechsel, auch herrscht gewöhnlich eine sibirische Kälte. Kommt ein Schiff gut durch, so gratulirt man dem Kapitän, daß er sich „durchzulügen" wußte, indem es glückte, den richtigen Kurs zu wählen. Vielleicht ist das Meer stellenweise im Teufelsloch weniger tief in Folge von Gebirgen, an denen sich dann die Wellen brechen und eine sehr widerwärtige Strömung verursachen; indeß verging die Nacht ohne jeden Unfall.

Dagegen brachte der sechste Tag alle Segnungen des Teufelsloches. Der Morgen war kalt, doch noch so, daß man in der Nähe der Maschine im Freien bleiben konnte. Aber schon um neun Uhr brach das Unwetter los. Der Wind, bisher günstig, „sprang um", und das so schnell, daß die Matrosen nicht rasch genug die Segel reffen konnten. O Gott, war das ein Schauspiel! Die schweren Segel ohne Wind schlugen mit Macht an die Raen und die Masten. Die Matrosen mußten auf Strickleitern emporklettern, an den Raen hinlaufen und die wildbewegten Segel fangen und rollen. Sie hingen in schwindelnder Höhe, während der Wind heulte und der Dampfer schwankte, was in der Höhe nur noch stärker empfunden wurde. Die Arbeit glückte.

Diese Matrosen sind ein eigener Menschenschlag; sie wachsen gewöhnlich an der See heran, kommen sehr jung auf's Meer als Schiffsjungen, ohne etwas gelernt zu haben. Meistens beginnen sie ihre Laufbahn auf einem Segelschiffe, wo sie in strengster Zucht gehalten werden; auf hoher See ist nämlich der Kapitän unbeschränkter Herr und selten mit Nachsicht und Milde bekannt, weil er selbst die schwere Schule von Jugend auf durchgemacht hat. Wer nicht gestählt ist in der Schule der Erfahrung, kann nie Steuermann, kann nie Kapitän werden. Die Matrosen haben gewöhnlich eine sehr schlechte Nahrung, besonders wenn der Kapitän geizig ist. Der Vertrag, den sie eingehen, bindet sie für eine Fahrt; ist sie vollendet, erhalten sie den bedungenen Lohn, den sie aber meistens in der Seestadt, in der sie landen, verprassen. Auf diese Weise werden sie der Fluch der Seestädte; sie reden meistens mehrere Sprachen, aber in der Regel keine, die ein gebildeter Mensch versteht. Wenigstens verstand ich nie ein Wort, wenn der Bootsmann commandirte oder die Arbeiter vertheilte. Religiöse Bedürfnisse haben sie meistens nicht. Bald sind sie in Japan oder China, bald in Süd- oder Nord-amerika, bald in Australien; auf dem Meere nimmt sie der schwere Beruf in Anspruch. Sie müssen die Wachen halten, das Schiff scheuern, die Segel und Taue ausbessern; an Ge-horsam sind sie gewöhnt, das Wort des Kapitäns elektrisirt sie. Außer dem Dienste findet nicht der geringste Verkehr zwischen ihnen und den Offizieren statt. Sie bilden zwei strenge geschiedene Menschenklassen, obwohl die letzteren aus der Mitte der Matrosen hervorgehen. Viele kommen auf den Seereisen um, wie man aus den jährlichen Berichten abnehmen kann, welche in den Seestädten veröffentlicht werden. Aller-wärts bestehen deßhalb Asyle für die Kinder der Seeleute, die auf dem Meere umgekommen sind.

Der sechste Tag der Reise zeichnete sich übrigens durch eine auffallende Veränderlichkeit aus. Mit Kälte hatte er begonnen und mit Sturm, Regen und Schnee die Fortsetzung gemacht. Dagegen wurde der Abend einer der prachtvollsten, die ich auf dem Ocean erlebt habe. Wie ein blutrother Feuer-ball tauchte die Sonne in's Meer hinab, hinter sich die end-lose Wasserfläche vergoldend, daß man geblendet wurde, wenn man sie ansah, um andere Gegenden mit ihrem allbelebenden Lichte zu erfreuen. Der Kapitän ließ eine kleine Drehorgel auf das Verdeck bringen. Eine Tanzunterhaltung begann, war aber nicht von langer Dauer; das Schiff wollte auch ein Wort mitreden und drehte heftig sich links und rechts, was zur Folge hatte, daß die meisten Tanzenden stolperten und stürzten.

Das herrliche Abendroth im fernen Westen, die leicht umsäumten Wolken, die glänzende Wasserfläche lockten mich an, ein stilles Plätzchen aufzusuchen und mich meinen Gedanken zu überlassen. Der Ocean bot mir Stoff genug.

Scheinbar lag er um mich herum in einer vollkommenen Ruhe. Aber diese Ruhe war nur Schein; wie jener Luftocean, der unsere Erdkugel umgibt, nie ruht, wie die Luftwelle, welche heute die balsamischen Düfte der Gärten im glücklichen Arabien einsaugt, morgen auf den blauen Fluthen des Oceans ruht, ebenso bewegt sich ruhelos die Fluthwelle des Meeres.

Wenn Kist in seinem Buche „Amerikanisches" schreibt: „Ueber hundert Fuß in der Tiefe des Meeres ist Alles Starrkrampf", so stimmt das mit den Ergebnissen der Naturforschung nicht überein. Kein Luftatom steht ruhig an derselben Stelle im Luftocean. Kein Tropfen Wasser im Meer bleibt an demselben Platze. Aus den tiefsten Abgründen des Meeres, die nie ein Lichtstrahl erleuchtet, steigen beständig die Gewässer zur sonnigen Oberfläche empor, oder sie senken sich wieder in die lautlose, dichte Finsterniß der unterseeischen Regionen hinab.

Wir haben oben gehört, daß die Sonne und der Mond gemeinsam den Ocean anziehen und sinken lassen, wodurch sie Ebbe und Fluth an den Küsten hervorrufen. Der Sonne hat die Vorsehung noch einen weitern Einfluß auf den Ocean zugetheilt. Sie muß alle Theile desselben bewegen. Das Meer saugt in jenen Regionen, über die der Aequator hinweggeht, die senkrechten, glühenden Sonnenstrahlen ein. Die Wärme dehnt die Wassertheile aus, die hierdurch in Bewegung gesetzt werden. Am Aequator beginnt die Wanderung des Meeres nach den zwei Polen zu, südlich und nördlich. Ist die wandernde Welle angekommen in den nördlichen Breiten, so beginnt der umgekehrte Prozeß. Die eisigen Polarwinde entziehen der Welle die Wärme, dadurch wird sie schwerer und sinkt in die Tiefe, um dort die Wanderung in südlicher Richtung dem Aequator entgegen fortzusetzen. So macht sich die Sonne geltend in Abgründen, die tiefer sind, als der Himalaya hoch ist.

Wer möchte es wagen, das Meer zu messen und das Gewicht desselben zu berechnen? Und diese Wassermassen, deren Umfang und Gewicht alle Begriffe übersteigen, bewegen sich still, lautlos, der Einwirkung der Sonne folgend, die zwanzig Millionen Meilen von ihnen entfernt ist. Nach diesen einfachen Gesetzen bewegt die Vorsehung den unermeßlichen Ocean. Und diese Bewegung erneuert und belebt. Die Wanderungen, hervorgerufen durch die Sonnenwärme, erhalten den Ocean in seiner Jugendfrische. Ohne sie würde er, der Segensspender, ein pestartiger Sumpf. Man hat früher geglaubt, daß die Stürme das verhüten. Allein der Sturm reicht nur in eine bestimmte Tiefe.

Während aber der Ocean sich im beständigen Kreislaufe seiner Wanderungen erneuert, dient er auch wieder der Erde; die unter dem Aequator erwärmten Tropengewässer führen dem kalten Norden Wärme zu, während die aus dem Norden kommenden und unter dem Aequator aus der Tiefe emporsteigenden Gewässer die Hitze der Tropen mildern. Daher wird in der Nähe des Meeres sogar in den heißesten Ländern die Hitze eine erträgliche. Daß die wandernde Welle unzählige Algensporen, Eier, Larven von Ort zu Ort trägt und verbreitet, ist ein weiterer Nutzen des wandernden Oceans.

Am siebenten Tage der Seereise beobachtete ich den ersten prachtvollen Sonnenaufgang, bis um neun Uhr Morgens uns mit einem Schlage eine Nebelschichte einhüllte, worauf die Dampfpfeife anfing, ihre Angstrufe in die nächste Umgebung hinaus zu brüllen. Woher kam dieser Nebel so rasch? „Für die nach Amerika gehenden Schiffe," schreibt Hübner, „sind der siebente und achte Tag die schwierigsten. Um diese Zeit befinden sich die Schiffe in dem breiten, gegen den Nordpol offenen Kanale, zwischen Island und den Küsten von Labrador, d. h. vorzugsweise in der Region der beständigen Nebel und auf der großen Heerstraße der Eisberge." Von diesem Theile der Reise reden die Offiziere schon in Europa; Nebel und Eisberge bilden die Schrecken des Teufelsloches.

Die Nähe des Eises machte die Luft kalt und naß. Es sprangen dem Dampfer nacheinander zwei Kessel, glücklicherweise ohne Schaden zu thun.

Gegen Mittag verstummte die Dampfpfeife, weil der Nebel verschwunden war, der Himmel heiterte sich auf. Ein Dreimaster flog stolz mit vollen Segeln in der Nähe an uns vorüber. Sein Ziel war Europa; zugleich zeigten sich Möven und Schwalben, die ersten Boten und Bewohner der neuen Welt. Sie kamen uns entgegen, uns zu begrüßen. Sie brachten wirklich neues Leben auf unser Schiff. Wir mußten jetzt, daß das Land sich wirklich nähere.

Am Morgen des achten Tages konnte man es auf dem Verdecke nur in der Nähe der Maschine aushalten, so rauh und kalt pfiff der Wind über das Verdeck hinweg und durch das Tauwerk.

In Mitte des Verdeckes erhebt sich ein viereckiger Bau, zwei Meter hoch, drei Meter breit und vier Meter lang, theils aus festem Eichenholz, theils aus Eisen construirt, mit einem Dache aus Glas und mit Eisen stark vergittert, dann an den beiden längeren Seiten mit Bänken zum Sitzen versehen. Von da aus beobachtete ich gern die ruhelose Arbeit der Maschine. Eine Dampfmaschine von der Größe und Kraft, wie sie der „Herder" führte, die vierundzwanzig Tage in ununterbrochener Thätigkeit bleiben konnte, die mit bewunderungswürdiger Ruhe und Präcision Tag und Nacht, bei Sturm, Wind und ruhiger See arbeitete, ist sicher ein staunenswerthes Werk des menschlichen Geistes. Man war lange Zeit der Ansicht, daß man den Ocean mit Dampfern nicht werde befahren können, weil bei stürmischem Wetter die Schiffe keine Minute ruhig bleiben, sondern nach allen Richtungen geworfen werden. Deßwegen staunte ganz England, als der erste Dampfer aus Amerika dort landete. Die Schwierigkeit suchte man im Dampfkessel, der alle Bewegungen des Schiffes theilt, der also sich nach verschiedenen Richtungen senkt. Hierin unterscheidet sich eben die Maschine eines Seedampfers von der eines Dampfers auf Flüssen oder von unserer Maschine auf Locomotiven. Die Dampfkessel des erstern müssen ihren Dienst thun und den nothwendigen Dampf liefern, wenn auch das in ihnen siedende Wasser keine Minute Ruhe hat, sondern in Folge des Schwankens des Schiffes in beständiger Bewegung ist. Und darin bestand die Kunst, die Kessel so zu construiren, daß ihnen die Schwankungen nichts machen. Der Versuch ist gelungen. Die Maschine eines Seedampfers ist das Schönste und Vollkommenste in diesem Fache.

Sie nimmt, wie ich schon bemerkt habe, den ganzen mittleren Raum des kolossalen Schiffes ein, ragt über das Verdeck heraus und reicht bis in die äußerste Tiefe des Schiffsraumes hinab. Um die Feuersgefahr zu vermindern, ist der Raum mit eisernen Wänden abgeschlossen und ummauert.

Die wichtigsten Bestandtheile der riesigen Maschine sind die Dampfkessel, die Cylinder mit der mächtigen Luftpumpe, die ungeheuere Welle, tief unten im Kiele, und die daran befestigte Schraube. Allgemein zieht man jetzt die Schraube den Rädern vor, weil sie in einer größeren Tiefe angebracht werden kann und daher auch beim Sturme mehr im Wasser bleibt, während hingegen bei schiefer Lage des Dampfers eines der Räder immer in der Luft umläuft. Wir sehen schon, welche Erfahrungen gemacht werden mußten, um der Schraube die Vollendung zu geben, die sie jetzt besitzt und die nur noch in einem Punkte vervollkommnet werden kann: daß sie nämlich stille steht, wenn bei sehr unruhiger See mächtige Grundwellen den Dampfer heben und ihn hierauf mit dem Vordertheile über einen Wellenberg hinabstürzen lassen, wodurch das ganze Hintertheil außer Wasser gesetzt wird. In solchen Momenten, die sich während des Sturmes regelmäßig wiederholen, läuft die Schraube nicht mehr im Wasser um, dreht sich folglich zu rasch und besteht die Gefahr, daß die Welle entzweibricht. Bisher hat man noch keine Einrichtung so vollkommen gefunden, daß die Schraube die alte Schnelligkeit außer dem Meere wie im Meere beibehält, und liegt in solchen Augenblicken Alles am Maschinisten, der gerade die Maschine bedient und der während eines Sturmes die höchste Umsicht anwenden muß, um die Schraube in derselben Schnelligkeit zu erhalten.

An zwanzig Mann befinden sich bei den verschiedenen Dampfkesseln, deren die größeren Schiffe wie „Herder" acht und mehr haben, um das Feuer zu unterhalten, um Kohlen herbeizuschleppen, die verbrauchte Kohle hinwegzuräumen und in's Meer zu werfen, endlich die Kessel mit dem nothwendigen Wasser zu speisen. Wie das Seewasser nicht trinkbar ist, so ist es auch unbrauchbar für die Dampfbereitung, weßwegen der Dampfer so viel Flußwasser mitführen muß, als die längste Seereise zur Dampfbereitung erfordert.

Ist der Dampf in hinreichender Menge vorhanden, so daß damit die beiden Riesencylinder versehen werden können, dann arbeiten die massiven Kolben mit der Luftpumpe mit vollendeter Präcision, um die aus einem Stück Eisen geschmiedete, tief unten im Schiffsraum liegende mächtige Welle in Bewegung zu setzen. Bei ihr befindet sich Tag und Nacht ein eigener Aufseher, der sie mit Oel begießt, damit sie sich bei der ungemein raschen Umdrehung nicht entzündet und wegspringt.

An die Welle, die am Hintertheil des Schiffes, genau in der Höhe des Steuerruders, in das Meer hinausreicht, ist die Schraube befestigt: vier in Kreuzesform gelegte, mächtige und schiefstehende Eisenblätter. In Folge ihrer schiefen Lage bohren diese sich in das Wasser hinein, bewegen sich dadurch vorwärts und schieben das riesige Schiff voran. Die Thätigkeit der Schraube verwandelt das Meer in der Nähe des Steuer=

ruders in eine sprudelnde, kochende, grüne Masse, die sich kräuselt und dreht und einen grünen, mit Schaum eingeränderten Streifen zieht, der eine halbe Seemeile zurück sichtbar bleibt.

Diese Schraube ist das Kleinod des Dampfers. Verliert er sie durch irgend einen Unfall, sei es, daß die Welle springt, sei es, daß sie sich loslöst und wegfliegt, sei es, daß ein Flügel, etwa im Hafen, an einem harten Gegenstand streift und bricht: so ist er in einer nicht beneidenswerthen Lage. Sie kann gar nicht ersetzt werden, so lange das Schiff im Wasser liegt. Ein Dampfkessel, der zerspringt, ein Cylinder, der den Dienst versagt, ein Kolben können reparirt werden, weil der Dampfer alle Vorrichtungen mitführt und ebenso die geübten Kräfte besitzt, die die Reparatur besorgen; nur die Schraube kann während der Reise nicht ausgebessert werden: wenn sie bricht, muß der Dampfer sehen, wie er mit Hilfe der Segel das Land erreicht.

Einen wie großen Raum auch die Maschine einnimmt, sie läßt noch Platz genug übrig für Frachtenräume, für die Passagiere und für die Mannschaften; der Bau selbst und die innere Einrichtung der großen Dampfer sind äußerst zweckmäßig abgetheilt. „Herder" hatte eine Länge von ungefähr 142 Meter, war 11 Meter breit und 15 hoch.

Wenn wir vom Zwischendecke absehen, von dem schon früher die Rede gewesen, so führen vom Verdecke drei schöne Stiegen in die unteren Räume, und zwar die erste vom Hintertheil in den Speisesalon der ersten Klasse. Dieser ist verschwenderisch eingerichtet, erhält sein Licht von oben und stellt jeden Speisesaal eines Hotels in Schatten. An den Seiten dieses Salon befinden sich die Cabinen mit je zwei Betten. Wer eine Cabine für sich allein besitzen will, bezahlt für zwei Betten und hat dann eine ziemliche Bequemlichkeit. An die Cabinen der Passagiere erster Klasse reihen sich die Cabinen der Offiziere an. Die größte gehört dem Kapitän; in ihr werden die nothwendigen Instrumente, Seekarten, Sextanten, Chronometer u. s. w. aufbewahrt.

Aus diesen Räumen auf dem Hintertheile des Dampfers führen zwei Gänge auf beiden Seiten an der Küche und den Vorrathskammern vorüber in einen größeren Salon für die Passagiere der zweiten Klasse, der bei einigermaßen großen Dampfern für ungefähr hundert Menschen berechnet ist. Rundherum an den Seiten befinden sich die Cabinen dieser Abtheilung mit je zwei bis vier Betten. Schlafen vier Reisende in diesem Raume beisammen, dann ist von einer Bequemlichkeit keine Rede mehr. Der Obersteward läßt sich indeß in der Regel bestimmen, einige Rücksichten eintreten zu lassen, wenn er Erkenntlichkeit hoffen kann. Bei Tisch und in den Cabinen sind Männer und Frauen getrennt. Aus diesem Raume führen zwei Stiegen auf's Verdeck. Das Licht fällt in den Salon von oben und zugleich durch Fenster auf beiden Seiten. Die Cabinen haben je ein Fenster auf das Meer; wo ein Fenster nicht angebracht werden kann, fällt von oben Licht ein. Es ist eine Wohlthat, eine Cabine in der Mitte des Schiffes zu bekommen, wo die Schwankungen am wenigsten empfunden werden. Darum ist es anzurathen, sich rechtzeitig zu melden und seine Cabine durch einen Freund, der die Einrichtung der Schiffe kennt, miethen zu lassen. Wir bemerken noch, daß in neuester Zeit, wie bei Landreisen, von den Schiffscompagnien Retourbillete zu bedeutenden Preisermäßigungen abgegeben werden.

Das sind die wichtigsten Einrichtungen im Raume unter dem Hauptverdecke. Ganz abgeschlossen wohnen die Matrosen; sie haben ihre Stube auf dem Vordertheile und empfinden das Anprallen der Wellen und das Schwanken des Schiffes am meisten.

Eine Eigenthümlichkeit aller Schiffe, die über den Ocean laufen, sind die Rettungsboote, welche in einer vorgeschriebenen Anzahl, je nach der Mannschaft und den Passagieren berechnet, vorhanden sein müssen. Sie sind an den zwei Seiten des Verdeckes in einer Höhe von zwei Meter an eisernen Säulen befestigt, die oben eine Biegung haben und gedreht werden können. Wenige Mann reichen hin, sie in's Meer hinabzulassen; die ganze Schiffsmannschaft ist in so viele Rotten abgetheilt, als Rettungsboote vorhanden sind. Während der Fahrt finden Rettungsproben statt, um die Mannschaft einzuüben für den Fall, daß der Dampfer scheitern, in Brand gerathen, oder sonst in einer Weise verunglücken und sinken sollte. Trifft den Dampfer in der Nähe des Landes ein Unglück und sinkt er nicht schnell, so sind sie sicher sehr zweckmäßig. Sie fassen, obwohl sie klein und leicht gebaut sind, viele Menschen, weil sie oben am Rande mit einem Kautschukschlauche versehen sind, der mit Luft gefüllt ist, weßhalb sie nicht umschlagen. Anders liegt freilich die Sache, wenn eine Katastrophe auf hoher See sich ereignet. In diesem Falle müssen Lebensmittel und verschiedene unentbehrliche Dinge in die Boote geschafft werden, damit die Schiffbrüchigen einige Tage ihr Leben fristen können. Vergleicht man nun für einen solchen Fall die Anzahl der Mannschaft, die auf „Herder" hundertundzwanzig betrug, und die Anzahl der Passagiere — wir waren über fünfhundert Köpfe —, so mindert sich das Vertrauen auf die Rettungsboote — „Herder" hatte deren zehn — sehr herab. Sie sind etwas — und sind nichts. Unwillkürlich falten sich die Hände und spricht der Mund: „Unter deinen Schutz und Schirm fliehen wir, o heilige Gottesgebärerin, verschmähe nicht unser Gebet in unseren Nöthen, sondern erlöse uns allezeit von aller Gefahr....."

Am achten Tage lief unser Dampfer ungefähr zehn und eine halbe Meile, also mehr als fünf Stunden in der Stunde, und doch waren die wenigsten Reisenden befriedigt. In solchen Augenblicken der steigenden Ungeduld ist es gut, einen Blick auf die Geschichte der Oceanfahrten zu werfen zur Zeit, wo es noch keine Dampfer gab.

Vom Jahre 1492 an, wo Columbus mittels Segelschiffen die neue Welt aufgefunden hat, bis 1850, wo man allgemein anfing, sich mit Dampfern auf den Ocean hinauszuwagen, vermittelten den ganzen überseeischen Weltverkehr nur Segelschiffe. Eine Reise von Havre nach New-York nahm in der Regel, ehe der Dampf dem Seefahrer dienstbar wurde, fünfundsiebenzig Tage in Anspruch. Wer sich nicht für fünfundsiebenzig Tage mit Lebensmitteln versehen konnte, wurde nicht zugelassen. Ich habe mich in Bezug auf diesen Punkt sehr sorgfältig erkundigt, um ein richtiges Urtheil abgeben zu können, und habe gefunden, daß die Reisen der Auswanderer vor 1850 regelmäßig zwischen sechsunddreißig und hundert Tagen gedauert haben. Also, auf hundert Tage mußte man sich in damaliger Zeit gefaßt halten. Wie leicht können wir uns also noch zwei Tage gedulden, ehe wir die Gestade der neuen Welt erblicken, die inzwischen der Mai mit allen Reizen des lieblichsten Frühlings wird geschmückt haben!

Der Morgen des neunten Tages — es war der zweite Sonntag der Reise — brach regnerisch und kalt an. Mein erster Blick galt, als ich auf's Verdeck kam, nicht dem Meere, sondern den Masten und Raen und den Segeln. Mochte der Ocean brausen, rollen, über das Verdeck schlagen, ich verspürte davon nur sehr wenig. Man kann es zuletzt auch auf einem schwankenden und nassen Schiffe aushalten. Ich war zufrieden, daß unsere siebenzehn Segel, besonders die Breitsegel, guten Wind hatten.

Das naßkalte Wetter machte, daß Passagiere auf der Stiege wieder umkehrten und vor dem Frühstück im warmen Salon sich die Zeit vertrieben, statt auf dem Verdecke einen Morgenspaziergang sich zu gönnen. Man mußte sich orbentlich zusammennehmen, wollte man, ohne zu stolpern, die ganze Länge des Verdeckes zurücklegen, weil der Dampfer sich unabläßig hob und senkte. Ein Umstand indeß brachte bald Leben auf's

Verdeck. In weiter Ferne kam eine dunkle Rauchsäule zum
Vorschein. Bald tauchte ein Kamin aus dem Wasser auf.
Ein Dampfer lief auf uns zu oder, besser gesagt, folgte uns
im Fahrwasser nach. Man sah es ihm an, daß er über eine
gute Maschine gebot, denn er war bald bis auf eine halbe See=
meile dem „Herder" nahe. Der Kapitän des andern Dampfers
wollte mit uns reden und ließ zu diesem Zwecke die Fahne
aufziehen und senken, wie es auf der See zu geschehen pflegt.
Die rothe Fahne war uns ein Zeichen, daß wir es mit
einem englischen Dampfer zu thun hatten. Unser Kapitän
mußte den Gruß erwiedern. Im Laufe der Zeit haben sich
die Seeleute eine Art „Zeichensprache" geschaffen. Sie nehmen
verschiedenfarbige Bänder, verbinden und trennen sie durch
Schnüre, geben ihnen auf dem Maste verschiedene Stellungen
und drücken dadurch bestimmte Mittheilungen aus, die der
Eingeweihte so gut wie das mündliche Wort versteht.

Nach dem Mittagessen ließ Neumann eine Anzahl Bibeln
in den Salon schleppen, um sie an die Reisenden zu vertheilen.
Darin besteht nämlich die Hauptthätigkeit der anglikanischen,
lutherischen und calvinischen Missionäre, daß sie eine Unmasse
von Bibeln, übersetzt in alle Sprachen, auf der ganzen Welt
vertheilen. Es ist seltsam, wie sehr der Mensch sich in eine
falsche Idee verrennen kann. Es ist eine von den Katholiken
bis zur Evidenz nachgewiesene Wahrheit, die alle denkenden
Protestanten bereits zugeben, die auch wahrheitsliebende,
protestantische Missionäre bekräftigen, daß auf der Welt
nichts unfruchtbarer ist, als dem Menschen, um ihn gläu=
big zu machen, die Bibel in die Hand zu geben. Die
Bibel bekehrt Niemanden. Auf der Predigt des lebendigen
Wortes allein ruht des Herrn Segen, nicht auf der Austheilung
von Bibeln. Zudem ist die Bibel ein Buch, so schwer ver=
ständlich, daß Jemand im Glauben gut unterrichtet sein muß,
will er sie verstehen. Es ist komisch, daß viele protestantische

Prediger ihre Bekehrten nach der Zahl der vertheilten Bibeln zählen können.

Majestätisch stieg die Sonne am zehnten Tage im Osten empor. Ueber dem ruhigen Meere wölbte sich ein tiefblauer Himmel. Der Rand des Horizonts war mit leichten, weißen Wölkchen, gleich einem zarten Schleier, umrahmt. Kaum war der Tag angebrochen, als eine bis dahin ungewohnte Thätigkeit begann. Taue wurden aufgerollt und über das Verdeck vertheilt. Ein Matrose ließ sich über das Geländer hinab und wusch, an einem Tauende sich haltend, die Schiffswände, welche das Seewasser übel zugerichtet hatte. Andere frischten mit Theer das Tauwerk auf, während das Schiff über die glänzende Fläche hinglitt. Segel auf Segel tauchten aus dem Wasser empor, von einer guten Brise geschwellt. Möven umkreisten die Masten, nach ihrer Art klagend.

Um ein Uhr Nachmittags zeigte sich in geringer Entfernung eine Barke, auf deren Segel in riesiger Größe die Zahl „6" stand. Sie erblickte uns kaum, als sie eilig auf uns anlegte. Der Kapitän kommandirte „stop" und die Schraube stand unbeweglich. In der Barke begegneten uns die ersten menschlichen Wesen aus der neuen Welt, darunter der Lootse, der an einem Taue aufgezogen wurde. Die freudigste Stimmung herrschte unter den Passagieren. Nur noch 150 Seemeilen trennten uns vom Lande und wir legten stündlich deren dreizehn und darüber zurück.

Mir wurde die Freude gegen mein Erwarten noch getrübt.

Oben habe ich schon bemerkt, daß Neumann sich recht oft bittere Bemerkungen über katholische Glaubenssätze und Einrichtungen erlaubt hatte, die ich aber nicht weiter beachten wollte, um jedem Streite in solcher Gesellschaft aus dem Wege zu gehen. Am Nachmittage des zehnten Tages nun griff er mich im Salon direct und persönlich an. Er äußerte laut: „Die süddeutschen Länder, Bayern und Oesterreich, stehen nur deßwegen so tief in Bezug auf die Cultur, weil dort die katholischen Geistlichen das Volk verderben!"

Die Aeußerung war von allen Reisenden verstanden worden und alsbald entspann sich ein Wortwechsel zwischen uns Beiden. Ich nahm die Kunstausstellung in München zum Ausgangspunkte, um damit einen Standpunkt zu gewinnen, der alle Anwesenden interessirte, und wies nach, wie gerade die katholischen Bewohner Süddeutschlands und vornehmlich Bayern sich in Kunst und Wissenschaft hervorgethan haben. Dann ging ich auf die Bodencultur von Bayern und Oesterreich über und wies nach, daß sie mit Norddeutschland wohl sich messen könnten.

Meine Beweisführung wurde schon mit Zurufen von allen Seiten begrüßt und bald stand Neumann mit seiner Ehehälfte allein den Passagieren der ganzen zweiten Cajüte gegenüber. Er suchte sich zu rechtfertigen, haschte nach Ausflüchten: allein sobald ich die allgemeine Erbitterung gegen ihn wahrgenommen hatte, griff ich ihn auch persönlich an, indem ich bemerkte: „Predigen Sie in New-York in Ihrer Kirche und nicht hier auf dem Schiffe, wo alle Reisenden ein offenbares Recht haben, nicht mit Predigten belästigt zu werden." Auf das hin wurden, entsprechend dem Charakter gewisser Passagiere, Stimmen laut: „Haut ihn durch!" Neumann verschwand mit seiner Frau in seine Cabine.

Es war gut gewesen, daß der Streit auf den letzten Tag der Reise gefallen war, weil sich die Erinnerung daran schnell wieder verlor. Das nahe Land nahm Aller Aufmerksamkeit in Anspruch.

Die Schiffsglocke verkündete Abends acht Uhr mit acht Schlägen die Stunde der Ablösung für die dienstthuenden Wachen. Nur wenige Minuten später tauchte in ziemlicher Entfernung eine kleine, feurige Kugel aus dem Meere empor, zitterte auf der See eine Weile und verschwand hierauf wieder, erschien bald auf's Neue, näherte sich, aber verschwand von Zeit zu Zeit.

Das war kein Schiff, das uns entgegenkam. Die Schiffe haben bei Nacht ein weißes Licht auf der Höhe des Mastes und auf beiden Seiten eine rothe und grüne Flamme. Bald riefen mehrere Amerikaner auf dem Schiffe: „Die Feuerinsel!" — „Land — Land!" — Soweit man in der Dunkelheit die Gegenstände unterscheiden konnte, stand der Dampfer vor einer Bucht still. Um Mitternacht rasselten die Anker in die Tiefe.

Am Morgen setzte sich der Dampfer mit Tagesanbruch langsam in Bewegung. Die Gestade der neuen Welt näherten sich uns. Links und rechts erschienen niedrige, aber malerische Höhen mit lieblichen Landhäusern, Gärten, Gebüschen, Baumgruppen, die letzteren meistens mit Blüthen übersäet. Die Ufer wurden höher, die Baumgruppen wurden zahlreicher und größer. Der vom Lande kommende Luftzug trug uns den Blumenduft entgegen. Endlich wurde ein Häusermeer gerade über das Vordertheil des Dampfers sichtbar und zahllose Masten. Auch segelten links und rechts Schiffe oder lagen da vor Anker.

Je mehr wir vorwärts kamen, desto bestimmter traten die Gegenstände hervor. Ich unterschied bald mehrere Häuserreihen, deren Namen mir ein Mitreisender, dessen Heimath New-York war, nannte. Links lag „Jersey City", ein sehr freundliches Städtchen, mit 29 000 Einwohnern, im Staate Jersey. Dann folgte „Hoboken", ebenfalls im Staate Jersey gelegen, als eine Art Vorstadt von New-York betrachtet, wo fast nur Deutsche wohnen.

Rechts öffnete sich eine zweite Bucht. Anfangs schien es, als liege an derselben eine einzige riesige Stadt. Aber bald lösten sich zwei Inseln von einander ab: die 44 Quadratmeilen große Insel Long Island mit den beiden lebhaften Städten Brooklyn und Williamsburgh. In der Mitte,

gerade vor mir, lag die Riesenstadt New=York, das nächste
Ziel meiner Reise.

Wir fuhren jedoch scheinbar an New=York vorüber in eine
westlich gelegene, viel geräumigere Bucht, als die im Osten war.
Hier befanden wir uns in dem berühmtesten Hafen der Welt,
in dem alljährlich achttausend ausländische Schiffe aus allen
Erdtheilen und Ländern verkehren. In London, Alexandria,
Constantinopel landen viele Schiffe; aber mit New=York
verglichen sind sie ungefähr das, was der Hauptstadt gegen=
über das einfache Dorf ist. Unbeschreiblich ist das Leben,
welches daselbst herrscht, das Getümmel und Gewimmel der
Dampfer, der Segelschiffe, der Ferry=Boote, der Barken, die
meistens in Thätigkeit, mit Menschen angefüllt, oder auf denen
Menschen beschäftigt sind. Wohin das verwunderte Auge
blickt, erschaut es Segel, Masten, rauchende Kamine und Schiff=
fahrtsgeräthe.

Unsere Fahrt in den Hafen erlitt eine Unterbrechung.
Zuerst kam in fieberhafter Eile ein zierlicher Dampfer auf
uns zu, mit einem hohen Verdeck. Er nahm die deutsche Post,
die in circa hundert Säcken, die mit Briefen, Zeitungen, Paketen
gefüllt waren, bestand, und verschwand so eilig wie er gekommen.
Der Briefverkehr zwischen den Vereinigten Staaten und Europa
hat riesige Dimensionen angenommen. Jeder Postdampfer
bringt Millionen von Briefen, die im Postgebäude von
New=York abgegeben und über die Länder der Union ver=
sendet werden.

Eine zweite Unterbrechung verursachte der Arzt, der uns
Passagiere untersuchte, ob wir in Bezug auf Gesundheit taug=
lich seien, den amerikanischen Boden zu betreten. Das Ganze
war Formalität.

Endlich um neun Uhr Morgens lag der deutsche Dampfer
vor Hoboken unter Schiffen aus Ost= und Westindien, Afrika
und Asien, aus England, Deutschland, Holland, Frankreich,

mitten unter kolossalen Riesen, denen man es ansah, daß sie
einen Sturm auf hoher See nicht scheueten.

Der Ausschiffung stand nur noch die Zollwache entgegen.
Ich hatte in verschiedenen Büchern üble Dinge über die ameri=
kanischen Zollbeamten gelesen und war auf eine umständliche
Quälerei gefaßt. Es war aber nicht so; mein Reisesack kam
einem der Zollbeamten so winzig vor, daß er fragte: „Wo haben
Sie das übrige Gepäck?" Als ich antwortete: „Habe nichts
mehr! — I have not more," entließ er mich ohne Weiteres.
Wer in einer Kiste bedeutende und mauthbare Artikel ein=
führt, aber nachweist, daß er sie für sich benützt, damit keinen
Handel treibt, zahlt nichts. Gegenstände für den Cultus, z. B.
Meßgewänder, sind zollfrei. Nur der eigentliche Schmuggel
wird strenge bestraft.

Diese entgegenkommende Behandlung stimmte mich für die
Amerikaner günstig, und ich betrat wohlgemuth den amerika=
nischen Boden, entschlossen, mich ohne Furcht und Scheu zu
bewegen und mit offenen Augen zu sehen.

4. Raphaels-Verein. Der katholische Auswanderer in der neuen Welt. Eine glückliche Verirrung. Third Street. Ferry-Boote.

Mit einer gewissen Freude steigt man nach der Seereise
an's Land. Die Gefahren und Beschwerden sind überstanden.
So viel Schönes und Prächtiges das Meer auch dem Auge
bietet, es wird doch nicht der Freund des Menschen. Wir
lieben es, festen Boden unter den Füßen zu haben. Ist man
tagelang geschaukelt von den Fluthen; hat man nichts gesehen
als eine endlose Wasserfläche, war man auf den engen Raum
des Schiffes beschränkt, ohne in die Ferne, nur einen Fuß
hinauszusetzen zu dürfen: dann hat man gelernt, die Ruhe und
Sicherheit, die Freiheit und Abwechslung des Landes mit

erneuter Liebe zu schätzen. Der Mensch ist und bleibt Landbewohner.

Bevor ich dem Leser meine persönlichen Verhältnisse und Vorkommnisse mittheile, muß ich einige allgemeine, besonders katholische Auswanderer betreffende Bemerkungen machen.

Amerika ist in den letzten Jahrhunderten in ähnlicher Weise das allgemeine Ziel der Auswanderer geworden, wie es in grauer Vorzeit Europa war.

Seit den ältesten Zeiten berichtet die Geschichte von Wanderungen unter den Völkern. Durch Auswanderung suchten ganze Volksstämme bessere Gegenden für ihre definitive Ansiedelung zu gewinnen; durch Auswanderung entledigten sich manche Staaten einer unruhigen Bevölkerung; durch Auswanderung wurden dem Handel neue Märkte geöffnet, ferne und öde Länderstrecken cultivirt. Der Wandertrieb scheint in der Menschen Natur zu liegen. Wie der Mensch hoffend in die Zukunft schaut, und gerne geneigt ist, in zeitlicher Ferne zu suchen, was er in der Gegenwart vermißt; so erwartet er auch auf der Wanderung in fremden Ländern zu finden, was die Heimath ihm nicht bietet. Besonders suchen in unseren Tagen Tausende ihr Glück in den Vereinigten Staaten von Nordamerika. Der Dampfer „Herder" allein hatte ihrer über vierhundert hinüber gebracht. Weil ich weiß, daß ihnen alle Jahre neue nachfolgen, möchte ich hier besonders für katholische Auswanderer einige Winke niederlegen.

Mit der glücklichen Ueberfahrt hat der Auswanderer noch lange nicht alle Beschwerden und Gefahren überwunden. Er betritt ein Land, dessen Sprache, Sitten, Gewohnheiten, Einrichtungen, Gesetze und Gefahren er nicht kennt. Es kommt hier Alles darauf an, daß er mit kluger Vorsicht und Ueberlegung sich schütze gegen Alles, was ihm schädlich werden könnte. Von selbst wird in Amerika der Schutz nicht; er muß gesucht werden. Im Lande der Freiheit, was Nordamerika

wirklich ist, findet man zwar viele lästige Gesetze nicht; aber
dieselbe Freiheit entledigt auch die bösen Kräfte ihrer Fesseln.

Der Auswanderer sieht sich bei seiner Ankunft umschwärmt
von Dienstbeflissenen. Um diese soll er sich nicht kümmern.
Es drängt ihn nichts, das Schiff zu verlassen. Er bleibe
ruhig auf demselben. Es ist nämlich in den jüngsten Jahren
ein Verein gegründet worden, der den Zweck hat, die katholischen
Auswanderer an Leib und Seele zu beschützen. „Um den großen
und mannigfachen Gefahren," schrieb das „Pastoralblatt der
Erzdiözese München=Freising", „für Leib und Seele, welche
die Auswanderer bedrohen, zu begegnen, wurde im Jahre 1868
auf der allgemeinen Katholiken=Versammlung in Bamberg die
Bildung eines eigenen Comité's für diesen Zweck beschlossen.
Um seinen Bemühungen ein größeres Interesse und durch Gebet
und Almosen die wünschenswerthe und nothwendige Förderung
zu schaffen, schritt das Comité im Jahre 1871 zur Gründung
des St. Raphaels=Vereins."

Der St. Raphaels=Verein ist, was schon sein Name besagt,
ein Führer für den katholischen Auswanderer, dem er sich
anvertrauen soll, um sicher den Gefahren zu entgehen, in welche
unzählige katholische Auswanderer vor seiner Gründung gefallen
sind. Wie viele solcher Auswanderer ihr Vermögen verloren
haben, weil sie bei ihrer Landung keinen Freund fanden, der
sie gegen Betrüger und Schwindler schützte, kann nie nachge=
wiesen werden. Ihre Zahl geht in die Millionen. Wie
viele katholische Auswanderer aber ihren Glauben, ihr kost=
barstes und höchstes Gut auf Erden, verloren haben, kann
man annähernd berechnen. Es gibt jetzt in den Vereinigten
Staaten sieben Millionen Katholiken. Ihre Zahl müßte aber
zwanzig Millionen betragen, wenn alle ausgewanderten
Katholiken ihren Glauben bewahrt hätten. Zahlen reden!
Millionen Katholiken haben das Vaterland verlassen und in
Nordamerika ein neues gesucht und vielleicht auch für ihr irdisches

Leben gefunden, aber sie haben mit ihrem Glauben das An=
recht auf das himmlische Vaterland für immer verloren. Das
will der St. Raphaels=Verein verhindern. Was hat er für die
katholischen Auswanderer gethan? Wie wird der Auswanderer
der Segnungen desselben theilhaftig?

Wenn ein Katholik über den Ocean ziehen will, so hat er
vor Allem Rücksprache mit seinem Pfarrer zu nehmen. Dieser
gibt ihm ein Zeugniß mit und verschafft ihm eine Karte des
St. Raphaels=Vereins. Mit dieser Karte wendet er sich in
Hamburg, Bremen, Antwerpen, Rotterdam, Havre, London,
Liverpool, New=York und Baltimore an jene Vertrauens=
männer, die der genannte Verein dort bestellt hat, und die den
Auswanderern, die sich an sie wenden, in jeglicher Beziehung,
in allen ihnen drohenden Gefahren, in allen Zweifeln und
Fragen unentgeltlich Schutz, Hilfe und Auskunft gewähren.
So wurden z. B. auf der einzigen Station Hamburg in einem
Jahre 1796 Auswanderer in Schutz genommen. Es wurden
ihnen billige und ordentliche Wohnungen vermittelt; sie wurden
in die Kirche und zum Empfang der heiligen Sacramente ge=
führt, und außerdem wurde ihnen, um sie vor Uebervortheilung
und Schaden zu schützen, bei ihren Zahlungs= und
Wechselgeschäften Beistand geleistet. Aehnliche Re=
sultate der Thätigkeit könnten auch aus Bremen und den übrigen
genannten Städten mitgetheilt werden[1].

Was dieser Schutz der Vertrauensmänner schon in den
Hafenstädten von Europa zu bedeuten hat, habe ich selbst er=
fahren. Mit mir landeten in New=York mehrere Reisende.
Sie hatten, ohne einen Bekannten bei sich zu haben, in Ham=
burg sich amerikanische Banknoten für ihr deutsches Goldgeld
eingewechselt. Als sie in Amerika die erste Banknote umsetzten,
wurde ihnen mit Gefängniß gedroht, denn sie hatten gefälschtes

---

[1] Pastoralblatt der Erzdiözese München.

amerikanisches Papiergeld erhalten. Auf diese Weise waren sie schon in Europa, vor ihrer Abreise, um ihr ganzes Vermögen gekommen und entgingen der Strafe in New-York nur, weil sie nachweisen konnten, daß sie in Hamburg gewechselt hatten.

Was das Geld angeht, so nehme sich jeder Reisende oder Auswanderer einen Wechsel mit, nicht baares Geld, setze in New-York den Wechsel mit dem Vertrauensmann um und er hat die volle Sicherheit, gutes, gangbares Geld zu erhalten.

Noch wichtiger ist die Karte für den katholischen Auswanderer in New-York. Der Raphaels-Verein hat es nämlich durchgesetzt, daß die Auswanderer nicht mehr wie früher auf den gewöhnlichen Landungsplätzen ausgeschifft werden, sondern in Castle Garden in New-York selbst. Die Schiffsgesellschaft bringt sie dahin, ohne daß sie irgend eine Entschädigung zu zahlen haben. In Castle Garden finden sie eine unentgeltliche Wohnung, finden in der nächsten Nähe deutsche Katholiken, bei denen sie Lebensmittel kaufen können, und finden insbesondere den Vertrauensmann des St. Raphaels-Vereins. Dieser geht ihnen in Allem an die Hand. Durch seine Vermittlung erhalten sie entweder auf Grund des Zeugnisses von ihrem Pfarrer Aufnahme in eine der zahlreichen katholischen Pfarreien und Arbeit bei einer katholischen Familie, oder, wenn sie sich im Westen ansiedeln wollen, die beste Anweisung, wohin sie zu gehen haben, um billiges und gutes Land und eine katholische Schule und Kirche zu finden. Ich werde später nachweisen, daß und warum den Katholiken die Zukunft in den Vereinigten Staaten gehört; hier bemerke ich nur, daß der katholische Auswanderer sich ohne Zögern, sobald er den Boden der neuen Welt betritt, mit Entschiedenheit an die Katholiken anschließen muß. Daß er dieses leicht kann, dafür entfaltet der St. Raphaels-Verein seine segensreiche Wirksamkeit. Der Verein besitzt darum den höchsten Segen der Kirche. „Unser heiliger Vater, Papst Leo XIII., hat den Verein mit den Schätzen der Kirche begnadigt. Mittelst apostolischen Breves vom 19. Juli 1878 verleiht er allen Mitgliedern des Vereins, wenn sie am Feste des hl. Raphael oder am darauffolgenden Sonntage die heiligen Sacramente empfangen, eine Kirche oder ein öffentliches Oratorium besuchen und daselbst die gewöhnlichen Ablaßgebete verrichten, dann allen Auswanderern, welche sich an den Verein wenden, für den Tag der Abreise und für die Todesstunde einen vollkommenen Ablaß." [1]

Nachdem ich diese Bemerkungen, die nicht bloß für den katholischen Auswanderer, sondern auch für die Seelsorger von Wichtigkeit sind, gemacht habe, will ich in der Erzählung meiner Reiseerlebnisse in Hoboken fortfahren.

Alle deutschen Dampfer landen in Hoboken, im Staate New-Jersey. Da verlassen, wenn sie wollen, die Reisenden erster und zweiter Klasse das Schiff. Die Auswanderer bleiben, wie oben angedeutet, zurück, weil sie nach Castle Garden befördert werden. Ich stieg in Hoboken an's Land, steckte aber meine rothe Karte zur Vorsicht auf den Hut, um vom Vertrauensmann alsbald erkannt zu werden. Ich hatte nämlich selbst eine Karte des Raphaels=Vereins mitgenommen, um bei meiner Ankunft im Vertrauensmanne einen Bekannten und Freund zu finden und nicht einem Gauner in die Hände zu fallen. Gewöhnlich befindet sich der Vertrauensmann am Landungsplatze und geht auf jene zu, bei denen er die Karte erblickt. Ich trieb mich lange in der Mauthhalle herum, aber vergebens. Eben machte ich den letzten Versuch, um in der hin= und herwogenden Menschenmenge den Vertrauensmann zu entdecken, als ein junger Mann, der bis dahin mit der Zollwache beschäftigt war, auf mich zukam und mich in deutscher

---

[1] Pastoralblatt a. a. O.

Sprache anredete: „Der Vertrauensmann, den Sie suchen, hält heute seinem Sohne Hochzeit. Ich vertrete seine Stelle und sorge für Sie." Was ich vom Vertrauensmanne erwartete, war sehr wenig. Ich wollte nur mit seiner Hilfe das Kloster französischer Schwestern finden, an die ich angewiesen war.

Ein Reisender, der auf dem Dampfer zu den besten gehört hatte, sah mich kaum im Gespräche mit dem jungen Zollbeamten, als er auf mich zulief, mich bei Seite zog und mir zuflüsterte: „Ein Schwindler, geprellt werden Sie!" Seine Miene ließ mich den Ernst seiner Warnung erkennen und beinahe fürchtete ich, daß mich die Karte, welche mir nützen sollte, unglücklich machte. Doch ich brauchte einen Rathgeber. Wie sollte ich von Hoboken in die Stadt New-York, wie vom Meere zum Kloster der französischen Schwestern kommen? Ich wendete mich daher, von den Umständen gezwungen, wiederholt an den Zollbeamten, um von ihm eine passende Anweisung zu erhalten. Augenblicklich wurde ich, nur noch ernster als zuvor, gewarnt. Auf dieses hin setzte ich dem bisherigen Reisegefährten meine Lage auseinander, und nun bot er sich mir zum Führer an bis zu einem gewissen Punkte der Stadt, wo ich nicht mehr fehl gehen könnte. Wer einmal einen fremden Welttheil besucht hat, weiß, was das bedeutet. Man sage nicht, daß die jetzigen Amerikaner uns näher stehen, weil sie der Abstammung nach Europäer sind. Die Bewohner von New-York sind artig gegen die Fremden, aber diese verstehen in den ersten Tagen die amerikanische Ausdrucksweise nicht. Die englische Sprache, die eigentliche Verkehrssprache der Union, hört sich in Amerika anders an als in England. Ich erhielt daher auf jede Frage, die ich stellte, eine Antwort mit den Händen, weil ich, die Worte nicht verstehend, aus der Bewegung der Hand schließen mußte, was man mir sagen wollte. Auch die Deutschen verstehen sich in Amerika in den ersten Tagen nicht. Oder, was denkt sich der Leser, wenn ihn

ein Deutsch=Amerikaner fragt: „Mein Herr, was gleichen Sie?"
Doch davon rede ich später ausführlicher.

Ich weiß nicht mehr, war es Angst oder war es der Trieb, so schnell, als es ging, aus dem Bereiche des Schwindlers zu kommen, genug, ich vergaß, mich um einen Packträger umzusehen, deren es in New=York an den Landungsplätzen viele gibt, nach denen man aber in den Straßen der Stadt vergebens sucht. Ich folgte meinem Begleiter, die Reisetasche in der Hand. Wir mußten, um nach New=York zu kommen, das auf einer Insel liegt, über den North=River oder Hudsonfluß zurückfahren. Bei der Gelegenheit lernte ich sofort kennen, was die praktischen und unternehmenden Yankees zu leisten im Stande sind.

Als ich mit meinem Begleiter mich durch eine geräumige Straße dem Meere oder Hudsonflusse näherte, schwamm vor mir ein nobles, feines Haus, sehr zierlich und elegant gebaut, und stand mittels einer Brücke mit der Straße in Verbindung. Es zerfiel in zwei Hälften, weil in der Mitte zwei breite Straßen hindurchliefen. Das war ein amerikanisches „Ferry=Boot", ein eigenthümlich construirter Dampfer, auf beiden Seiten mit herrlichen Gemächern versehen, in denen ich für Gentlemen und für die Ladies gesonderte Räume und feingepolsterte Sitze vorfand, auf denen die Menschen in hastiger Eile und schweigend Platz nahmen. Einen Rangunterschied gab es nicht. Der Zeitungsbube mit der zerrissenen Hose saß gemüthlich neben dem Gentleman mit goldenen Ringen an den Fingern und goldenen Ketten an der Taschenuhr. Vor den Gemächern gab es einen ziemlich geräumigen freien Platz für solche, welche die freie Aussicht dem Salon vorzogen und für die Jugend, die sich da herumtummelte.

In der Mitte zwischen den Sälen befanden sich die oben schon angedeuteten beiden Straßen, in welche die Fuhrleute mit Wagen und Pferden hineinfuhren und hielten.

Zur bestimmten Minute setzte sich das schwimmende Haus in Bewegung, ohne Zeichen, ohne Rufen. Kein Mensch sprach, Niemand commandirte; Niemand verlangte ein Billet oder wies den Passagieren Plätze an. Die Maschine machte so wenig Getöse, daß man an sie gar nicht gedacht hätte, wenn man nicht aus einem kleinen Kamine auf dem Dache den Dampf hätte steigen sehen.

Ich hatte meinen Platz im freien Raume gewählt und hatte einen köstlichen Anblick, der ganze North=River war mit Dampfern, Segelschiffen, Excursionsschiffen bedeckt, die nach allen Richtungen steuerten. Inmitten dieses belebten Verkehres fanden die Ferry=Boots sicher und schnell ihren Weg. Unser schwimmendes Haus fuhr in New=York in eine Straße ein, setzte sich an einer Brücke fest und wir eilten weiter. Diese Ferry=Boots gehen Tag und Nacht, selbst an Sonntagen. Man zahlt jedoch nie mehr, ob man bei Tag oder bei Nacht sich ihrer bedient.

Eine Viertelstunde nach der Abfahrt von Hoboken wanderte ich schon durch die Straßen New=York's. Der erste Eindruck war, als befände ich mich in einer Fabrik, wo unzählige Maschinen lärmend sich bewegen und thätig sind. Wägen rollten, Peitschen knallten, Pferde trabten, Bahnzüge über mir pfiffen, Menschen wogten durcheinander.

Man erwarte nicht, daß ich jetzt schon etwas über New=York erzähle, diese Weltstadt ohne Gleichen. Ich sah das Leben und Treiben in Kairo, Alexandria, Constantinopel, Wien, Paris. Sie alle stehen hinter New=York. Ich sah anfangs weder Fifth=Avenue noch Broadway, weder die erste noch die hundertste Street. Die Bäume verdeckten mir den Wald. New=York muß studirt werden.

Mein Begleiter führte mich mitten in dieses betäubende Treiben hinein, blieb plötzlich stehen und gab mir, da ich von jetzt an den Weg allein fortsetzen sollte, folgende Anweisung:

„Sie sind hier in Avenue A (spr. Avenju Ä); gehen Sie gerade aus neunzig Bloks, dann sind Sie Third Street (spr. Törd Strit) und da ist Ihre Adresse." Ich wiederholte bei mir genau diese Anweisung und ging geduldig, bis mir die Geduld ausging, und es mir schien, als gebe es keinen Ausweg mehr aus dem unermeßlichen Häusermeere, in dem zwei Millionen Menschen wohnen. Bald war ich in Folge der Anstrengung in Schweiß gebadet. Ich fragte wieder. „Noch zwanzig Blocks," hieß es. Ich versuchte weitergehend an den Straßenecken die Namen der Straßen zu lesen. Ich fand sie nicht. Große Plakate sah ich allerorts angeschlagen, aber keine Straßenbezeichnungen, bis ich nach dem Namen der Straße, bei der ich eben stand, fragte. Ein Mann deutete auf die Straßenlaterne. Wirklich war sie hier angeschrieben. Wahrlich praktische Leute, diese Amerikaner, die die Straßennamen nicht an die Eckhäuser schreiben, wo sie bei Nacht Niemand lesen kann, sondern an die der Straße zugekehrte Seite der Laterne, damit sie auch bei Nacht gelesen werden können. Ich hatte den Dampfer nüchtern verlassen, um noch die heilige Messe lesen zu können zur Danksagung für die glückliche und besonders kurze Fahrt. Es war $10\frac{1}{2}$ Uhr Vormittags und ich konnte noch immer nicht mein Ziel finden. Da sollte ich die Richtigkeit des Sprüchwortes an mir erfahren: „Wo die Noth am größten, ist die Hilfe am nächsten."

Mit einem Male stand ich vor einer Kirche, und bevor ich Zeit hatte, zu fragen, öffnete sich die Thüre und strömten die Andächtigen heraus. Ich stand also vor einer katholischen Kirche, denn alle anderen religösen Gesellschaften, Anglikaner, Puritaner, Methodisten u. s. w., haben keinen werktäglichen Gottesdienst. Sogleich suchte ich den Pfarrer auf, vorab unbekümmert um meine Adresse, und fand ihn im Kleide eines Redemptoristen. Sofort redete er mich deutsch an, las mein Zeugniß, führte mich in die Sacristei, und ich konnte die heilige

Messe lesen. Nach derselben erfuhr ich, wie glücklich ich mich verirrt hatte. Ich war in das Kloster der Redemptoristen in der dritten Straße von New=York gekommen, wo ich die freundlichste und beste Aufnahme, die praktischesten Anweisungen bezüglich meiner Weiterreise und in Herrn Rector Anwander einen gebornen Bayer fand, der sich freute, einem Landsmann „Brod und Decke" bieten zu können; besser hätte ich es in der That nicht treffen können. Die Vorsehung hatte mich in jenen Theil von New=York geführt, wo fast nur deutsche Katholiken wohnen. Wie war ich am nächsten Morgen entzückt, als ich um fünf Uhr celebrirte und nach ächt deutscher Weise von Männern, Frauen und Kindern in der höchsten Begeisterung singen hörte: „Maria, Maienkönigin — Dich will der Mai begrüßen — Oh! segne seinen Anbeginn — Und uns zu deinen Füßen!"

Ich war überglücklich, die kleine Unbequemlichkeit abgerechnet, daß ich in den ersten Tagen meistens seekrank wurde. Es ist kein Unglück, auf dem Schiffe seekrank geworden zu sein, weil man sich nach der Landung dann desto wohler befindet, während sonst leicht auf dem Lande sich erst der Schwindel, die Uebelkeit und dergleichen einstellen. Meine Wohnung nahm ich bei dem Redemptoristen Fathers, ein Vortheil, den ich bald schätzen lernte.

Das Allerschwerste für den Ankömmling ist nämlich, sich in einigen Wochen oder Monaten ein richtiges Urtheil über Land und Leute eines fremden Welttheiles zu bilden. Man muß in diesem Falle manche Vorurtheile, welche man in Folge der Lectüre unwahrer Berichte eingesogen hat, ablegen, mit liebgewonnenen Meinungen brechen, seine Ansichten ändern. In dieser Beziehung wird heutzutage gar sehr gefehlt. Wir lesen viele Berichte über fremde Welttheile, aber wir lernen die Verhältnisse selten so kennen, wie sie wirklich sind, weil die Berichte nicht objectiv genug waren. Leute, die weder Geschick,

noch Talent, noch Einsicht haben, sich selbst und ihr Volk
richtig zu beurtheilen, fahren in Eisenbahnwagen durch ein
Land, steigen aus, beziehen eine Wohnung in einem Hotel,
das ihr Bädeker besonders empfiehlt, sprechen mit einem der
Kellner, den sie zufällig verstehen und der vielleicht nicht ein=
mal ein Eingeborener ist, oder sie sprechen mit Reisenden, die
so fremd als sie selbst sind, oder sie fragen den Lohndiener
oder Führer, der ihnen zufällig bezeichnet worden ist, und
der ganz genau sagt, was der Fremde gerne hört, aus Rück=
sicht für ein gutes Trinkgeld, über Land und Leute und notiren
dieses als Wahrheit. Bei ihrer Rückkehr in die Heimath
sprechen sie nun ihr Urtheil aus: gleichviel, ob wahr oder falsch.

Um diese meine Ansicht zu begründen, verweise ich auf
„Amerikanisches" von Kist, der die Policemen (Polizei=
mannschaft) der Vereinigten Staaten in ein ganz falsches
Licht stellte. Ich hielt sein Urtheil für begründet und hielt mich
von jedem Policeman ferne, bis ich, wie wir später hören werden,
eines Besseren belehrt werden sollte. Wer das Buch des Mis=
sionärs Kleiber liest, wird darin den katholischen Klerus
der Vereinigten Staaten genau so geschildert finden, wie er
nicht ist. Hält sich der Reisende vom katholischen Klerus
ferne, dann verliert er eben in ihm eines der besten Mittel,
um Amerika so kennen und beurtheilen zu lernen, wie es in
der That ist. Wer verkehrt mehr mit dem Volke, wer kennt
genauer dessen Tugenden und Laster, als der Klerus? Wer
kennt Amerika besser: der Handlungsreisende, der gerne im
Hotel renommirt, oder ein Missionär, der die meisten Städte
besucht, um zu predigen, der alljährlich einen Theil der Ver=
einigten Staaten durchwandert und beim Farmer im Urwald
übernachtet? Ich habe deßwegen stets mit erfahrenen katholischen
Priestern verkehrt und mit Männern, an welche sie mich gewiesen
haben, um Amerika kennen zu lernen. Gestützt auf ihre Rath=
schläge habe ich die passenden Bahnlinien gewählt, die Haltung

und das Benehmen der öffentlichen Beamten beurtheilt, das Sectenwesen studirt u. dgl.

Verkehrt man bloß mit Geschäftsleuten oder Handlungsreisenden, so wird man im besten Falle ein Land, ein Volk nur höchst einseitig beurtheilen. In ihrem Beruf ist das Erste: „Geld machen". Haben sie irgendwo gute Kundschaft, so wissen sie nicht Rühmenswerthes genug über Land und Leute vorzubringen; ist aber ein Platz ihren Artikeln verschlossen, so kommt er schlimm weg. „Die minderst interessanten aller menschlichen Wesen," schreibt in dieser Hinsicht treffend Hübner, „sind die Handlungsreisenden, Commis voyageurs. Wenn sie noch von ihren Mustern und Waaren sprechen wollten! Aber sie gefallen sich in der hohen Politik. Ein jeder von ihnen sagt mit großer Offenheit, was er denkt und fühlt. Und er denkt und fühlt, was er Morgens in seiner Zeitung gelesen hat. Diese Menschen sind erstaunlich. Sie wissen buchstäblich Alles. Die Premierminister der Großstaaten haben keine Geheimnisse für sie. Als vernünftige Leute würden sie zögern, — sie wären denn ihres Zeichens Handschuhmacher, — über einen Handschuh ein endgiltiges Urtheil abzugeben. Rühmliche Ausnahmen gebe ich natürlich gerne zu."

Aehnliches läßt sich von vielen Reisenden sagen. Wie wenige aus ihnen leiden nicht an vorgefaßten Meinungen? Wie viele besitzen überhaupt die nothwendige Bildung, um ein richtiges Urtheil zu fällen? Wer aber nicht alle Vorurtheile abstreift, dem geht es wie einem Manne mit einer blauen Brille: er sieht Alles blau. Das Vorurtheil färbt Sitte und Volk. „So groß ist die Macht der Vorurtheile," schreibt der amerikanische Missionär Weninger („Protestantismus und Unglaube"), „daß sie nicht selbst die fähigsten Talente daran hindert, die Wahrheit zu erkennen, die doch gleichsam vor ihnen auf der Hand liegt. Das Vorurtheil mag an und für sich geringfügig erscheinen, doch die Nachwirkung ist ungeheuer und unglaublich. Ein kleines Stück Tuch vor ein Fenster gehängt, verfinstert am hellen Mittag eine Stube, eine leichte Wolke entzieht unserem Auge den Anblick der Sonne. Ein kleines Stück Holz über die Bahn gelegt, treibt ganze Bahnzüge aus dem Geleise. Nur etwas Staub im Auge hindert dessen Sehkraft und wäre es die eines Adlers. Dasselbe gilt von Vorurtheilen. Ist ein Mensch von solchen befangen, dann helfen oft alle Beweisführungen nichts." Will man ein Volk kennen lernen und richtig beurtheilen, so muß man es lieben. Viele Reisende gefallen sich in einer recht beißenden und scharfen Kritik; sie meinen hierdurch am ehesten sich in den Ruf tiefer Beobachter und scharfer Geister zu setzen. Es ist wahr, sie vermögen viele Leser zu bestechen, aber die Wahrheit gewinnt bei ihren Berichten selten.

Ich lege bei allen Reiseberichten auf die Liebe und ihr unparteiisches Urtheil ein großes Gewicht. Daher las ich stets mit besonderem Vertrauen die Missionsannalen und lese neuestens gerne die „Missionen", die bei Herder erscheinen, weil sie von Männern verfaßt sind, die ihr Leben im Dienste der Wahrheit opfern und die bei fremden Völkern nur bleiben, weil die Liebe zu den Seelen sie festhält. Oder wer wird uns am richtigsten den „Indianer" schildern: der Missionär, der ihn zu einem gebildeten Menschen zu machen sucht; oder der Pelzhändler, der ihn mit Schnaps berauscht, um ihn zu übervortheilen?

Nach diesen Bemerkungen, aus denen der Leser erkennen wird, wie sehr es mir widerstrebt, die Amerikaner ungünstiger, als sie es verdienen, zu beurtheilen, kehren wir wieder in die Third Street von New-York zurück, wo ich eine so gastliche Aufnahme gefunden hatte.

Mein nächstes und wichtigstes Geschäft am ersten Nachmittage war, meinen Wechsel einlösen zu lassen. Ich nahm amerikanische Banknoten zu zehn Dollars das Stück. Diese Noten sind äußerst praktisch. Ich ließ mich sodann mit den verschiedenen Geldsorten der Vereinigten Staaten bekannt machen. Am häufigsten ist der Silberdollar im Verkehr, der ungefähr den Werth von vier Mark fünfundzwanzig Pfennigen hat. Außer ihm sind halbe und Viertel=Dollars im Umlauf. Unter den kleinen Münzen sind die Zehn= und Fünf=Cents=Stücke am häufigsten. Es bedarf nur einiger Aufmerksamkeit im Anfange und man ist bald mit dem amerikanischen Geld vertraut. Will man nicht geprellt werden, so ist eine frühzeitige Bekanntschaft mit der Münze und ihrem Werthe unentbehrlich.

Nachdem ich mit gangbarer Münze hinreichend versehen war, ging mein Verlangen nach einem guten Glas Bier, das ich auf dem Schiffe ungern entbehrt hatte. Nach einer langen Seereise empfindet man immer einen ungewöhnlich starken Appetit. Ich begriff jetzt, warum die Amerikaner oft zur See gehen, um den Appetit zu wecken und zu steigern.

Ich bestieg einen der zahllosen Wagen, die durch alle Straßen rollten, die die Engländer und wir ihnen nach „Tramways" nennen, die aber in New=York viel einfacher „Streetkars", d. h. Straßenwagen, heißen, und fuhr bis an die See hinaus. Der Wagen jagte voran, als gälte es, im Circus einen Preis zu erobern. Der Conductor (spr. Condukt'r) war die Artigkeit selbst. Bald stand ich an Castle Garden, wo ich zu meiner Freude viele von den Auswanderern wieder traf, die ich des Morgens an Bord des „Herder" verlassen hatte. Sie waren hierher unentgeltlich befördert worden, fanden den katholischen Vertrauensmann, und durch ihn gute Aufnahme und Verpflegung, erhielten ihre Fahrbillete („Tickets") und die genaue Anweisung, wohin sie zu reisen hatten. Mehrere von ihnen verweilten einige Tage hier. Wer des Reisens unkundig und der Sprache nicht mächtig ist, muß unbedingt sich in Castle Garden ausschiffen, will er in New=York mit trefflichen Katholiken näher bekannt werden.

Unweit Castle Garden winkte mir ein riesiger Schild

mit der Aufschrift: „Lagerbier". Ich trat in die geräumige Halle, traf richtig einen deutschen Wirth, der mir alsbald ein winziges Gläschen Bier, mehr Schaum als brauner Stoff, vorsetzte. Zum Glück trat ein Gast ein, dem ein viel größeres Glas vorgesetzt wurde. Ich fragte, was sein Glas koste, und erfuhr, daß es amerikanische Sitte sei, jedes Glas Bier, gleichviel ob klein oder groß, um fünf Cents zu verkaufen. Als ich dem Wirthe meinen Unwillen aussprach, mich mit einem so kleinen Glase bedacht zu haben, entschuldigte er sich: „Herr, ich habe Sie als Gentleman behandelt." Es ist amerikanische Sitte, den Gentlemen kleine Gläschen vorzusetzen. . So wenig ich diese Sitte in Bezug auf meine Person lobte, so sehr gefiel mir eine andere.

Vom Gaste, dem ich mein größeres Glas verdankte, erfuhr ich, daß jeder Wirth in Amerika bemüht ist, seinen Gästen einen pikanten Imbiß (Lunch) vorzusetzen. Ich machte den Versuch und verlangte Lunch (spr. lantsch). Nacheinander erhielt ich Zwieback, Rettige, kaltes Fleisch, und das Alles kostete nicht einen Cent, war mit dem Bier schon bezahlt. Wer also ein Glas Bier trinkt, erhält einen Lunch, wenn er will, unentgeltlich. Die Wirthe können ihn geben, denn wie ich später beobachtete, nehmen die Gäste fast nie etwas an, die Armen ausgenommen, für die der Lunch eine wahre Wohlthat ist. Ueberhaupt soll man nicht nach Amerika gehen, um den Grundsatz: „Hilf dir selbst", geübt zu sehen.

Die Europäer können von den Amerikanern in Bezug auf Nächstenliebe, Gastfreundschaft und Wohlthätigkeit lernen. Dort nimmt man sich der Armen gerne an, vorausgesetzt, daß sie keine Verschwender und Taugenichtse sind; diese überläßt man freilich ihrem Schicksale. Man weiß dort von einer gesetzlich erzwungenen und anbefohlenen Unterstützung oder Wohlthätigkeit nichts. Der Staat überläßt es den Bürgern, wie sie mit den Armen zurechtkommen, und diese wetteifern,

Armen- und Krankenhäuser, Asyle für Waisen- und Findelkinder zu gründen, und für jede Art von Armuth und Verlassenheit zu sorgen. Doch über diesen wichtigen Punkt möchte ich lieber, wenn ich viele Städte und Staaten der Union bereist haben werde, ein eingehenderes, auf Erfahrung gegründetes Urtheil abgeben.

Eine specielle Schilderung der denkwürdigen Weltstadt New-York wird der freundliche Leser auch jetzt noch nicht erwarten. Das Bild, das sich mir darbot, war zu mannigfaltig, zu großartig, zu überwältigend, dann auch zu abweichend von dem, was eine europäische Weltstadt bietet, als daß ich im Stande gewesen wäre, schon jetzt meinem Urtheile eine feste Gestalt zu geben. Ich sah endlose Häuserreihen, aber verschieden an Farbe, im Baustile, in der Höhe, in der Anlage. Ich sah die Straßen schlecht gepflastert. Man hat diesen Dingen jenseits des Oceans noch nicht jene Aufmerksamkeit zugewendet, wie in den Weltstädten der alten Welt.

Mit einem Streetkar kehrte ich von Castle Garden wieder in die Third Street zurück, um meine Vorbereitungen für die Abreise zu treffen. Die Veranlassung zu meiner Reise nach Nordamerika hatte eine Familienangelegenheit gegeben, die für Niemanden ein Interesse hat, weßhalb ich sie weder direct noch indirect berühre.

Ich selbst aber wollte die Gelegenheit benützen, um jenen Theil der neuen Welt, wohin mich die Geschäfte gerufen, eingehend zu studiren und kennen zu lernen. Deßhalb mußte ich mir vorab einen bestimmten Reiseplan entwerfen. Nicht alle Städte, nicht alle Staaten der Union bieten dasselbe Interesse. Es galt daher, die wichtigsten herauszufinden. Nicht alle Gegenden sind bereits wie in Europa cultivirt; es gibt in den „alten Staaten" noch Urwälder, z. B. in Pennsylvanien, in Ohio, in Virginien; es galt daher, die lieblichsten Punkte zu durchreisen, oder auf der Reise zu berühren. Ein großes Gewicht legte ich ferner darauf, jene Staaten kennen zu lernen, wo vorherrschend Katholiken und Deutsche sich angesiedelt hatten, um hier an Ort und Stelle ein richtiges Urtheil mir bilden zu können.

Das höchste Interesse aber hatte ich daran, das Leben und Treiben, das Schaffen und Wirken der Katholiken zu beobachten, die in den allerletzten Jahren die erhöhte Aufmerksamkeit nicht bloß aller ihrer nordamerikanischen Mitbürger selbst, sondern der ganzen Welt auf sich gezogen haben. Man liest kaum mehr eine größere Zeitung, die nicht auf die Entwicklung des Katholicismus in Nordamerika zu sprechen kommt. Wer Nordamerika vor fünf Jahren gesehen hat, kennt es nicht mehr, eine solche Veränderung hat der Fortschritt des katholischen Lebens dort hervorgebracht. Das Wirken der Katholiken fällt jetzt Jedermann in die Augen. Wie wäre es sonst möglich, daß der methodistische Bischof Foster in Boston sich in einer öffentlichen Rede (Anfangs 1878) in folgender Weise ausspricht, wie das „North Western Chronikle" berichtet: „Ich hege eine tiefe Verehrung für die römischen Katholiken und die römisch-katholische Kirche; und dieses Gefühl steigert sich bei mir, je mehr ich in den Jahren fortschreite. Ich bin nicht der Ansicht, daß es uns zustehe, die Katholiken zu kritisiren, bevor wir einen Eifer im Dienste des göttlichen Meisters an den Tag legen, der dem ihrigen mindestens gleichkommt. Wer sind denn diejenigen, die schon vor Tagesanbruch trotz aller Strenge des Winters mit eiligen Schritten an unsern Wohnungen vorbeieilen? die ihre Kirchen bis auf den letzten Platz anfüllen, um den Schöpfer anzubeten, während wir, in schuldhaftem Schlaf versunken, die gesegneten Frühstunden des Tages verlieren? Wer sind denn die auf den Straßen sich drängenden Massen, das Gebetbuch in der Hand, deren ehrerbietige Haltung auf eine aufrichtige Frömmigkeit des Herzens schließen läßt, eine Frömmigkeit, die ebenso aufrichtig ist, als die der Besten unter uns? Es sind eifrige, treue Katholiken, die fest an die Wahrheit ihrer Kirche glauben, die wissen, daß sie in der Kirche allein den Gott, welchen sie lieben und fürchten, anbeten und ihm dienen können. Welcher Kirche gehören jene zahlreichen Genossenschaften an, deren Mitglieder man Tag und Nacht am Krankenlager findet, und die überall im hochherzigen Opfer für das Wohlergehen des Volkes Gottes nicht müde werden? Wer sind die armen und unbekannten Personen, welche aus fernen Landen hierherkommen und die trotz ihrer Armuth im Stande sind, jene prächtigen Tempel zu bauen, die uns erröthen machen? Ist es nicht die arme, ihrem Glauben treu ergebene Dienstmagd, welche den Zehnten ihres Lohnes gerne auf den Altar Gottes legt? Und wird sie denn nicht Gnade in den Augen des Herrn finden? — Ich habe jüngst einen Artikel in dem „Christian Advocate" gelesen, der uns beschämt. Dieser Artikel constatirte, daß die Katholiken in der Stadt New-York an Kirchengütern ein Eigenthum besitzen, das einen Werth von 12 Millionen Dollars übersteigt, eine Summe, die bedeutend höher ist, als der Werth des Eigenthums aller andern Kirchen der Secten zusammen, die Episcopalkirche allein ausgenommen. Das sind die Leute, die jeden Sonntag drei- bis viermal ihre Kirchen füllen, welche vor sechzig Jahren in New-York nur drei Kirchen besaßen und jetzt alle unsere protestantischen Städte bevölkern. Welchen Grund haben wir, uns darüber zu beklagen, daß es so ist? Warum sollten wir ihnen darüber gram sein, daß die herrlichen Thürme ihrer Kirchen ihren Schatten auf die schönsten Theile unserer Städte werfen? Eignen wir uns zuerst einige jener schönen Tugenden an, einige jener glänzenden Eigenschaften, die sie im höhern Grade besitzen als wir. Jene mit den unserigen vereinigten Tugenden werden uns erst in die Lage versetzen, daß wir uns mit Grund für berechtigt erachten können, ihre Handlungen zu kritisiren."

Ich entschloß mich, für den ersten Ausflug von New-York, das ich vorderhand als meine amerikanische Heimath betrachtete, die Staaten Pennsylvanien, Ohio, Indiana, Illinois und Wisconsin zu wählen. Den letzteren Staat wollte ich besonders deßwegen besuchen, um das „amerikanische Venedig" am Lake Michigan zu sehen, eine Stadt, der kaum eine an Lieblichkeit in Amerika gleicht.

Um aber auch das amerikanische Naturwunder, die Wasserfälle vom Niagara, in Augenschein nehmen zu können, beschloß ich, von Wisconsin aus die Seen Michigan und Erie zu bereisen, und dann über die Berge, welche New-York so malerisch im Norden zieren und wo die bekannten Flüsse Hudson, Delaware und Susquehanna entspringen, wieder in die Metropole der Vereinigten Staaten zurückzukehren, um daselbst Pfingsten zu feiern.

Einen weiteren Reiseplan zu entwerfen, verschob ich auf die Zeit meines zweiten Aufenthaltes in New-York.

Es ist selbstverständlich, daß der Europäer nicht ohne besondere Vorbereitung, vor Allem ohne einen genau festgestellten Reiseplan, eine Reise über den amerikanischen Continent antreten darf. Amerika ist das Land der Auswanderer, aber noch mehr das Land der Reisenden und der Bahnen. Niemand reist öfter und lieber als der Nordamerikaner, ohne lange Berathung verläßt er seine bisherige Heimath im Osten und sucht sich eine neue im westlichen Jova oder Minnesota oder an den fernen Felsengebirgen des Westens, den Rocky Mountains. Eine Folge dieser Wanderlust ist die Uebung im Reisen. Der Yankee nimmt seinen Fahrtenplan und stellt sich seine Route zusammen. Dann tritt er die Reise an und fragt Niemanden mehr, weil er mit sich im Reinen ist. Man staunt, wie Alles so ruhig, rasch und sicher abgeht. Die angelsächsische Rasse hat vor uns ein hohes Selbstgefühl voraus. Die Angelsachsen sprechen und fragen wenig; sie überlegen und handeln. Selten lachen sie.

Wenn aber ein Europäer rathlos und polternd von Wagen zu Wagen läuft und sich nicht zurechtfindet, spielt ein eigenthümliches Lächeln um ihren Mund. Darum muß der Europäer bei seinen Reisen in der Union die Sitten des Yankee annehmen, seine Route studiren und wenig fragen.

Der Reiselust entspricht der Bahnverkehr. Zahllos sind die Linien, die kreuz und quer nach allen Richtungen laufen, bald neben einander, bald sich kreuzend. In Pittsburg, Buffalo, in New-York, Philadelphia, Chicago, Milwaukee treffen mehrere große Bahnlinien zusammen. Man kann von Chicago nach Buffalo mit vier verschiedenen Bahnen reisen. Der Anschluß ist allerorts sehr pünktlich. Wer allein reist, muß die Sprache kennen und die kurze Ausdrucksweise des gewöhnlichen Verkehrslebens verstehen, sonst geht er fehl. Lebensmittel mitzunehmen, ist rathsam. Alle Leute thun das und verlassen dann den Wagen den ganzen Tag nicht. Erfrischungen, besonders Wasser, sind im Wagen. Für Lektüre ist gesorgt. Die Zeitungsbuben bringen auf allen bedeutenden Plätzen ihre Waare in die Wägen, fahren auch mitunter eine Station weit mit.

Eine besondere Eigenthümlichkeit des amerikanischen Eisenbahnverkehres ist diese, daß man nicht bis zu den großen Städten hingefahren wird, wie in Europa, und dann aussteigen muß, sondern es gehen von den Hauptlinien überall Zweigbahnen in die Städte hinein. Der Europäer muß daher darauf achten, daß er nicht im unrechten Wagen sitzt, der auf seiner Reise von New-York nach Chicago, entweder in Buffalo, wenn er die Centrallinie benützt, oder in Pittsburg, wenn er mit der Pennsylvania-Central-Linie reist, abgelöst und in eine Stadt gefahren wird, in der er nicht anhalten und bleiben wollte. Bei der Wahl der einzelnen Linien ist ferner darauf zu sehen, in welchen Theil der Großstadt man will. Die einzelnen Bahnen haben nämlich ihre Depots oder Bahnhöfe in verschiedenen Stadtvierteln. Steigt der Reisende am unrechten

Depot aus, so mag er leicht eine Stunde und darüber zu Fuß wandern.

Ehe ich nach Amerika kam, habe ich von einer Einrichtung beim dortigen Bahnverkehr gelesen, die uns Europäern sehr gefährlich vorkommt. Privatleute bauen die Bahnen; der Staat mischt sich nicht ein. Die Gesellschaften bauen nun, wie es ihnen gut dünkt und wie es ihren Interessen entspricht. Es kommt daher häufig vor, daß Bahnen sich direct im rechten Winkel kreuzen ohne Station, auf freiem Felde. Eine Bahn z. B. läuft nach Westen, wie in Ohio die von Columbus nach Indianopolis, während eine andere von Norden nach Süden geht. Beide kreuzen sich an einem beliebigen Punkte. Früher befand sich an der Stelle der Kreuzung kein Bahnwärter, um den Verkehr zu regeln, die einzelnen Züge zu warnen und zum Halten zu bestimmen, wenn ein Zusammenstoß erfolgen konnte. Diesem Mißstand ist jetzt abgeholfen. Ein Aufseher regelt den Verkehr. Wo ein Aufseher jedoch nicht ist, halten die Züge an gefährlichen Punkten an, geben Signale ab und fahren dann langsam wieder weiter.

In der Nähe von Chicago und Philadelphia habe ich die Wahrnehmung gemacht, daß drei verschiedene Linien sich an derselben Stelle schneiden. Es ist jedoch hier so wenig Gefahr wie bei einer einfachen Kreuzung, weil stets ein Zug entweder tiefer oder höher hinwegläuft. Anfangs erschrickt man allerdings ein wenig, wenn man ruhig im Wagen sitzt und über demselben das schauerliche Gerassel eines darüber hinwegbrausenden Zuges hört. Den Amerikaner kümmern derlei Dinge nicht; er ist an sie gewöhnt und wächst unter ihnen auf. Der Maschinist, der den Zug zu führen hat, wächst in Mitte dieses Riesenverkehres auf und bewegt sich in demselben täglich. Er wird ruhig, kaltblütig und besonnen. Und das Glück ist meistens mit dem Kühnen. Die Feigheit führt unzählige Katastrophen herbei. Die ganze Natur des Yankee ist darauf angelegt, im Momente der Gefahr den Muth nicht zu verlieren, sondern mit Umsicht und Klugheit zu handeln.

Mit diesen Erfahrungen bereichert, treten wir jetzt die Reise über den östlichen und mittleren Theil des nordamerikanischen Continentes an. Von einer Entfernung ist kaum mehr die Rede, seitdem drei große Linien bis an die Rocky Mountains führen, und eine Bahnlinie, die sogenannte Pacific-Bahn, schon das ganze Nordamerika quer durchschneidet. Einst hieß Pennsylvanien der „ferne Westen"; jetzt ist Californien näher an New-York gerückt, als ehedem die Ufer des Ohio bei Pittsburg es gewesen sind.

5.
Pennsylvanien. Die blauen Berge. Pittsburg. Ohio's Gärten. Columbus. Indiana und Indianer. Das Städtchen am See.

Wer dasselbe Land nur einmal bereisen kann, muß mit der größten Umsicht seinen Weg wählen. Denn von dieser Wahl des Weges hängt in den meisten Fällen der günstige oder ungünstige Eindruck ab. Jener Theil Italiens, z. B. der zwischen Florenz und Rom liegt, gehört unstreitig zu den schönsten des Landes. Man muß aber, um diesen Eindruck zu gewinnen, jene Bahnlinien, wähle die über Assisi, Foligno, Spoleto führt. Wer dagegen über Livorno und Pisa reist, hat zwar eine kurze Strecke die lieblichen Ufer des Arno; sobald er aber das Meer erreicht hat, zeigt sich ihm eine so öde Landschaft, daß er mit den ungünstigsten Eindrücken nach Civita vecchia und von da nach Rom kommt.

Dasselbe gilt von Nordamerika in einem noch höheren Grade, weil noch ganze Länderstrecken ohne Cultur sind. Der Reisende kann durch das liebliche Pennsylvanien und durch Ohio reisen und fast nie aus den Urwäldern herauskommen. Die amerikanische Cultur hängt zu sehr vom Strome der Auswanderung ab. Bis nämlich die Vereinigten Staaten eine-

Bevölkerung und Cultur ähnlich der in Europa aufzuweisen haben, müssen sich die Einwohner um das Vierfache noch vermehren.

Was Amerika angeht, so kann man sich nicht immer auf die Schilderungen der Reisenden verlassen, denn Geschmack und Erfahrung sind zu sehr verschieden. Einer lobt über Alles die Schätze Pennsylvaniens, der Andere zieht das gartenähnliche Ohio vor, während der Dritte die Weiden Indiana's oder die Saatfelder von Illinois preist. Für mich war deßhalb guter Rath theuer. Ich konnte durch die Staaten, welche ich zu bereisen mir vorgenommen hatte, verschiedene Eisenbahnlinien wählen. Welches war aber die beste für mich? Ich beschloß, den Andeutungen eines Missionärs zu folgen, der Nordamerika kennt, wie kein zweiter, weil er es wiederholt vom atlantischen bis zum stillen Ocean, von den nördlichen Seen bis zum Golf von Meriko durchzogen hat und bekannt ist mit den himmelblauen Wassern Minnesota's, mit den Prairien von Teras und den Schluchten der Rocky-Mountains. Dieser vielgereiste und erfahrene Missionär, dieser ausgezeichnete Kenner der Vereinigten Staaten ist P. Weninger von Cincinnati. Wer seine Briefe in den Missionsannalen liest, findet über die Vereinigten Staaten die eingehendsten Schilderungen. So bespricht er eine Reise, die er in das Innere Pennsylvaniens gemacht hat, und sagt: „Welches ist wohl der schönste Staat der Union? so hört man oft die Leute fragen. Wer nicht alle Staaten bereist hat, kann auf diese Frage natürlich keine Antwort geben. Allein auch der, welcher Gelegenheit hatte, alle Staaten zu bereisen, wird auf die Frage nicht die richtige Antwort geben, weil derselbe nicht auch alle Staaten kreuz und quer bereiste. — Beweis dessen ist der Staat Pennsylvanien. — Wer von New-York aus mit der Eriebahn den Staat Pennsylvanien durchfährt, dem wird Pennsylvanien als Schluchtenland erscheinen, von Engpässen beengt und mit spärlicher und zugleich schlecht behauster Bevölkerung versehen. Allein, welch einen ganz andern Eindruck wird Pennsylvanien auf ihn machen, wenn er den Staat mit der **Pennsylvania-Centralbahn** von New-York aus südlich bereist. Da entfaltet sich vor seinen Augen ein Land so pittoresk — malerisch —, so belebt, wie kein Staat der Union ein zweites aufzuweisen hat. Menschlicher Fleiß und Natur scheinen einander überbieten zu wollen, und man findet es sehr begreiflich, wie es kam, daß bei allen Wahlen der Präsidenten ohne Ausnahme die ganze Union sich immer an das Votum von Pennsylvanien angeschlossen hat. Pennsylvanien ist offenbar das mächtigste Schwungrad der Union. Dieses Gepräge trägt namentlich die Gegend von Mauch-Chunk an sich. Man pflegt es die amerikanische Schweiz zu nennen. In der That ist es eine reizende Gebirgsgegend, wo ein malerischer Platz dem andern folgt; zugleich aber, welch ein reges Geschäftsleben! Zwei Bahnen durchlaufen das Thal. Zwischen ihnen schlängelt sich der Kanal durch, auf dem Boot an Boot geht."

Dieses Urtheil war mir maßgebend. Ich entschied mich für die südliche Linie, für die „Pennsylvania-Central-Linie" (spr. Pennsylvania-Centr'l-Lein).

Mit allem Nothwendigen, mit kalten Speisen und Rothwein, versehen, eilte ich zur festgesetzten Stunde mit einem Freunde, der mir bis zur Station (spr. Stesch'n) das Geleite gab, über den Hudson, um vorerst mein Ticket zu kaufen. Ich nahm, dem amerikanischen Gebrauch gemäß, das Ticket gleich für eine sehr lange Strecke, weil ich wohlfeiler weg kam. Das hinderte mich nicht, unterwegs zu längerem oder kürzerem Aufenthalte auszusteigen. Die Reisenden genießen in dieser Beziehung mehr Freiheiten als in Europa.

Sobald ich im großen, geräumigen Wagen saß, schied mein Begleiter von mir und ich war nun für eine mehrtägige Eisenbahnfahrt allein auf mich angewiesen. Ich hatte die Vorsicht gebraucht, in jenen Wagen zu steigen, der nach Pittsburg bestimmt war. Es werden den Reisenden keine Plätze angewiesen; sie wählen dieselben ganz nach Belieben. Aber der Fremde thut gut, wenn er die Aufschrift beobachtet, die der Wagen trägt, und denjenigen nimmt, der nicht weiter lauft, als er in einer Tour reisen will.

Der Zug war, wie wir sagen würden, ein Eilzug. Die Billetpreise sind für die verschiedenen Personenzüge dieselben. In Amerika gibt es fast nur Eilzüge. Die sogenannten Accommodationszüge, welche auf den kleineren Stationen halten, sind die Ausnahme. Gesprochen wurde nichts. Bekannte hatte ich nicht. Was thun, bis es etwas zu sehen gab?

Wer vor einem Bilde steht, über das viel erzählt worden ist, beobachtet und studirt zuerst dessen allgemeinen Charakter und vergleicht es bei sich mit andern Bildern von derselben Art, die er schon kennt. Entspricht ihm der allgemeine Eindruck, findet er sich angezogen, so bleibt er länger dabei stehen, um die einzelnen Theile mit aller Aufmerksamkeit zu betrachten. Jeden Farbenton, jeden Pinselstrich, jeden Zug studirt er. So machte ich es mit Amerika. Ich vergegenwärtigte mir vor Allem die Eigenthümlichkeiten des Welttheiles im Allgemeinen.

Wer Theile von Asien und Afrika gesehen und über diese Welttheile Studien gemacht hat, findet schnell, daß Amerika keiner der alten Welten gleicht, so verschieden ist es in seiner Geschichte, in seiner Natur und wahrscheinlich auch in der von der Vorsehung ihm zugewiesenen Aufgabe.

Amerika ist vorzugsweise der Welttheil der Natur. Es besitzt bis heute keine heiligen Stätten, wie Asien in Jerusalem, wie Europa in Rom; dagegen zeichnet es sich durch die großartigste Natur aus. Der Geograph Ungewitter sagt: „Amerika ist eine Welt der Extreme, so auch namentlich in Beziehung auf die äußere Gestalt der Bodenfläche."

Umschlossen von den größten Meeren unserer Erdkugel,

vom atlantischen und von dem stillen Ocean, streckt sich sein Riesenleib durch alle Zonen aus. Er reicht in seiner Länge beinahe von Eismeer zu Eismeer. Amerika umfaßt einundvierzig Millionen Quabrat-Kilometer und besitzt die Klimaten aller andern Welttheile. Wie Afrika wird es vom Aequator durchschnitten; mit Asien und Europa weist es herrliche Länderstrecken auf, die in der nördlich gemäßigten Zone liegen; es hat dann das Besondere: wie kein anderer Welttheil ragt es im Süden noch in die südliche Eisregion hinein. Welcher Welttheil kann sich eines so fruchtbaren Bodens rühmen, wie ihn Südamerika in den unermeßlichen Pampas und Llanos, Nordamerika in den endlosen Savannen oder Prairien besitzt!

Die Gebirge Amerika's wetteifern mit denen von Asien in der Höhe; in Bezug auf Ausdehnung indeß wird Asien in Schatten gestellt, denn seine Anden oder Cordilleren, eigentlich die Cordilleros de los Andes, laufen in der Länge von 1700 Meilen vom Cap Horn bis zum 60. Grad nördlicher Breite.

Welcher Welttheil mag hinsichtlich der Seen mit Nordamerika wetteifern? Der Michigansee hat eine Länge von 71 Meilen und eine Breite von 20 Meilen. Es besitzt den größten Strom der Welt im Marannon oder Amazonenstrom, und den größten Wasserfall.

Auch in Bezug auf die Naturerzeugnisse ist Amerika eine Welt der Extreme. Sie gefällt sich in der Hervorbringung des Renthiermooses in den Polarländern, wie in der Hervorbringung des californischen Riesenbaumes Sequoia gigantea, der 51 Meter hohen Wachspalme und des säulenförmigen Cactus in den südamerikanischen Urwäldern. Es besitzt den unvergleichlichen peruanischen Schmetterling und den Condor, den Riesen unter den Vögeln.

Was mag sich mit den Urwäldern Brasiliens vergleichen? „Wenn nicht zugleich," sagt Ungewitter, „mancherlei giftiges Geschmeiß in ihnen hauste, so könnte man sie mit großem Fug

und Recht ein irdisches Paradies nennen. Was wollen die
reizendsten Landschaften Italiens und Granada's gegen die=
jenigen Brasiliens sagen? Todt und öde sind dort die herr=
lichsten Nächte, während hier Tag und Nacht das regste Leben
in der Natur herrscht. Die prachtvollen duftenden Blüthen,
die man dort auf dem dürftigen, höchstens mannshohen Lilien=
stengel zu erblicken gewohnt ist, winken hier von den riesen=
großen, klafterdicken Tulipanen= und andern Bäumen herab."
Unzählig sind die Baumarten, welche hier ihre majestätischen
Häupter in majestätischer Einsamkeit erheben und dem Auge
unaufhörlich neue Schattirungen des herrlichsten Grüns, mit
den brennendsten Blüthenfarben untermischt, darbieten und denen
besonders die riesigen Lianen oder Schlingpflanzen eine malerische
Schönheit über alle Worte verleihen. Nicht minder groß sind
die Wunder der Pflanzen= und Thierwelt, von den über hundert
Arten zählenden stolzen Palmen herab zur Chinarinde und dem
Zuckerahorn, von dem Bison bis zum Kolibri. Der größte
Theil des Reichthums der ganzen Welt an edlen Metallen,
an Gold, an Silber, an Diamanten und sonstigem Edelgestein
ist die Ausbeute des zuletzt in die Geschichte eingetretenen Erd=
theiles. Wie mischen sich ferner die Völkerrassen hier, wo
Neger und Indianer, Chinesen und Mongolen neben allen
europäischen Nationen sich ansiedeln und leben, wo der Kampf
ihrer Interessen, ihrer Leidenschaften, ihrer Vorzüge und Fehler
täglich, wie beflügelt von einer geheimnißvollen Macht, ganz un=
berechenbare, ganz ungeheuere Proportionen annimmt? Was mag
die gütige Vorsehung Gottes mit diesem Lande für einen göttlichen
Gedanken noch verwirklichen? An alles dieses und mehr noch dachte
ich, als mich die Abfahrt des Zuges aus meinen Gedanken weckte.

Zur bestimmten Minute, die auf dem Fahrtenplan ver=
zeichnet war, verließ der Zug New=York. Bald wendete sich
die Bahnlinie gegen Süden. Die Locomotive überschritt auf
einem engen Damme, theilweise aus Holz construirt, eine lange

und breite Meeresbucht. Es bangte mir, als ich die Tiefe und Breite des Wassers mit der armseligen Brücke verglich, und meine Vorurtheile gegen amerikanische Eisenbahnen erwachten auf's Neue. Doch was thun? Ich blieb ruhig auf meinem Platze. Bald schlug der Zug ein Tempo ein, das mir nicht recht behagte. Die Häuser, Bäume und die nächsten Gegenden flogen nur so vorüber. Es war nämlich ein Pacific-Zug, der, wo der Bahnkörper verlässig ist, sechzig Meilen in der Stunde zurücklegt. Von New-York aus gehen verschiedene Züge dieser Art, z. B. über Buffalo, aber alle treffen sich in Chicago. Von da gehen nur noch drei Linien nach den Gestaden des Missouri, wo sie sich in einem Geleise vereinigen.

Diese Pacific-Bahn ist ein kolossales Unternehmen und nur in Amerika möglich, wo man mit langen Strecken rechnen kann, und staatliche Grenzen keinen Aufenthalt machen. Sie befördert gewöhnlich den Reisenden in sieben Tagen und sieben Nächten vom atlantischen bis zum stillen Ocean. Man kann sich eine Vorstellung von den ungeheuren Länderstrecken machen, die das Gebiet der Union umschließt, wenn man bedenkt, daß ein Eilzug, der die unsrigen und selbst die englischen an Raschheit übertrifft, siebenmal vierundzwanzig Stunden braucht, um sie zu durchmessen. Dem Reisenden ist für die größte Eile alle Bequemlichkeit geboten: während der Fahrt ißt und schläft er auf dem Zuge, wofern er das will, und braucht den Wagen kaum so oft zu wechseln, als er es thun muß, wenn er die Reise von Berlin nach Rom macht. Bis heute lauft erst eine Bahnlinie zwischen den zwei genannten Meeren von Missouri aus, aber daß es deren bald mehrere geben wird, dafür birgt der amerikanische Unternehmungsgeist.

Pennsylvanien, das ich von Osten nach Westen zu durchreisen hatte, grenzt an den Staat New-York. Der Zug erreichte es in der ersten Fahrstunde. Anfangs glich die Landschaft genau einer gut angebauten Gegend des mittleren Europa.

Als sich aber die Locomotive westlich wendete, wurde die Umgegend malerisch und reizend. Eine schöne Gebirgslandschaft begann; wir fuhren durch die „amerikanische Schweiz".

Der Zug hielt selten; aber so oft er hielt, verschwanden mehr und mehr die eleganten Damen in seinen Toiletten, und ebenso die Männer, denen man es ansah, daß sie über Millionen geboten.

Wenn ich in meinen folgenden Erzählungen meistens die Damenwelt voranstelle, so hat dieses in der amerikanischen Sitte seinen Grund. Diese Sitte verlangt, den „Ladies" (spr. Lädis) stets und überall den Vortritt zu gönnen.

Den Platz der feinen Welt, von der ich sagte, daß sie sich mehr verlor, je weiter wir vorwärts in der Richtung nach Westen kamen, nahm der amerikanische Mittelstand ein, d. h. die Männer der Arbeit und des Schaffens, die noch ringen um ihre Zukunft. Sie durchziehen die Union nach allen Richtungen, scheuen weder die feindseligen Indianer im Westen, noch die Thiere der Wildniß, nicht die Schneestürme der Hochebene, nicht die Klapperschlange der ausgedehnten Savanne.

Diese Männer des Mittelstandes nahmen ohne Weiteres die leeren Plätze der feinen Welt ein oder setzten sich an deren Seite. Man erkannte sofort, daß der Mann der Arbeit wußte, daß er als Bürger der Union auf gleicher Stufe mit dem Präsidenten stehe.

Ein Klassensystem ist im amerikanischen Eisenbahnverkehr unbekannt. In ein und derselben Wagenklasse fährt der amerikanische Bürger und sitzt der Handwerker neben dem Millionär. Ich habe nie gesehen, daß der Letztere deßwegen seinen Platz verlassen hätte. Will Jemand, daß der Conductor ihn an das Aussteigen erinnere, so bemerkt er das beim Einsteigen. Er kann sicher sein, im Momente, wo der Zug auf die erwartete Station zubraust, mit den wenigen Worten daran erinnert zu werden: „The next Station" — die nächste Station.

Wer eine besondere Aufmerksamkeit wünscht, kann sie dadurch sich verschaffen, daß er sich um einen Empfehlungsbrief umsieht an einen der Bediensteten bei der Bahn; er darf dann der zuvorkommendsten Behandlung versichert sein.

Die Schnelligkeit des Zuges verminderte sich mehrere Stunden nicht, bis wir über Philadelphia hinaus, westlich vom Delaware, mitten in der „amerikanischen Schweiz" waren. Auf allen Seiten Hügelland und einzelne Gehöfte; fast keine Dörfer, sondern nur einzeln liegende Farmen. Diese Erscheinung erklärt sich aus der Gewohnheit der ersten Ansiedler, der Quäker, möglichst getrennt zu wohnen.

Der Zug gelangte an die Gestade des Susquehannah und lief eine längere Zeit an denselben fort. Man sah allerwärts cultivirtes Land. Waldungen wechselten mit Wiesen und Getreidefeldern. Einzelne Hügel waren bewaldet mit Tannen, Fichten, Ulmen, Eichen, Buchen, deren verschiedenes Grün ihnen ein malerisches Aussehen gab. Wie heimisch kam mir der Susquehannah vor, an dem ich im Geiste schon als Knabe gewandelt, wenn ich die Schilderungen Coopers von dem ersten Verkehr des weißen und des rothen Mannes las! Damals nannte man die Gegend auch noch „Far West", d. h. den fernen Westen, weil die Bahn noch nicht den Weg abgekürzt und die Staaten einander genähert hatte. Wer hat Pennsylvanien zuerst cultivirt?

In England lebte unter Jakob II., aus dem Hause der Stuart, der Quäker William Penn. Er erhielt im Jahre 1680 vom Könige 16 000 Pfund Sterling, um am Delaware für sich und seine in England verfolgten Glaubensgenossen Land kaufen zu können. Mit vielen Quäkern floh er die blutigen Erinnerungen seiner Heimath; er ließ sich am Delaware nieder, erbaute die Stadt der „Bruderliebe" oder „Philadelphia" und gründete eine Colonie, die von ihm den Namen Pennsylvania, Penn's Waldland, erhielt.

Er gab den Seinigen eine Verfassung mit vollkommener Religionsfreiheit.

Heute ist Pennsylvanien ein hervorragender Staat der nordamerikanischen Union, mit der Hauptstadt Harrisburg am Susquehannah, zwanzig Meilen nordwestlich von Philadelphia. Derselbe hat herrliche, schiffbare Flüsse. Das berühmte Alleghanygebirge, das man auch schwarze, blaue und weiße Berge nennt, scheidet ihn in Ost- und West-Pennsylvanien. Die Bewohnerzahl beläuft sich auf circa drei Millionen auf 2164 Quadrat-Meilen, darunter mehr als 200 000 Deutsche. Ackerbau und Viehzucht sind die Hauptbeschäftigungen. Seit zwanzig Jahren hat sich den Bewohnern noch eine reiche, früher nicht gekannte Einnahmequelle geöffnet durch die Auffindung und Ausbeutung der allbekannten Erdöle- oder Petroleum-Quellen. Man zählt über zweitausend Bohrlöcher. Es werden täglich 8000 Barrel gewonnen, wovon die berühmte Philippsquelle allein 2000 Barrel (das Barrel zu 163 Liter) liefert.

Hinter Harrisburg verläßt die Bahn den Susquehannah, windet sich durch verschiedene Höhen und erreicht die Gestade des Juniata; das Land wird Hochebene und liegt bereits über 1000 Meter über dem Meeresspiegel. Die reizenden Hügel, die Farmen, die Städte verschwinden; es folgt die Region der tiefen Schluchten. Der Zug hatte sich den Alleghanies genähert, einem für sich bestehenden Gebirgszuge, der in Virginien sich erhebt und in seinen Ausläufern bis an die Ufer des Lorenzostromes reicht. Vielfach verschwindet auch der alte Name der Apalachen und bezeichnet man das Gebirge mit den passenden Namen: grüne, weiße, blaue Berge. Hier ist die Wasserscheide der Vereinigten Staaten zwischen dem Golfe von Meriko und dem atlantischen Ocean. Die diesseitigen Ströme eilen dem letzteren, die jenseitigen, der Ohio und Alleghany, dem Mississippi zu.

Das ist das erste Riesengebirge, welches die Pacific-Bahn

zu überwinden hatte. Man erzählte mir, daß die gewiegtesten Ingenieure nicht im Stande waren, für die Locomotive einen Weg zu finden, bis ein katholischer Pfarrer ihnen denselben gezeigt hat. Wer einmal über den Semmering oder Brenner, wer über die Apenninen gereist ist, kann sich leicht über diese Gebirgsbahn die rechte Vorstellung machen. Es gibt viele Tunnels. Die Locomotive reißt die Wägen an Abgründen hin, braust hinweg über Brücken, unter denen der Gießbach seine Wasser an Felszacken zersplittert und mit Schaum bedeckt weiter fließt.

Auf den Höhen der Alleghanies hielt der Zug. Die Locomotive schien sich von ihren Anstrengungen zu erholen am Rande eines noch bewaldeten, aber hie und da schon angebauten Thales. Bald begann die westliche Senkung, über die die Locomotive hinwegjagte, um jene Tiefe zu gewinnen, in der der Ohio dem Mississippi zuströmt. Die wahrhaft rasende Schnelligkeit, mit der der Zug jetzt wieder seine „Sechzig" in der Stunde machte, rief mir alle Bedenken gegen die amerikanischen Eisenbahnfahrten wieder wach. Auf einige Zeit verließ ich meinen Platz im Wagen, um von der Plattform aus den Weg besser beobachten zu können. Wie pfiff da der Wind! Ich konnte nur stehen, wenn ich mich an die Eisenstangen hielt.

Es ist bei uns die Ansicht so ziemlich allgemein, daß die Amerikaner die Bahnen leichtsinnig bauen und daß sie waghalsig fahren. Ich habe Tausende von Meilen auf Eil- oder Accommodationszügen, welche allein Personen befördern, da man gemischte Züge nicht kennt, gemacht, und muß gestehen, daß ich diese Ansicht für übertrieben halte.

Steht man an der Pacific-Bahn, so sieht man allerdings mit einem gewissen Gefühle von Angst um die Reisenden einen Zug in seiner ganzen rasenden Schnelligkeit vorüberbrausen. Im Wagen selbst merkt man die Schnelligkeit weniger. Außerdem sind die amerikanischen Wagen und Locomotiven höher gebaut, weßhalb der Kolben nicht schneller arbeitet, der

Zug aber bedeutend geschwinder vorwärts kommt, weil der Umfang der Räder ein größerer ist. Dazu kommt, daß man in Amerika keineswegs leichtsinniger als in Europa fahren und die Bahnen bauen darf. Die Bahngesellschaften der Vereinigten Staaten setzen ihren ganzen Credit auf's Spiel und ruiniren sich, wenn sie nicht umsichtig fahren und die Bahnen bauen. Ich habe hier natürlich nur jene Bahnen im Auge, die ich selbst kennen gelernt. Der Staat baut keine Eisenbahn. Privatgesellschaften legen die Linien an. Daher herrscht die allerweiteste und ausgedehnteste Concurrenz. Zwischen New-York und Washington bestehen mehrere Linien. Von Chicago nach Buffalo hat man die Wahl zwischen vier Bahnen und dem Weg über die Seen. In dieser Concurrenz liegt jedoch eine bestimmte Nöthigung, solid zu bauen und zu fahren.

Die Concurrenz in Amerika nützt den Reisenden und nöthigt die Gesellschaften, Alles aufzubieten, um ein Bahnunglück zu verhüten. Unfälle, die sich auf derselben Linie wiederholen, oder deren Ursache Nachlässigkeit oder Fahrlässigkeit waren, ruiniren die beste Gesellschaft, weil alle Linien, die daneben laufen, das in der energischesten Weise ausbeuten. Mächtige Plakate werden z. B. sofort in Chicago, wenn es auf der Central-Bahn mehrere Unglücksfälle gab, überall angeschlagen, auf denen die Erie-Bahn vor der gegnerischen Linie warnt. Aehnliche Plakate werden massenhaft unter das Publikum verbreitet, um die eigene Bahn zu empfehlen. Man rühmt stets auf den Fahrtenplänen (Time tables) die Vorzüge der eigenen Bahn und steckt sie den Reisenden kostenfrei zu, wenn sie ein Ticket kaufen. Ich kam mit solchen Anpreisungen überreich gesegnet in der Heimath an. Man macht sich die selbst gewonnenen Erfahrungen um so eher zu Nutzen. Auf einer Reise von New-York nach Philadelphia und Baltimore wählte ich der Abfahrtszeit wegen eine Bahnlinie, die aber über den zwei Meilen breiten Susquehannah nur eine armselige Holzbrücke errichtet hat. Die Fahrt auf derselben gefiel mir nicht und so kehrte ich mit einer andern Linie zurück.

Daß Unfälle vorkommen, vielleicht öfter als bei uns, verursacht der größere Verkehr. Es sei nur bemerkt, daß zwischen Chicago und Buffalo täglich vierundzwanzig Eilzüge verkehrt haben, zur Zeit, als ich dort lebte. Auf der Linie zwischen New=York nach Buffalo, am rechten Hudsonflusse, zählte ich täglich vierzig Züge, die Dobbs Ferry passirten.

Was ich früher schon vom Ocean gesagt, oder wenigstens angedeutet, daß er Niemanden abschrecken soll, der eine Reise in die neue Welt unternehmen will, sage ich jetzt auch von den Bahnen in den Vereinigten Staaten. Sie gewähren eben so viele Sicherheit als bei uns. Es kommen bei einem Verkehr, der alle unsere Vorstellungen übersteigt, verhältnißmäßig sehr wenige Unglücksfälle vor.

Ob den freundlichen Leser diese Eisenbahn=Episode aus den Vereinigten Staaten günstig gestimmt hat, weiß ich nicht. Aber ich weiß, daß ich bald jede Furcht abgelegt hatte, wenn auch der Zug noch so schnell über eine Ebene hinbrauste. Man sitzt so bequem in den langen und luftigen Wagen mit zwei Thüren, durch die man von vorne oder von hinten eintritt, um einen der Sitze in den beiden Reihen einzunehmen, die auf das Beste gepolstert sind; gleichviel für die Lady wie für die zerlumpte Auswanderein. Jeder Stuhl ist für zwei Personen berechnet und so angebracht, daß alle Passagiere nach vorne schauen. Für die Rückfahrt werden die Sitze anders gestellt, so daß man wiederum mit dem Zuge nach vorne fährt, ohne daß der Wagen umgewendet werden mußte.

Die Conductors fand ich ohne Ausnahme artig. Sie sind Privatleute, vielfach ohne jede äußere Auszeichnung und betrachten sich als die Diener der Passagiere, denen sie alle Dienste leisten, die Fenster öffnen oder schließen, die Vorhänge vorziehen oder die Jalousien anbringen, wie es die Lady oder der Gentleman wünscht.

Vielleicht so lange, als ich gebraucht habe, um die Verhältnisse der amerikanischen Bahnen zu besprechen, stand ich, von der Höhe der Alleghanies an auf der Plattform meines Wagens, der „sechzig" (sixty) in der Stunde machte, so daß selbst der Sand zwischen den Schienen in Bewegung kam, bis die Gegend wieder freundlicher wurde. Rechts floß ein Bächlein und bewässerte die auf der linken Seite angelegten Wiesen. Es vergrößerte sich zusehends, je weiter die Bahn abwärts ging, weil es vom hohen Bergrücken die Gießbäche aufnahm; ihr Brausen hörte ich nicht. Das Getöse der wankenden Wagen und das Geräusch der Schienen übertönte alles Andere. Immer tiefer sank die Bahn, während die nächsten Berge zu wachsen schienen. Die cultivirten Gegenden mehrten sich sichtlich; allerwärts nahm man schon die fleißige Hand des Menschen wahr. In Amerika sind gemauerte Häuser, Gärten, Wiesen, Felder in der Regel die Vorboten einer Stadt. Die Stadt ist der Mittelpunkt der Cultur und von diesem Mittelpunkte breitet sich die Cultur über die Umgegend allmählich aus.

Endlich brauste unser Zug vorüber an einer langen Reihe von Eisenbahnwägen, hinein in den Riesenbahnhof zu Pittsburg in Pennsylvanien.

Die Lage dieser Fabrikstadt ist ungemein reizend. Hier entsteht aus dem Zusammenflusse des Monongahela und des Alleghany der vielbesungene Ohiofluß. Pittsburg ist ein Hauptstapelplatz für den Westen. Schiffe mit 300 Tonnen kommen vom Mississippi herauf. Die Stadt selbst hat nicht weniger als 140 000 Einwohner. Wie groß die Zahl der Katholiken ist, die hier einen Bischof haben, geht daraus hervor, daß sie siebenunddreißig Kirchen und mehrere Kapellen haben. Wie stark die deutschen Katholiken vertreten sind, sieht man daran, daß sie zwölf große Kirchen besitzen. Die prachtvolle Kathedrale, dem hl. Paulus geweiht, gehört den englischen Katholiken. Die herrliche Dreifaltigkeitskirche, sowie die der hl. Philomena geweihte Kirche sind deutsch. Pittsburg ist ferner in Bezug auf sein mannigfaltiges Ordensleben ein „zweites Prag". Außer den Benedictinern mit ihrer herrlichen Marienkirche haben die Kapuziner, Karmeliter, Franziskaner, Passionisten, Redemptoristen, Benedictinerinnen, die kleinen Schwestern, die Schulschwestern, die Schwestern der göttlichen Vorsehung, die Schwestern der christlichen Liebe, die Josephs= schwestern, guten Hirtinnen und Ursulinerinnen große Nieder= lassungen. Eine solche Schaar religiöser und kirchlicher Orden findet man in keiner mir bekannten Stadt, Prag ausgenommen. In Loreto besitzen und unterhalten die Franziskanerbrüder ein berühmtes Collegium für die männliche Jugend. Außerdem bestehen drei höhere Schulen für Mädchen.

Dieß ist um so bedeutender, weil die Stadt mit der ganzen Union durch Flüsse, Kanäle und Bahnen in Verbindung steht. Die Lage ist gesund. Südfrüchte gedeihen. Selbst der Weinbau ist ergiebig. Die Stadt umlagern zwei große Vor= städte, Birmingham und Alleghany. Wenn wir sie wegen ihrer religiösen Institute und Klöster „amerikanisches Prag" nennen, so nennt der Yankee sie wegen der vielen Fabriken „Smokstadt", weil sie stets in Rauch gehüllt ist.

Unter den Ordensleuten der Stadt und der Diöcese nehmen die Benedictiner die erste Stelle ein. Ihnen vorzugsweise ist der blühende Zustand der Kirche in diesem Theile Pennsyl= vaniens zuzuschreiben. Unweit der Stadt, in der Nähe der Bahn, liegt das „Monte Cassino" der Vereinigten Staaten unter dem Namen St. Vincent. Um das Jahr 1845 kamen aus Amerika die jammervollsten Berichte über die Noth und den Abfall jener Katholiken von ihrem Glauben, die keinen Seel= sorger dort fanden. König Ludwig I. von Bayern beschloß, in Alt=Oetting ein Institut zu gründen, um für Nordamerika Missionäre heranzubilden. Dieser Entschluß kam nicht zur Ausführung. Da trat der Benedictinerpriester Bonifaz Wimmer in Metten mit dem Vorschlage auf, in Amerika selbst ein Kloster seines Ordens zu gründen, um an Ort und Stelle Priester zu bilden, die vertraut wären mit der Sprache, mit den Sitten und Gebräuchen des Landes. Der Vorschlag wurde angenommen, Bonifaz Wimmer wurde mit der Gründung des neuen Klosters beauftragt. Er erklärte sich dazu bereit und reiste am 25. Juli 1846 mit fünf Studenten und vierzehn angehenden Laienbrüdern von München ab. Am 16. September des genannten Jahres landete er in New-York. Zwei Stätten zur Gründung seines Klosters wurden ihm angeboten: Carrolltown und St. Vincent. Er entschied sich für das letztere, das näher bei Pittsburg, an der Bahn zwischen Philadelphia und Pittsburg, liegt. Hier erbaute er zuerst ein kleines Kloster, Schule und Kirche waren schon da. Damit hatte der Orden des hl. Benedict Besitz von den Vereinigten Staaten genommen und der Grund zu einem überaus wichtigen Werke für Nordamerika war gelegt, aber noch fehlte Alles. Noth und Elend herrschten in dem engen Häuschen, wo Bonifaz Wimmer sich niedergelassen hatte. Er verzagte nicht; Gottes Segen war mit ihm. Im Jahre 1855 befand sich das Kloster schon in einem so blühenden Zustande, daß es vom Papste Pius IX. zur Abtei erhoben und der Benedictinerabtei in Monte Cassino in Italien einverleibt wurde. Wenige Monate später erfolgte die canonische Erhebung des bisherigen Vorstehers zur Abtswürde. Der Abt verdoppelte von jetzt an seinen Eifer, erweiterte das Institut für studirende Jünglinge, kaufte neuen Grundbesitz und vergrößerte das Kloster. Als die Abtei im Jahre 1871 das fünfundzwanzigjährige Jubiläum ihres Bestehens feierte, sprach der Bischof von Pittsburg in der Predigt: „Der gute Erfolg, den die Söhne des hl. Benedict haben, ist mein Erfolg; der blühende Zustand der Abtei ist mein blühender Zustand; die Ehre dieses Hauses ist meine Ehre." Dann fuhr er fort und schrieb den blühenden Zustand der Diöcese Pitts=

burg dem Kloster zu. Das Kloster selbst zählte im Jahre 1878 acht Diakonen, vier Subdiakonen, achtundzwanzig Kleriker, vierzehn Novizen, einhundertachtzehn Patres und sechzig Laienbrüder. Das ist St. Vincent heute.

Von dieser Stätte aus gingen aber Väter aus dem Orden des hl. Benedict in alle Theile der Vereinigten Staaten. Zur Zeit gibt es noch zwei von St. Vincent aus gegründete Abteien, nämlich St. Ludwig am See in Minnesota und in Atchison in Cansas. Außerdem bestehen noch achtundachtzig verschiedene Seelsorgsstellen in den Diöcesen Pittsburg, Erie, Newark, Covington, Chicago, Richmond, St. Paul und Cansas. Im letzten Jahre haben die Benedictiner von St. Vincent auch noch eine großartige Negermission in Georgien und zwar in Savannah eröffnet.

Mit der Gründung dieser Negermission im Süden der Vereinigten Staaten trat der Orden der Benedictiner in einen neuen Abschnitt seiner denkwürdigen Geschichte. Bisher hatte er treffliche Lehrer und Professoren und Gelehrte, wie P. Ignatius, den Erfinder des Heliorama, herangebildet und eine Unzahl würdiger Priester in die verschiedensten Diöcesen ausgesendet; er hat auch in Minnesota mit der Civilisirung der Reste der Indianer begonnen. Jetzt beginnt er seine Thätigkeit im Süden unter den Negern und tritt damit mit den letzten der Hauptrassen der Bewohner der Vereinigten Staaten in Berührung.

Diese Thätigkeit des Ordens imponirt auch den Yankees. Sie schätzen und achten die Benedictiner, diese Pioniere der Cultur. Eisenbahngesellschaften treten ihnen aus freien Stücken in den westlichen Staaten Ländereien ab, mit der Bedingung, Kirche und Schule zu bauen. Sie wissen, daß dem Missionär, der in der Wildniß sich ansiedelt, augenblicklich Ansiedler folgen, die ihr Blockhaus errichten und die Wälder urbar machen.

Und ein so großes und segensreiches Werk verdankt dem

Muthe, dem Unternehmungsgeiste, der Ausdauer, dem Gottvertrauen eines einzigen Ordensmannes sein Entstehen und Gedeihen! Wenn der Patriarch der Benedictiner, der heilige Benedict, vorhergesagt hat, daß der Orden dauern werde bis zum Ende der Welt und in den letzten Zeiten noch großen Ruhm erleben werde, so scheint es, daß dieß sich auf amerikanischem Boden erfülle. Wie schon jetzt die Dinge liegen, haben die Benedictiner in der Union eine unberechenbar großartige Zukunft.

In Pittsburg verließ ich die Pacific-Bahn, welche diese Stadt direct mit Chicago verbindet. Ich wollte zunächst mich einige Zeit in Indiana aufhalten und schlug zu dem Zwecke die Richtung nach Columbus, der Hauptstadt des Staates Ohio (spr. Oheio), ein.

Anfangs lief die Bahn durch eine gutgebaute, aber immer noch bergige Landschaft. Als sie sich wieder dem Flusse Ohio näherte, waren wir auf der Grenzscheide zwischen Pennsylvanien und Ohio, die hier der Fluß bildet. Eine herrliche Brücke führte über denselben, auf dem ein reges Leben herrschte.

Die östlichen Counties oder Grafschaften des Staates Ohio sind bergig, dagegen ist der Westen ungemein flach und eben. Der Staat Ohio umfaßt 1880 Quadrat-Meilen, auf denen kaum drei Millionen Einwohner leben. Die Deutschen sind hier nicht so zahlreich wie in Pennsylvanien. Im Jahre 1634 hat der erste weiße Mann diese Gegend betreten. Im Jahre 1802 wurde Ohio von den Vereinigten Staaten als selbständiger Staat anerkannt und der Union einverleibt. Seither hat die Cultur die glänzendsten Fortschritte gemacht. Ackerbau und Industrie blühen, wie in keinem Staate der Union. Ohio besitzt das beste Weizenland, besonders im Westen und im Norden, wo es fast keine Höhen mehr gibt, sondern nur ausgedehnte Prairien. Einen besonderen Ruhm und Ruf haben Ohio's Wälder. Hier findet sich die Eiche in sechsundzwanzig verschiedenen Arten. Es gedeihen der Tulpenbaum, die Weiß= und Rothtannen, da duftet die Linde. In neuester Zeit erfreut sich der Zuckerahorn, ein Amerika eigener Baum, einer besonderen Pflege und bildet einen Hauptreichthum für die Farmer. Der Zuckerahorn erreicht eine Höhe von mehr als fünfzehn Metern und einen Durchmesser von einem Meter und hat weiße Blüthen. Sein Werth besteht im Zuckergehalte seines Saftes. Man bohrt ihn an, wie bei uns die Birken. Die Zeit des Anbohrens sind die Monate März und April. In die gemachte Oeffnung wird ein Rohr befestigt, durch das der Baum seinen Saft in ein Gefäß abgibt. Unsern Waldbäumen schadet das Anbohren und sie stehen ab. Dem Zuckerahorn nützt es. Je mehr er angebohrt wird, desto üppiger entwickelt er sich und desto höher wächst er und nimmt sein Saftreichthum zu. Es gibt Farmer, die viele Tagwerke mit Zuckerahorn bepflanzen und in jedem Jahre Hunderte von Pfunden dieses herrlichen Zuckers bereiten und in den Handel bringen.

Die Bahn lief, nachdem sie den Fluß Ohio überschritten hatte, durch trefflich angebaute Gegenden. Noch bis heute ist mir ein Thal unvergeßlich geblieben, durch welches die Bahn lief. Auf der rechten Seite des Bahnkörpers floß ein lieblicher Bach, ganz mit Erlen eingesäumt. Von Zeit zu Zeit sah ich daneben eine Mühle, dann eine Säge, genau so gebaut wie in Europa. Die angrenzenden Wiesen waren reich bewässert und mit dem saftigsten Grün bedeckt. Darin weideten Rinder, Schafe und Ziegen.

Die ganze Gegend, fortwährend wellenförmiges Hügelland, war gut bevölkert. Man erkennt das an dem Gange der Bahn und ihren vielen Haltestationen. Während der Zug oft stundenlang nur selten hielt, gab es hier oft Aufenthalt. An einer Station des eben geschilderten Thales mußte ein Fest gefeiert worden sein, ich bemerkte sehr viele Landleute an der Bahn. Die unter ihnen anwesenden jungen Mädchen trugen eine

Kleidung, wie man sie in Württemberg findet, sahen überaus
fröhlich und gesund aus und plauderten leutselig unter sich und
mit ihren Bekannten. Diejenigen aus ihrer Mitte, die mit
uns reisten, hatten zierliche Körbchen in ihren Händen mit
Früchten und Eßwaaren gefüllt. Ihr Aussehen, ihre Kleidung,
ihr Benehmen verriethen Bildung und Wohlhabenheit. Von
den Amerikanern, die ich bis dahin kennen gelernt und gesehen
hatte, unterschieden sie sich durch eine blühende Gesichtsfarbe,
durch muntere Gesprächigkeit und aufgewecktes, lebendiges
Wesen. Ich meinte jeden Augenblick, es müßte Jemand an=
fangen, deutsch zu sprechen. Aber nicht ein einziges deutsches
Wort kam aus einem Munde! Sie redeten elegant englisch;
dennoch bin ich bis heute der Ueberzeugung, daß ich damals
mit deutschen Landsleuten bis Columbus gereist bin.

Eine kleine Unterhaltung in der Muttersprache wäre mir
um so erwünschter gewesen, weil meine Laune nicht die rosigste
war. Ich kannte damals die Ordnung auf den amerikanischen
Bahnen noch nicht hinlänglich, verstand insbesondere den Aus=
druck: „Ten minuts" — zehn Minuten, den der Conductor
öfters beim Durchgehen durch den Wagen murmelte, noch nicht
in seiner ganzen Bedeutung. Daher hatte ich nie Zeit und
Gelegenheit, meinen auf die Neige gegangenen, aus New=York
mitgebrachten Vorrath von Speisen und Getränken zu ersetzen.
Ich war der Meinung gewesen, daß die Reise von Pittsburg
bis Columbus weniger lange dauerte. Der Hunger hatte sich
eingestellt. Es wurde angehalten, aber ich wagte nicht aus=
zusteigen, weil der Zug in den meisten Fällen nur eine Mi=
nute hielt. Ich saß gleichsam im Ueberfluß und hungerte.

Wir Deutsche können in den ersten Wochen schlecht unsere
Einrichtungen vergessen. Der Aufenthalt eines Zuges, die
Zeit zum Einsteigen werden ausgerufen. In Amerika werden
vorerst die Geschäfte auf den Stationen rasch erledigt, was die
Fahrt beschleunigt. Der Conductor hat kein Coupé zu öffnen,

keines zu schließen, kein Billet zu besehen, daher keinen Aufenthalt. Glocken gibt es nicht, die zur Abfahrt ein Zeichen geben, viel weniger hört man die Dampfpfeife. Die „zehn Minuten" Aufenthalt an einigen bevorzugten Stationen werden mit einer Pünktlichkeit gehalten, als hinge das Schicksal der Welt davon ab. „All right", d. h. Alles in Ordnung, sagt der Conductor, neben dem Zuge auf= und abgehend, und der Zug ist fort. Wer im Momente des All right nur zwanzig Schritte weg ist, bleibt zurück. Will er auf den im Gange befindlichen Wagen springen, so hindert ihn Niemand; springt er daneben, so ist dieß seine Sache. Wer den Zug versäumt, kann mit dem nächsten Zuge weiter fahren, weil keine Unterbrechung das Ticket ungiltig macht. Wer sein Billet hat, reist damit, gleichviel wann; er kann sein Billet eine Woche in der Tasche tragen, bis er es benützt, es bleibt giltig.

Wie einige Stunden zuvor vom Ohiothale, mußte ich mich auch bald von dem lieblichen Landschaftsbilde trennen, das mich lebendig an die Heimath erinnert hatte. Unser Zug wendete sich gegen Westen; der Bahnkörper stieg in dem Hügellande bald, bald senkte er sich; der Zug passirte tiefe Einschnitte und hohe Dämme, und ich konnte an den Einschnitten die Güte des Bodens von Ohio beurtheilen. Endlich langten wir auf einer Hochebene an, die lieblicher nicht gedacht werden konnte. Besonders traten da größere und kleinere Waldpartien hervor, meistens in der Nähe von Farmen. Der Baumflor bot eine große Mannigfaltigkeit; jedoch herrschte die Birke vor. Städte und Dörfer mit gemauerten Kirchen flogen nicht selten vorüber. Der Zug hielt lange nicht, sondern stürmte dahin, als wollte er Versäumtes nachholen. Ich setzte voraus, daß wir uns wieder einer größeren Stadt näherten, wo viele Linien abzweigen. Hierin täuschte ich mich auch nicht. Der nächste Ort hieß Columbus=Ohio, die Hauptstadt des Staates Ohio. Sie hat 35 000 Einwohner, liegt am Scioto, einem Nebenflusse des Ohio, und ist von vielen Deutschen, darunter vielen Katholiken, bewohnt. Die Deutschen besitzen zwei schöne Kirchen, zum heiligen Kreuz und die Muttergottes= kirche, die englisch redenden Katholiken deren vier. Außer= dem gibt es noch sieben Kapellen für klösterliche Institute. Die Dominikaner besitzen hier eine Hauptniederlassung. Co= lumbus=Ohio ist der Sitz eines Bischofs. Die Diöcese zählt 60 000 Katholiken; darunter befinden sich 15 000 deutsche Katholiken mit fünfzehn Pfarreien.

Auf dem Wege vom Bahnhofe in die Stadt traf ich sogleich Deutsche, die mich anredeten. Man sieht sofort, daß die Stadt selbst erst im Aufblühen begriffen ist. Wo heute eine mächtige Fabrikstadt steht, stand 1812 nur eine Bretter= hütte. Ich erinnere mich mit Vergnügen an Columbus, die Hauptstadt von Ohio. Seine Bewohner haben mit der Be= nennung ihrer Hauptstadt eine alte Schuld abgetragen. Amerika wurde von Columbus entdeckt, und wenn man es nicht „In= biana" von seinen ersten Bewohnern nennen wollte, hätte es nach dem Namen des Entdeckers „Columbia" heißen müssen. Ein unglückliches Zusammentreffen von Verhältnissen hat ihm den Namen eines andern Mannes gegeben. Uebrigens haben viele Bewohner Amerika's dankbar dieses Unrecht gut zu machen gesucht, indem sie ihre Niederlassungen entweder Columbus oder Columbia nannten, so auch die von Ohio. Auf das Prädicat „Ohio" hinter Columbus ist hier wie bei analogen Städte= und Ortsbezeichnungen genau zu achten. Wer nämlich nach Columbus reisen wollte, ohne das Columbus=Ohio genau zu bezeichnen, könnte Wochen hindurch fahren, ohne an sein Ziel zu kommen. Weil in den verschiedenen Staaten sich die= selben Namen oft wiederholen, z. B. Washington, New=York, Columbus, Birmingham, muß der Auswanderer nicht bloß den Staat wissen, wo der Ort liegt, in den er sich begeben will, sondern sogar das County, d. h. den Grafschaftsbezirk.

Dasselbe müssen auch die beachten, die Briefe nach Amerika senden. Sie müssen neben der Adresse den Staat und das County genau bestimmen, wollen sie, daß ihre Briefe rasch und sicher an die Adresse kommen.

Mein erster Besuch in Columbus=Ohio galt einer Re=stauration (spr. Ristoresch'n). Ich fand Alles, was ich wünschen mochte. Aber ich mußte hier auch eines lernen, was ich noch nicht kannte: eine neue Art zu essen. Ich bin mit den Musel=männern auf dem Boden gesessen und habe, gestützt auf einen Polster, meinen Hunger gestillt. Ich lag auf meiner Reise durch die Wüste mit den Beduinen auf dem Boden, mit den Fingern das Fleisch zerreißend. In Columbus mußte ich auf einen hohen Kothurn, um essen zu können. Um einen Tisch, der so hoch war, daß ich kaum hinaufsah, standen Stühle mit drei Füßen, ähnlich geformt, wie die unserer Schuhmacher, nur höher. Ich holte mir mein Bier, Brod und Fleisch, wußte aber im Augenblick nicht, wohin ich es stellen sollte, bis mehrere Gäste auf dem hohen Stuhle Platz nahmen und dort sehr bequem aßen, indem sie ihre Füße an die zwei Seitenfüße des Stuhles stemmten. Ich war damit um eine Erfahrung reicher und um die schätzenswerthe Erkenntniß, wie sehr die Europäer auch mit ihren Tischen und Bänken die goldene Mitte halten. Uebrigens belustigte mich der Gedanke, wie lange wohl ein Muselmann sich besinnen würde, bis er einen so hohen Sitz erstiege!

In Columbus traf mich wieder das „Changen", d. h. das Wagenwechseln; es trennten sich die Linien wieder. Die Hauptlinie läuft nach Cincinnati, wohl der wichtigsten Stadt in ganz Ohio. Sie gehört zu den ältesten der amerikanischen Städte und führt gegenwärtig zwei Beinamen, die seltsam contrastiren: die „Königin des Westens" ist zugleich „Porko=polis", d. h. Schweinestadt.

Den ursprünglichen Namen Cincinnati soll sie nach Einigen

einem florentinischen Maler, nach Andern wahrscheinlicher dem
bekannten römischen Feldherrn und Dictator Cincinnatus ver=
danken. Die Stadt ist der Sitz eines Erzbischofs und hat,
die Cathedrale des hl. Petrus mitgerechnet, nicht weniger als
sechzig katholische Kirchen und Kapellen und eben so viele
öffentliche Schulen, dazu noch dreiundzwanzig katholische Pfarr=
schulen.

Den Namen „Königin des Westens" verdankt Cincinnati
seiner herrlichen Lage am Ohio, wo sich die Reisenden und
Geschäftsleute des Westens und Ostens treffen, indem sie außer
dem Flusse noch sechs Eisenbahnhauptlinien hat. Den Namen
„Porkopolis" hat es erhalten, weil hier Millionen von
Schweinen eingepökelt und versendet werden. Cincinnati hat
vielleicht die größten Schinkenniederlagen der Welt.

Wie sehr mich unter andern Umständen die Sehens=
würdigkeiten der Stadt festgehalten haben würden, für jetzt
mußte ich weiter eilen. Der Sonntag war vor der Thüre,
und wollte ich diesen, meinem Vorhaben gemäß, im „Städtchen
am See" feiern, dann blieb mir keine Wahl, als von Colum=
bus aus auf der kürzesten Strecke einen Nachtzug zu benützen.
Die Amerikaner haben nämlich den tief christlichen Gebrauch,
der, bei ihnen althergebracht, auch durch die riesigen Verkehrs=
verhältnisse der Jetztzeit nicht geändert worden ist, daß alle
Bahnbediensteten und Postbeamten den Sonntag frei haben.
In den Fahrtenplänen liest man stets: „Dieser Zug geht täglich,
den Sonntag abgerechnet." Am Sonntag dampft daher keine
Locomotive, fährt kein Postomnibus, gibt es keine Zeitungen zu
lesen und sind die Vergnügungsplätze geschlossen. Es ist Ruhe=
tag. Geht dieß bei dem amerikanischen Riesenverkehre, warum
sollte man nicht, so muß man füglich fragen, auch bei uns allen
bei der Bahn und Post Angestellten am Sonntag Ruhe gönnen?

Eine Nachtfahrt war übrigens für mich kein Unglück.
Der Mond schien, weil der Himmel heiter blieb, hell genug,

um mir das Land in Umrissen sehen zu lassen, das ich durch=
reiste. Die Bahn passirte zuerst einen Nebenfluß des Ohio,
dann einen Kanal, der den Eriesee mit dem Ohio verbindet,
endlich die Grenze zwischen Ohio und Indiana.

Der Staat, welcher heute den Namen Indiana führt,
war wahrscheinlich bis in die letzte Zeit Seeboden gewesen.
Seine Ebenen liegen kaum dreißig Meter über der Wasserhöhe
der canadischen Seen. Hier behaupteten sich die Indianer bis
zur blutigen Schlacht zwischen ihnen und den Einwanderern im
Jahre 1812. Seit 1816 bildet es einen eigenen Staat und
ist der Union einverleibt. Auf 1592 Quadrat=Meilen wohnen
noch nicht zwei Millionen Menschen. Sein Hauptreichthum
sind Wälder und Weiden; es besitzt auch Petroleumquellen.
Das Land macht den ungünstigsten Eindruck. Hübner nennt
es „eine durch den Horizont umkränzte einsame, eintönige
Ebene". Man bemerkt noch viele Sümpfe und kleine Seen.
Die wellenförmigen Hügel sind meistens mit Birkenwäldern
gekrönt. Die Cultur ist noch im Kindesalter. Farmen sind
selten, und wenn man solche sieht, sehen sie erbärmlich aus.
An der Bahn vertreten einfache Bretterhütten die Stationen,
sobald man sich von den größeren Plätzen entfernt hat. Aller=
wärts unabsehbare Prairien! Doch nimmt die Cultur zu, je
mehr man sich den Seen nähert.

Besteht schon ein großer Unterschied zwischen den Nachbar=
staaten Ohio und Indiana, wie zwischen einem Garten und
einem gewöhnlichen Walde, so ist der Unterschied zwischen
den Hauptstädten der beiden Staaten noch größer. Columbus=
Ohio erinnert an dankbare Menschen, dagegen „Indianopolis",
Stadt der Indianer, an die blutigen Thaten und die Aus=
rottungs=Politik der Yankees. Man fragt sich unwillkürlich,
ob die Ufer des Hudson, des Delaware, des Susquehannah,
des Missouri noch nicht laut genug zum Himmel schreien?
Man schuf noch einen Staat „Indiana" und gab ihm als

Hauptstadt „Indianopolis". Von hier bis zu den Gestaden des großen Wassers hatten einst friedliche Indianer ihre Sitze. Als sie am Hudson den ersten weißen Mann sahen, haben sie ihn gastlich aufgenommen und auf dem Boden liegend angebetet. Vielleicht kannten sie die Tradition, daß einst weiße Männer aus dem Osten kommen und sie zu bessern Menschen machen würden. Wie sahen sie sich enttäuscht! Die Weißen haben sie nicht zu guten Menschen gemacht, sondern vernichtet. Ihre Leiber waren robust; sie erlagen nicht dem Klima, nicht den Strapazen, sondern dem Schwerte und dem Hunger, dem Laster und dem Trunke. An diese Dinge erinnerte mich Indiana, wo höchstens noch 240 kupferrothe Männer leben. Von den sechs Millionen Indianern, die in Nordamerika hausten, sind kaum noch 300,000 übrig.

Als Wilde konnten sie natürlich nicht weiter leben. Der Wilde braucht die Wildniß und der weiße Mann duldet die Wildniß nicht. Dem Wilden fehlte daher bald das Wild, auf das er angewiesen war, von dessen Fleisch er sich nährte, dessen Haut ihn kleidete, dessen Sehnen seinem Pfeilbogen die Spannkraft boten. Der weiße Mann, der Christ, hatte die Pflicht, ihn der Wildheit zu entreißen, zu civilisiren, und das Stück Brod mit ihm zu theilen, nicht ihn zu vernichten.

Unter solchen Gedanken fuhr ich die Nacht hindurch durch einen Theil von Indiana. Der Zug hielt eine Stunde nach Sonnenaufgang in Crown-Point, in der Nähe des Sees und am Ziele meiner Reise. Hier fand ich ein stilles Landleben, eine noch im Entstehen begriffene Civilisation, Urwälder. — Der Zug dampfte weiter Chicago zu. Ich blieb im „Städtchen am See". Wer ein Volk kennen lernen, ein Land studiren will, muß nicht bloß in die Städte fahren, dort im Hotel absteigen und mit dem Führer vor sich und dem Reisehandbuch von Straße zu Straße rennen. Das nenne ich ein verkehrtes, einseitiges Reisen, das bringt verkehrte, einseitige

Anschauungen über Land und Leute. Seitdem das Landleben mit seinen Reizen nichts mehr gilt und die Städte allein maßgebend sind, ist alles Reisen Modesache geworden. Auf dem Lande herrschen einfacher Sinn, Gemüth, liebliche Natürlichkeit. Das gilt von der alten und von der neuen Welt und insbesondere vom „Städtchen am See".

6.
Crown-Point. Es fehlten sechs Stunden. Die Mission. Ländliche Studien. Kirche und Union.

Das liebliche Landstädtchen Crown=Point (spr. Kraun=Poant), unweit des Ceder=Sees, breitet sich über den östlichen Abhang einer riesigen Hügelkette aus. Ich überblickte es vom Depot (spr. Dipo) aus — so nennt man allgemein in Amerika den Bahnhof —, beleuchtet von der Morgensonne eines tiefblauen, wolkenlosen Himmels.

Crown=Point hat seinen Namen „Kronpunkt" von seiner Lage auf der einzigen Anhöhe einer unabsehbaren Ebene. Das Städtchen ist erst im Entstehen und bedeckt, obschon es erst fünftausend Einwohner zählt, einen Flächenraum, der dem der Stadt München nichts nachgibt. Man kann hier so recht die amerikanische Sitte beobachten, jeder Stadt gleich im Entstehen weite Grenzen anzuweisen, breite Straßen auszumessen, die man nie mehr zu erweitern braucht, und Plätze frei zu halten für neue, spätere Ansiebelungen. So klein das Landstädtchen noch in Rücksicht auf die Einwohnerzahl ist, so hat es schon mit allen großen Städten der Union die schnurgeraden, von Osten nach Westen und von Norden nach Süden laufenden Straßen gemein und besitzt im Kleinen das unvermeidliche Broadway, natürlich noch im Urzustande der übrigen Straßen, nicht gepflastert, nicht geebnet, nicht vom Rasen gereinigt, nicht geschmückt mit zierlichen palastähnlichen Häusern, sondern mit Framehäusern, d. h. Gebäuden aus Holz.

Besser ist für die Fußgänger gesorgt. Sie finden, wenigstens in den Hauptstraßen, auf beiden Seiten hübsche Brücken aus Holz und Brettern, einen Meter breit, auf denen man sehr bequem geht. Die auf beiden Seiten stehenden Häuser gleichen Villen, liegend in einem meist lieblichen Garten, beschattet von Bäumen, theilweise umrankt von der Rebe oder vom Pfirsich. Eine Reihe von Bäumen schließt die Straßen vom Trottoir ab. Die Bäume verbreiten an diesem Platze nicht bloß Schatten, sondern verhüten bei Gewitterregen, die in Crown-Point nicht selten sind, und die Straßen in Gießbäche verwandeln und die Niederungen in Seen, daß die hölzernen Gangbrücken fortschwimmen, wie ich bald erfahren sollte. Schon in den ersten Tagen gab es ein Gewitter mit einem Platzregen. Ich eilte von einem Besuche nach Hause, lief auf der Holzbrücke unvorsichtig vorwärts und sank endlich in einem weiten See sammt der Brücke, die, vom Wasser gehoben, wegen der Bäume nicht fortkonnte, unter.

Das Landstädtchen macht von der Ferne mit seinen vielen Thürmen und Thürmchen, die aus den Häusern emporragen, einen guten Eindruck. Ich bildete mir ein, dasselbe sei ein gut katholischer Ort, fand dagegen bald, daß es eine wahre Musterkarte aller Secten der Vereinigten Staaten ist. Die fünfhundert katholischen Einwohner besitzen erst ein kleines Bretterkirchlein, das indeß so sauber und reinlich ist, wie das danebenstehende Pfarrhaus. Ich traf den Pfarrer, bei dem ich abstieg, an's Bett gefesselt.

Es war eines meiner ersten Geschäfte, meine Uhr zu richten. Ich befand mich etwa neunzig Grade westlich von München. Das ergab eine Abweichung der Uhren von sechs Stunden. Meine Taschenuhr mußte also um die angegebene Stundenzahl später als die Uhren in München gehen, um mit der Sonne zu harmoniren. Während dieses Geschäftes erzählte mir der katholische Pfarrer lächelnd, daß man in Amerika den Tod

Pius' IX. eher gewußt als in Europa. Als Pius IX. am 7. Februar 1878 verschieden war, brachte der Telegraph diese Trauerkunde Amerika mit den Worten: „Pius IX. soeben 5 Uhr 15 Minuten Abends verschieden." Als das Telegramm in Amerika ankam, war es dort erst 2 Uhr Nachmittags. Daher pflegen die Amerikaner zu sagen: „Wir wußten vom Hinscheiden des Papstes eher als in Europa, schon um 2 Uhr Nachmittags."

In Crown-Point hatte ich Gelegenheit, näher zu sehen, wie verschieden die kirchlichen Verhältnisse in Amerika von denen Europa's sind. Bildet sich eine katholische Gemeinde, wie gerade das in Crown-Point der Fall war, so baut dieselbe, ohne jede Staatshilfe und ohne jede Beaufsichtigung des Staates, ganz wie sie will, eine Kirche und eine Pfarrwohnung und bittet, wenn diese fertig sind, den Bischof um einen Pfarrer. Dieser erscheint und beginnt sofort seine Thätigkeit. Er findet die Pfarrwohnung vollkommen eingerichtet und versehen mit Allem, was er braucht; er hat nichts mitzubringen, als seine Bücher und seine Kleider. Die Wohnung des Pfarrers in Crown-Point, obschon einfach und aus Holz gebaut, war geräumig genug, daß auch ich noch ein Plätzchen darin fand. Ich erlaube mir die Bemerkung, daß katholische Priester, welche in den Vereinigten Staaten reisen, ohne Weiteres bei den katholischen Geistlichen einzukehren und zu übernachten sich gewöhnen. So will es die amerikanische Sitte. Die Gastfreundschaft steht in Ehren und wird allgemein geübt. Die Gemeinden finden dieses so natürlich, daß stets für mehrere Gastzimmer in den Pfarrhäusern gesorgt wird.

Die Gastfreundschaft, welche ich beim Pfarrer von Crown-Point fand, wurde für mich nach mehreren Seiten hin ein Ereigniß. In der Pfarrei hatte eben eine Volksmission begonnen. Es befanden sich zu diesem Zwecke zwei Redemptoristen aus Chicago und St. Louis daselbst, um täglich drei Predigten zu halten und die Beichten zu hören. Der seelen-

eifrige Pfarrer hatte gefunden, daß es im Orte mehrere ab=
gefallene Katholiken gab, die sich vom Gottesdienste ferne
hielten. Um sie wieder zu gewinnen, berief er die Väter zu
einer Mission. Missionen sind in den Vereinigten Staaten
sehr häufig. Meistens sind es Ordenspriester, die Missionen
geben, Jesuiten, Redemptoristen, Franziskaner, Dominikaner,
Kapuziner, Benedictiner; nicht selten vereinigen sich auch mehrere
Weltpriester zur Abhaltung einer Mission. Durch seine Mis=
sionen ist P. Weninger, von Geburt ein Deutscher, eine ameri=
kanische Berühmtheit geworden.

Eine Mission macht keine Schwierigkeiten; der Pfarrer
bespricht sich mit mehreren Gliedern seiner Gemeinde und die
Missionäre erscheinen. Die Glocken verkünden das freudige
Ereigniß nach außen. Die Zeitungen bringen längere und
kürzere Anzeigen. Gläubige und Ungläubige, Katholiken und
Nichtkatholiken eilen in die Kirche, wo der Missionär über die
Bedeutung der Zeit der Gnade predigt.

Die ersten Predigten bewegen sich immer auf dem Gebiete
des Glaubens. Es wird bewiesen, daß, weil Christus Einer
ist, es auch nur einen Glauben geben kann. An die Lehre von
der alleinseligmachenden Kirche schließt sich der Beweis, daß
keine der Secten die Wahrheit besitzt, weil keine bis auf Christus
zurückreicht. Diese ersten Predigten bewirken in der Regel
die Rückkehr mancher Katholiken, die abgefallen waren, zur
Kirche und legen den Grund zur Bekehrung von Irr= und
Ungläubigen. Melden sich Letztere zur Aufnahme in die Kirche,
so beginnt schon während der Mission der Unterricht. Ist er
vollendet, so werden sie getauft und der Gemeinde einverleibt.
Ich bemerke hier, daß die Spendung der heiligen Taufe in
Amerika bei Sectirern oder bei Ungläubigen eine Nothwendig=
keit ist, weil Tausende von Kindern ungetauft (Baumgartner
nimmt an, daß unter zehn Personen kaum eine getauft sei)
bleiben und die meisten Secten nicht mehr giltig taufen.

Das ist aber nur eine Seite der Wirksamkeit der Mission. Die öffentliche Besprechung derselben ist die andere. Die Vereinigten Staaten sind der Ort, wo Jedermann die Zeitung liest. Man liest im Streetkar, im Ferry-Boot, im Kar, im Beerhouse, im Businessroom. Tritt man beim Agenten einer Gesellschaft, beim Präsidenten einer Compagnie ein, so wird man ihn in der Regel im Lehnstuhle liegend finden, die Füße hoch oben auf dem Pulte, meistens den Hut auf dem Kopfe und in die Zeitung vertieft. Die Zeitungsbuben haben überall Zutritt, um ihre Waare feil zu bieten, und machen in der Regel gute Geschäfte. Mancher Millionär in der Union hat sich das erste Geld als Zeitungsbube gespart. Diese Lesewuth ist ein Hauptgrund, daß überall eine große Ruhe herrscht. Man spricht wenig, liest viel.

Die Katholiken müssen demnach mit dieser Einrichtung oder Sitte rechnen. Sie betheiligen sich lebhaft an den Erörterungen, die ihre Missionen betreffen, in der Oeffentlichkeit. Das nützt ihrer Sache. Die Erfolge werden in ein glänzendes Licht gestellt. Das imponirt dem Yankee, dem Manne des Erfolges. Es ist nicht zum Nachtheil der Katholiken, wenn die Methodisten-, Puritaner-, Anglikaner-, Baptisten-Prediger sie in ihren Blättern angreifen. Die Presse und Kanzel sind vollkommen frei. Der Eifer der Prediger der genannten Secten, sich wegen der erlittenen Verluste zu rächen, bringt sie aus der Scylla in die Charybdis. Diese Prediger besitzen nur in seltenen Fällen die nöthige Bildung, ein Mangel, der von ihnen selbst und ihren Parteigenossen auf's Bitterste beklagt und empfunden wird. Ihnen gegenüber ist der katholische Priester und sind die gebildeten Katholiken stets im Vortheile; aber man darf nicht vergessen, daß es auch in Amerika nicht mehr ausreicht, um bloß die Bildung zu besitzen, wie die Sectenprediger sie haben. Treffend sagt in dieser Hinsicht der deutsche Bischof von La Crosse, Heiß, eine Zierde des

amerikanischen Episcopates: „Amerika ist das Land der raschen
Entwickelung, das Land des Fortschrittes, und zwar sowohl
im guten als auch im schlechten Sinne. Der Materialismus
in weitester Ausdehnung wird hier immer mächtiger. Früher
zeigte sich dieses Uebel bloß im Haschen nach Reichthum. Dagegen war aber der Amerikaner fast durchgehends religiös. Er
glaubte an die Bibel, und wenn er auch dieselbe oft recht verkehrt auslegte und gebrauchte, so war er doch der Theorie des
Unglaubens abhold, welche die Göttlichkeit des Christenthums
oder das Dasein eines persönlichen Gottes oder die Fortdauer
der Seele läugnete. Allein seit den letzten Jahren ist das
ganz anders geworden. Jetzt wird fast allgemein zugegeben,
daß die Bibel den Ergebnissen der neuen Wissenschaft gegenüber nicht mehr aufrecht erhalten werden könne. Der Darwi-
nismus findet hier viel Anklang. Unter den vierzig Millionen
Einwohnern des Landes, die Katholiken nicht gerechnet, gibt
es kaum mehr sechs Millionen, die sich auch nur noch dem
Namen nach zu irgend einer kirchlichen Gemeinschaft bekennen;
und noch geringer ist die Anzahl derer, die getauft sind, oder die noch an die Gottheit Jesu Christi
glauben; dadurch aber, daß fast aller Glaube an etwas Höheres
und Ewiges immer mehr der hiesigen Bevölkerung entschwindet,
muß natürlich auch das öffentliche, sittliche und politische Leben
immer tiefer sinken." Und es sinkt sichtlich außerhalb der
Kirche im Schooße der Secten. Nur ein reiches Wissen in
Verbindung mit der Gnade vermag da entgegenzuwirken. Die
Missionen der Katholiken gleichen in dieser Beziehung den
Barken, die um ein gescheitertes Schiff so lange fahren, als
noch etwas davon gerettet werden kann. Was unter den Secten
noch für Höheres Sinn hat, gewinnen sie. Davon überzeugte
ich mich bei der Mission in Crown-Point.

Ich nahm bei derselben die Stelle des erkrankten Pfarrers
ein. In einer Anrede an die Gemeinde sprach ich ungefähr

Folgendes: „Katholiken! Zum ersten Male habe ich den Boden Amerika's betreten. Ich kannte keinen der Väter, die euch hier gepredigt haben. Sie kannten mich nicht. Vergleicht meine Predigten mit den ihrigen. Ihr werdet finden, daß wir übereinstimmen. Ich hörte Predigten in Afrika und Asien aus dem Munde katholischer Priester. Ich versichere euch, daß sie eben das dem Volke dort, nur in einer andern Sprache, gepredigt haben, was man hier in Amerika predigt. Das ist die Einheit des Glaubens in der Kirche. Sie und ihre Lehre bleiben sich auf der ganzen Welt gleich. Sie hat die Wahrheit. Gehet unter die Secten eurer Stadt und ihr findet, daß sie sich widersprechen. Die Prediger der einzelnen Secten lehren Widersprechendes. Und doch hat der Lehrer des Christenthums gebetet, daß die Seinen „Eins" seien. Die Einheit und Uebereinstimmung herrscht bei den Katholiken. Die Secten sind uneins. Sie sind nicht Eigenthum des Herrn." Solche aus dem Leben genommene Wahrheiten gefallen den Amerikanern.

Ich habe oben gesagt, daß die Mission für mich ein Ereigniß von großer Tragweite geworden ist; im Umgange mit den Missionären bot sich mir die Gelegenheit, ein zuverlässiges Urtheil über die Gegenwart und Zukunft der katholischen Kirche in den Vereinigten Staaten zu gewinnen. Einer derselben, ein geborener Amerikaner, war auf's Beste vertraut mit allen religiösen Verhältnissen seines Heimathlandes. Der Andere, ein Deutscher, aber seit Jahren in Amerika thätig, kannte Europa und Amerika. In Folge ihres Berufes bereisten sie unablässig alle Staaten der Union; verkehrten mit Bischöfen, Priestern und Laien; sahen das Wachsen oder Abnehmen des Glaubens mit eigenen Augen; kamen und lebten mit ergrauten Missionären zusammen; verkehrten mit feingebildeten Convertiten, deren Zahl in der Union Legion ist. Wer hätte mir besser Aufschluß über meine Fragen geben können?

Ich meinerseits brachte kein fertiges Urtheil, aber auch

kein Vorurtheil mit. Ich kannte das Wort des Papstes Gregor XVI.: „Nirgends bin ich mehr Papst, als in den Vereinigten Staaten." Aber ich hatte auch gegentheilige Stimmen vernommen. Die Frage nach der wirklichen, thatsächlichen Lage der Dinge beschäftigte mich zumeist während meines Aufenthaltes auf dem Boden Indiana's, nahe dem Urwalde. Später habe ich nicht unterlassen, auch noch Männer zu Rathe zu ziehen, die einen andern Bildungsgang hinter sich hatten, als die genannten Redemptoristen. Was ich hier gelernt und erfahren, ist Folgendes.

Vor Allem muß hervorgehoben werden, daß die Lage der Kirche in der Union von Anfang an eine ganz andere war und ist, als in Europa. Hier ist sie die älteste Institution, hat eine zweitausendjährige Geschichte; dort ist sie die jüngste Institution von noch nicht hundert Jahren Bestand. In Europa sah die Kirche alle Staaten entstehen und wirkte bei der Bildung der meisten der Staaten mit. Der nordamerikanische Staat entstand und die Kirche hatte daselbst noch keine Heimath, nicht eine öffentliche Kirche, nicht einen Bischof.

Wie steht aber die katholische Kirche heute? Welches wird ihre Zukunft sein? Meine Ansicht geht dahin, daß die katholische Kirche im ersten Jahrhundert ihres Bestehens in den Vereinigten Staaten Fortschritte gemacht hat, die fast einzig in der gesammten Kirchengeschichte dastehen; daß ihre Zukunft gesichert ist; daß ihre Stellung indessen noch nicht diejenige ist, welche ihr als Kirche Jesu Christi gebührt; daß sie sogar möglicherweise eine Verfolgung in nächster Zeit zu bestehen haben wird; daß eine solche aber ihr nur nützen wird.

Die katholische Kirche hat im ersten Jahre ihres Bestehens in den Vereinigten Staaten Fortschritte gemacht, die fast einzig in der Geschichte dastehen. Als im Jahre 1783 die Vereinigten Staaten ihre Freiheit und Unabhängigkeit erkämpft hatten und von Frankreich und England anerkannt waren, hatten die

Katholiken nur einige Privatkapellen, nicht eine einzige Kirche. Ihre Zahl belief sich auf 25 000 mit 24 Priestern. Einer der angesehensten Katholiken, Carroll in Maryland, machte eine Eingabe an den Congreß und verlangte für die Katholiken dieselbe Freiheit, wie für die anderen religiösen Gemeinschaften. Die Katholiken hatten sich im Unabhängigkeitskriege besonders ausgezeichnet; sie erhielten wie die Secten vollkommene religiöse Freiheit. So lange nämlich die amerikanischen Colonien unter englischer Herrschaft gestanden hatten, waren die Katholiken nach den bestehenden Gesetzen wie in England selbst verfolgt worden.

Im Jahre 1789 gab Papst Pius VI. den wenigen Katholiken in der Person des Jesuiten Carroll einen Bischof. Daher kann man mit Recht das Jahr 1789 als das Gründungsjahr der Kirche in den Vereinigten Staaten ansehen. Der Bischof besaß keine Kirchen, um die Gläubigen zu versammeln, keine Schulen, keine Hospitäler, keine Klöster, kein Geld; vierundzwanzig von Alter und Arbeit aufgeriebene Priester, die von dem Almosen der armen Katholiken lebten, das war sein Reichthum. Vom Almosen wurde zuerst ein Seminar gegründet und 1791 eröffnet, um vor Allem Priester heranzubilden. Die Republikaner, besonders Franklin und Washington, ehrten und achteten den katholischen Bischof, und sein Seminar erhielt schon 1805 die Rechte einer katholischen Universität. Im Jahre 1808 unterstanden 70 Priester, 80 Kirchen und 50 000 Katholiken, die über das unermeßliche Gebiet der Vereinigten Staaten zerstreut waren, der bischöflichen Leitung. Zur selben Zeit kam Hilfe aus Europa. Augustiner ließen sich in Philadelphia, Dominikaner in Ohio, Trappisten in Maryland, Lazaristen in Kentucky nieder. Sulpicianer übernahmen die Leitung des bischöflichen Seminars, die Jesuiten die Leitung des Gymnasiums zu Georgetown. Im Jahre 1809 kam eine fromme Jungfrau aus edlem amerikanischen Geschlechte dem Bischofe zu Hilfe. Die Convertitin Elisabeth Seton gründete bei

einem Dorfe, fast noch in einer Wildniß, das erste Kloster der
barmherzigen Schwestern, das bald eine Pflanzschule des Unter=
richtes und der Werke der Nächstenliebe wurde. Das sind die
Grundzüge des Anfanges der katholischen Kirche in den Ver=
einigten Staaten. Sobald der Grund gelegt war, kam das
Gedeihen.

Bischof Carroll mußte vor Allem darauf Bedacht nehmen,
neue kirchliche Mittelpunkte der christlichen Missionsthätigkeit
zu schaffen. Er wählte vier Städte aus und Papst Pius VII.
ernannte für Boston, Philadelphia, New=York, Bardstown
vier Bischöfe. Mit diesen theilte der Bischof von Baltimore,
der vom Papste zum Erzbischof war erhoben worden, das
unermeßliche Missionsgebiet. Es war ein Schauspiel, das an
die Zeiten der Apostel erinnerte oder an die des hl. Bonifacius
in Deutschland. Das kirchliche Leben nahm alsbald einen
neuen, vielverheißenden Aufschwung. Jeder Bischof errichtete
Seminarien, rief Schulen und Klöster in's Leben, bewarb sich
in Europa um Missionäre und gründete in seiner Diöcese
Gemeinden. In ganz wilden und unbebauten Districten ent=
standen Missionsstationen, aus denen wiederum neue Bischofs=
städte erwuchsen.

Vierzig Jahre nach der Gründung des ersten Bisthums
in Baltimore sah der Erzbischof schon zehn Bischöfe um sich
und hatte sich die Zahl der Katholiken auf 500 000 vermehrt.

Papst Gregor XVI. ernannte während seiner sechzehn=
jährigen Regierung elf neue Bischöfe. Aber eine ganz neue
Zeit des Wachsthums und Gedeihens begann für die Kirche
mit der Thronbesteigung Pius' IX., des ersten Papstes, der
den amerikanischen Boden betreten hat. Er fand in der Union
22 Bisthümer vor; in den 32 Jahren seiner apostolischen
Kirchenregierung konnte er 37 neue Bisthümer und mehrere
apostolische Vicariate gründen, so daß bei seinem Tode die
kirchliche Organisation in den Vereinigten Staaten vollendet

bastand. Heute ist die katholische Kirche der Union in elf Kirchenprovinzen eingetheilt mit 59 Bisthümern und 8 apostolischen Vicariaten. Sie steht nun da mit ihren Bischöfen und Erzbischöfen, mit ihren zahllosen Orden, mit ihrer Einheit im Glauben, mit ihren Universitäten, Seminarien, Gymnasien und Schulen als die großartigste religiöse Gemeinschaft in ganz Nordamerika, so daß alle denkenden Männer mit Staunen heute vor der Thatsache stehen, daß mit den unscheinbarsten äußeren Mitteln aus einer armen Missionspfarrei in Baltimore in nicht ganz hundert Jahren sich einer der großartigsten kirchlichen Organismen gebildet hat! Die Zahl der Katholiken ist von 25000 auf 7 Millionen gestiegen. Diese 7 Millionen besitzen 18 theologische Schulen und mehrere Universitäten, werden von 6118 Priestern pastorirt in mehr als 7000 Kirchen. Es gibt 1587 Volksschulen, 219 Waisenhäuser, 95 Hospitäler, so daß das Eigenthum der Kirche in den Vereinigten Staaten auf 60 Millionen Dollars geschätzt wird.

Ich habe gesagt, daß alle denkenden Männer diese Erfolge bewundern. Der amerikanische Staatsmann Dwinelle hat am 8. October 1876 Folgendes gesprochen: „Vor hundert Jahren, wie schwach war da die katholische Kirche in den Vereinigten Staaten! Wie stark ist sie heute! — Die stärkste unter den Starken! Vor hundert Jahren geächtet, ihr Name eine Schande; heute stolz im Bewußtsein ihrer Macht, ihre Kinder frei, Alles zu begehren, um es zu erlangen. Sie können Gesetzgeber, Senatoren, Richter sein; Einer von ihnen bekleidete die höchste Stelle in der Justiz fünfundzwanzig Jahre lang. Wo ist die katholische Kirche mächtiger, als gegenwärtig in Amerika? Wo sind ihre Fundamente breiter, tiefer, fester? Wo ihre Hospitäler, ihre Klöster, ihre Collegien, ihre Kirchen in einem blühenderen Zustande? — Ich habe bei dieser feierlichen Gelegenheit kein Wort des Lobes für die heilige, apostolische, römisch-katholische Kirche gesprochen. Wäre ich einer

ihrer Söhne, so würde ich ihr einen solchen Tribut ebenso
voll von Dankbarkeit als von Wahrheit gebracht haben. So
aber konnte er ihr als eine Schmeichelei erscheinen — und sie
bedarf meiner Gunst nicht. Noch weniger habe ich es gewagt,
ihre Kinder dadurch zu beleidigen, daß ich vor ihnen die Ver=
schiedenheit meines Glaubens von dem ihrigen entschuldigte.
Allein als Protestant trage ich kein Bedenken, zu erklären, daß
ich mich freue über die Macht und Blüthe der heiligen, apo=
stolischen, römisch=katholischen Kirche, und wenn ich voraus=
sage, sie werde hundert Jahre später mächtiger denn je zuvor
sein und ihre größte Macht werde in den Vereinigten Staaten
liegen, so geschieht das, weil mein Herz diese Prophezeiung be=
gleitet. Und wenn ich erwäge, daß sie die Mutter aller mo=
dernen Civilisation und die Pflegemutter aller freien politischen
Institutionen ist, dann flehe ich demüthig Gott, den Allmächtigen,
an, daß dieses große Land freier Männer die ganze Fülle der
Ernte im vollsten Maße in ihren Schooß bringen möge!"

Daran reihe ich den denkwürdigen Ausspruch eines Yankee,
der das Streben seiner Mitbürger, um jeden Preis eine Eisen=
bahn zu haben, mit den Worten geißelte: „Eine Eisenbahn
wollt ihr? Nein. Trachtet einen katholischen Bischof zu be=
kommen; er ist mehr werth als eine Eisenbahn." Der denkende
Amerikaner rechnet immer mit der Wirklichkeit. In der Wirk=
lichkeit ist aber der civilisatorische Einfluß der Kirche, sind die
fleißigen Irländer und die thätigen deutschen Katholiken und
ihre dem Strome des kirchlichen Lebens folgenden Niederlassungen
das Entscheidende für die Zukunft. Den riesigen Fortschritt
auf allen Gebieten haben die Katholiken herbeiführen helfen;
ihre Missionäre sind der Cultur vorangegangen. Wo ein
katholischer Bischof sich niederließ, sei es im Urwald, sei es in
der Prairie, baute er Kirchen, eröffnete er Schulen, errichtete
er Institute, rief Ordensleute herbei; und nun lichteten sich
die Urwälder und die Prairien wurden lachende Fluren. Die

reißenden Thiere und die Klapperschlangen verschwanden, das
Land bevölkerte sich, das Angesicht der Wildniß wurde erneuert.
Ober hat sich nicht dieses in Pittsburg zugetragen, wovon ich
früher erzählte, daß es die Benedictiner aus Bayern cultivirten?
Vollzieht sich das nicht eben in St. Meinrad, in Indiana, wo
die Benedictiner aus der Schweiz sich niederließen? Was da
die Benedictiner thaten und thun, haben die Dominikaner in
Verbindung mit den Bischöfen in Ohio vollbracht. Ueberall
wohin wir in der Union kommen werden, überall stoßen wir
auf denselben Gang der Cultur. Nordamerika schuldet der
katholischen Kirche die rasche Entwickelung, darüber sind alle
Eingeweihten einig. „Wenn die nordamerikanische Union," schrieb
Baumgartner in den „Stimmen aus Maria=Laach", „der katho=
lischen Kirche zum Danke verpflichtet ist, so ist diese Dankes=
schuld theilweise dadurch abgetragen, daß der Staat ihr im
hohen Grade die Bethätigung ihrer Lebenskräfte gestattet.
Hierin liegt die Lichtseite der amerikanischen Verhältnisse
zwischen Kirche und Staat, wenn wir sie vom kirchlichen Ge=
sichtspunkte aus betrachten. Die Kirche ist frei in ihrem Be=
stande, in ihrer Organisation, in ihrer Lebensthätigkeit nach
Innen und Außen. Der Papst kann ungehindert neue Bischöfe
ernennen und Bisthümer errichten. Die Bischöfe können neue
Pfarreien gründen, die religiösen Orden Klöster, Schulen und
Wohlthätigkeitsanstalten stiften, die Gläubigen sich zu Bruder=
schaften und religiösen Vereinen schaaren, der Pfarrer kann seine
Pfarrei regieren, die Gesetze der Kirche anwenden, ohne daß
Jemand sich einmischen kann; der Verkehr aller kirchlichen Be=
hörden unter sich und mit Rom ist frei. Kein Placet für Hirten=
briefe ist erforderlich. Niemand mischt sich in die Erziehung
oder Amtsführung der Geistlichen. Von Gelübden und Ordens=
trachten nimmt Niemand Notiz. Der katholische Priester ist von
der Militärpflicht enthoben, aber in voller Freiheit, seine reli=
giöse Ueberzeugung auf der Kanzel wie in Wort und Schrift,

auf Versammlungen und im Privatverkehr zu äußern. Katholische Pfarreien, Ordensgenossenschaften und Anstalten können ebenso gut Corporationsrechte erhalten, wie die protestantischen. Die Pfarrei genießt dann den rechtlichen Schutz und ist frei von der Besteuerung; sie kann innerhalb der vom Staate festgesetzten Grenze Eigenthum erwerben und dasselbe nach dem eigenen Rechte verwalten. Diese Freiheit ist durch die Bundesverfassung gewährleistet und ist in die Gesetzgebung der Einzelstaaten übergegangen."

Außer ihrer geordneten Hierarchie, ihren Universitäten, ihren Collegien, Schulen, Seminarien, Klöstern wirkt für die katholische Sache noch das blühende Vereinsleben, das seine Organisation über die ganze katholische Union erstreckt. Alljährlich versammeln sich die Deputirten der katholischen Vereine in den größern Städten. Im Jahre 1876 haben diese Vereine das hundertjährige Fest der Unabhängigkeit Nordamerika's von England mit ebenso viel Glanz und Jubel gefeiert, als die Secten, die politischen Vereine und die Freimaurer. Auch die Frauen sind für die Vereine thätig.

Dazu kommt die Presse, welche die Katholiken sich, wenn auch noch nicht in ausreichendem Maße, zu Nutzen machen. „Schon Erzbischof Carroll," schreibt P. Baumgartner, „hatte, anstatt über die nun einmal zur Herrschaft gelangte Preßfreiheit zu klagen, die Dinge genommen, wie sie waren und die katholische Sache energisch auf dem Felde der Oeffentlichkeit zu Ehren gebracht. Er ist auch in dieser Hinsicht der Vater der amerikanischen Kirche. Ohne diese energische Preßthätigkeit von Anfang an wäre die katholische Kirche vom vereinigten Irr- und Unglauben zu Tode geschrieen und gedruckt worden." Die Katholiken haben den Einfluß der Presse nie gering angeschlagen. P. Weningers in Philadelphia im Jahre 1876 gehaltene Lobrede auf die amerikanische Verfassung ist über ganz Amerika verbreitet worden. Sein Buch „Protestantismus und Unglaube", ein Aufruf an alle denkenden Amerikaner, fand die weiteste Verbreitung. Wenn heute Milwaukee eine fast ganz katholische Stadt ist, so verdankt es diese Ehre nicht bloß der seelsorglichen Thätigkeit seines Bischofs und der Missionäre, sondern auch dem emsigen literarischen Schaffen eines Dr. Salzmann und eines Heiß, beide Missionäre, aus Deutschland. Die katholische Presse ist bis heute in stetem Aufschwunge, aber ihre Organisation ist noch nicht vollkommen und vollendet. Sie leidet an einer etwas raschen, nicht genug sich consolidirenden Bildung. „Die Presse der nordamerikanischen Union," bemerkt die „Weltrundschau der katholischen Presse", „entspricht im Allgemeinen der fast sich überstürzenden Entwickelung aller Verhältnisse in dieser merkwürdigsten aller Staatenbildungen. Auf der breitesten freiheitlichen Grundlage aufgebaut, war und ist die Union der geeignetste Boden für eine zahlreiche und mächtige Presse, die sich dort auch in der That mit unglaublicher Schnelligkeit entfaltet hat. Die nordamerikanischen Freistaaten haben über 8000 Preßorgane aufzuweisen." „Es ist begreiflich," heißt es weiterhin, „daß sich die nordamerikanische katholische Presse nach Maßgabe der Ausbreitung der katholischen Kirche entwickelt hat, und da jene Ausbreitung ungemein rasch vor sich ging, so trägt auch ihre Presse in vieler Beziehung die Merkmale der raschen Entwickelung an sich." Es gibt keine größere Stadt der Union, kein einflußreiches Institut, das nicht sein katholisches Journal besitzt. New-York geht den übrigen Staaten mit neunundzwanzig katholischen Zeitschriften in deutscher und englischer Sprache voran. Darunter befinden sich alle den Verhältnissen angemessenen Blätter, und zwar vom „New-York Tablet", einem großen politischen Blatte, angefangen, bis herab zum „Boten der allerheiligsten Familie" und zum „Schutzengel". Philadelphia besitzt sechs einflußreiche Blätter, darunter ein illustrirtes Monatsblatt für die Jugend. Pittsburg, Chicago, Milwaukee blieben nicht zurück.

An manchen Erscheinungen des öffentlichen Lebens merkt man, wie geachtet heute die katholische Kirche der Union basteht. Die katholischen Geistlichen zahlen von ihrem Einkommen keine Steuern, wofern dasselbe nicht 1000 Dollars (in New-York 1500 Doll.) übersteigt. Die Bahngesellschaften schicken zu Neujahr dem Bischofe Freikarten zu und zugleich für alle seine Priester Karten, mit denen dieselben um den halben Fahrpreis reisen können. Ich sah, wie die Conductors mit sehr viel Aufmerksamkeit die katholischen Bischöfe behandelten. Beten Priester und Bischöfe ihr Brevier oder ihren Rosenkranz im „Kar", so verlacht sie kein Mensch. Tragen die Priester das sogenannte römische Collar, so werden sie mit besonderer Zuvorkommenheit überall behandelt und auf der Straße gegrüßt. Der Amerikaner macht gar kein Hehl aus seiner Bewunderung für die Erfolge der katholischen Kirche. Ein Senator aus Washington, der mit mir die Reise von New-York nach Liverpool machte, sagte mir: „Ihr Katholiken habt in Amerika die beste Handelsuniversität, die es in der Union gibt." Und doch leiten dieselbe die Brüder vom heiligen Kreuze. „Weil die Kirche," so schließen wir unbedenklich mit den ‚Stimmen aus Maria-Laach', „nicht nur predigt, sondern wirkt, das Gute nicht bloß sporadisch ausstreut, sondern bleibend organisirt, ihre still erhaltende Thätigkeit mit der schöpferischen Triebkraft blühender Jugend verbindet, stellt die katholische Kirche die größte sittliche Macht dar, welche sich in dem Bereiche des ausgedehnten Staatskörpers befindet.... Dort ist Alles neu und modern. Die katholische Kirche allein ist so unwandelbar, wie sie einst aus der alten Römerwelt in die Verhältnisse des Mittelalters und von diesem in die Tage Karls V. hinübertrat, auch in die neue von Washington und Franklin begründete Welt hinübergeschritten und bot dem neuen Capitol vom alten aus den ewigen Gruß des Friedens. Sie steht da als der kräftigste

Hort des Naturgesetzes und der Sittlichkeit, als die Mutter jener heiligen Familienüberlieferung, auf welche die Völker angelsächsischen Stammes mit Recht so stolz sind, als die größte Wohlthätigkeitsanstalt der Union, deren Wirken nichts zu überflügeln im Stande war."

In dieser imponirenden Macht und Lebensfähigkeit der Kirche liegt die beste Bürgschaft ihrer großen Zukunft. In Bezug auf sie schreibt ein Amerikaner, der die Lage der katholischen Kirche in der Gegenwart sorgfältig geprüft hat: „Die Beweise für die Bewegung nach der katholischen Kirche hin sind noch klarer und allgemeiner (als in England) in den Vereinigten Staaten. Es gibt dort weniger Vorurtheil und Feindseligkeit gegen die Kirche, daher ist ihr Fortschritt dort weit größer als in England. Zu Anfang dieses Jahrhunderts stellte sich das Verhältniß der Katholiken wie 1:200 der Gesammtbevölkerung der amerikanischen Republik. Ihr jetziges Verhältniß ist 1:6 oder 1:7 aller Einwohner. Vor Abschluß unseres Jahrhunderts werden die Katholiken alle andern Christusgläubigen der Republik zusammengenommen an Zahl übertreffen. Dieß ist keine phantastische, sondern auf sorgfältige statistische Studien gegründete Aufstellung, und die Schätzung ist mäßig. Wenn selbst die Auswanderung aus den katholischen Gegenden nach den Vereinigten Staaten ganz aufhören würde, was aber nicht geschehen wird, oder wenn sie sich sehr vermindern würde, so würde der von dieser Seite entstehende Ausfall reichlich durch die relativ zahlreicheren Geburten unter den Katholiken im Vergleiche zur übrigen Bevölkerung ersetzt werden." Bei aller Anerkennung der großartigen Fortschritte der Kirche dürfen indessen die Gefahren, welche derselben drohen, nicht außer Acht gelassen werden.

In der Union herrscht in Bezug auf Religion die ungebundenste Freiheit. Die katholische Kirche mit ihrem ausgezeichneten Episcopate, mit ihrem hehren Gottesdienste, mit allen ihren altehrwürdigen Institutionen steht nach der Verfassung der Union genau auf derselben Linie, wie der Islam, wie das Heidenthum in seiner vielfachen Gestalt, wie die bunte Schaar der Secten. Vor dem Staate gilt der katholische Bischof nicht mehr als der erste beste schwärmerische Methodistenprediger oder als die prophetische Näherin Anna Lee und ihre Secte. Ein idealer Zustand, oder besser gesagt, der richtige Stand der Dinge ist das wahrlich nicht.

Dazu kommt, daß in vielen Staaten dem Wirken der katholischen Kirche ganz besondere Schwierigkeiten entgegenstehen. Das Staatsgesetz verlangte vielfach eine Laien-Commission, durch welche sich die einzelnen Pfarreien, Hospitäler, Schulen vor dem Staate vertreten lassen mußten. Das war die Einrichtung der Trustees oder Stellvertreter. Diese Laien wollten die Kirchen regieren. In Philadelphia, in New-York, in Baltimore gab es die erbittertsten Kämpfe zwischen den Trustees und den Bischöfen. Die Ersteren sahen sich nämlich als Eigenthümer des Kirchenvermögens an, sperrten einem vom Bischofe geschickten Pfarrer oder dem Bischofe selbst die Kirche und schalteten mit dem Eigenthume der Kirchen nach Gutdünken. Diese Kämpfe haben die katholische Religion in ihrem Fortschritte bedeutend aufgehalten. In neuester Zeit haben viele Staaten, wie New-York, diese nachtheiligen Gesetze geändert, so daß jetzt die Bischöfe die Eigenthümer des kirchlichen Vermögens sind und es auf die Nachfolger vererben können.

Aber noch größerer Uebelstand lastet vielerorts auf den Katholiken: die confessionslosen Staatsschulen, diese Brutstätten der Sectirerei und des Unglaubens, die die Katholiken vielfach mit ihren Steuern unterhalten müssen. Der Unterricht ist in diesen Schulen unentgeltlich, wodurch viele, besonders laue Katholiken zu ihrer Benützung verleitet werden. Allerdings haben die Katholiken ein Recht, sich Schulen zu bauen, Lehrer zu berufen und ihre Kinder dahin zu schicken. Allein sie haben dadurch eine doppelte Last; zudem waren und sind noch vielfach alle Strafanstalten, Waisenhäuser, Hospitäler in protestantischen Staaten protestantisch. Die Katholiken, welche dort Aufnahme fanden oder in einer Strafanstalt untergebracht wurden, mußten den protestantischen Gottesdienst besuchen. Die Waisenkinder wurden durch strenge Strafen gezwungen, protestantisch zu werden. Dadurch hat die katholische Kirche unzählige Mitglieder im Laufe der Zeit verloren. Man sieht, daß die Katholiken in den Vereinigten Staaten noch manchen Kampf zu bestehen haben, bis sie jene Stellung erringen, die der Kirche Jesu Christi zusteht; daß ihnen leicht von den übermächtigen Secten und besonders durch den die sehr verbreiteten geheimen Gesellschaften beherrschenden Unglauben Verfolgungen ernstester Art bereitet werden können. Es wäre das nicht das erste Mal. Schon wiederholt haben schwärmerische Gegner in einzelnen Staaten die Kirche blutig verfolgt, ihre Kirchen, Schulen, Spitäler niedergebrannt und Greuel der scheußlichsten Art verübt. Die Zukunft kann wieder bringen, was in der Vergangenheit dagewesen ist, besonders wenn der durch die sechzig verschiedenen Secten der Union fort und fort arbeitende Indifferentismus und Unglaube, wenn der Materialismus und der Atheismus die Oberhand gewinnen sollten.

Gegenüber dieser Auflösung des Protestantismus und dem durch ihn erzeugten Unglauben bleibt der Kirche die Aufgabe, diejenigen aus dem allgemeinen Schiffbruche zu retten, die sich retten lassen. Wird man sie beßhalb verfolgen? Die Möglichkeit ist gegeben; aber sicher ist, daß dann die Verfolger bekehrt werden. „Darum braucht der Katholik," schreibt P. Baumgartner, „für Amerika nicht zu fürchten. Mag auch die Loge sich mit dem untergehenden Protestantismus zu einem letzten Sturme gegen die katholische Kirche verschwören, so wird dieser Angriff ebenso sehr auf das Herz des Volkes als auf die Kirche gerichtet sein. Er wird auf den Protestantismus selbst zurückprallen, er wird vielleicht dem Staatsleben schwere Wunden schlagen; aber er wird die Kirche nicht vom Continente verbannen, welche zuerst in Amerika daran dachte, nicht durch Zwang und Verfolgung, auch nicht durch grundsatzlose Freiheit, sondern durch glaubensfeste Liebe und Duldung die Getrennten zur Einheit des Glaubens, den Staat auf den Boden des Christenthums zurückzuführen."

Gelingt es dagegen, die Amerikaner zur Kirche zurückzuführen, der sie in ihren Ahnen Alle angehört haben, so werden sie opferwillige Katholiken werden, die vermöge des ihnen eigenen Unternehmungsgeistes Großes für das Reich des armen Hirten und seiner Heerde vollbringen werden.

Diese Hoffnungen und Befürchtungen bildeten meist den Gegenstand der Unterredung zwischen den Missionären und mir, wenn wir nach dem Schlusse der Mission entweder auf den Holzbrücken des Broadway in Crown-Point uns ergingen, oder den katholischen Gottesacker, angelegt in einem nahen Eichenhaine, besuchten, oder wenn wir uns der milden Mailuft in einem der vielen lieblichen Birkenwäldchen erfreuten. In mir befestigte sich die Ueberzeugung, daß die zeitgenössische Kirche Christi in Amerika in ihrem Ringen und Arbeiten ein großes, nicht genug zu beherzigendes Schauspiel darbietet, das verdient, mehr gekannt und studirt zu werden.

7.

Landleben. Im Urwald. Der Missionär von Merrillsville. Beim Farmer. Die Frauen.

Eine glückliche Verkettung von Verhältnissen brachte mich in eine enge Beziehung zu einem der angesehensten und reichsten Männer des Landstädtchens. John Krost, so hieß der Name des wackeren Katholiken, war in früher Jugend mit mehreren Geschwistern über den Ocean gezogen. Er hatte der alten Heimath in Westphalen für immer Lebewohl gesagt, als das

Glück ihm hold und er ein angesehener und reicher Mann in der neuen Welt geworden war. In seiner Familie lernte ich manche Verhältnisse und Dinge des engeren Familienlebens in Amerika kennen. John Krost war das Bild eines jener Amerikaner, die sich selbst und ihrer Arbeit nächst Gott Alles zu verdanken hatten. Er hatte in Folge des Vertrauens seiner Mitbürger lange Jahre die Stelle eines Grafschaftsvorstehers bekleidet, um dann das noch wichtigere Amt eines Schatzmeisters (Treasurer) seines Bezirkes zu verwalten: alles Ehrenposten, die, nicht besoldet, nur von Solchen bekleidet werden können, welche ein bedeutendes Vermögen besitzen. Durch rastlose Thätigkeit hatte sich John Krost über 1500 Tagwerke cultivirten Boden erworben und mehrere Farmen errichtet, die er an solche verpachtete, deren Vermögensverhältnisse noch nicht die Erwerbung einer selbstständigen Farme gestatteten. In den werdenden Verhältnissen des emporstrebenden Landstädtchens konnte man allerorts trefflich den amerikanischen Charakter studiren.

Der Amerikaner ist mäßig und nüchtern im Trinken, mit Ausnahme der Iren; er hält viel auf eine schwere substanziöse Kost, die bei der Wohlfeilheit des Fleisches auch den Aermern zu verschaffen leichter ist, als bei uns; er theilt gerne mit, ist gastfrei und sieht sorglos in die Zukunft. Aber er ist emsig und thätig, dort gibt es keine Ruheposten, die der Neugeborene in der Wiege findet. Der Mann muß schaffen, arbeiten und rührig sein. Wer nicht arbeitet, lebt nicht. Die Arbeit ist die große Angelegenheit des Lebens. Auf die Arbeit seiner Hände vertraut der junge Bürger. Ich fragte einst eine Lady, wie sie einen Mann ohne Vermögen heirathen möge, und erhielt die Antwort: „Er wird arbeiten und wir werden reich." Und ein junger Mann sagte mir mit leuchtendem Auge: „Ist es nicht schön, mit Nichts anfangen und reich werden?" Daher erklärt es sich, daß in Amerika im Allgemeinen das Geld keine solche Rolle bei ehelichen Verbindungen spielt, wie dies=

seits des Oceans. Als Chicago am 9. October 1871 niederbrannte, bauten die Bewohner alsbald die Stadt wieder auf, ohne daß sie daran gedacht hätten, das Land als Bettler zu überschwemmen. Freilich half der bekannte gastliche und wohlthätige Sinn der Amerikaner in großartiger Weise; allein die Behörden und die Einwohner wußten auch den rechten Gebrauch davon zu machen und gingen mit Mannesmuth an die Besserung ihrer unglücklichen Lage.

Der Mann erkennt in Nordamerika, mehr als irgend anderswo, daß er zur Arbeit und Thätigkeit da ist. Einwanderer aus Europa, die diesen Trieb der Thätigkeit mitbringen, finden sich schnell heimisch. Andere aber, die nur ein Eldorado gesucht, sehen sich getäuscht, verlieren den Muth, kehren in die Heimath zurück und erfüllen sie mit Klagen über Amerika.

Wer arbeiten kann und arbeiten will, findet hier Arbeit, Fortkommen und eine Zukunft. Hübner zeichnet die Zustände ganz richtig, wenn er sagt: „In der neuen Welt erblickt der Mann als Eroberer das Licht. Sein ganzes Leben ist ein ununterbrochener Kampf, ein Wettlauf über furchtbare Hindernisse hinweg um einen Preis von unberechenbarem Werthe. Er muß auf der Rennbahn erscheinen. Er kann nicht innehalten auf die Gefahr hin, von den Nachfolgenden zertreten zu werden. Er bringt in die Urwälder, lichtet sie, wo er kann, bereitet die Wege den nachkommenden Geschlechtern, den Brüdern der Zukunft. Den grünen Ocean der Prairien verwandelt er in Ackergrund, die Rothhäute entreißt er der Barbarei, indem er sie vertilgt. Der Gesittung und dem Christenthume erschließt er die Wege. Er besiegt die wilde Natur und erobert einen Welttheil. Dieß ist seine Bestimmung. Sein Leben ist ein Feldzug, eine Reihe von Schlachten, von Märschen und Gegenmärschen. Die sanften Freuden, das traute Zusammensein, die Gemüthlichkeit des Familienlebens bilden nur Episoden in dem kampfbewegten Leben."

Ich lernte in John Krost und in den Schicksalen seines Lebens und seiner Familie die Geschichte eines solchen siegreich durchgekämpften Kampfes kennen und schätzen. Mit Stolz blickte das Haupt dieser edlen Familie auf den großen Kreis seiner Nachkommen, und wiederholt wurde ich auf die Thatsache aufmerksam gemacht, daß gerade die Katholiken, gleichviel, ob Deutsche, Irländer, Franzosen, einen reichen Kindersegen haben. Bei katholischen Farmern traf ich stets eine muntere und zahlreiche Nachkommenschaft, ein trautes ächtes Familienleben. Dagegen wurde mir bestätigt, daß vielfach die Nachkommen der Yankees schwächlich und kränklich seien, eine schlimme Aussicht für die Zukunft dieser heute noch tonangebenden Rasse, die eigentlich aus England abstammt, aber im Laufe der Jahre nicht unvermischt geblieben ist. Der reiche Kindersegen ist und gilt als eine Ehre unter den Katholiken, und auch dieß bestätigt, wie früher schon angedeutet wurde, meine Ansicht von der Zukunft des katholischen Elementes in der Union.

Der Amerikaner braucht für die Zukunft einer zahlreichen Familie nicht zu sorgen. Die Verhältnisse der Union sind auch in dieser Hinsicht verschieden von denen Europa's. Wer arbeiten mag und thätig sein will, findet leicht, zumal als geborener Amerikaner, sein glänzendes Fortkommen. In den westlichen Staaten gibt es Tausende von Tagwerken, die noch des Farmers harren, der sie urbar macht. Um dort ein Landgut zu erwerben, sind keine glänzenden Mittel erforderlich. Die Landwirthschaft ist aber den Zufälligkeiten der Geschäfts-Stockungen nicht ausgesetzt, den Farmer nährt sein Boden. Ihn kleiden, wenn es sein muß, seine Heerden. Will sich aber ein Sohn der Landwirthschaft nicht widmen, so werden auch die andern Erwerbszweige lohnend und angesehen. Und der Mann findet keine Schranken für seine Energie. Geht ein Zweig seiner Geschäfte nicht, so verlegt er sich auf einen andern. Der Vortheil für den Amerikaner liegt eben in der noch nicht hinreichenden Bevölkerung. Jeder Staat kann noch Millionen Bewohner ernähren. Und die Union hat 39 Staaten und mehrere Territorien. Es ist also in dieser Hinsicht nicht sehr schwer, eine zahlreiche Familie anständig zu versorgen.

Allein die Sache hat noch eine andere Seite, auf die wir aufmerksam machen müssen. In der amerikanischen Verfassung gibt es eine Bestimmung, die eigenthümlich auf die Jugend und ihre Erziehung einwirkt, indem sie in der ängstlichsten Weise über die individuelle Freiheit wacht. Allerdings ist der Vater, als das Haupt der Familie, durchaus frei in der Erziehung seiner Kinder. Er schickt sie zur Schule, wohin er will; er erzieht sie, wie und wodurch es ihm gefällt. Wollte ein Vater oder ein Lehrer indeß ein Kind durch körperliche Züchtigung strafen und das Kind klagt gegen ihn, so darf er in den meisten Fällen sicher sein, eingesperrt zu werden. Hier wachsen die Kinder in der ungebundensten Freiheit auf, so daß die Einwirkung der Eltern und Lehrer eine sehr schwierige ist. Das ist mir von allen Jenen gesagt worden, die mit der Jugend umgehen. Die Kinder fühlen schon im zarten Alter, daß sie auf sich selbst angewiesen sind und nur durch sich selbst etwas gelten. Ein Zeitungsbube erzählte mir mit großem Selbstgefühle: „Ich werde nächstens noch deutsch lernen, weil alle Jene, die beide Sprachen reden, besser bezahlt werden."

Auch die Eltern machen sich weniger daraus, Kinder zu versorgen, weil diese selbst den Trieb haben, etwas zu sein, Geld zu verdienen. In Europa verlassen sich Kinder nicht selten ganz auf die Eltern; dabei behalten letztere einen größeren Einfluß, allein oft tragen sie gerade die Schuld, daß ihre Kinder ihnen zur schweren Bürde werden. In Amerika machen sich, und das ist die schlimme Seite, die Kinder eher unabhängig vom elterlichen Einflusse und gehen ihre selbstgewählten Wege. Ich habe Eltern in dieser Hinsicht klagen gehört: „Das Gesetz gestattet mir hier nicht, einzuschreiten. Ich muß schweigen!"

In diesem Sinne muß aufgefaßt werden, was Hübner über Chicago geschrieben hat. Er kannte wahrscheinlich das amerikanische Landvolk nicht, wo die Verhältnisse noch regelrechter liegen. „Den Tag über," schrieb Hübner, „ist der Mann bei seiner Arbeit. Zu den Essensstunden erscheint er, verzehrt sein Mahl schweigend und mit der Eilfertigkeit des Heißhungers, dann kehrt er zurück unter sein Joch. Hat er Kinder, so schickt er sie, im Alter von fünf oder sechs Jahren, zur Schule. Sie gehen und kommen allein. Die übrige Zeit bringen sie zu, wie es ihnen gefällt, thun mit einem Worte, was sie wollen. Die väterliche Gewalt ist gleich Null; jedenfalls wird sie nicht ausgeübt. Erziehung gibt man den Kindern nicht; aber der Unterricht, immer öffentlich, ist verhältnißmäßig gut und, was die Hauptsache ist, Jedermann zugänglich. Diese kleinen Gentlemen führen das Wort mit großer Unbefangenheit, haben altkluge Augen mit einem verwegenen und schlauen Blick, und reifen vor der Zeit. Die kleinen Damen von acht bis zehn Jahren sind bereits Meisterinnen in den Künsten der Gefallsucht, der Flirtation und versprechen zu fast young Ladies heranzuwachsen. Aber sie werden dem Manne als treue Gattinnen zur Seite stehen; wenn er gute Geschäfte macht, ihn durch Putzsucht ruiniren; dann das Elend mit Heiterkeit und Ergebung ertragen, und hat das Glück gelächelt, sich in denselben Aufwand und in dieselben Thorheiten stürzen."

Beschränkt man dieses Urtheil auf die großstädtischen Verhältnisse, auf den geringen Grad der elterlichen Gewalt, auf das Selbstgefühl der Knaben und Mädchen, so bleibt es im Rechte; weniger aber in Bezug auf die amerikanischen Verhältnisse, wie sie sich auf dem Lande noch erhalten, wie ich bald zu zeigen Gelegenheit haben werde. Unter den Erlebnissen, die ich auf Crown=Point noch zu berichten habe, muß ich, außer einem von Herrn J. Krost veranstalteten Ausfluge

in den Urwald, noch auf das „Moven", das Fortbewegen und
Versetzen der Häuser, aufmerksam machen, welches ich dort
beobachtete.

Ueber Chicago haben unsere Zeitungen berichtet, daß nach
dem Brande im Jahre 1871 Häuser, die in Mitte der Stadt
gestanden, an die andere Seite oder in einen andern Stadt=
theil versetzt oder „gemoved" worden sind. Dieses „Moven",
eine ächt amerikanische Erfindung, fällt im Lande selbst Nie=
manden auf; für den Europäer ist es beim ersten Anblick
nicht ohne Interesse. Ist das Haus aus Holz, ein Frame=
haus, so ist die Arbeit leicht. Das Haus wird von seinem
Grunde abgelöst, auf Balken gelegt und mittels Walzen und
Winden weiter bewegt, ohne daß deßwegen die Bewohner aus=
ziehen oder ihre Möbel und sonstigen Dinge in Sicherheit
bringen. Während des „Moven" geht der Insasse des Hauses
aus und ein. Schwieriger wird die Arbeit, wenn die Häuser
aus Ziegeln oder Steinen bestehen. In diesem Falle werden
sie durch Maschinen gehoben, erhalten eine angemessene Holz=
unterlage und werden auf Walzen gleich den Framehäusern
„gemoved".

Doch nun zu meinem Ausfluge in den Urwald und zu
meiner ersten Missionsstation in demselben. Herr J. Krost
hatte Wagen und Pferd geliehen. Der Weg, eine einfache
Furt, war bei einiger Aufmerksamkeit kaum zu verfehlen.

Der Wagen zum Befahren des Urwaldes ist für diesen
Zweck eigens gebaut. Man fährt mit ihm, ohne Gefahr, zu
stürzen, über „Stock und Stauden", an Abhängen, auf Wegen
mit metertiefen Furchen verhältnißmäßig leicht dahin. Allerdings
muß der Kutscher in der gefährlichsten Position das Gleichge=
wicht erhalten. Der Sitz ist klein und nur für den Kutscher be=
rechnet. Zwei Personen sitzen schon äußerst unbequem. Das Pferd
muß muthig und treu sein und den Wald kennen, wo es Stöcke,
Sümpfe, Abhänge und aus der Erde stehende Wurzeln gibt.

9 *

Dafür hat aber auch die Vorsehung gesorgt. Man braucht nur mit offenen Augen durch die Welt zu gehen, und die Vorsehung, welche Viele läugnen, begegnet dem Menschen überall. Dem Morgenländer und dem Bewohner des sandigen Afrika gab sie das „Schiff der Wüste", das Kameel, welches mehr als jedes andere Thier geeignet ist, Hunger und Durst, Hitze und Kälte zu dulden und den Menschen sicher durch die gefährlichen Sandwüsten zu geleiten, die ohne Kameel allem Handel und Verkehr verschlossen blieben. Der Ansiedler des Urwaldes hat das Pferd, welches ihn geleitet in seine Einsamkeit und treuer und verlässiger ist, als unsere Pferde. Es ist muskulös und stark gebaut, ist ausdauernd, lenksam, selbst für das Kind, scheut nicht, wenn eine Schlange sich ringelt, oder wenn in der Stille des Waldes ein Adler laut krächzend aufsteigt. Mit dem Pferde harmonirt der „Buggy", der Wagen, der seiner Bauart nach mir vorher ganz unbekannt war und den ich auf den ersten Blick mit nichts besser vergleichen konnte, als mit einer jener langbeinigen Spinnen mit dem winzigen Leibe, die sich hie und da im alten Gemäuer finden. Dieses augenscheinlich unrichtige Verhältniß zwischen Leib und Beinen macht sie behende, so daß sie an den Wänden leicht jedes Hinderniß überwinden und sich an allen Stellen halten können, ohne hinabzufallen.

Genau so sieht ein Buggy aus; die vier Räder sind ungemein fein gearbeitet und sehr hoch gestellt. Auf dem Gestelle, an dem die Räder laufen, ist durch eiserne Federn ein unscheinbarer Sitz angebracht, der beweglich ist, wie die Schüssel, in der die Magnetnadel auf den Schiffen sich befindet. Auf dem erhabenen Sitze nimmt der Kutscher Platz und erhält bei der Fahrt an Abhängen, über Stöcke, in tiefen Furchen dadurch das Gleichgewicht, daß er sich leicht mit dem Sitze auf die erhabene Seite wendet, um das Fallen des Buggy zu verhindern. Wenn ein geschickter Fuhrmann mit einem guten Pferde über eine Prairie auf dem Buggy hoch oben sitzend hinjagt, so ist das ein schöner Anblick. In solchem Fahrzeuge trat ich den Weg zum Urwalde an. So lange die Cultur dauerte, hatte die Reise keine Schwierigkeiten. Das Pferd griff aus und das Buggy schaukelte sehr angenehm links und rechts, nach der Beschaffenheit des Terrains. Da gab es einzelne Farmen mit mehr oder weniger urbarem Grunde. Es weideten Pferde, Rinder und Schafe. In den Naturweihern wiegte sich die Ente, während die Henne, wie bei uns, emsig die Samen im Grase und die Körner auflas. Im Uebrigen sah man, so weit das Auge reichte, Wald und nichts als Wald. Je tiefer ich in den Urwald vordrang, desto einfacher wurden die Wohnungen. Ein Bächlein schlängelte sich durch eine gelichtete Stelle, auf dem ganzen Wege mit Erlen beschattet. Endlich wurde der Weg zur Morastpfütze; nur einzelne Spuren von Rädern verriethen noch, daß es ein Weg sein sollte. Das treue Thier kannte die Schwierigkeit; es suchte sich die passende Furt und so kam ich nach Stunden an eine lichte, etwas erhöhte Stelle. Eine feierliche Stille herrschte rundum. Ich sah Niemanden. Aber das Ohr vernahm ein dumpfes, bis in unabsehbare Ferne sich fortziehendes Brausen — die Sprache der amerikanischen Wälder.

Der Weg fing an besser zu werden. Eine kleine Anhöhe, dann eine Krümmung und vor mir stand eine aus rohen Steinen aufgeführte Kirche, ganz frei mitten im Walde. Als ich näher kam, erblickte ich rechts in einiger Entfernung, unter Gesträuch und Bäumen versteckt, eine unscheinbare Hütte aus Holz — die Wohnung des Missionärs.

Der Empfang war herzlich. Jeder Gast ist willkommen, weil er eine kleine Abwechslung in die Eintönigkeit des Waldlebens bringt. Mit frohlockender Miene führte mich Father Baumgartner in die Kirche, die sein Stolz und seine Freude war. Er hatte bei seiner Ankunft hier nur Wildniß und

Wald gefunden, hatte mit Unterstützung der Hände frommer Katholiken einen freien Platz geschaffen, eine Grundfeste gelegt und den Bau aufgeführt. Er war dabei Meister, Geselle und Lehrbube, alles in ein und derselben Person gewesen. Als die Kirche fertig dastand, hatte er sie den hl. Apostelfürsten Petrus und Paulus geweiht. Dieselbe ließ zwar noch viel zu wünschen übrig. Aber es lasteten keine Schulden mehr auf dem Baue, er genügte für die katholische Gemeinde, die im weiten Walde zerstreut lebte. Das war die Hauptsache.

Hier sah ich also, wie einst in grauer Vorzeit in den deutschen Gauen die Städte entstanden sind, die sich jetzt durch Schönheit und Pracht auszeichnen. Ich konnte mir nun eine Vorstellung davon machen, auf welche Weise New-York, Pittsburg, Columbus-Ohio, Indianopolis ihren Anfang nahmen. Ein Auswanderer hat eine Holzhütte errichtet und mit unsäglicher Mühe die Cultur begonnen. Andere sind zu ihm gekommen, haben sich in der Nähe Land ausgesucht und ebenfalls cultivirt. Dann haben sie an Kirche und Schule gedacht. War die Lage eine günstige, so hat sich eine Stadt gebildet. Möge Merrillsville seinem Namen als „lustige Stadt" in Ehren Anerkennung verschaffen. Wenn seiner Zeit der Urwald verschwunden sein wird, wenn die Eisenbahnen ihren Weg hierher gefunden haben werden, wird die Ansiedlung rasch wachsen, und es vergehen nicht Decennien, bis St. Peter zu klein sein wird.

Ein kleiner Streifzug in die nächste Nähe war mir erwünscht. Father Baumgartner nahm seinen Revolver mit, nicht der Räuber, sondern der Schlangen wegen, die noch häufig im Walde vorkommen; doch trafen wir nur unschädliche.

In einiger Entfernung trafen wir eine einsame Farm. Wir traten ein und wurden auf's Beste empfangen. Die Wittwe, der man die Mühen und schweren Arbeiten des Lebens auf dem Gesichte ablas, war aus Bayern und vor vielen

Jahren in die Vereinigten Staaten ausgewandert. Ihr Mann konnte noch, ehe er starb, das Blockhaus entfernen und ein besseres und wohnlicheres Gebäude aufführen. Jetzt besaß die greise Wittwe bereits passende Stallungen, hinreichenden Viehstand, während Aecker und Wiesen schon weit mehr lieferten, als was man selbst täglich brauchte; das Alles war das Werk fleißiger Hände.

Nach einem frugalen Mahle, bei dem selbstverfertigter Wein, Honig und Erdbeeren aufgetischt wurden, traten wir den Rückweg an. Meine Kleider hatten Spuren von den Sümpfen und Pfützen, die ich passirt hatte; doch war die Fahrt als eine glückliche deßhalb zu bezeichnen, weil ich nie sammt dem Buggy in eine Pfütze gerathen war.

Wenn ich auf so manche Erfahrungen zurückblicke, die ich in dem „Städtchen am See" gemacht und die ich nie in großen Städten gemacht haben würde, so muß ich sagen, ich habe hier ein recht liebliches Familienleben allerwärts gefunden. Meine Eindrücke waren verschieden von denen eines Reisenden, der im Jahre 1870 drei Tage ganz in der Nähe weilte. „Es ist," schreibt Hübner, „der dritte Tag meines Aufenthaltes, und ich habe hiermit, wie mir scheint, des Guten genug gethan. Die Städte des Westens sind bald gesehen und eine gleicht der andern. Dasselbe läßt sich von den Hotels sagen, welche nicht nur im Leben des Fremden, sondern auch des Einheimischen einen so bedeutenden Platz einnehmen. Viele Angesiedelte, besonders junge Ehepaare, leben im Wirthshaus. Diese Sitte erspart die Ausgaben der ersten Einrichtung und die lästigen Sorgen des Haushaltes; sie erleichtert auch die so häufig vorkommenden Umsiedlungen nach fernen Gegenden. Aber sie verurtheilt die junge Frau zur Einsamkeit und zum Müßiggange." Hübner hat Recht; wer nur Städte bereist, sieht selten etwas Neues. Auf dem Lande aber ist Abwechslung. Da sind in Amerika auch die Frauen nicht müßig, sondern äußerst thätig. Man lebt nicht im Wirthshaus, sondern in der Familie, wo die Frau „schafft ohne Ende und regt die fleißigen Hände".

Ich möchte mir hier die schon öfter gemachte Beobachtung erlauben, wie sehr die Stellung der Frau in Amerika eine andere ist, als in Europa. Es ist eine Besonderheit der angelsächsischen Rasse, die Frau mit ungewöhnlicher Aufmerksamkeit zu behandeln. Das ist für die Geschichte der erst in ihren Anfängen stehenden amerikanischen Cultur von äußerster Wichtigkeit. Wer die Geschichte studirt hat, dem ist nicht unbekannt, daß die civilisirtesten Völker der Vorzeit, die Perser, Aegyptier, Griechen und Römer, die Frauen erniedrigten. Manahan schreibt in seinem „Triumph der Kirche" in dieser Beziehung: „Die gemeinste Unsittlichkeit der heidnischen Civilisation begann immer mit dem Mißbrauche des Weibes, und endigte gewöhnlich mit der Herabwürdigung und Erniedrigung der Frau zur Sklavin und mit der endlichen Verachtung derselben. Das Loos der Mädchen und Frauen in allen jenen glänzenden Reichen des Alterthumes kann denen niemals in all' seiner traurigen Düsterheit auch nur ein wenig sichtbar und begreiflich gemacht werden, deren Pfad durch's Leben, so niedrig und wechselvoll er auch sein mag, dennoch von den Strahlen ‚der aufgehenden Sonne der Gerechtigkeit' erheitert und vom lieblichen Glanze ‚des Morgensternes' vergoldet wird."

Wie anders ist die Stellung des Weibes inmitten der beginnenden Civilisation Nordamerika's! Man staunt, sobald man in New=York an's Land steigt und wahrnimmt, welche Huldigung der Yankee und jeder Amerikaner der Frau und Jungfrau darbringt. Man steigt in den Streetkar und will ausruhen von einem angestrengten Marsche. Man entdeckt endlich ein Plätzchen in dem überfüllten Wagen, und der freundliche Yankee will dem Fremden gefällig sein und beschränkt seinen eigenen Platz: da tritt eine Lady ein. Sie ist nicht die vornehmste. Der Yankee erhebt sich sofort, weil der letzte

Platz eben besetzt wurde, und tritt ihr den eigenen Platz ab. Die Zweite tritt ein und es entsteht dieselbe Verlegenheit. Ein Anderer erhebt sich und tritt ihr seinen Platz ab. Und so lange eine Dame steht, darf kein Gentlemen sitzen; das fordert hier die Sitte. „Die amerikanische Gesellschaft," sagt Hübner, „gewährt der Frau Vorrechte und Rücksichten, die in der alten Welt unbekannt sind. Allenthalben und zu jeder Stunde kann sie sich allein zeigen. Allein reist sie von den Ufern des atlantischen Oceans nach dem mexicanischen Golfe und zum stillen Weltmeere. Ueberall wird sie mit Artigkeiten überhäuft. Ich sitze in einem Tramwaykar, die in den Straßen der großen Städte auf- und abfahren, schlummernd oder in Gedanken versunken; da weckt mich ein leichter Fächerschlag auf die Schultern. Vor mir steht, in voller Majestät, ein junges Wesen, Frau oder Mädchen. Sie mißt mich mit einem hochmüthigen, befehlshaberischen, beinahe zornigen Blicke. Ich trete ihr sogleich meinen Platz mit der größten Bereitwilligkeit ab. Sie nimmt ihn ein, ohne mich eines dankenden Wortes oder Lächelns zu würdigen. Sie bemerkt nicht, daß ich den Rest der Fahrt stehend zurücklegen muß, in der unbequemsten Stellung mich am Gangriemen haltend."

Mir gefiel diese Sitte und ich beobachtete sie stets. Große Nationen achten die Frau. Doch muß sie in der Achtung ihre eigene Würde erkennen und dieselbe verdienen.

Kurz bevor ich Crown-Point verließ, lud mich eine irische Frau zu einem Besuche ein. Sie war eine zweite „Anna im Tempel", die Erste zur Messe und die Letzte hinweg. Sie verlangte den Segen als ächte Irin mehrmals nach der Sitte ihrer Heimath und beklagte nichts so bitter, als daß die Früchte des Gartens noch nicht genießbar waren. Sie lud mich ein, im Herbste sie zu besuchen und von ihren Aepfeln zu essen. Ich sagte ihr: „Gerne, Mutter, wenn der Ocean nicht wäre!"

Unter solchen Verhältnissen vergingen rasch die zwei

Wochen meines Aufenthaltes, und nichts verbitterte mir den
Abschied von so vielen guten Menschen, als der Gedanke, daß
es der Abschied für's ganze Leben sei.

8.
Die größte Handelsstadt — die meisten Verkehrswege — die längste Straße der Welt. Lincolnpark. Dampffeuerwehr.

Mein nächstes Reiseziel von Crown=Point aus bildete
Chicago im Staate Illinois. Es war dieses der fünfte Staat
der Union, den ich bereiste. Illinois hatte bei der Gründung
der Vereinigten Staaten mit Indiana und Wisconsin ein ge=
sondertes großes Ländergebiet unter dem Namen das „Nord=
westgebiet" gebildet, welches noch von den verschiedensten In=
dianerstämmen bewohnt war, unter denen die Oneidas und
Sioux die bekanntesten waren.

Im Jahre 1800 hatte die Centralregierung der Union,
die damals noch in Philadelphia tagte, Indiana und Illinois
in zwei Territorien getheilt, aus denen wenige Jahre später
zwei selbständige Staaten entstanden, die in den Jahren 1816
und 1818 in die Union aufgenommen worden sind.

Illinois, seit 1818 ein selbständiger Staat, hat einen
Umfang von 2610 Quadrat=Meilen oder 143 550 Quadrat=
Kilometern bei einer Bevölkerung von noch nicht viel über zwei
Millionen, unter denen sich viele Deutsche und Farbige, d. h.
auch Indianer, befinden. Die sich steigernde deutsche Ein=
wanderung in das ehemalige „Nordwestgebiet" beginnt mit
dem Jahre 1848 und dauert ununterbrochen fort.

Illinois liegt westlich von Indiana und ist von diesem
Staate durch den siebenzigsten Meridian von Ferro aus getrennt,
nach der Regel, daß, wenn zwischen zwei Staaten der Union
natürliche Grenzen, Gebirge, Flüsse, Seen, nicht vorhanden

sind, immer ein Meridan die Grenze bildet. Der Illinoisfluß, noch ein indianisches Wort, gab dem Lande den jetzigen Namen. Vor jenen Staaten, die ich bisher berührt habe, zeichnet dieser sich durch seine herrlichen Prairien aus. Der Boden ist besser als im Nachbarstaate Indiana, liegt etwas höher und eignet sich ganz vorzüglich für Getreidebau und Viehzucht. Ein Vorzug ist noch der, daß die Beschaffenheit des Bodens für die Anwendung der gewöhnlichen Ackerbaumaschinen wie geschaffen ist.

Die Hauptstadt des Staates heißt Springfield, d. h. Frühlingsgefilde; der liebliche Name kennzeichnet treffend das Land. Jedoch ist Springfield keineswegs die bedeutendste und erste Stadt von Illinois; dieß ist Chicago. Die Centralregierung der Union hat die rühmenswerthe Gewohnheit, nie die geräuschvollste und größte, sondern eine kleine Stadt zum Sitze der Regierungsbehörden zu machen. In Pennsylvanien haben wir dieselben in Harrisburg und nicht in Pittsburg gefunden.

Ein Accommodationszug, der auf allen Stationen Passagiere einnimmt, brachte mich von Crown-Point nach Chicago. Die Reise, vom besten Wetter begünstigt, bereitete mir viel Vergnügen. Die ganze, meist ebene Gegend, in welcher Felder, Wiesen, Wälder mit schönen Ansiedlungen, Dörfern und Märkten wechselten, war gut angebaut. Eisenbahnlinien liefen nach allen Richtungen. Es vergingen zwei Stunden, bis wir die sechzig Meilen bis Chicago zurücklegten.

Wie New-York das geistige Haupt der Union, Washington ihr politischer Mittelpunkt, wie Cincinnati die Königin des Westens, so ist Chicago die erste Handelsstadt der Union, die in Bezug auf Industrie und Verkehr von keiner andern Handelsstadt der alten und neuen Welt in Schatten gestellt wird. Wenn man sich ihr nähert, so glaubt man in einen Häuserocean zu tauchen, weil Station an Station sich reiht, die alle schon in der Stadt liegen, und man noch immer nicht in den Mittelpunkt derselben gelangt. Die Eisenbahngeleise sind zahllos und kreuzen sich in allen Richtungen, was die Fahrt natürlich verzögert. Die mächtige Glocke auf der Locomotive läutet daher ununterbrochen, um die Menschen, die in den an der Bahn anstoßenden Straßen verkehren, auf die Gefahr aufmerksam zu machen. Sie dient statt der Schlagbäume und der Bahnwärter, die hier kaum könnten in Anwendung gebracht werden.

Bis wir endlich durch die unermeßliche Stadt zum Depot, das so ziemlich im Centrum liegt, kommen, werfen wir einen Blick auf die Geschichte der Gründung und Vergangenheit Chicago's; beide sind von ächt nordamerikanischem Interesse. Als die Colonien unter Washington 1776 das unerträglich gewordene englische Joch abschüttelten und in Maryland den Grund zum Capitole legten, war an der Stelle, auf der das heutige Chicago steht, nichts als ein unabsehbarer Sumpf. Die Indianer fischten im See und jagten in den Wäldern, die den See Michigan und den Illinoisfluß umgaben. Erst zwei Jahre nach der Revolution von 1830 nahm Chicago einen bescheidenen, aber eigenthümlichen Anfang: es wurde eine der Haupt-Militärstationen der Union im Westen; ähnlich wie bei den großen Militärstationen, die die Römer an der Donau und am Rheine zur Sicherung der Reichsgrenzen anlegten, so entstand auch hier in Chicago bald eine bedeutende Stadt.

Zwischen dem Illinoisfluß und dem See Michigan trafen sich der weiße und der rothe Mann im Jahre 1832. Ihr Zusammentreffen war nicht so friedlich wie das des William Penn am Susquehannah oder das des Calvert am Potomac gewesen. Der Yankee kaufte dießmal das Land nicht, sondern nahm es mit Gewalt dem Wilden und legte zu seinem Schutze eine Militärstation an. Aus dieser ging die Riesenstadt Chicago hervor, die indeß, anders wie so manche römische und deutsche Stadt, nicht Jahrhunderte brauchte, um eine Bedeutung zu erlangen, sondern die im ersten fünfzigsten Jahre ihres Bestehens die größte Handelsstadt der Welt geworden ist. Dieser Entwickelungsgang der Stadt ist ächt amerikanisch. In der neuen Welt reichen Decennien zu größeren Fortschritten aus, als in der alten Jahrhunderte. Im Jahre 1840 wohnten in Chicago 4000 Menschen, die jetzige Einwohnerzahl beläuft sich auf 500 000.

Uebrigens mußte, ehe die Stadt die heutige Ausdehnung erreichte, ein großer Mißstand nothwendig beseitigt werden. Die Stadt, ausgezeichnet gelegen, fast in Mitte zwischen den beiden Weltmeeren am See Michigan, stand in einem Sumpfe. Die Magazine waren feucht und in die Keller drang das Seewasser ein, weil die Ufer viel zu niedrig lagen. Der Stadtrath faßte daher den bis dahin unerhörten Beschluß, die ganze, damals schon sehr bevölkerte Stadt um drei Meter zu heben, ohne die Häuser abzubrechen oder etwas zu ändern. Als die Zeitungen diese Nachricht brachten, schüttelte man in der alten Welt den Kopf und verkündete zum Voraus das vollständige Mißlingen des Unternehmens. Die Arbeiten nahmen ihren Anfang und wurden mit immer größerer Energie, immer geschickter und praktischer fortgesetzt. Hydraulische Pressen hoben ganze Blocks mit Kirchen, Hotels, Fabriken langsam, aber so sicher und ruhig, daß die Leute in ihren Häusern schliefen, arbeiteten, ihren Geschäften nachgingen, nach Hause kamen und ihre Wohnung höher gestellt fanden. Das Werk gelang; ein größeres hat die Welt kaum je gesehen. Seither ruht die Stadt auf einer mäßigen Erhöhung, mehrere Meter über dem Wasserspiegel des Lake Michigan, hat herrliche Straßen, trockene Keller und Magazine.

Eigenthümlich, wie die Entstehungs= und Entwickelungsgeschichte der Stadt, ist auch ihr Aussehen. Ich sah die Stadt vor dem großen Brande des Jahres 1871 nicht. Kist erzählt von der damaligen Stadt: „Chicago ist eine der merkwürdigsten

Städte der Union, die an raschem Aufblühen, an Eleganz, Unternehmungsgeist und Reichthum keiner andern Stadt nachsteht. Im Jahre 1832 wohnte da, wo jetzt Chicago steht, noch kein weißer Mann. Urwald und Prairien bedeckten die ganze Gegend. Im genannten Jahre wurde hier eine Militärstation gegründet gegen die Indianer, ein Dorf bildete sich, das schon nach acht Jahren über 4000 Einwohner zählte. In den nächsten zwanzig Jahren stieg die Bevölkerung auf 100 000."

Hübner schreibt über den damaligen Straßenverkehr: „Ich mische mich unter die Menge und sie zieht mich mit sich fort. Ich suche in den Gesichtern zu lesen und finde überall denselben Ausdruck. Alles hat Eile. Alles will möglichst rasch den eigenen Herd erreichen, die wenigen Stunden der Ruhe ausnützen, wie man ausgenützt hat die langen Stunden der Arbeit. Ein Jeder scheint im Nachbar einen Nebenbuhler zu vermuthen. Der Stempel der Vereinsamung ist auf die Stirne dieser Leute gedrückt. Argwohn und nichtchristliche Liebe bildet die moralische Atmosphäre ihres Daseins." „Da rennt die Menge der Fußgänger gebeugt und schweigsam, gemessenen Schrittes, die Arme pendelartig schwingend, den Ort fliehend, wo sie ihren Fleiß vergessen hat." Von einem Hauptzweige der Handelsthätigkeit sprechend, schreibt er weiter: „Chicago ist die große Getreidekammer für Minnesota und Wisconsin und für sämmtliche Weststaaten, die seit dem Anschluß von Californien und Oregon eigentlich Centralstaaten heißen sollten, der Stapelplatz ihres Bedarfes aller Art. Zu Wasser und auf dem Lande kommt das Getreide in ungeheueren Massen an. Hier werden die Erzeugnisse der unerschöpflichen Kornkammer von den Nachbarstaaten zur Waare, zum Gegenstand der Speculation. Hier wird das Getreide gekauft und im günstigsten Augenblicke verschifft, sei es durch die Seedampfer, sei es durch die Eisenbahnen nach den Oststaaten, wie auch nach

Europa. Die mechanischen Vorrichtungen, welche diese Operationen leiten, die Elevators und Magazine, sind der Stolz der Einwohner und eine Quelle ihres Reichthums."

Hübner und Kist würden heute die Stadt nicht mehr kennen. Wo einst Häuserviertel standen, stehen heute herrliche Kirchen und Schulen. Straßen und Kanäle sind verändert worden. Häuser im Innern der Stadt hat man in die äußeren Theile hinaus „gemoved". Die Stadt selbst ist zum Riesen angewachsen und ist verschönert aus der Asche entstanden, verjüngt wie ein Phönix.

Vom 7. bis 9. October 1871 wüthete im alten Chicago ein verheerender Brand, der die Stadt größtentheils in einen Schutthaufen verwandelte und 100 000 Menschen obdachlos machte. Seitdem ist sie wieder erstanden, und Schönheit, Reichthum, Leben, Verkehr haben noch größeren Umfang angenommen; seitdem ist die längste Straße angelegt worden, die vielleicht eine Stadt der Welt aufweist; dieselbe verbindet den Lincolnpark mit dem südlichsten Punkte und hat eine Länge von dreiundzwanzig englischen Meilen. Unermeßliche Waarenlager, riesige Hotels, schwerfällige Depots für die zahllosen Bahnen wechseln mit den Privathäusern ab, die in ihrer Bauart und Größe ungemein verschieden sind.

Wie war es möglich, daß Chicago ein so namenloses Unglück so schnell verwischen konnte? Das verdankt es zunächst seiner günstigen Lage. Chicago liegt am Michigan=See, der 71 Meilen lang und 20 Meilen breit ist und eine Wasserfläche von 1000 Quadrat=Meilen hat. Er verbindet es zu Wasser mit Wisconsin, Minnesota, Michigan, Indiana, Ohio, New=York und mit dem den Engländern gehörigen Canada, der Kornkammer für Südamerika. Dazu kommen die Kanäle oder die künstlichen Wasserstraßen. Durch Kanäle steht diese Handelsstadt mit dem atlantischen Ocean, mit dem Hudson, mit dem Ohio, mit dem Mississippi und dadurch mit dem Golfe

von Merico in directer Verbindung. Die Dampf= und Segel=
schiffe können ihre Frachten in Chicago direct bis Europa und
bis Südamerika verladen und den Weg ohne jede Unterbrechung
zurücklegen. Chicago wäre ein Stapelplatz erster Klasse auch
ohne jede Eisenbahn. Nun münden aber in derselben noch
sechzehn Hauptbahnen, die kleinen Nebenlinien nicht gerechnet.
Durch dieses Schienennetz gleicht die Stadt einem Seesterne
mit zahllosen Füßen nach allen Seiten. Solche Verkehrsmittel
hat keine Stadt der Welt aufzuweisen. Directe Bahnverbindungen
hat sie mit New=York und San Francisco, also mit dem at=
lantischen und indischen Ocean, mit Canada und Merico, mit
St. Paul in Minnesota und Buffalo, d. h. mit allen größeren
Städten der Union und der an die Union angrenzenden Länder.
In drei Tagen ist man von Chicago aus am atlantischen,
in vier Tagen am stillen Ocean. So wird es erklärlich, daß
Chicago's Handelsverbindungen eine Ausdehnung gewinnen
konnten, von der ein Europäer sich schwer eine passende Vor=
stellung machen wird.

Die Hauptartikel sind Getreide, Vieh und Fleisch. Illi=
nois, Wisconsin, Indiana, Minnesota, Canada, Jowa sind
Kornkammern. Chicago ist bis jetzt der einzige Markt für
diese ackerbautreibenden Territorien, von denen ich später ein=
gehender sprechen will. Ebenso ist für das Vieh Chicago der
erste Markt der Union, weil nirgends die Viehzucht mehr
blüht, als in den aufgezählten Staaten. Ich bemerke nur
noch, daß der Getreide= und Viehmarkt Chicago's auf unsere
deutsche Landwirthschaft gegenwärtig sehr drückt. Chicago ist
zudem der Ort, wo das Fleisch bereitet und in die Welt ver=
sendet, wo Fleischertract gemacht und auf der ganzen Welt
feilgeboten wird.

Den Handels= und Verkehrsinteressen opferte aber die
Stadt nicht ihre innere Schönheit und Bequemlichkeit. Gerade,
breite Straßen, die meilenweit hinlaufen, zeichnen sie aus.

Dennoch ist der innere Verkehr, so ausgebildet er ist, fast immer gestört. Die 70 Dampfer, welche aus den Kanälen und vom See einlaufen, die Producte der Nachbarstaaten mitführend, die 180 Barken und 630 Schooner, die von allen Seiten hersegeln, bleiben nicht in der Umgegend der Stadt, wie wir es in Europa vielfach zu sehen gewohnt sind, sondern bringen in das Innere derselben ein. Ueberall ist die Stadt durchschnitten von Kanälen, welche die sogenannten Bai's bilden, Stapelplätze des Handels, alle angefüllt mit Dampfern, Briggs, Barken, Schoonern, wie in einer Seestadt.

Wie die Kanäle laufen die Bahnen durch alle Theile der Stadt und zwar über und unter und horizontal mit den übrigen Straßen, je nachdem der Raum dieß erfordert. Zahllose Brücken mußten gebaut werden, um den Straßenverkehr zu unterhalten. Selten kann man eine Meile wandern, ohne daß man nicht mehrere Brücken passirt. Diese liegen fast ausnahmslos sehr hoch, der Schiffe wegen, und haben Oeffnungen, d. h. sind Drehbrücken aus Holz. An diesen kann man Chicago studiren. Zu jeder Stunde des Tages stehen vor den Brücken lange Reihen von Wagen und Streetkars; sie können ihren Weg nicht fortsetzen, weil die Brücke offen steht, um dem Dampfer, Segler oder der Barke den Durchgang zu ermöglichen. Dasselbe Hinderniß hält die dichten Gruppen der zahllosen Fußgänger auf, die in rastloser Hast von einem Ort zum andern stürmen. Sie harren geduldig an dem Abgrund, den tief, tief unten die Bai oder der Kanal aufthut. Kein Schlagbaum, kein Signal gibt hier eine Warnung. Nach zwei Sekunden, wenn die Brücke ausgefahren, ist die Straße mit Wartenden überdeckt. Niemand redet oder lacht. Alle schweigen und erwarten den Moment, wo sich die Brücke schließt. Gesetzlich darf sie nie über vier Minuten offen stehen, und sie schließt sich zur bestimmten Sekunde. Aber kaum berührt ihr rechtes Eck das linke Ende der Straße, so springen die Ungeduldigsten schon über die Oeffnung hinweg. Die Andern folgen und so schließt sich erst die Brücke, wenn sich die Ungeduldigen von beiden Seiten her schon in der Mitte derselben kreuzen. Jetzt stürmen auch die Fuhrwerke und Kars darüber, um die verlorene Zeit hereinzubringen.

Ein betäubendes, schwindelerregendes Leben spielt sich auf den Straßen der Stadt ab. Massen von Arbeitern, Männern, Weibern und Kindern, Commis jagen den ganzen Tag auf und nieder, nach Osten, Süden, Westen, Norden, in der Richtung der Straßen. Die Streetkars rasseln beständig vorüber; sie sind mit Passagieren überfüllt, die, so schnell als es geht, in weite Entfernungen für 5 Cents kommen wollen. Die Luft in den Straßen ist schwer und drückend. Die Dampfmaschinen hauchen ohne Ende ihre pechschwarzen Wolken hinein. Daher betritt man sie nie, wenn man nicht gezwungen wird, und dann rennt man hastig und laut athmend mit den Uebrigen, jagt über die halbgeschlossenen Brücken mit ihnen hinweg oder steigt in den Streetkar, still, schweigend, wie sie, und sucht alsbald sein Ziel zu erreichen.

Hat man in einem mehrstöckigen Hause zu thun, so muthet Einem Niemand zu, über die breite Treppe emporzusteigen. Es wartet im Vorhaus ein Elevator, eine Hebemaschine, ähnlich den Wachthäuschen unserer Soldaten. In diesen steigt man ein, gibt die Nummer an, wohin man will, und in zwei Sekunden ist man in den dritten Stock hinaufgeflogen. Muß man von diesem Hause zum Hotel gehen und einen etwas frequenten Corner (Straßeneck) passiren, so muß man stehen bleiben, bis der Policeman ein Zeichen gibt. Er steht in Mitte der Straße und regelt den Verkehr. Zwei Minuten sind für die Vorbeifahrt der Wagen, zwei Minuten für den Verkehr der Fußgänger.

Im Speisehaus erhält man an der Thüre eine Karte, auf der man alle Speisen und den jedesmaligen Preis ver=

zeichnet findet. Man ißt und trinkt nach Belieben; der Kellner bezeichnet, was man empfangen und verzehrt hat, durch Pünktlein. Beim Fortgehen gibt man die Karte mit dem Gelde ab. Man hat dem Kellner nichts zu zahlen. Es gibt keine Irrungen und Rechnungsfehler.

Die Biersalons sind in der Regel unterirdisch. Beim Eintritt fragt der Kellner zuerst, was man als Lunch will. In Chicago geben die Bierwirthe sogar warme Speisen umsonst. Ich trank ächtes Kulmbacher Bier, das auf Segelschiffen, die wenig Fracht berechnen, regelmäßig nach Chicago geliefert wird. Ich bemerkte, wie schwer es ist, die Amerikaner zu beschwindeln. Das „Lagerbeer" muß versiegelt ankommen, versiegelt im Keller bleiben, bis es die rechte Frische hat, muß dann öffentlich ausgestellt und öffentlich entsiegelt werden; erst dann trinken es die Amerikaner gerne, bezahlen aber auch ein Quantum, das etwa unserer Maas oder unserem Liter gleicht, mit einem Dollar.

Zwei Dinge fallen dem Fremden, der durch die Stadt geht, stets wieder in die Augen. An allen Ecken der etwas vorstehenden Häuser kleben riesige Plakate. Sie preisen verschiedene Gegenstände, Kleider=, Schuh=, Waaren=Magazine an. Mehrere haben eine Höhe von drei Metern, sind mit goldenen Buchstaben gedruckt und kostbar verziert. Ferner steht vor jedem Cigarrenlager ein aus Holz geschnitzter Indianer in seiner Nationaltracht und präsentirt eine Cigarre.

Unter Chicago's Sehenswürdigkeiten zog ich allen andern den berühmten Lincolnpark vor. Er gilt als der schönste in der neuen Welt. Seine Lage ist einzig. Er zieht sich viele Quadrat=Meilen am See hin. Von der Stadt aus steigt man ein wenig abwärts, seitdem dieselbe eben höher gelegt worden ist. Zuerst tritt man in eine herrliche Waldpartie, aus der künstliche Hügel, mit kleinen Lusthäusern gekrönt, emporragen. Von hier schaut man über die Baumgruppen hin=

weg auf die spiegelglatte See, wenn die Sonne scheint und kein Wind die See peitscht, oder die wild tobt, aufgeregt vom Nordwind, oder vergoldet prangt, wenn die Strahlen der Abendsonne sich darin brechen und Segelschiffe und Dampfer vorüberfliegen.

Der Waldpartie, die eine ungeheuere Ausdehnung hat, folgt ein künstliches Schluchtenland mit Brücken, Seen, Wasserstraßen, in denen sich Fische, Seevögel, Schwäne tummeln. Aber während man auf diese Thiere schaut, ihnen ein Stück Brod zuwirft, hört man das Echo eines schauerlichen Gebrülles, das in der Ferne verhallt. Ich folgte der Richtung, woher das Gebrüll kam, und fand eine der reichsten Thiersammlungen der Welt. Ein mächtiger Park, der durch starke Zäune in Räume geschieden war, enthielt Büffel in ihrem wilden Zustande, wie man sie in Prairien noch findet, Zebras, Elephanten, Kameele, Pferde, die theils ruhig lagen, theils im langen Grase weideten. Ein anderer Raum beherbergte Hirsche mit riesigen Geweihen, wie sie Nordamerika eigen sind. Eine Hütte, aus Holz aufgeführt und in Fächer abgetheilt, enthielt Affen, Wölfe, Tiger, Leoparden, Hyänen, Löwen, Faul- und Gürtelthiere, Llamas, Füchse, Stinkthiere, Renthiere u. s. w. Ein Sumpf in der Nähe diente Krokodilen zum Aufenthalte. Ein höheres Haus mit Drahtwänden beherbergte Tauben, Adler von riesiger Größe, Colibris, Strauße und überhaupt Vögel von allen Größen und Farben. In vergitterten Käfigen befanden sich Klapper- und Karmoisinschlangen. Der Zutritt zu diesen seltenen Sammlungen ist frei. Bei gefährlichen Plätzen fehlt nie die Aufschrift: „Gib Acht!"

Vom Parke weg ging ich an die Gestade des Sees, um die großartigste Sehenswürdigkeit in Augenschein zu nehmen, die Chicago aufzuweisen hat. Es ist gewiß eine seltene, schwere Aufgabe, in dieser Ebene eine solche Riesenstadt mit gutem Wasser zu versehen. Der See muß sein bestes Wasser aus der Mitte in jedes Haus und in alle Etagen liefern. Wie war dieß zu erzielen? Die Väter der Stadt standen vor den größten Schwierigkeiten, denn es gibt im See nicht eine einzige Insel, um auf derselben einen Thurm aufzustellen, der das Wasser auffinge und ableitete. Man mußte einen andern Ausweg finden. Großartig müssen die Wasserwerke Ninive's und Babylons gewesen sein, die das Wasser in die Stadt, in die königlichen Burgen, in die Gärten lieferten. Sehenswerth ist ein Wasserwerk in Aegypten, das bei Kairo Wasser vom Nil bis auf den Dschebel Mokkatan schöpft. Aber alle diese alten und neuen Wasserleitungen haben keine Aehnlichkeit mit der von Chicago.

Es wurde zuerst tief unter dem Boden des Sees ein Tunnel zwei englische Meilen weit in den See hinausgegraben, sorgfältig gewölbt und ausgemauert; dann wurde auf dem Lande ein Thurm gezimmert, mit Blech beschlagen und wasserdicht gemacht. Mit Schiffen wurde derselbe auf die Stelle des Sees gebracht, wo der Tunnel endete, dann unter Wasser gesetzt und ausgepumpt. Der Luftdruck mußte hierauf einen Cylinder durch den Boden des Sees in den Tunnel treiben, um durch ihn das Wasser in die unterirdische Leitung zu bringen. Man befestigte sodann den Thurm, indem man mächtige Mauern aufführte, so daß er jetzt einem Castelle gleicht.

Am Ufer befindet sich eine Dampfmaschine von ungeheuerer Größe. Sie zieht das durch den Thurm in den Tunnel strömende Wasser an's Land und treibt es dann in alle Theile der unermeßlichen Stadt.

Seit dem Brande ist diese Wasserleitung erneuert und vervollkommnet worden. Die Dampfmaschine ist die beste Feuerwehr; sie vermag jedes Haus der Stadt mit Wasser schnell zu überschütten.

Um das Seewasser frisch und trinkbar zu machen, benützt man Eis, was freilich etwas theuer kommt; aber Geld wird in Amerika wenig geachtet.

So wurde in Chicago der See dem Nutzen der Bevöl=
kerung dienstbar gemacht. Er hat indeß außerdem noch die
Bestimmung, den Einwohnern die angenehmste Unterhaltung
zu verschaffen. Um Spazierfahrten zu machen, stehen soge=
nannte Excursions-Ships bereit, die eigens construirt sind.
Nach außen sehen sie einem feinen Hotel ähnlich. Im Inneren
bieten sie zahlreiche Salons und feine Gemächer, die auf das
Hübscheste ausgestattet sind. Die Maschine ist so gebaut, daß
man wenig von ihrem Arbeiten gewahr wird. Ruhig wie ein
Schwan gleitet das Ship über die spiegelglatte Fläche hin.
Wenn ein reiches Brautpaar die Hochzeit feiert, so wählt
es ein Excursions-Ship, ladet vertraute Gäste ein, ißt, trinkt,
tanzt, schläft auf dem Wasser, unterhält sich bei sanfter Musik,
ergeht sich auf dem Verdecke und athmet die beste Seeluft.
Man miethet das Schiff auf mehrere Tage und macht Aus=
flüge bis an die Küsten Canada's.

Das ist Chicago, die Metropole des Handels. Es fragt
sich, ob in dieser Geschäftsstadt, wo Handlungshäuser mit 1000
Commis nicht zu den Seltenheiten gehören, auch die Religion,
besonders die katholische, eine Heimath gefunden hat? Was
die Zahl der Katholiken angeht, so stellt sich das Verhältniß
zwar weniger günstig, als in Pittsburg in Pennsylvanien,
einer vorherrschend katholischen Fabrikstadt. Dennoch ist auch
in Chicago die Kirche im Aufschwunge begriffen. Es wohnt
in der Stadt ein katholischer Bischof seit 1844. Dem gegen=
wärtigen Bischof unterstehen nicht weniger als 230 000 Katho=
liken. Davon treffen die meisten auf die Stadt Chicago selbst,
wo die Katholiken mehr als den vierten Theil der Gesammt=
bevölkerung ausmachen. Sie besitzen im Ganzen neunund=
dreißig großartige Kirchen und Kapellen und ebenso viele Pfarr=
schulen in allen Theilen der ausgedehnten Stadt. Die Kathe=
drale, ein herrlicher gothischer Bau, steht in der Nähe des
Sees auf einem weiten, freien Platze. Sie ist eben im Innern

fertig und dem heiligen Namen Jesu geweiht. Die Jesuiten besitzen in der Maistraße eine großartige Residenz mit Kirche. Außerdem haben Niederlassungen und geräumige Kirchen die Benedictiner, Redemptoristen und Franziskaner. Die Deutschen haben allein sechs schöne Kirchen. Außerdem haben die guten Hirtinnen, die Schulschwestern, die Josephsschwestern, die Frauen von der Vorsehung trefflich organisirte Institute. Es bestehen mehrere Waisenhäuser, drei Hospitäler und ein Asyl für gefallene Mädchen.

Das Orakel der Stadt ist gegenwärtig ein alter Jesuit, der das Kloster mit der Kirche vor elf Jahren auf einen Sumpf gebaut hat. Wenn der Greis die Kanzel besteigt, so hören ihn Gläubige und Ungläubige mit der höchsten Begeisterung. Er hat bereits zahllose Bekehrungen bewirkt und ist hochgeschätzt, selbst von solchen, die von der Religion wenig wissen wollen.

Nehmen wir von Chicago Abschied. Wir sahen, wie aus der ehemaligen Militärstation eine Stadt von hoher Bedeutung geworden. Der Soldat hat dem Kaufmanne den Weg geebnet. Der Soldat ist abgezogen; der Kaufmann ist geblieben. Es ist nicht das erste Mal, daß die Soldaten herrliche Verkehrswege eröffneten. Wer erinnerte sich nicht an Alexander, der Alexandria erbaut und dem Welthandel der alten Welt neue Bahnen gewiesen hat? In Chicago folgte dem Kaufmann der Missionär, und wenn nicht Alles trügt, so hat die Kirche hier ein fruchtbares Feld gefunden.

9.

Wisconsin. Am Lake. Salesianum. Das Haus zur heiligen Familie. Das Haus zur Königin der Engel.

Die wichtigste Bahnlinie, nicht bloß in der Union, sondern, meines Erachtens, in der ganzen Welt, ist zur Zeit die Pacific-Bahn, welche Chicago und San Francisco oder den atlantischen und den stillen Ocean mit einander verbindet. Ihren Namen erhielt diese denkwürdige Linie vom stillen Ocean. Mittels dieser Linie ist es möglich, mit verhältnißmäßig geringen Mitteln und geringem Zeitaufwande eine Reise um die Welt zu machen. Eine solche Reise nahm früher ein Jahr in Anspruch, während jetzt, mittels der Pacific-Bahn, 80—90 Tage dazu ausreichen, wobei ein kurzer Aufenthalt an wichtigen Punkten eingerechnet ist; die Reise selbst von Havre über den atlantischen Ocean, durch Nordamerika und über den stillen Ocean bis Japan nimmt nicht länger als 42 Tage in Anspruch.

In der alten Welt betrachtet man es als ein Ereigniß von hoher Bedeutung, wenn ein Amerika-Reisender die ganze Route von New-York über Chicago an den stillen Ocean gemacht hat. Anders dachte ich, als ich am Knotenpunkte der amerikanischen Bahnen, zwischen den zwei Meeren, in Chicago stand. Die Reise von New-York nach San Francisco ist nur bis zu den Gestaden des Missouri für den Amerika-Reisenden von allgemeinem Interesse, weil die Cultur erst bis dahin vorgedrungen ist. Nebraska, Colorado, Utah und Nevada liegen noch in ihrer alten Wildheit da. Wer Urwälder und Prairien sehen will, sieht sie besser in Pennsylvanien und Illinois.

Hören wir zunächst ein Muster der Schilderung über die Bahnfahrt bis zur Missouri-Station. „Drei Eisenbahnen, verschiedenen Gesellschaften gehörend," sagt Hübner, „führen von Chicago nach dem linken Ufer des Missouri, gegenüber von Omaha. Man hat für mich die Central-Burlington-Railroad, d. h. die längste Linie gewählt. Auf den drei Linien gehen die Züge zur selben Stunde ab und erreichen ihr Ziel in derselben Zeit. Es ist eine Art von Kirchthurmrennen. Zu beiden Seiten der Schienen entfliehen den Blicken des Reisenden die wellenförmigen Ebenen von Illinois. Ueberall Meierhöfe, Gärten und Felder, hie und da hoch aufgeschossene, magere Bäume. Im Ganzen der fälschliche Eindruck eines

wohlgebauten Landes. In der That aber wäre eine Million
von Armen nicht zu viel, um den Boden des Staates urbar
zu machen. Wir sind Vormittags abgereist. Um 5 Uhr
wird im Speisewagen das Diner aufgetragen. Es ist des
besten Hotels würdig. Um 7 Uhr überschreiten wir langsam
den Mississippi auf einer im neuen und kühnsten Stile er=
richteten Brücke. Sie beugt sich unter unserer Last und die
Wagen schwanken, wie ein Nachen auf leicht bewegter See.
Dieser Riesenstrom rollt seine stillen Wasser zwischen niedern,
bewaldeten Ufern; die letzten Strahlen der Abendsonne über=
gießen sie mit zauberhaftem Lichte. Der eigenthümliche Reiz
der Landschaft überrascht vielleicht gerade wegen der Einfachheit
ihrer Bestandtheile. Die tiefe Melancholie, die Größe des
Bildes machen einen überwältigenden Eindruck. Am jenseitigen
Ufer angelangt, gestattet uns eine Wendung der Bahn, den
Blick nach der Brücke zurückzuwerfen: ein oben abgeschnittenes
Spinnengewebe! Im Hintergrunde der flammende Abendhimmel.
Ich frage mich, wie diese Filigranarbeit Bahnzüge zu tragen
vermag. In diesem Augenblicke fährt eine einzelne Locomotive
langsam und wie zögernd über die Brücke. Blondin auf dem
Seile! Unwillkürlich schließe ich die Augen! — Nach einem
kurzen Halt in Burlington bringt der Zug mit voller Dampf=
kraft in die grünen Prairien des jungen Staates Jowa ein.
Schöne Baumgruppen unterbrechen zuweilen die Eintönigkeit
der Landschaft. — Um 9 Uhr Morgens Council=Bluffs
passirt. Es sind ein paar vereinzelte Hügel, einst der Zu=
sammenkunftsort zwischen indianischen Häuptlingen und den
Agenten der Regierung; daher der Name. Gleich darauf kommt
der Missouri in Sicht. Er windet sich traurig und träge
zwischen baumarmen und, wie mir schien, unbebauten Ufern
dahin. Wasser und Land tragen dieselbe Farbe: die des Kothes.
Nichts Eintönigeres als diese Landschaft! Dagegen beschäftigt
uns eine jener Gemüthsbewegungen, welche hier zu Lande dem

Eisenbahnreisenden von Zeit zu Zeit bescheert werden. Es wurde erwähnt, daß drei Bahnen von Chicago nach Missouri=Station führen, und daß die Gesellschaften, deren Eigenthum sie sind, sich Concurrenz machen. Diese Bahnen trennen sich in geringer Entfernung von Chicago und nähern sich erst wieder unweit der Missouri=Station ihrem gemeinsamen Endpunkte. Auf diesen drei Linien gehen die Züge, wie schon gesagt, zur selben Stunde ab. Wenige Minuten, bevor wir den Bahnhof erreichten, kam einer der gegnerischen Züge in Sicht. Unser Maschinist hielt es natürlich für Ehrensache, als der Erste anzukommen, und vollführte auch glücklich die kühne That. Wie es geschah, daß die beiden Züge nicht im Bahnhofe auf einander prallten, daß sie sich nicht beide in den ganz nahen Strom schleuderten, kann ich mir nur durch ein Wunder erklären."

Das ist die Bahn und der Eindruck der Fahrt von Chicago nach Missouri=Station. Von da an beginnt nun die eigentliche Pacific=Linie. Sie hat nur ein Geleise, für die jetzigen Bedürfnisse vollkommen ausreichend. Die Cultur hört sogar längs der Bahnlinie selbst fast ganz auf. Es gibt beinahe nur noch Militärstationen, die die Bahn gegen die räuberischen Indianer schützen, die dort ihre Jagden, Fischereien und Räubereien haben. Der Ocean, die Prairien und vielleicht eine Wildheerde, welche der Reisende in seiner Einsamkeit zufällig erspäht, sind die einzige Abwechslung bis zu den Rocky Mountains, wo die Bahn in die wilden Schluchten des Gebirges eindringt. Bessere Cultur und schönere Gegenden fangen erst wieder in Californien an, am Gestade des stillen Oceans. Fleißige Colonisten müssen erst bis in jene fernen Gegenden des nordamerikanischen Westens vordringen, und in Jowa, Nebraska, Colorado und Newada erst die Schätze Pennsylvaniens, die Gärten Ohio's, die Weiden Indiana's, die Getreidefelder von Illinois und Wisconsin schaffen und die Ufer der Seen und Flüsse schmücken, wie sie es bereits am Michigan= und Erie=See gethan haben, bis die Oceanfahrt auf der Pacific=Railroad interessanter wird. Doch mein Reise= ziel von Chicago aus war das schöne Wisconsin, das neue Deutschland jenseits des Oceans, das liebliche Milwaukee, das deutsche Venedig auf dem Boden Amerika's und die westlichen Gestade des Lake Michigan.

Unter den vielen Bahnlinien, welche von Chicago nach den nördlichen Staaten führen, nach Minnesota und Wisconsin, wählte ich diejenige, die mir als die beste gerühmt wurde: die Chicago=St.=Paul=Railway, die gar bald den Staat Illinois mit seinen Getreidefeldern verläßt, sich nördlich Wisconsin und dem Lake zuwendet. Sie berührt noch Prairien von geringer Ausdehnung, die aber bereits zahlreiche Spuren von Cultur zeigen. Der Staat Wisconsin bildete ehedem, wie schon er= wähnt, mit Indiana und Illinois ein einziges Territorium, ist aber schon seit 1800 davon getrennt. Er hat gegenwärtig einen Umfang von 2540 Quadrat=Meilen oder 139 700 Quadrat=Kilometer mit einer Bevölkerung von etwas über eine Million, unter der die Deutschen einen beträchtlichen Bruchtheil ausmachen und beständig, besonders seit 1848, sich mehren. Die Katholiken sind hier eine Macht, indem sie mehr als ein Viertel der Bevölkerung ausmachen. Wisconsin, das unter den fernen Weststaaten vielleicht die erste Stelle einzunehmen berufen ist, enthält noch herrliche Urwälder und ist reich an Getreide und Holz. Erst seit 1847 bildet es einen unabhän= gigen Staat der Union, dessen Regierung in Madison residirt. Die schönste und größte Stadt ist Milwaukee.

Es war ein herrlicher Nachmittag, der Stadt und Land= schaft einen lieblichen Reiz verlieh, als ich von Chicago aus gegen Norden fuhr. Das Depot lag ziemlich in Mitte der Stadt, weßwegen es lange dauerte, bis ich sagen konnte: „Außerhalb der Stadt Chicago." Wie lieblich entfaltete sich vor mir das Bild der Landschaft, als ich aus dem Häusermeere hinaus war! Niedliche Farmen lagen in Gärten, reich an Rosenbeeten, blühenden Pfirsichbäumen, Gesträuchen aller Art, über die der Mai alle seine Reize ausgegossen hatte. Bald wurde auch die glänzende Fläche des Sees sichtbar, vergoldet von der leuchtenden Nachmittagssonne. Wie erfreute ich mich dessen! Chicago mit seinem Getöse und Geräusch, mit seinem lärmenden Straßen= und Kanalleben lag hinter mir! Ich war wie von einer schweren Last befreit und sog die kostbare duftende Mailuft begierig ein.

Ein anderes Bild bot sich dar, als die Railroad vom Gestade des Sees nach Westen sich wandte: eine wellenförmige Hochebene, theilweise bebaut, theilweise aber noch dicht bewaldet, ein wechselvolles Durcheinander von Cultur und wilder Natur. Zwischen dieser Hochebene und den malerischen Gestaden des Lake läuft die Bahn mit sehr verschiedener Geschwindigkeit vorwärts. Es schien mir, als richteten sich die Eisenbahn= gesellschaften in jenen Gegenden sehr nach deren besonderen Verhältnissen. Wo Märkte, Dörfer, Farmen häufiger waren, „stopte" der Zug sehr oft; wurde die Gegend wieder einsam, öde, einförmig, so „stopte" er selten und erhöhte seine Geschwindigkeit.

Eine längere Zeit glaubte ich, durch die Fenster des „Kar" auf eine italienische Landschaft zu sehen. Die Gegend und die Bahn hatten eine nicht zu verkennende Aehnlichkeit mit der Bahnroute von Sinigaglia nach Ancona. Man sieht hier auf einer Seite die wellenförmigen Ausläufer der Apen= ninen, die sich nach dem adriatischen Meere hin abflachen, auf der andern das Meer, mit Segeln überdeckt. In Wisconsin war es ebenso. Links die Anhöhen, rechts der See mit seiner glänzenden Fläche. Die Bahn lief lange in derselben Richtung, bis sie auf einmal in's Innere abbog; der See verschwand und ich sah auf beiden Seiten liebliche Anhöhen, mit Bäumen bepflanzt und auf das Trefflichste cultivirt. Da hielt der Zug eine längere Zeit an der Calvary=Station.

Diese Gegend gehört zu den schönsten Partien zwischen
Milwaukee und Chicago. Ich fand nicht die Zeit, um einen
Spaziergang auf die östliche Anhöhe zu machen; aber aus den
äußeren Umrissen zu schließen, dacht sie sich dem See zu ab
und muß eine entzückende Fernsicht gegen Osten und Süden,
auf den See und über die Prairien von Wisconsin bieten.
Dieses liebliche Plätzchen, ein zweites „Assisi", haben die
Kapuziner sich zur Niederlassung in Wisconsin gewählt. Hier
wohnt der Provinzial, Franciscus Haas, ein Deutscher, mit
acht Klerikern und zehn Laienbrüdern. Ihr zweites Kloster
im Staate Wisconsin befindet sich in Milwaukee mit dem
Noviziat, der theologischen und philosophischen Lehranstalt und
sechs Laienbrüdern. Auch hier sind die meisten Mitglieder
des Ordens Deutsche von Geburt. Ich werde auf dieses
Assisi Nordamerika's noch zurückkommen.

Die Wirksamkeit der Kapuziner ist nach zwei Seiten hin
in der Union von Bedeutung. Sie sind die Pioniere oder
Vorkämpfer der Kirche im Streite gegen den Materialismus,
der in Amerika und in den Anschauungen der Yankees mit
seltsamer Macht sich eingenistet hat. Ihr strenges Leben, ihr
erschütternder Ernst, ihr rauher Habit predigen den Gekreuzigten.
Die Thätigkeit der Kapuziner in Wisconsin ist ferner noch
deßwegen von Wichtigkeit, weil sie als ein deutscher Orden
besonders das deutsche katholische Element pflegen: Die Brüder
reisen auf der Bahn noch in der Kleidung der Weltpriester,
aber diese jetzt noch nöthige Rücksicht wird bald wegfallen.
Mit mir fuhr ein „Father Kapuzin" von Calvary nach
Milwaukee.

Von Calvary aus wurde die Gegend einsamer, öder und
monotoner. Der See kam uns nicht mehr zu Gesichte. Daher
freute ich mich, als der Conductor „Francis=Station" durch
den Wagen gehend murmelte. Das war für den Abend
mein Reiseziel. Die Sonne sank im Westen hinab und die

finstern Wälder ringsum vermehrten bald das Dunkel so, daß ich fürchtete, nicht mehr in's „Salesianum" zu kommen. Wäre ich mit der Gegend vertrauter gewesen, so hätte ich sicher dem dumpfen Sausen der Wälder, dem Spielen eines recht erfrischenden Ostwindes und der geheimnißvollen Stille der tieferwerdenden Dämmerung eine lieblichere Seite abgewonnen. So aber eilte ich, meine Reisetasche in der Hand, immer vorwärts, jeden, der mir begegnete, nach dem Wege zum Seminar fragend; ich merkte in der Eile gar nicht, daß ein junger Mann denselben Weg mit mir ging. Erst auf halbem Wege wurde ich auf ihn aufmerksam und fand an ihm, zu meiner Freude, den Portier des Salesianums.

So war ich also endlich in dem berühmten „Salesianum", einer deutschen Stiftung, von ungewöhnlicher Wichtigkeit für Wisconsin und Minnesota und auch für viele andere Staaten der Union. Dasselbe liegt eine halbe Meile von der Francis-Station und vom See entfernt in einem Walde, ein rechter Aufenthalt für „Musensöhne". Das dem heiligen Franz von Sales geweihte Seminar für Heranbildung von Missionären ist ein im Quadrat aufgeführter, äußerst solider Bau, den eine mächtige Kuppel überragt. Sie gehört zur prächtigen Kirche, die das Gebäude in zwei gleiche Hälften scheidet. Drei schöne Portale von Süden, Osten und Westen führen in das Innere. Der Hauptbau hat vier Etagen, die beiden Seitenflügel fünf. Rund herum zieht der Wald eine lebendige Mauer von Fichten, Tannen, Birken, Cypressen, Lärchen, vermischt mit duftendem Gesträuche. Ein Kreis von Pappeln bildet die erste Umgebung des Seminars. Sie stehen gleich Wächtern da vor dem Sitze der Musen. Niedliche Wege sind angelegt im Walde, um den Studirenden Gelegenheit zu bieten, sich in der freien Natur zu ergehen, zu erheitern, zu erholen, wenn die Studien den Geist ermüdet haben. Bei meiner Ankunft waren die Wege mit Studenten bedeckt, die sich unter=

hielten und die frische Abendluft genossen, während sie von ihren Arbeiten ausruhten.

Daß mich der Director der Anstalt, Herr Wapelhorst, ein gelehrter deutscher Priester, auf das Freundlichste empfing, unterlasse ich hier zu erwähnen. Das ist in Amerika für einen Priester in geistlichen Häusern eine Sache, die sich ganz von selbst versteht.

Als ich aber im Laufe der ersten Unterhaltung erklärte, daß ich aus München komme, bemerkte ich bald, welchen Eindruck das Wort München auf den Vorstand des Hauses und alle Professoren machte. Der Ludwig-Missions-Verein ist nämlich der Mitbegründer der großartigen, segensvoll wirkenden Anstalt, und noch war kein Priester aus Bayern vor mir in's Salesianum gekommen, um die Gastfreundschaft der Anstalt zu genießen. Die gemeinsame Freude wurde noch erhöht, als ich später meinen Namen nannte, und meine „Reisebilder aus Palästina" uns reichen Stoff zur Unterhaltung bis zu einer späten Abendstunde boten.

Die aufgehende Sonne traf mich draußen am Lake. Es war ein prachtvoller Morgen. Die Sonne erhob sich majestätisch scheinbar aus der Mitte des Wassers. Da der Lake zwanzig Meilen breit ist, kann man seine östlichen Gestade nicht wahrnehmen. Man muß gestehen, die Lage gibt dem Salesianum einen seltsam tiefen Reiz. Das Wandeln an den Gestaden des Sees, das Flüstern der Waldbäume, die feierliche Stille ringsum erheben das Herz leicht zu Gott. Romantische Landschaften, liebliche Seen, zauberhafte Meeresbuchten, reizende Inseln, duftende Gärten, herrliche Gebirge mit entzückender Fernsicht regen geistig an, wecken himmlische Gefühle. Ich verstand, warum die großen Männer der Vorzeit ihre Schüler dem Geräusche der lärmenden Welt entrückt und in einsamer und schöner Natur den Musen geweiht haben. Wie freute ich mich, daß dieser herrliche Musensitz am See eine deutsche Stiftung war! Hören wir kurz seine Geschichte.

Wir wissen, daß mit der Thronbesteigung des Papstes Pius IX. im Jahre 1846 für die Katholiken Amerika's eine neue Zeit anbrach. Bayern sandte seinen Bonifaz Wimmer nach Pennsylvanien; was die Diöcese Pittsburg, was manche andere Diöcesen Nordamerika's ihm verdanken, hörten wir. Zur selben Zeit erweckte die Vorsehung in Ober-Oesterreich einen Weltpriester, der in der Erzdiöcese Milwaukee dasselbe vollbringen sollte, was der Ordensmann aus Bayern am Fuße der Alleghanies vollbracht hat. Am 5. Juli 1847 reiste Dr. Joseph Salzmann von Ried in Ober-Oesterreich nach Alt-Oetting, um sich den Segen der Königin des Himmels zu erbitten zu seinem großen Unternehmen. Er hatte eben Vater und Mutter und Freunde verlassen, um als Missionär in den Vereinigten Staaten zu wirken. Es gab dort Diöcesen und Bischöfe, aber sie hatten keine Priester.

Salzmann landete in Baltimore und begab sich von dort nach Milwaukee zum Missionsbischofe Henni, einem geborenen Schweizer, dessen Diöcese einen größeren Umfang hatte, als das Königreich Bayern, und auf diesem unermeßlichen Felde arbeiteten mit dem Bischof nur sieben Priester. Der neue Missionär traf den Missionsbischof in einer Bretterhütte, die ihm noch zur Wohnung diente, und redete ihn mit den Worten an: „Ich bin ein Ankömmling in der Fremde; gebt mir unter euch eine Grabstätte!" In der Bischofsstadt sah es mit der katholischen Religion noch wenig verheißend aus. Es standen erst zwei katholische Kirchen. An einer wirkte ein Missionär aus Bayern, Michael Heiß, jetzt Bischof von La Crosse.

Salzmann übernahm eine Mission in Germantown, einer deutschen Niederlassung, wie der Name schon besagt. Dort traf er mitten im Urwald neu angesiedelte Farmer, die dem Missionär eine Holzhütte als Kirche und eine ähnliche Hütte als Pfarrwohnung gezimmert hatten. Die Fugen der Bäume

ober Bretter waren mit Gras verstopft. Hier begann er
zu wirken.

Aber sein klarer Geist ließ ihn nur zu bald erkennen,
daß seine, daß der übrigen Missionäre und des Bischofs Ar=
beiten keinen dauernden Erfolg in Wisconsin haben könnten,
wenn nicht gesorgt würde, daß junge Priester die leeren Plätze
der von den Arbeiten schnell aufgeriebenen Missionäre einnehmen
würden. Wir sehen, wie die beiden von Gott für Amerika
auserwählten Männer, Bonifaz Wimmer und Dr. Salz=
mann, in ihren Ansichten übereinstimmten. Beide erklärten,
der Erstere schon vor seiner Abreise aus Bayern, daß man
Seminarien, d. h. Stätten in Amerika gründen müsse, um
Priester heranzubilden. Denn nur ein Klerus, der im Lande
selbst erzogen worden ist, findet sich in die Verhältnisse und
die Bedürfnisse seines Volkes und wirkt segensvoller.

Salzmann faßte den Entschluß, in Wisconsin ein Seminar
zu gründen und damit der Diöcese Milwaukee zu geben, was
die Erzdiöcese Baltimore und die Diöcese Pittsburg schon be=
saßen. Er reiste zu diesem Zwecke nach dem Süden der Ver=
einigten Staaten, nach Ohio, Pennsylvanien, Philadelphia, wo
das katholische Leben schon tiefere Wurzeln geschlagen hatte,
um Geld zu betteln. Am 15. Juli 1855 legte er den Grund=
stein zum Salesianum und vollendete es am 30. Juni 1861.
Freilich lasteten in den ersten Jahren viele Schulden auf der
jungen, segensvollen Pflanzung. Salzmann unternahm daher
sogar eine Reise nach Europa und wurde in Bayern und
Oesterreich mit aller Liebe aufgenommen. Er erhielt reich=
liche Gaben von den Mitgliedern des Missions=Vereins und
von frommen Katholiken in Oesterreich. Diese Almosen aus
Deutschland haben das Fortbestehen und Gedeihen der Anstalt
sichern helfen. Heute blüht dieselbe zum reichsten Segen nicht
bloß für Wisconsin, sondern auch noch für die angrenzenden
Staaten. Schon nach kurzer Zeit konnte der unermüdliche

Missionär schreiben: „In demselben Gebiete, auf dem im Jahre 1844 die Seelenzahl der Katholiken sich auf kaum mehr als 10 000 belief, wo nur eine aus Stein gebaute Kirche, aber die noch unvollendet, und zwei oder drei ähnliche Holzkapellen zu finden waren, zählt man nun eine Seelenzahl von 190 000, über zweihundertvierzig Kirchen und Kapellen und über hundert Priester verschiedener Nationen." Heute liegen die Verhältnisse noch viel glänzender. Das Salesianum hatte im Jahre 1861 mit fünfundfünfzig Seminaristen begonnen, hat sich von Jahr zu Jahr vervollkommnet und vergrößert und ist jetzt eine der schönsten Zierden der Diöcese geworden. Ich habe bei meinem Besuche dreizehn Professoren und hundertdreiunddreißig Studirende der Philosophie und Theologie dort getroffen und außerdem hundertzweiunddreißig Knaben, die sich durch das Studium der alten Sprachen auf die höheren Studien vorbereiten. Viele Hunderte von Missionären verdanken der Anstalt bereits ihre Ausbildung; und es gibt im Westen, d. h. im ehemaligen „Nordwestgebiete", kaum mehr eine Diöcese, in der nicht Schüler aus dem Salesianum wirken.

Doch noch eines Werkes Dr. Salzmanns müssen wir Erwähnung thun, das von nicht geringerer Bedeutung ist für die Zukunft der Kirche in der Union.

Ich habe früher erzählt, welchen Nachtheil die katholische Religion erlitten hat durch die sogenannten confessionslosen Staatsschulen. Diesem Uebel zu steuern, ist seit Jahren das Bestreben der Bischöfe und des Klerus gewesen. Auch hier hat Salzmann Großes geleistet, um der katholischen Kirche billige und gute Schulen zu verschaffen. Er mag uns selbst erzählen, welche Beweggründe ihn leiteten. „Amerika ist die jüngste Tochter der Kirche," sprach er vor einer großen und gewählten Versammlung in Chicago, „aber ausgestattet mit männlichem Ernste. Ich frage euch, wie war es vor zwanzig Jahren? Aber wie anders würde es sein, wenn ein Jeder aus uns auf seinem Posten stünde, und wenn Jeder seine heilige Mission erfüllen wollte, nicht etwa nach Außen, nicht unter den Secten, sondern durch die Verbreitung des Glaubens im Innern, am eigenen Herde, am Hausaltar, in der Arbeitsstube und in seiner Familie? Wir haben keinen Staat, der uns schützt, und wir brauchen keinen. Und doch ist Großes geschehen. Oder soll ich aufzählen all' die Kirchen, Orden, Ordenshäuser, Hospitäler, Anstalten und Vereine? Aber ein Werk liegt darnieder — es ist die katholische Schule. Ist es nun nicht am Platze, an der Zeit, von der Schule zu sprechen? Ist die Schule nicht die erstgeborene Tochter der Kirche? Von ihr ging sie aus, in ihr wächst sie heran. So ward es in Europa bis heute gehalten. Nun fängt man mit confessionslosen Schulen an, und ihre Früchte reifen schnell und bitter .... Darum helfet mir eine Anstalt gründen, die gute, ächt katholische Lehrer in die Schulen dieses Landes entsendet." — „Wenn," schrieb Dr. Salzmann ein anderes Mal, „wenn in einem Punkte Freunde und Feinde der katholischen Kirche einig sind, so ist es in der Bedeutung der Schule, und beide unterzeichnen den Satz: „Wem die Schule gehört, dem gehört die Zukunft." Die gleiche Ansicht hatten die in Cincinnati versammelten Bischöfe mit den Worten ausgesprochen: „Die Errichtung katholischer Schulen ist in vieler Beziehung ebenso wichtig, als die Errichtung neuer Kirchen." Es läßt sich aber keine gute Schule denken ohne guten Lehrer. Nur dann, wenn der Lehrer selbst durchdrungen ist von ächt katholischem Geiste, kann die Schule ersprießlich wirken.

Von dieser Ueberzeugung ausgehend, gründete Salzmann ein Seminar zur Heranbildung von tüchtigen Lehrern. Am 12. Juni 1870 legte der Bischof von Greenbay den Grundstein zu einem Gebäude, das nach seines Gründers Willen ein herrlicher gothischer Bau mit schlanken, zum Himmel emporragenden Thürmchen werden sollte, um auch äußerlich würdig dazustehen als das erste katholische Lehrer-Seminar in den Vereinigten Staaten. Zur feierlichen Grundsteinlegung strömten solche Menschenmengen zu Fuß und mit der Bahn herbei, daß Extrazüge bewilligt werden mußten. Es flossen alsbald auch reichliche Gaben. Die erste und hochherzigste Gabe hatte König Ludwig I. von Bayern gespendet, der Missions-Verein war nicht zurückgeblieben, so daß wir mit Recht dieses Seminar in seinem Ursprunge eine deutsche Anstalt nennen. Seit dem 2. Januar 1871 steht das „Haus der heiligen Familie" vollendet da in der Nähe des Salesianums. Ich habe dort sechzig Candidaten getroffen, die sich auf das Lehramt in den Volksschulen vorbereiteten. Diejenigen, welche nur in der Volksschule allein thätig sein wollen, vollenden ihre Studien in drei, diejenigen, die in höheren Schulen Unterricht ertheilen wollen, in fünf Jahren. Der heftige Kampf, der jetzt allerorts in der Union gegen die religionslosen Publikschulen begonnen, gibt dem „Hause der heiligen Familie" eine erhöhte Bedeutung. Man verschließt sich der Einsicht nicht, daß aus den Staatsschulen die Jugend roh, verwildert und schlecht unterrichtet hervorgeht und ein starkes Contingent zu den Listen der Verbrecher stellt. Dr. Nevin, ein Yankee, schreibt: „Unser amerikanisches Erziehungssystem ignorirt das Christenthum und gibt vor, die Jugend ohne dasselbe zu erziehen, gleich als wäre es möglich, die Kinder für eine Lebensaufgabe vorzubereiten, während ihr Gemüth nur auf Irdisches gelenkt wird; dagegen des Menschen höchste Bestimmung, daß er der Seligkeit einer zukünftigen Welt theilhaftig werde, aus den Augen gesetzt und vergessen wird." Andere Männer, darunter Professor Agassiz, rechnen die Zahl der Verbrecher nach, die aus den Publikschulen täglich hervorgehen.

Sobald nämlich das Uebel der Erziehung in den Publikschulen allgemeiner erkannt wird, und die Kirche noch mehr Fortschritte gemacht hat, würden das Institut Dr. Salzmanns und seine trefflichen Lehrer zu noch höherem Ansehen gelangen, als heute. Man bedarf dann ihrer mehr und mehr, besonders für solche Gemeinden mit gemischter Bevölkerung, die zur Berufung von Ordensleuten sich nicht werden entschließen können. Das „Haus der heiligen Familie" hat und behält neben der reichsten Schulthätigkeit der religiösen Orden seine hohe Bedeutung. In der Union unterhalten die christlichen Schulbrüder, die Xaveribrüder, die Schulbrüder vom heiligen Kreuze zahlreiche katholische Schulen in den verschiedenen Staaten und versehen, wo man sie immer ruft, die katholischen Pfarrschulen für die männliche Jugend. Noch zahlreicher sind die Ordensschwestern, die sich dem Unterrichte und der Erziehung der weiblichen Jugend widmen. Es gibt Schulschwestern von N. D. und von Unserer lieben Frau, dann Franziskanerinnen, Benedictinerinnen, Ursulinerinnen, Schwestern vom kostbaren Blute, und endlich den ächt amerikanischen Orden zum heiligen Joseph. Gestiftet, wie wir schon bemerkten, von Elisabeth Seton im Jahre 1808, zählt derselbe gegenwärtig mehr als hundert Häuser, die über die ganze Union zerstreut sind. Wie sehr indeß neben dieser reichen und gottgesegneten Thätigkeit der Ordensleute ein in ächt kirchlichem Geiste erzogener weltlicher Lehrerstand nothwendig war, zeigt sich täglich mehr bei dem sittlichen Verfall des Staatsschulwesens.

Salzmanns Schöpfung hat noch eine große Zukunft. Er selbst hat nur ihre Anfänge gesehen. „Zum Genießen," pflegte er zu sagen, „bin ich nicht auf der Welt!" Als die beiden Großthaten seines Lebens fertig dastanden, starb er im Jahre 1874, um bei Gott den Lohn seines Glaubens und seiner Liebe zu ernten.

Das Bild, das ich über die deutschen Schöpfungen in Wisconsin entwerfen wollte, wäre unvollständig ohne die Erwähnung der Schulschwestern von N. D. aus dem Mutterhause in München, die im Staate Wisconsin ihr Mutterhaus für Amerika besitzen.

Kurz vor Salzmann reiste die General=Oberin des Ordens von München nach Amerika, um dort Niederlassungen zu gründen. Mit Hilfe des Bischofs Neumann von Philadelphia entstanden zunächst Häuser in Philadelphia und Baltimore. Aber sein Centrum erhielt dieser Orden, als ihn Bischof Henni nach Milwaukee rief und ein großartiges Mutterhaus „Zur Königin der Engel" errichtet wurde. An der Spitze desselben steht eine deutsche Schulschwester, Mutter Karolina. Im Hause befinden sich 89 Schwestern, 78 Novizinnen und 80 Postulantinnen. Der Orden besitzt in der Union 112 Häuser und unterrichtet 33 200 Mädchen, verpflegt 2000 Waisenkinder und 800 Zöglinge.

Die aufgezählten Institute sind in ihrem Ursprunge deutsch und bleiben es. Ich lege darauf ein besonderes Gewicht, weil Illinois, Wisconsin und das im Westen gelegene Minnesota einen besonderen Beruf für die Zukunft des deutschen Elementes in der Union zu haben scheinen. Ihrer Wirksamkeit wird keine Schranke gesetzt. Der Staat schützt sie und fördert ihre Bestrebungen. Was das zu bedeuten hat, werden wir bald sehen.

10.

Venedig in Wisconsin. Die Deutschen im Allgemeinen. Das Land der himmelfarbenen Wasser. Das katholische Deutschland in der Union.

Vom Salesianum nach dem sechs Meilen entfernten Milwaukee konnte ich, Dank der Fürsorge des liebenswürdigen Vorstandes der Anstalt, den Wagen benützen. Die Missionäre verstehen mit Pferden umzugehen; deßwegen nahm ich das Anerbieten gerne an, obwohl ich sonst den lateinischen Kutschern nicht zugethan bin. Auf dem ganzen Wege standen größere und kleinere Farmen, umgeben von Gärten. Auch Rebgeländer bemerkte ich; die Anhöhen am Ufer des Sees werden einst sicherlich eine Bedeutung erlangen, wie die rebengekrönten Höhen am Rhein.

Schon zwei Meilen vor der Stadt beginnen die Schienengeleise. Eine mächtige Brücke führt über den Milwaukeefluß, der hier in den See mündet und der der Stadt den Namen gab. Die ersten Straßen, in die ich einfuhr, trugen alle noch die Gepräge des Neuen und Unvollkommenen. Ueberall bemerkte ich freie Bauplätze, die noch des Colonisten aus Europa oder des Ansiedlers aus den Oststaaten der Union harren. Sobald ich aber tiefer in das Centrum der Stadt kam, mehrten sich zierliche und breite Straßen, bemerkte ich schattige, mit Pappeln und andern Zierbäumen bepflanzte Plätze, liebliche Buchten, in denen Schiffe lagen, die auf Kanälen in die Stadt kamen. Aber ungeachtet aller Regsamkeit der Bewohner herrschte hier eine größere, wohlthuendere Ruhe, als in dem ermüdenden Chicago.

Reizend ist die Lage. Auf einer Seite der See, im Hintergrund dunkle Waldgruppen. Im Innern eine große Abwechslung von Ebenen und sanft aufsteigenden Höhen, über die sich die Straßen ausbreiten. Keine Stadt der Union hat einen besseren und bleibenderen Eindruck auf mich gemacht.

Die Geschichte Milwaukee's ist noch jungen Datums, wie die aller amerikanischen Städte. Im Jahre 1818 bewohnten den Platz die kupferfarbenen Rothhäute; sie fischten im See und jagten im Urwalde. Da kam Salomon Juneau und siedelte sich, angezogen von der Lieblichkeit des Platzes, an. Aus Waldbäumen zimmerte er sein Blockhaus und erhandelte von den Wilden Pelzwerk. Er war der erste weiße Ansiedler in dieser unermeßlichen Oede von Wisconsin. Die Schönheit der Lage und die Fruchtbarkeit des Bodens zogen Andere an; die Blockhäuser mehrten sich, eine politische Gemeinde bildete sich langsam, und 1835 wurde Juneau zum Bürgermeister gewählt. Schon im Jahre 1846 erhielt Milwaukee den Rang einer Stadt und im Bürgermeister Juneau ihren ersten Postmeister.

Das Leben und Treiben in der neuen Stadt verleidete jedoch dem ersten Ansiedler das Leben. Er verließ Milwaukee, siedelte sich mehr westlich an, nannte seine zweite Niederlassung nach seiner Tochter „Theresa" und lebte dort bis zu seinem Tode (1856). Seine Ruhestätte fand er in Milwaukee.

Der zweite Begründer Milwaukee's wurde Bischof Henni. Er kam im Jahre 1842 nach Milwaukee, wo er einige Ansiedler, vier Priester und die Wildniß vorfand. Die siebenzig katholischen Familien hatten ein Kirchlein aus Holz und waren genau so arm, wie ihr Bischof. Um eine bessere Kirche bauen zu können, wanderte der Letztere in die südlichen Staaten, nach Cincinnati, und bettelte das Geld, um eine Kirche und ein Haus für sich zu bekommen. Von da an beginnt die Zeit der Blüthe. Neue Ansiedler ließen sich nieder, der Strom der Auswanderer, besonders aus Deutschland, nahm immer mehr seine Richtung an den Lake und so entstand die lieblichste Stadt der Union. Sie erinnerte mich an Venedig. Allerdings liegt Milwaukee auf festem Lande, Venedig auf Sanddünen. Aber vom See gehen zahllose Kanäle in das Innere der Stadt und bilden künstliche Buchten. Die Bahn läuft durch einen Theil des Lake; daher dachte ich stets an die Worte des Dichters über Venedig:

„Wie lieblich ist's, wenn sich der Tag verkühlet,
Hinauszugehen, wo Schiff und Gondel schweben,
Wenn die Lagune ruhig, spiegeleben
In sich verfließt, Venedig sanft umspiegelt.

„In's Innere wieder dann gezogen fühlet
Das Auge sich, wo nach den Wolken streben
Palast und Kirche, wo ein lautes Leben
Auf allen Stufen des Rialto wühlet."

Was Milwaukee zur besonderen Zierde gereicht, sind die herrlichen Alleen in den geraden und breiten Straßen, die zahllosen Gärten, in deren Mitte die Häuser stehen, und die ausgedehnten hellgrünen Rasenplätze, die sich auf beiden Seiten der Straßen hinziehen. Sie lagern lieblich und reizend den funkelnden und leuchtenden Wasserstraßen entlang, welche die Stadt in allen Richtungen durchschneiden. Man zweifelt, überblickt man das ganze Panorama von der Kathedrale oder vom Hause „Zur Königin der Engel" aus, ob man das Bild einer Stadt oder Gruppen von Landhäusern vor sich hat; so groß ist der Umfang, den das Stadtgebiet umfaßt.

Ist demnach zweifellos Milwaukee ein liebliches Paradies, verglichen mit Chicago, so ist es darum nicht weniger, was den Verkehr angeht, dessen künftige Rivalin. Es besitzt durch den See, wie Chicago, alle Verkehrswege zu Wasser. Man reist von da nach dem atlantischen Ocean, nach New-York, an den Oberen, Erie-, Ontario-See mit Dampfschiffen, ebenso zum Mississippi und zum Golfe von Meriko. Eine nördliche Pacific-Linie führt bereits bis zu den Black Hills oder bis zu den westlichen Bergen. Kurze Zeit noch, und man reist nicht mehr bloß von New-York nach San Francisco, sondern ebenso von Quebec aus über Milwaukee an den stillen Ocean. In Folge seiner Lage hat Milwaukee jetzt schon den größten Getreidemarkt der Union, weil es Canada am nächsten liegt.

Das ist die Stadt in materieller Beziehung. Außerdem ist sie der Mittelpunkt einer blühenden Diöcese mit zweihundert Pfarreien und ebenso vielen Priestern und 190 000 Katholiken, wovon auf die Stadt allein 80 000 mit dreizehn großen Kirchen treffen, wozu noch die Kapelle der Schulschwestern kommt. Die Katholiken haben hier die Oberhand. Ebenso ist das deutsche Element vorherrschend, obwohl auch Polen und Böhmen Kirchen besitzen. Ordensleute wirken in der Seelsorge und in der Schule.

Von den katholischen Kirchen bildet eine Zierde der Stadt die auf einer Anhöhe gelegene, dem hl. Johannes geweihte Kathedrale. Sie ist ihrer Lage nach wie eine geistige Zwing=

burg und besitzt zierliche Gemälde von Meistern aus München. Neben der Kathedrale steht unter Bäumen versteckt und von Gesträuch und Gärten umgeben ein einstöckiges, wahrhaft unscheinbares Häuschen: die Residenz des Erzbischofs Henni, der seit sechsunddreißig Jahren den Hirtenstab trägt. Einst wohnte er an demselben Platze am äußersten Ende einer Zahl von Blockhäusern, die man mit dem Namen „Stadt Milwaukee" bezeichnete; jetzt liegt sein Häuschen in Mitte derselben. Ich besuchte ihn, den Bischofsgreis mit schneeweißen Haaren, den Missionär, gebeugt von den Mühen und Sorgen eines langen Hirtenamtes. Sein zweites Wort war: „Sie sind aus München; sind heute mein Gast!" Er verdankt München sehr viel und war erfreut, aus jener Stadt einen Besuch erhalten zu haben.

Unter den übrigen Kirchen der Stadt ist die Marienkirche die älteste. Ein Katholik hat Milwaukee gegründet. Der Mutter Gottes haben die ersten Ansiedler ihre neue Heimath am Lake geweiht.

Die Kirche zur heiligen Dreifaltigkeit, am Eck der grünen „Bushstreet", ist die lieblichste unter den Kirchen, die ich hier gesehen habe. Sie ist sehr reich und hat zum Pfarrer einen trefflichen Missionär aus Bayern. Die Kapuzinerkirche, dem hl. Franciscus geweiht, zeichnet sich vor den übrigen durch ihre Lage im Nordwesten aus. Die irischen Katholiken, welche in Milwaukee sich niedergelassen haben, stellten ihre Kirche unter den Schutz des hl. Patrick. Dem hl. Petrus war die alte Kathedrale geweiht. Wer sich die Mühe nimmt, die Kirchen der Stadt zu studiren, z. B. die Hedwigs= und Stanislauskirche der Polen, die Nepomukskirche der Böhmen, lernt ein Stück Kirchengeschichte der verschiedenen katholischen Völker kennen, die sich da auf neutralem Boden mit den heiligsten Erinnerungen aus der fernen Heimath getroffen haben, um gemeinsam durch das Erdenthal zu pilgern.

Milwaukee ist in materieller wie in kirchlicher Beziehung von hoher Bedeutung für den ganzen Westen. Was Baltimore für den Süden der Vereinigten Staaten ist, das ist es für den Nordwesten. Hier wird ein katholisches Deutschland erstehen und zwar in nicht ferner Zeit.

Die Deutschen, und insbesondere die deutschen Katholiken, haben eine große Aufgabe zu lösen. So viel man über dieselbe geschrieben hat, so wenig richtig hat man dieselbe meist erfaßt. So spricht z. B. Kist über seine deutschen Landsleute in Amerika in sehr wenig annehmbarer Weise. Er sagt: „Man hat schon oft und mit Recht geklagt, daß der Deutsche gar kein oder nur sehr wenig nationales Selbstbewußtsein, nationales Ehrgefühl und nationalen Stolz besitzt. Ein Blick auf Amerika rechtfertigt diesen Tadel nur zu sehr .... Der Deutsche hat meistens die Unsitte an sich, daß er wenig auf sich selbst hält, sich dem Fremden gegenüber viele Blößen gibt und sich wegwirft. Er bequemt sich gar leicht allem Fremden an, ist übertrieben dienstfertig und zeigt eine unterwürfige Bedientenseele. Er thut damit groß, in alle Röcke zu passen, er spielt den Kosmopoliten und erniedrigt sich zum Possenreißer und Hanswurst; dabei ist er aber unbeholfen, linkisch, ungehobelt und vierschrötig. Er findet sich in Wirklichkeit sehr schwer in das amerikanische Leben und Treiben und läßt sich sehr leicht vom smarten Yankee mißbrauchen und anschwindeln. In politischer Beziehung steckt er noch in den Kinderschuhen und kann die Angst vor der Polizei nicht los werden. Er äfft ungeheuer gerne fremdes Gebahren nach, und kennt keinen höheren Ruhm und Stolz, als für aufgeklärt und liberal zu gelten. Es ist ihm deßwegen ein Bedürfniß, über die Jesuiten zu schimpfen. Fällt er dem Redman in die Klauen, so spielt er den Atheisten und verläugnet und verkauft um einen Lunch oder einen Treat seine Religion. Kaum hat er den Fuß auf amerikanischen Boden gesetzt, so schämt er sich, als Deutscher zu gelten, und gibt sich den Anschein, ein Yankee zu sein, indem er stets mit ‚yes' und ‚well' um sich wirft. Unter den Wirthen, die mit doppelter Kreide schreiben, sind die Deutschen die schlimmsten, und unter den heißhungerigen Raubvögeln sind die Deutschen die heißhungerigsten, die sich beutegierig gerade auf ihre Landsleute werfen. Sehr oft landet eine heillose Sippschaft verkommener Waare am amerikanischen Gestade, die vom Galgen gefallen zu sein scheint und ein starkes Contingent zu den amerikanischen Lumpen liefert. In den Jahren 1848 und 1849 flüchteten sich ganze Schaaren von Subjecten nach Amerika, die dem deutschen Namen wenig Ehre machten. Sehr oft werden ganze Familien von den Gemeinden nach Amerika spedirt, die, dort angekommen, ein wahres Zigeunerleben führen. Aus allen den angegebenen Ursachen wird der Deutsche von den Amerikanern verachtet."

Ich begreife, daß Kists Reisebeschreibung über Amerika allgemeinen Unwillen bei den Deutschen in Amerika hervorgerufen hat, sein Urtheil ist ungerecht und irreführend; ich konnte mich davon überzeugen. Der Deutsche ist in Amerika geachtet. Er gilt als intelligent, als unternehmend. An den denkwürdigsten Unternehmungen, auf die die einzelnen Städte stolz sind, haben deutsche Baumeister und Ingenieure sich ausgezeichnet. Ist es Mangel an Selbständigkeit, wenn der Deutsche eine Heimath sucht, und sich dort, wo er sie gefunden hat, Sitten, Sprache und Gebräuche aneignet? Soll er etwa jene englischen Reisenden nachahmen, die auf dem Continente durch ihr abstoßendes, selbstgefälliges Leben auffallen wollen? Wenn der Deutsche leicht die Sprachen fremder Völker erlernt und sich in ihre Gewohnheiten findet, so nenne ich das Allseitigkeit und nicht Bedientenwesen. Wenn deutsche Gemeinden den Auswurf ihrer Bevölkerung nach Amerika schicken, so schicken die Engländer sie nach Australien, die Franzosen nach Cayenne, die Russen nach Sibirien. Macht man ihnen deßhalb einen Vorwurf? Wenn viele Deutsche vor den Jahren 1848 und 1849 nach Amerika kamen und als Yankees sich benahmen, so darf man nicht vergessen, daß damals das deutsche Element im Vergleiche mit dem englischen und irischen noch zu schwach war, um selbständig auftreten zu können. Kists Schilderung paßt nur auf jenen geringen Bruchtheil von Deutschen, die die Revolution und das Verbrechen auf den amerikanischen Boden geworfen hat, nicht aber auf alle diejenigen, die sich in redlicher Absicht eine neue Heimath hier gegründet haben, und sie machen mehrere Millionen aus. Sie alle verläugnen ihre universelle Bildung, die sie auszeichnet vor den übrigen Nationen, nicht; die Geschichte sagt uns, welchen Beruf die herrlich von Gott begabte deutsche Nation für Europa gehabt hat. Kein Volk hat eine so ruhmvolle Vergangenheit, wie das deutsche. Die Vorsehung hat den Deutschen einst die Aufgabe zugemessen, veredelnd auf ganz Europa zu wirken, daher haben sie ihren Wohnsitz im Herzen Europa's erhalten. Wie seine Ströme nach allen Weltgegenden aus dem Centrum Deutschlands ihre Wasser tragen, so trug deutscher Geist und deutsches Wesen seine Segnungen nach allen Richtungen. Als die Deutschen die römische Kaiserkrone empfangen hatten, deren sich die Franken unwürdig gemacht, zur Zeit der sächsischen Herrscher, welche Wohlthaten haben sie Schleswig-Holstein, Dänemark, Böhmen, Ungarn, Polen erwiesen? Die Jahrhunderte, wo Deutschland geordnet dastand, waren die Verhältnisse Europa's geordnet. Es gibt keine Nation, deren Dichter mit Wahrheit sagen könnten, was Sebastian Brant über einen deutschen Herrscher sagt:

„Sieh', die Zügel der Welt ruhen dir in den Händen, o König.
Schuldet Gehorsam doch dir, was die Erde bewohnt!
Wachsen nun unter dir, Herr, wird die Gemeinde der Christen,
Jetzt, o Mehrer des Reiches, kannst du es mehren, das Reich.
Ja, du thust's! ....

Angeborener und tapferer Muth wehrt, daß dir erschlaffe,
Daß dir erstarre der Geist, oder zum Wollen die Kraft.
Was dein Antlitz belebt, der Entschlossenheit kräftige Züge
Zeugen vom hohen Gemüth, edlen und christlichen Sinn.
Ja, ich weiß, nicht täuschet die Hoffnung, welche wir ehemals
Schöpften, daß ich des Reiches Gründer besänge in dir.
Sieh', vom Himmel herab, vom hohen, winket der Sieg dir,
Der einst Karl beistand, würdige Frucht ihm verlieh.
Herr, die Zeit ist erfüllt, es kehren saturnische Reiche;
Laß das geheiligte Land kehren in deine Gewalt!
Waffen des Kaisers erfassest du jetzt, faß Kaisergemüth auch!
Waffen des Kaisers erschau'n mögen die Völker umher!
Möge der Feind nun seh'n, wie unserm Gebieter von oben
Selbst in die Hände gedrückt schreckliche Waffen der Herr."

Uebrigens hat Kist es selbst gefühlt, daß er den Deutschen in Amerika Unrecht gethan, denn er schrieb später: „Der solide, gebildete Deutsche steht beim Yankee in Achtung. Freilich hält der eingeborene Amerikaner sich selbst für besser als den gebildetsten „Germanan". Denn unaussprechlich hoch ist die Meinung, die der Yankee von sich hat. . . . Aber er weiß, daß der Deutsche ein ausgezeichneter Oekonom ist, ein solider Geschäftsmann, ein unternehmender Kopf, ein biederer Charakter, ein Ehrenmann, ein gewissenhafter Familienvater. Er weiß, daß er nüchtern, sparsam, treu, fleißig, redlich ist. Er weiß, daß der Deutsche zuerst in Amerika Ackerbau und Viehzucht rationell betrieben, die Rebe gepflanzt und in der Mechanik Großes geleistet hat. In neuerer Zeit hat sich das Ansehen der Deutschen gehoben. Der Yankee behandelt sie anständig und läßt ihnen Gerechtigkeit widerfahren. Er lernt auch die deutsche Sprache schätzen und hält seine Kinder an, sie zu erlernen. Es wird auch von den Deutschen, die englisch verstehen, wieder mehr deutsch gesprochen."

Seit der Zeit, wo Kist dieß schrieb, ist es nicht anders geworden. Die Deutschen waren lange ein zu verschwindender Bruchtheil der Nationen in der Union, um ihren Werth öffentlich und voll zur Geltung zu bringen. Jetzt sind sie stark an Zahl, vermöglich, einflußreich geworden. Daher treten ihre Vorzüge jetzt entschiedener hervor; und sie werden um so mehr hervortreten, je mehr die Zahl und der Einfluß der Yankee's sich mindert. Insofern ist es richtig, wenn Kist sagt, daß in Bezug auf die Deutschen und auf ihren Einfluß und auf ihre Stellung eine sichtbare Veränderung zum Bessern eingetreten sei.

Somit steht fest, daß der Einfluß des Deutschen wächst, und folgerichtig der Einfluß der übrigen Nationen in Amerika zurücktritt. Welches wird nun des Deutschen Zukunft sein? Das deutsche Element ist stark in Pennsylvanien, ebenso in Illinois, Wisconsin und Minnesota. In den drei letzteren Staaten mehrt es sich von Jahr zu Jahr. Im letzteren Staate will man ihm einen Theil des besten Bodens ausschließlich überlassen. Hören wir, was Hübner über die Deutschen in Illinois und den angrenzenden Staaten schrieb: „Allenthalben höre ich (in Chicago) deutsch reden. Ich spreche einige meiner Landsleute an. Zuerst scheint man etwas verwundert, mehr scheu als neugierig; dann gewinnt die deutsche Gemüthlichkeit die Oberhand. Man wird gesprächig, beantwortet meine Fragen, spricht vom letzten Krieg, und mit welcher Begeisterung! Das befriedigte Nationalbewußtsein, der Siegesrausch beleben die sonst ruhigen, ehrsamen, bürgerlichen Physiognomien. Die Waffenerfolge der überseeischen Brüder waren für sie eine unerwartete Offenbarung, hoben ihr Selbstgefühl, vermehrten ihre Thatkraft, riefen Bestrebungen wach, welche die Amerikaner bereits für unvereinbar erklären mit der Verfassung und mit dem Bestande der Vereinsstaaten. Bisher waren in allen Vereinsstaaten die Deutschen diejenigen, welche sich absichtlich, und so rasch sie konnten, mit der angelsächsischen Nation, der Stammrasse der Oststaaten, verschmolzen. Ich habe dieses auf meiner vorjährigen Reise an den Niagara oft beobachtet. Unsere vor etwa zehn und fünfzehn Jahren eingewanderten Landeskinder sprachen zu ihren Kindern deutsch und diese antworteten englisch. Es ist bekannt, daß die dritte Generation sich vollkommen amerikanisirt — Bier und Musik abgerechnet —. Dieß ereignet sich auf dem ganzen Gebiete der Union, außer in Pennsylvanien, wo die Deutschen sehr große Gemeinden bilden. Daher bewahrten sie dort auch mehr als anderswo die Traditionen, Sitten und, obgleich entartet, die Sprache des Vaterlandes. Heute, unter dem Eindruck einer gewaltigen und wahrscheinlich auch dauernden Reaction, d. h. nach dem deutsch-französischen Kriege, ist der Deutsche in Amerika aus seinem Schlummer passiver Ergebung, in der er sich gefiel, mit einem Male erwacht; er ist stolz auf seine Nationalität geworden, und entschlossen, sie zu wahren, zu pflegen und, wo nöthig, mit Nachdruck in Anspruch zu nehmen. Sie sind wie Menschen, die plötzlich ihren eigenen Werth erkennen und daher geneigt sind, sich selbst zu überschätzen, mit denen fortan schwer zu leben ist, und die immer bereit sind, sich mit ihren Freunden zu überwerfen. In diesem Punkte ist man in Washington nicht ohne Sorge. In New-York erzählte man mir sogar, die Deutschen beabsichtigten, ein selbständiges Glied des Staatenbundes zu werden. Ich theile diese Befürchtung nicht. Ich kenne uns. Wir Deutsche gerathen gerne in Ekstase!"

Der Diplomat bestätigt also, daß die Deutschen dort, wo sie, wie in Pennsylvanien, zahlreicher beisammenlebten, ihre nationalen Eigenthümlichkeiten immer bewahrt haben, daß sie aber so viele Klugheit, Einsicht und Verstand besaßen, sich dort ruhig zu verhalten und sich den Sitten der herrschenden Rasse anzubequemen, wo sie nicht anders konnten. Endlich constatirt er das Zunehmen und Wachsen des nationalen Bewußtseins. Dann fährt Hübner, einen Blick in die Zukunft werfend, also fort: „Je tiefer der Reisende gegen Westen vordringt, desto mehr häufen sich die Spuren der Anwesenheit der Deutschen, die wundervollen Ergebnisse ihres Fleißes, die beredten Zeugen ihrer Thatkraft, ihrer geistigen Begabung, ihrer eisernen Ausdauer, des großen Platzes, den sie bereits in der Union einnehmen, die verheißungsvollen Anzeichen der größeren Zukunft, die ihrer zu harren scheint."

Was Hübner hier behauptet, wird durch Stimmen aus Amerika bestätigt. „Früher waren es die Irländer," schreibt ein Blatt, „die auf unsere politischen Angelegenheiten großen Einfluß ausübten. Denn sie waren die Einzigen, welche bei den Wahlen in Masse und wie ein Mann stimmten. Die Politiker waren genöthigt, auf sie Rücksicht zu nehmen.... Es gewinnt aber jetzt den Anschein, als würden die Deutschen in nicht gar ferner Zeit noch mächtiger werden, als die Irländer; denn in gesellschaftlicher Beziehung stehen sie längst als eine Macht da. Ihre Liebe zur Musik, ihre Aufführung und ihr sociales Leben üben einen mächtigen Einfluß auf alle Theile dieses mächtigen Landes aus. In allen Städten fühlt man ihre Bedeutung und weiß, daß sie wohlhabend sind. Im Westen haben sie allenthalben durch Fleiß und Energie die Wildniß in einen blühenden Garten umgewandelt. Unter allen Länge- und Breitegraden der Union gibt es keine kräftigeren, fleißigeren, intelligenteren Bürger, als die Deutschen. Die deutschen Einwanderer bringen weit mehr als irgend ein anderes Volk vortreffliche Eigenschaften in unser Land mit sich: Gesundheit, gute Sitten, gesunden Menschenverstand und außerdem viele Habe. Es gibt viele Verhältnisse, die in der Zukunft umgestaltend auf die Vereinigten Staaten wirken werden; die besten und gesundesten darunter sind aber die, welche von den Deutschen stammen."

Diese gewiß für die Deutschen ehrenvollen Schilderungen beziehen sich auf die Zeit von 1869—1871. Seither haben sich aber die Verhältnisse noch viel günstiger gestaltet. Ausgezeichnete Arbeitskräfte und nicht unerhebliche Kapitalien sind über den Ocean aus Deutschland ausgewandert und haben im

Westen der Vereinigten Staaten oder, besser gesagt, in den Mittelstaaten sich niedergelassen. Sie haben die Macht und den Einfluß des deutschen Elementes in jenem Gebiete vermehrt, das man bis zum Jahre 1800 das „Nordwestgebiet" genannt hat und das Illinois, Indiana, Wisconsin und Minnesota in sich begriff. Diese in den letzten Jahren, und zwar nach dem französisch-deutschen Kriege, ausgewanderten Deutschen amerikanisiren sich nicht mehr so leicht, weil sie überall Deutsche treffen und veranlaßt sind, sich im ehemaligen Nordwestgebiete niederzulassen, wo sie noch wohlfeilen und zudem für Viehzucht und Ackerbau günstigen Boden vorfinden. Im Osten, d. h. in New-York, Pennsylvanien, Ohio, New-Jersey, Maryland, ist der bessere Boden schon mehr ein Gegenstand der Speculation. Hingegen gibt es in den Mittelstaaten noch Millionen von Tagwerken des besten Bodens, die der Deutsche in Besitz nehmen kann, wenn er sich verpflichtet, ihn zu cultiviren.

Doch wird das deutsche Element erst dann maßgebend auf die Geschicke der Vereinigten Staaten einwirken können, wenn es im Repräsentantenhause und im Senate vertreten sein wird. Um das zu erreichen, müssen die Deutschen ganze Grafschaften bilden und ausgedehnte, zusammenhängende Niederlassungen gründen. Aber hier zeigt sich wieder das alte Erbübel der Deutschen, die Spaltung in religiöser Beziehung. Die ausgewanderten deutschen Protestanten vertreten andere Ideen und Interessen in der Union, die von denen der deutschen Katholiken verschieden sind. Sie finden, weil der Staat dort nicht conservirend auf ihre Religion wirkt, den Protestantismus in gänzlicher Zerrüttung, Auflösung und dem Unglauben und Indifferentismus mit vollen Segeln zusteuernd. So verlieren die protestantischen Deutschen in Amerika sogleich vom Anfange an jeden religiösen und damit auch politischen Halt. Das erschwert ihnen das Zusammengehen mit den katholischen Landsleuten. Ich habe das oft erfahren. Die katholischen Deutschen in Illinois, Indiana, Wisconsin sind mir gemüthvoll entgegengekommen, während die andersgläubigen Landsleute sich ferne hielten oder eine große Zurückhaltung beobachteten. Dasselbe Verhalten tritt auch in Bezug auf ihre Landsleute in demselben County hervor. Ihre Interessen in Bezug auf Kirche und Schule sind vollkommen verschieden. Die Protestanten ziehen die confessionslosen Publikschulen vor und huldigen in Bezug auf die Religion der Gleichgiltigkeit, die sie in der specifisch amerikanischen Gesellschaft vorherrschend finden, oder treten sogar, verführt von den zahlreichen der Religion feindlich gesinnten Vereinen, angreifend gegen die Katholiken auf. Daß dieses bei den Wahlen besonders hervortritt und die Thatkraft des deutschen Elementes lähmt, ist selbstverständlich.

Was muß nun in der Folge geschehen, um den deutschen Katholiken einen gesicherteren und größeren Einfluß in der Union zu verschaffen? Es ist schon bemerkt worden, daß nach allgemeinster Ueberzeugung die Katholiken in den Vereinigten Staaten eine große Zukunft haben. „Es gibt," schreibt ein Amerikaner, „in der Republik keine anhänglicheren oder besseren Bürger, als die römisch-katholischen, und in der Kirche keine intelligenteren, thätigeren, ergebeneren Katholiken, als die sieben Millionen Katholiken dieser jungen und kräftigen Republik. Der katholische Glaube ist, verglichen mit dem Wachsthume der Bevölkerung in den Vereinigten Staaten, das einzig stetig fortschreitende Element." So richtig das ist, so sicher ist, daß nur dort, wo die Katholiken überwiegende, geschlossene, politische Körperschaften bilden, sie ihren politischen Einfluß zur Geltung bringen können.

Das hat man in Bezug auf die Deutschen erkannt. Man hat beschlossen, ein **katholisches Deutschland zu gründen auf amerikanischem Boden.** Wer ist sein Gründer? Wo ist seine Lage? Ist dieselbe geeignet? Welche günstigen Bedingungen liegen vor?

Das Unternehmen ist neu und erst im vorigen Jahre öffentlich bekannt geworden in Amerika selbst. In Europa wurde meines Wissens noch wenig davon gesprochen. Doch muß es das höchste Interesse aller Katholiken erregen. Es ist ja eine religiöse und politische That von eminenter Bedeutung in der neuen Welt. An die Spitze des Unternehmens hat sich John Ireland, der hochwürdigste Bischof von St. Paul, im Staate Minnesota, gestellt, der mit der St.-Paul- und Siour-City-Eisenbahngesellschaft einen Vertrag geschlossen hat, kraft dessen jene Compagnie siebenzig tausend Acres oder sechs Townships in Minnesota gelegenes Land ihm überlassen hat, um jenes Land für eine katholische Colonie zu benützen. In dieser „St.-Adrian-Colonie" sollen ausschließlich deutsche Katholiken sich ansiedeln. Es ist schon gesagt worden, daß seit den letzten Jahren der Strom der deutschen Auswanderer sich nach dem Nordwestgebiete gewendet hat, und daß bereits die Deutschen einen beträchtlichen Theil der Bevölkerung dieser Staaten bilden. Nun sollen deutsche Katholiken ein ganzes County des Staates Minnesota cultiviren. Der Bischof ist ein Irländer, aber er zieht die Deutschen vor. Warum?

Oben ist schon bemerkt worden, daß der Einfluß, welchen einst die Irländer in den Vereinigten Staaten besessen, bereits den Deutschen zugefallen ist. Damit spreche ich den Irländern weder Tüchtigkeit, noch Glaubenstreue, noch Sparsamkeit ab. Es gilt von ihnen, was Baumgartner in den Stimmen aus Maria-Laach sagt: „Die vier Millionen Irländer, welche seit dem Beginne der Colonien in Nordamerika einwanderten, machen einen bedeutenden Theil jener Arbeitskraft aus, welche den ungeheueren Continent in so verhältnißmäßig kurzer Zeit colonisirt und für die Civilisation gewonnen hat. Ohne ihre Körperkraft und Ausdauer, ohne ihren rüstigen Lebensmuth und ihren Kindersegen wäre weder das rasche Wachsthum der Bevölkerung, noch seine kräftige Production, weder der Bau seiner Riesenstädte und Schienenwege, noch der rasche Aufschwung seiner Industrie möglich gewesen. Wenn sie dabei zur Mutter Gottes beteten, das Kreuz schlugen und ihre Priester ehrten, so hat das wahrlich dem Staate nicht geschadet." Und dann bemerkt er noch: „Uebrigens stammt ein großer Theil der besseren amerikanischen Gesellschaft von eingewanderten Irländern ab, und deutsche Katholiken haben dieselbe nicht unwesentlich vermehrt." Das sind die Vorzüge dieser Nation. Bei allen Vorzügen aber, welche den Irländern eigen sind, haben sie weniger Anlage und Geschick, als die Deutschen, große und nachhaltige, religiöse und politische Institutionen zu organisiren. Es ist das eine ständige Klage bei den Katholiken, daß die „Irischen" die Schule weniger hoch schätzen als die Deutschen, in der Wissenschaft weniger leisten. Nur zu oft haben Yankees mir gesagt: „Wir achten die deutschen katholischen Priester, die Schulen errichten, Anstalten in's Leben rufen, eingreifen in die Bewegung der Zeit, während die irischen Priester die Gemächlichkeit pflegen." Diesen Vorwurf wird man kaum von den Irländern hinwegnehmen können. Ferner steht fest, daß zwischen dem Yankee und dem Irländer ein zartes Verhältniß kaum gedacht werden kann, auch kein Zusammengehen in politischen Dingen, weil sich der alte Haß, der aus den Zeiten der englischen Blutgesetze stammt, noch lange nicht verloren hat. Haben daher die Katholiken in der Union eine große Zukunft, so werden die deutschen Katholiken die Fahnenträger und Vorkämpfer bilden müssen. Das bringen deutsche Intelligenz, deutsche Bildung, deutsche Thatkraft, überhaupt deutsches Wesen mit. Die Presse z. B. ist eine Macht in der Union. Die Deutschen stehen in dieser Beziehung unter allen Katholiken (Irländern, Böhmen, Polen) oben an, darum muß der Yankee mit ihnen rechnen. Daher zieht der

Bischof von St. Paul deutsche Colonisten vor, wenn sich dieselben finden.

Wo liegt das neue katholische Deutschland? Diese neue Colonie liegt im Staate „der himmelfarbenen Wasser", westlich von Wisconsin, auf den beiden Seiten des oberen Mississippi, das den Namen „Minnesota" von seinen „himmelfarbenen Gewässern" erhielt. Es war ehemals von den Sioux= und Chippewas=Indianern bewohnt gewesen. Im Jahre 1850 ließen sich Deutsche dort nieder. Seit 1868 aber bildet es einen Staat der Union mit 3822 Quadrat=Meilen Umfang, auf denen noch nicht viel über eine halbe Million Menschen wohnen.

Ist der Boden dieses Landes Minnesota gut und das Klima den Deutschen zuträglich?

Der Missionär Alexander Berghalb schrieb im vergangenen Jahre: „Die Einwohnerzahl Minnesota's, die vom Jahre 1850 von 5330 bis zum Jahre 1878 auf 700 000 gestiegen ist, spricht am besten für die Vorzüge dieses Staates..... Unter den bisher bekannten Landstrecken hat sich die Stimme des Volkes für Minnesota als für jenes Land entschieden, das unter vielen andern zur Heimath der Erdenbewohner, besonders für ackerbautreibende Ansiedler, ausgezeichnet geeignet ist." Minnesota hat zwar in so kurzer Zeit so viele Auswanderer angezogen, weil es in die Augen fallende Vorzüge besitzt. Indeß wurde bisher noch zu wenig gethan, um allenthalben das Land der „himmelfarbenen Wasser" bekannt zu machen.

Was den Boden angeht, so hat Minnesota wellenförmige Prairien, mit lockerem, kalkhaltigem Erdreich, das kiessandigen Lehm und auch Gerölle als Untergrund hat. Das Klima gleicht dem im mittleren Deutschland. Es gedeihen alle jene Früchte, die in Deutschland gedeihen: Weizen, Hafer, Gerste, Roggen, Mais, Erbsen, Linsen, Flachs, Buchweizen, Spelz, Wicken, Hanf, Bohnen, Meerrettig, Zwiebeln, Kartoffeln, Kürbisse. Der Boden ist äußerst ergiebig. Kürbisse von 200,

Kohlköpfe von 30, Rüben von 10, Kartoffeln von 4 Pfund das Stück sind keine Seltenheit. Das Weizenmehl von Minnesota ist in der ganzen Union gesucht. Flachs und Hanf wachsen fast als Unkraut.

Unter den fruchttragenden Gesträuchen finden sich in Minnesota die Haselnußstaude, Johannisbeere, Himbeere, Stachelbeere, Krausbeere. Am besten unter allen gedeiht die Erdbeere.

Obst gedeiht. Ebenso sind bereits gelungene Versuche mit der Rebe angestellt und gemacht worden.

In der ersten Zeit findet der Ansiedler Gras im Ueberfluß in den unermeßlichen Prairien, was die Viehzucht erleichtert, bis er selbst Wiesen anlegt und cultivirt. Pferde, Rindvieh, Schafe und alle nützlichen Hausthiere finden sich dort wie in den deutschen Gauen.

Der Ansiedler kann, wenn er Geld mitbringt, eine Farm kaufen. Berghald schreibt in dieser Beziehung: „Man bezahlt für gut eingerichtete Farmen mit gutem Wohnhause, Stallungen und 5 bis 10 Acres Holzland mit 80 bis 130 Acres unter Cultur, 3 bis 5 Meilen innerhalb eines größeren Städtchens oder einer Eisenbahnstation gelegen, etwa von 18 bis 30 Dollars das Tagwerk. Schule und Kirche haben auf die Preise großen Einfluß."

Doch steht es jedem Ankömmling frei, sich selbst eine Heimstätte zu begründen. Das Gesetz in Minnesota lautet: „Jede Person, ohne Unterschied des Geschlechtes, die 21 Jahre alt und Bürger der Vereinigten Staaten ist, oder vor der Obrigkeit erklärt, es werden zu wollen, hat Anspruch, auf solchem Lande, das noch der Regierung gehört, wo immer sie es findet, 160 Acres in Besitz zu nehmen, im Falle jenes Land zehn Meilen in gerader Linie von der Eisenbahn liegt. Sollte jenes Land aber innerhalb zehn Meilen (drei Meilen eine Stunde) von der Eisenbahn liegen, so kann der Ansiedler nur 80 Acres nehmen." Der Ansiedler sucht sich das Land selbst, worauf er sich der Obrigkeit vorstellt und das betreffende Land angibt, damit es ihm bescheinigt wird. Nach fünf Jahren erhält er den vollkommenen Besitz, wenn er nachweisen kann, daß er daselbst gewohnt und angefangen hat, sein Eigenthum zu cultiviren. Die Unkosten betragen Alles in Allem 7 Dollars für 80 Acres.

Das sind die allgemeinen Bestimmungen, die für ganz Minnesota gelten. Wer aber die „St.-Adrian-Colonie", die nur von Katholiken bewohnt ist, vorzieht, erhält dort Land, so viel er will, das Acres für 5 bis 8 Dollars, die natürlich auch in Raten gezahlt werden können. Der Bischof sorgt für Kirchen und Schulen, die allerwärts gebaut werden. Hier wohnt der Ansiedler nur unter deutschen Katholiken und erhält besonders gutes Land. Damit er nicht betrogen werden kann, wurde Christian Knauf in St. Adrian, Nobles County, Minnesota, als Vermittler aufgestellt, der den Colonisten an die Hand geht.

Minnesota ist nur die Fortsetzung des Staates Wisconsin im Westen und ist mit diesem und der Stadt Milwaukee durch zehn directe Eisenbahnlinien in Verbindung. Alle Vortheile dieser letzteren Stadt kommen Minnesota zu gute. Innerhalb weniger Jahre steht es auch durch eine eigene Bahn mit dem stillen Ocean in Verbindung. Ferner bildet es mit Illinois, Wisconsin und Jowa das Herz, das Centrum der Vereinigten Staaten und Nordamerika's. Die günstige Lage und voraussichtlich die Zukunft, welche Minnesota haben wird, haben auch die Benedictiner von St. Vincent in Pennsylvanien bewogen, in diesem Lande eine größere Abtei unter dem deutschen Abte Alerius Edelbrock zu gründen, die bereits dreiunddreißig Priester zählt mit zwölf Klerikern, fünf Novizen und dreiunddreißig Laienbrüdern. Was die Benedictiner im westlichen Pennsylvanien geleistet haben von St. Vincent aus, werden sie von

St. Ludwig am See mit dem himmelfarbenen Wasser für Minnesota werden.

Zwischen dem ehemaligen „Nordwestgebiete", wo heute der Strom der Auswanderer aus Deutschland sich hin ergießt, und den Oststaaten ist ein merkwürdiger Unterschied bezüglich der deutschen Sprache. Im Osten haben sich die Deutschen vielfach der englischen Ausdrucksweise anbequemt. Im Westen, wo sie unvermischter leben, ist das nicht mehr nöthig. In Philadelphia oder New-York oder Baltimore fragt man in der ersten Zeit einen Amerikaner in gebrochenem Englisch um die Richtung des Weges. Man wird nicht einig. Schnell mischt sich ein Deutscher ein, der des Weges kommt; er erkennt den Landsmann und fängt nun an: „Well, You must gehn an die Corner und nehmen die Streetkar bis zu die Bridge, in die Mainstreet, wo die Kar stopt." Außerdem „moved" er mit dem Amerikaner, bejaht mit „yes", „treated" seinen Freund. Er „stopt" in der „Railroad", wenn er zufällig aussteigt oder „changet", so oft er den Wagen wechselt. Er hat keinen Laden, sondern einen „Store" und hat immer „plenty" Zeit. Er „gleicht", d. h. liebt zum „Beer" seinen „Lunch". Er „smokt" seinen Tabak und „fixt" seine Geschäfte in der Stadt. Es ist nicht zu verwundern, wenn diese allgemein üblichen und recht bezeichnenden englischen Ausdrücke dem Deutschen geläufig werden, hat er ja eine solche Anlage für die englische Sprache, daß seine Kinder, die daheim kein englisches Wort hören, die Sprache auf der Gasse im Spiele mit englischen Kindern lernen. Im Westen hört dieß in deutscher Umgebung auf.

Damit scheiden wir vom Lande der himmelfarbenen Wasser und vom lieblichen Venedig am Lake, um über Niagara nach dem Osten der Union zurückzukehren.

11.
Eine entscheidende Stunde. Urwald und Farmer. Sleepingkar. Störung und keine. Waterloo. Am Erie-See.

Nicht ein Wölklein trübte das helle, liebliche Blau des Himmels, das sich im See spiegelte, als sich der Zug in Bewegung setzte und bald auf hölzernen Brücken, bald auf Dämmen im See fortlief. Es war ein Expreß mit vielleicht fünfzig Meilen Geschwindigkeit in der Stunde. Wie freute ich mich auf der Rückfahrt nochmals des Anblicks des glänzenden Sees und der lieblichen Höhen Wisconsins! Meine Absicht, den berühmten Wasserfall von Niagara zu sehen, hatte die Richtung meiner Reise von Chicago aus bestimmt. Zur guten Stunde stopte die Locomotive im Centrum der Stadt Chicago, und ich behielt noch einen Tag übrig, um mich für die beste Eisenbahnlinie zu entscheiden, welche nach der einstigen Heimath der Büffel (Buffalo) führt. Eines der Dampfschiffe, die täglich über den Michigan- und Erie-See nach Buffalo fahren, wollte ich nicht benützen. Ich sollte ja bald wieder eine Oceanfahrt machen. Unter den vier Bahnen, die mir zu Gebote standen, geht die nördliche durch Canada und kommt über Niagara nach Buffalo. Die beiden anderen laufen südlich von den Seen durch die Staaten Indiana, Ohio und New-York nach Buffalo, nur mit dem Unterschiede, daß die Central-Linie südlich und die Erie-Linie an den Gestaden der Seen hinführt. Beide berühren noch Urwälder. Ich weiß nicht, wie es kam, daß ich mich für die Erie-Linie entschied. Nun galt es, billig ein „Ticket" zu kaufen. Das besorgte ich während eines Spazierganges durch Chicago. Wie in allen amerikanischen Verhältnissen ein großes Maß von Freiheit herrscht, so auch bezüglich der Tickets. Der Reisende findet in jeder Stadt „Stores", d. h. Handelshäuser, wo man Tickets verkauft. Er kann da gelegentlich sich mit ihnen versehen und bis zum Tage

des Gebrauches in seiner Brieftasche sie aufbewahren. Will er das nicht, so hat er das Depot, wo er gleichfalls, wenn er will, sein Billet kaufen kann, um dann mit irgend einem ihm beliebigen Zuge abzureisen. Fände er keine Zeit mehr, sich mit dem Ticket zu versehen, so steigt er in den Wagen, sucht sich seinen Platz und wartet, bis der Conductor ihn mit „please" anredet und das Ticket zu sehen wünscht. Hat er keines, so nennt er einfach das Reiseziel und er erhält hier das gewünschte Billet, nur mit dem Unterschiede, daß es ihn zehn Cents (40 Pfennig) mehr kostet, die ihm aber am Ziele seiner Reise am Depot vergütet werden. Die Mehrausgabe von zehn Cents hat nur den Zweck, den Conductor zu überwachen, daß er die Gelder nicht unterschlägt. Die einzelnen Bahngesell=
schaften weichen vorsichtig Billetstreitigkeiten aus, weil sie im Falle der gerichtlichen Klage meist den Kürzeren ziehen. Im Principe schützen die Gerichte die persönliche Freiheit des ein=
zelnen Bürgers, wie die Interessen der Gesellschaft. Hat der Reisende ein giltiges Billet gekauft und ist dasselbe vielleicht veraltet, so übersieht der Conductor, daß auf demselben 20 oder 30 Tage (only) giltig stand, weil er weiß, daß der Reisende im Falle seines Widerspruches Klage erheben und gewinnen würde. Hat jedoch Jemand kein Geld, oder kein altes oder neues Ticket, so ist ein eigenes Verfahren üblich, wie wir auf der Bahn zwischen Chicago und Buffalo sehen werden.

Beim Kaufe meines Ticket begegnete mir ein kleines Mißgeschick. Ich stellte an den Kaufmann die Frage, ob er Tickets habe, mit denen man den „Niagara" besuchen könne? Er sah mich nachdenklich an und antwortete endlich, daß er von einem „Niagara" nie im Leben gehört hätte. Nun war die Verlegenheit bei mir. Ich hatte doch auf allen Karten den „Niagara" in der Nähe von Buffalo gesehen, und mußte nun hören, daß ein Yankee in Chicago den „Niagara" nicht zu kennen erklärte. Ehe ich seinen Store verließ, zog ich einen

Fahrtenplan aus der Tasche und wies ihn auf die darauf verzeichnete Niagara=Station hin. Wie verklärte sich sein Gesicht! „You mean Niagarafalls, well!" rief er, „Sie meinen die Wasserfälle des Niagara." Die Amerikaner sprechen dieses Wort eben sehr seltsam aus, wie so manches andere, und sagen: „Neiagarfalls", den Accent auf „Falls" gelegt. Ich erhielt mein Ticket für 23 Dollars von Chicago über Buffalo nach New=York in einem sehr feinen Couvert, auf dem verschiedene interessante Notizen bezüglich der Bahn und ihrer Vorzüge zu lesen waren.

Der Tag meiner Abreise von Chicago war hell und freundlich. Ich freute mich dessen; denn ich wußte, wie sehr das Urtheil über eine Gegend, zumal eine neue und unbekannte, vom Wetter abhängt. Ein trüber, wolkiger, regnerischer Himmel verdüstert das prachtvollste Panorama und verleiht der reizendsten Gegend ein trauriges Aussehen, wie das Trauer= kleid dem Kinde; daher die' Verschiedenheit der Urtheile über Lage und Umgebung einer und derselben Stadt.

Das Hauptdepot der Erie=Linie liegt hübsch im Centrum von Chicago. Es fällt aber den Reisenden aus der Stadt nicht ein, dort den Expreß zu besteigen; das wäre ihnen viel zugemuthet. Die Bahn ist der Reisenden wegen da, und daher legt dieselbe Haltstellen in den Hauptstraßen an, die der Zug bei der Ausfahrt aus der Stadt durchschneidet, um hier die Mitreisenden der Umgegend einzunehmen. Dieses wiederholte „Stopen" und dann das Kreuzen der verschiedenen Bahnlinien verzögert die definitive Abreise und man bleibt eine halbe Stunde unterwegs, ehe man in's Freie gelangt. Hat aber die Locomotive einmal die Stadt hinter sich, dann schlägt der Zug das amerikanische Tempo ein.

Die Bahn erreichte außerhalb Chicago die Ufer des Sees wieder, lief am See, manchmal im See auf Dämmen fort, bis die Gegend einen recht eintönigen Charakter annahm. Im

Osten von Chicago ist die Cultur noch sehr weit zurück, ob wegen Nässe des Bodens oder wegen Unfruchtbarkeit desselben, weiß ich nicht. Die Wildniß reicht hier fast bis zu den Thoren der Stadt.

Bald verschwand der See hinter dichten Bäumen. Der Urwald fing an. Auf beiden Seiten des Dammes war die Lichtung nicht breiter, als nöthig war, um die in Folge des Alters oder des Sturmes stürzenden Bäume vom Bahngeleise ferne zu halten. Uebrigens hat zum Schutze gegen solche Hindernisse jede Locomotive den sogenannten „Kuhfänger" vor sich, ein pflugscharähnliches Eisengitter, von einem Meter Länge und derselben Breite, das gegen vorne gespitzt ist und nach hinten sanft ansteigt und alles ihm Entgegentretende auf die Seite schiebt, ehe die Räder es erfassen können.

Ein Urwald ist, selbst von den Fenstern des Kar aus gesehen, großartig; da liegen Riesenstämme oft zwei oder drei übereinander auf dem Boden, die ein Jahrhundert gelebt haben, bis der Zahn der Zeit ihre naturwüchsige Kraft gebrochen hat. Es herrscht ringsum Todtenstille, die kein Laut unterbricht. Man vernimmt nur das Keuchen der Maschine und das Gerassel der Kars und das davon im fernen Walde wiederhallende Echo. Das tiefe Grün der uralten Bäume scheint die Sonnenstrahlen anders zu reflectiren, als es sonst im Walde zu geschehen pflegt. Es schien, als ob die Strahlen der Sonne durch einen Nebel von großer Feinheit oder durch einen leichten Sommerregen gemildert wären.

Im eben beschriebenen Urwalde begegnen sich die beiden Staaten Illinois und Indiana. Die Bewohner bringen allerdings mit der Hacke und mit dem Pfluge von zwei Seiten in denselben ein, aber es mag noch lange dauern, bis auf der gelichteten Grenze der beiden Staaten der weiße Mann seinem weißen Mitbürger die Hand reichen kann.

Die Fahrt ging rasch vorwärts. Es gab oft für die Dauer von mehr als einer Fahrstunde keinen Aufenthalt. Am

Ende des Waldes zeigte sich die Cultur sporadisch. Neben der Bahn sah ich von Zeit zu Zeit kleine Bretterhütten, der Form und Größe nach ähnlich jenen, die unsere Kohlenbrenner neben ihrem Kohlenhaufen errichten. Dieselben sind mit zwei Holzbänken zum Sitzen versehen. Damals fand ich keinen Reisenden in meinem großen Wagen, der mir ihren Zweck enthüllt hätte, da ich mit einer Lady und ihrem Söhnchen allein war. Auf einer späteren Reise hörte ich von einem Missionär, daß die Bahngesellschaften aus Rücksicht für die Farmer diese Hütten am Bahndamme aufstellen. Wollen dieselben mitreisen, so finden sie sich an der Hütte ein, schwenken bei Annäherung des Zuges den Hut und werden dann aufgenommen. Auf dem Heimwege haben sie gewisse Zeichen an den Bäumen, wo der Maschinist sie aussteigen läßt. Solche Einrichtungen sind ächt amerikanisch; an ihnen zeigt sich die Rücksicht auf die Bedürfnisse des Volkes.

„Ten minuts", murmelte der Conductor vor der Elkhart=Station. Ich stieg aus, um eine Tasse Kaffee zu nehmen. Aus Vorsicht hielt ich die Uhr in der Hand. Meine Vorsicht war nicht überflüssig gewesen, denn die zehnte Minute war abgelaufen, und der Conductor hatte dem Maschinisten sein trockenes „All right" hingeworfen, und hinaus brauste der Zug aus dem Städtchen. Elkhart=Station, im Staate Indiana, ist ein Knotenpunkt der Bahnen und diesem verdankt die ehedem ganz unscheinbare Ansiedelung ihre Bedeutung. In Amerika tritt eben das umgekehrte Verhältniß von der alten Welt auf. Hier folgt die Locomotive der Cultur und dem Verkehrsleben. In der neuen Welt folgt die Cultur der Locomotive. So ist es in Minnesota, Jowa, Nevada, Nebraska. Schon ist die Bahn weit vorgerückt, und noch zögert die Cultur, ihr bis an die Rocky Mountains und zu den Black Hills zu folgen. Von Elkhart zweigt die Canada=Linie ab.

Von Elkhart aus wurde die Gegend lieblich und schön.

Es gab noch viele Wälder; aber in den Lichtungen sah man die Häuser der Ansiedler und das Werk ihres eisernen Fleißes: Wiesen und Felder. Das gewiß fruchtbare Böhmen ist nicht besser angebaut, als Indiana im Norden. Städte wechseln mit Dörfern. Einzelne Farmen begegneten mir nie. An den Stationen sah ich die Bewohner stehen, um den Zug zu besehen. Sie machten einen weniger gemüthlichen Eindruck, als die im Süden. Die Cultur muß hier schon älter sein, weil die Wohnungen meistens gemauert sind und die Fruchtbäume in den Gärten schon ein ziemliches Alter verrathen. Die Bevölkerung selbst scheint eine sehr zusammengewürfelte zu sein, soweit sich das aus der Buntheit der Namen der sich rascher folgenden Stationen erschließen ließ. Es gab eine Goschen-Station; ihr Name erinnerte gar sehr an die hebräische Cultur in dem gleichnamigen Ländchen in Unter-Aegypten. Eine der nächsten Haltstellen war Sedan-Station. War dieß eine Verewigung der deutschen Siege des Jahres 1870? Hierüber, wie über die Frage, ob das bald folgende Waterloo in freundlicher oder feindlicher Stellung zu Sedan steht, konnte ich nichts erfahren, da der Zug rasch vorüberflog. Bei Waterloo treffen drei Staaten, Indiana, Michigan und Ohio, zusammen. Die europäischen Namen an der Bahn zeigen, daß der Mensch wohl seine Heimath, aber nicht ihre Erinnerungen wechseln mag. In seinen neuen Niederlassungen lebt die alte Heimath wieder auf. Sidon und Tyrus legten Karthago, d. h. Neustadt, an. Die Engländer nannten York auf der Insel Manhattan New-York, die Franzosen erbauten sich im Süden der Vereinigten Staaten ihr New-Orleans. Wir finden in der neuen Welt zahllose Namen der alten unverändert wieder: Rom, Neapel, Wien, München, Paris, Warschau.

So viele Freiheit man auf den amerikanischen Bahnen im Wagen oder auf der Plattform hat, eine Freiheit gibt es nicht, nämlich ohne Ticket auf der Bahn zu reisen.

Die umständlichen Vorschriften, die Europa für solche Fälle hat, kennen die Yankees nicht. Sie machen ihre Sache kurz ab. Hat ein Reisender kein Billet und kauft er keines vom Conductor, wird kein Wort verloren. „Well", murmelt der Conductor, und zieht an der Schnur, die durch alle Wagen lauft und die mächtige Glocke auf der Locomotive in Bewegung setzt. Der Maschinist „stopt". Der Conductor nimmt seinen Mann, führt ihn zur Wagenthüre, öffnet sie und wirft ihn hinab. Damit ist die Sache erledigt und der Maschinist fährt weiter. Der Conductor setzt seine Wege durch die einzelnen Kars fort und die Wenigsten sehen von der Lectüre ihrer Zeitung auf. Höchstens hört man ein vereinzeltes „Irishman", d. h. Irländer. Mit diesem Namen nennt der Yankee den Abschaum der amerikanischen Gesellschaft. So wenigstens faßte ich den Ausdruck auf, aus den Mienen der Redenden auf den Sinn schließend. In einem Falle, wie in dem vorliegenden, wenn ein Irishman oder Nichtirishman ohne Ticket reist, hilft das Gesetz der Compagnie. Nur darf sie keinen Reisenden im Winter anderswo als auf der Station aussetzen; im Sommer jedoch, wo er betroffen wird.

Die Schnur, welche durch alle Kars der amerikanischen Bahnen lauft, hat übrigens noch den Zweck, daß auch die Reisenden im Falle eines unvorhergesehenen Ereignisses dem Maschinisten ein Zeichen geben können.

Ueber eine Einrichtung auf den amerikanischen Bahnen bin ich nicht in's Reine gekommen. Sobald der Zug abgeht, fällt er sofort in ein rasches Tempo. Mit ebenso großer Schnelligkeit fährt derselbe Zug in die Station ein und ebenso schnell, nach Sekunden, steht er. Die Wagen sind lang und stoßen nicht, am wenigsten in der Mitte. Daher sucht jeder Yankee, daß er in die Mitte des Kar zu sitzen kommt. Ich erkundigte mich manchmal, wie es möglich sei, den dahinstürmenden Zug so rasch zum Stehen zu bringen, und erhielt nie eine befriedigende Antwort. Ein Missionär aus Baltimore sagte mir, man wende „Luftbremsen" an, die der Maschinist selbst dirigirt. Ob das richtig ist, weiß ich nicht. Aber wünschenswerth wäre es, wenn der Maschinist, der immer die Gefahr am ehesten merkt, den ganzen Zug in seiner Hand hätte.

In neun Stunden hatte uns das unermüdliche Dampfroß von den Gestaden des Lake Michigan an die des Lake Erie versetzt. Wir stopten Abends in Toledo, der ersten Hafenstadt dieses Sees für die aus dem Westen Kommenden. Diese gewerbsame und verkehrsreiche Stadt steht mit allen großen Städten: Cincinnati, Chicago, Milwaukee, dann mit dem Ohio und dem Golfe von Mexico zu Wasser in Verbindung. Der See ist jedoch stürmisch und gefährlicher zu befahren, als der Ocean. In Toledo, das an Spanien erinnert, wohnen viele deutsche Katholiken, die zwei Kirchen besitzen. Die Jesuiten haben hier Kirche und Schule. Es gibt überhaupt keine bedeutende Stadt, in der dieser Orden in der neuen Welt nicht vertreten wäre; er entfaltet eine ungemein segensvolle Thätigkeit.

Von Toledo lauft die Erie-Linie am See fort bis Buffalo. Es kam ein Bediensteter der Bahn, mich einzuladen, die Nacht im „Sleepingkar" oder Schlafwagen zuzubringen. Diese für Amerika, wo man riesige Eisenbahnfahrten, von New-Orleans bis Chicago, von New-York bis San Francisco, ohne Unterbrechung, macht, nützliche Einrichtung ist das Entzücken der Yankees; ich will hier schon gestehen, daß ich sie benützt, ohne ihnen eine besonders gute Seite abzugewinnen. Was hat sich der Leser unter diesen den Amerikanern schon ganz unentbehrlichen Sleepingkars zu denken?

Ihr Erfinder ist Pullman; seine Schlafwagen haben ihn schnell zum Millionär gemacht. Die Yankees vergöttern ihn und die nach ihm benannten Pullmankars. Nach langen Studien und vielen Versuchen ist es diesem Manne gelungen, den Reisenden gegen Kälte, Hitze, Staub, Lärm und Erschütterungen wirksam zu schützen und ihn während der Reise mit allen Annehmlichkeiten und Bequemlichkeiten eines wohlbestellten Haushaltes zu umgeben. Ein Wagen kostet 25 000 Dollars, mehr als hunderttausend Mark. Pullman besitzt deren auf allen wichtigen Bahnen und stellt sie den einzelnen Bahngesellschaften zur Verfügung. Jedem Zug, der lange Strecken zurücklegt, werden mehrere angehängt und zwar für alle größeren Plätze, die auf der Fahrt berührt werden. Um in den Pullmankar eintreten zu dürfen, muß der Reisende sein Ticket für die Reise haben und dazu ein Ticket für den Schlafwagen kaufen, das für eine Nacht zwei Dollars kostet. Im Kar findet er einen hohen, mit Fenstern versehenen Salon, vergoldete Gesimse, ausgezeichnete Ventilation, Tische, Sophas. Bei keinem Fenster stehen mehr als zwei Sitze. Es gibt ein Cabinet, wo für ihn Waschschüssel, Seife, Bürsten, Spiegel, vorzügliche Handtücher bereit liegen. Ein Rauchcabinet dient den Männern, die rauchen wollen, was der Ladies wegen im Salon nicht gestattet ist.

Wer während des Tages sich in diesem Salon aufhält, findet einen Mohren als Aufwärter, der ihm den Tisch deckt und bei Tisch aufwartet. Daß die Bahngesellschaften selbst das Diner besorgen, ist noch nicht sehr allgemein im Brauche. Im viel bewohnten Osten kauft man das Nothwendige auf den Stationen.

Dagegen sind die Salons für die Nacht berechnet und werden auch von Solchen benützt, die den Tag über im gewöhnlichen Kar fahren. Abends 9 Uhr öffnen sich die bisher glänzenden Wände des Wagens, dadurch, daß bestimmte Federn gedrückt werden. Der Mohr bereitet ohne viele Mühe dort, wo vorher Sitze standen, zwei übereinander stehende Betten, schließt sie mit dünnen Holzwänden gegen die nächsten Betten und dem Gange zu, in der Mitte mit schweren Vorhängen ab. Man kleidet sich hinter dem Vorhang aus und findet fein überzogene Kopfkissen, leichte, elastische Matrazen, gute, warme Decken und einen Raum, der für frische Luft zugänglich ist.

Vielleicht wird die Vorstellung von dieser Einrichtung erleichtert, wenn ich die Schilderung eines Reisenden hierhersetze, der sie noch um einige Jahre früher, als ich, benützt hat. „Im Schlafwagen verwandeln sich die Lehnstühle in Betten. Bretterwände trennen sie. Ein schwerer Vorhang schließt sie gegen den Gang in der Mitte ab. Jedes Fenster gewährt Raum für zwei übereinander angebrachte Schlafstellen. Wer eine ganze Abtheilung kauft, bekommt ein ganzes Fenster. Hinter dem Vorhange entkleiden sich Männer und Frauen, kriechen oder klettern in ihre Betten, schlafen ungeachtet des Rasselns, der Bewegung, ungeachtet der Ausdünstung."

Ich habe während meines Aufenthaltes am Hudson jeden Abend 8 Uhr den Pacific-Zug an meiner Wohnung vorüberstürmen sehen, der von New-York über Buffalo und Chicago geht. Er hatte manchmal fünf Sleepingkars bei sich. Wenn nämlich Reisende da sind, die in verschiedenen Städten „stopen", so gibt es mehrere Schlafwagen; sie werden einfach ab- und an einen andern Zug angehängt, ohne daß die Nachtruhe des Reisenden gestört wird.

„Am Morgen," bemerkt Hübner weiter über die Pullmankars, „kommt der Farbige und entfernt die Matrazen. In der Rotonda, einer Art Vorzimmer, stehen die Reisenden der Reihe nach vor einem Waschtische. Die Damen haben einen eigenen. Sie erscheinen im Schlafrock, die langen Haare haltend. Sie machen die Toilette. Bequem, aber nicht schön!"

Der Morgen im Pullmankar gibt vor Allem dem Farbigen Gelegenheit, seine Tüchtigkeit, Umsicht und Behendigkeit zu zeigen. Sobald zwei Reisende, die in derselben Abtheilung schliefen, aufgestanden sind und sich gewaschen haben, entfernt er die Matrazen, stellt vor das Sopha die frischgeputzten Schuhe oder Stiefel, holt die Kleider, um sie zu bürsten, ladet endlich die einzelnen Reisenden der Reihe nach auf die Plattform des Wagens ein, um sie vom Staube zu reinigen, und ruht erst, wenn seine ganze Reisegesellschaft hübsch fein im Salon sitzt, der nach und nach wieder seine frühere einladende Gestalt annimmt, wenn nach einander die Betten entfernt worden sind. Der Farbige erhält für seine Dienste einen Viertels-Dollar.

Diese Wagen haben noch den Vortheil, daß einzelne Damen und daß selbst Kinder von einem Ende der Union bis zum andern reisen können, ohne daß sie Gefahr laufen, in einen unrechten Wagen sich zu verirren oder zurückzubleiben. Ein Yankee hat mir erzählt, daß er seinen Sohn bis nach Californien geschickt hatte mittels der Pullmankars, indem er am Orte der Abreise das Ticket kaufte und dem Conductor so viel Geld mitgab, als der Junge für Frühstück, Mittag- und Abendessen nöthig hatte. So kam er wohlbehalten an. Der Nichtamerikaner wird den beliebten Schlafwagen weniger Interesse abgewinnen, dessen bin ich gewiß. Es gehört das ganze Phlegma eines Yankee dazu, um bei dem Gepolter und Gerassel des Wagens, um auf Stationen, wo viel gewechselt wird, schlafen zu können. Der Yankee ist eben eine hierzu angelegte Natur.

Als unser Zug die Erie-Station passirte, graute schon der Morgen. Die Stadt Erie hat 20 000 Einwohner, vielleicht den besten Hafen am See und besitzt über dreihundert Schiffe. Von hier oder von Tunkirk aus, das letztere einige Meilen weiter östlich, hat man die reizendste Uebersicht über den 28 400 Quadrat-Kilometer großen Erie-See. In der Stadt Erie mündet der größte Kanal in den Vereinigten Staaten in den See und verbindet auf diese Weise alle Seen mit New-York und mit dem atlantischen Ocean. Er ist erbaut worden 1825 und hat eine Länge von 590 Kilometer, ist 21 Meter breit und 2½ Meter tief. Große Dampfer fahren auf ihm vom See in den Hafen von New=York. Es gibt auf der Welt nur noch einen Kanal, der den Erie=Kanal übertrifft: der sogenannte Kaiserkanal in China.

„Buffalo=Station" hieß es, als eben die Sonne am Morgen im Osten sich erhob. Die Stadt hat zwei Bahnhöfe, einen im Centrum und einen im Osten. Der Reisende muß daher wissen, wo er auszusteigen hat, um leichter seine Wohnung in der Stadt zu erreichen. Ich hatte mich zu wenig erkundigt. Der Mohr im Pullmankar dirigirte mich, weil ich gesagt, hier „stopen" zu wollen, in den Wagen, der in den Centralbahnhof bestimmt war.

Da stand ich nun in den menschenleeren Straßen. Den ersten Gentleman, den ich traf, fragte ich um die Richtung zur polnischen Kirche des Father Pitaß, der mich eingeladen hatte, bei ihm zu wohnen. Ich erhielt die gewünschte Aus= kunft mit dem Beifügen, 1½ Meile gehen zu müssen, da die Streetkars um diese Stunde noch nicht liefen. Ich sah hier und da einen Policeman am „Corner" stehen, wollte aber mit demselben nicht in nähere Berührung kommen. Aus „Ameri= kanisches" von Kist schwebte mir so viel Schlimmes über die amerikanischen Policemen vor, daß ich dieselben grundsätzlich mied. Ich lief daher lange durch verschiedene Straßen Buf= falo's, fragte viele Leute, die mir zufällig begegneten, aber zu meinem Ziele kam ich nicht, bis die Noth mich zwang, dem Policeman mich in die Arme zu werfen.

12.

Die Büffelstadt. Good Policemen. Tonawanda. Pfirsichfelder. Niagara=Falls.

Keine Bahnlinie der Vereinigten Staaten setzt, so weit meine Erfahrungen reichen, die Reisenden vor einer Stadt aus, sondern stets im Innern derselben. So habe ich es in Philadelphia, in Baltimore, in Annapolis, in Chicago getroffen. Nur in New=York kann das nicht geschehen, weil sich die Bahnzüge der Insel nicht nähern können; dafür finden aber die Passagiere hier am Bahnhof ein bereitliegendes Ferry=Boot, das sie sofort nach New=York selbst auf Kosten der Bahn bringt.

Diese Einrichtung, den Reisenden in die Stadt selbst zu befördern, ist eine wirkliche Wohlthat. Man bleibt im betreffenden Wagen, der, wenn der Zug auch weiter geht, von einer Locomotive oder von Pferden, wie in Baltimore, in die Stadt gebracht wird.

Nur in Buffalo (spr. Bassälo) hatte man mir damit keinen Dienst geleistet, weil die polnische Kirche am äußersten Ostende der Stadt lag. Meine Wanderung durch eine Unzahl von Straßen war meine zweite amerikanische Irrfahrt. Sie verlief ebenso günstig, wie meine erste am Landungstage in New=York. Damals hatte ich den besten Gastfreund gefunden; in Buffalo aber sollte ich die Artigkeit der amerikanischen Polizei kennen lernen. Ich sah wieder, wie der Reisende nie einem oberflächlichen Urtheile folgen soll. Keinem anständigen Reisenden wird der Policeman zu nahe treten, sondern im Gegentheile ihm dienen, wo sich nur eine Gelegenheit dazu bietet. Ich hatte ordentlich Respect vor den ernsten Männern im dunkelblauen Rock, mit dem runden Hute auf dem Kopfe und einem weißen Blättchen aus Metall, ihrer einzigen Auszeichnung, auf der Brust, wenn sie gravitätisch, in der Hand ein kurzes Stäbchen schwingend, auf dem Trottoir auf= und abgingen. Ich hatte mir gar nicht vorstellen können, daß dieser Ernst augenblicklich der Freundlichkeit selbst Platz macht, sobald man sie anredet: „Please Sir!" und sein Anliegen vorträgt.

In Buffalo zwang mich die Noth, die kein Gebot kennt. Ich wendete mich an einen Policeman, klagte ihm, weil er nicht deutsch verstand, meine Verlegenheit in englischer Sprache, zeigte ihm die genaue Adresse, wohin ich wollte, und wartete. Es währte einige Minuten, bis ich die Worte vernahm: „All right." Ich wußte, daß ich verstanden worden war. Keinen Ausdruck wird man in Nordamerika öfter hören. Wer dankt, dem wird „oll reit" geantwortet; wer bezahlt, erhält mit „oll reit" die Quittung; wer fragt oder um etwas ersucht, erhält mit „oll reit" Antwort oder Gewährung seiner Bitte. Sagt der Yankee einmal „oll reit" und man will seine Sache noch näher begründen oder deutlicher erklären, so wird er unwillig und ist beleidigt. Mein Policeman hatte sich mit dem Ausdrucke „oll reit" in Bewegung gesetzt. Weil ich ihm nicht sofort folgte, gab er mir ein Zeichen, es zu thun. Wir gingen wohl eine halbe amerikanische Meile, bis wir einen zweiten Policeman trafen. Wenige Worte wurden gewechselt; „oll reit", sagte der Zweite und ich folgte ihm, bloß: „Thank, Sir!" dem Ersteren nachrufend. Auf dem Wege wurde nichts gesprochen, als: „Catholic Priest?" Es war seinem scharfen Auge nicht entgangen, daß ich katholischer Priester sei. Die Straßen wurden jetzt belebter; Arbeiter eilten nach allen Richtungen, die meisten sehr arm gekleidet. Wie war ich aber überrascht, als ich fast von Allen, die mir entgegenkamen, mit den Worten angeredet wurde: „Good day, Father!" Der gläubige Katholik macht hier nie ein Hehl aus seiner Liebe und Verehrung für Priester.

Endlich hielt mein Führer und deutete freundlich mit „oll reit" auf die Glocke des Hauses, vor dem wir standen. Ich war, wohin ich gewollt. Der Policeman schied, ohne nur mit einer Miene zu verrathen, daß er auf einen Dank Anspruch machte.

Dieselben Erfahrungen machte ich noch in andern Städten. Man thut daher gut, sich auf Reisen in Amerika an die Policemen zu wenden, besonders, wenn man bei Nacht einen

Wagen sucht, um fahren zu können. Der Policeman besorgt ihn. Für den Fremden und für den soliden Bürger ist er eine große Wohlthat.

Später habe ich mich eingehend um die Organisation der Polizei im Staate New=York, unstreitig dem gefährlichsten Punkte der Union, erkundigt und gehört, daß sie trefflich disciplinirt sei. Nach den bestehenden freien Gesetzen kann sich das Gesindel zusammenrotten, aufrührerische Reden halten und die Polizei selbst in Worten angreifen: aber ist der Moment da, wo diese aus ihrer Ruhe heraustritt, so wird die Sache furchtbar ernst. Der Platz wird abgeschlossen, die Polizei reitet in den Knäuel hinein, und mit kleinen Prügeln, die vorn Bleiknöpfe haben, wird den Unruhestiftern die Schädlichkeit ihres Treibens so handgreiflich gemacht, daß stets ihrer Mehrere auf dem Platz bleiben. In diesem Falle kostet es einige Menschenleben; aber die Ruhe tritt sofort ein.

Während meines zweiten Aufenthaltes in New=York fanden von Seiten socialistischer Vereine heftige Demonstrationen statt. Es zogen lärmende Banden mit blutrothen Fahnen durch die Stadt, heulend und aufreizende Lieder singend. Die Policemen schienen sich gar nicht um sie zu kümmern. Manchmal stockte sogar der Verkehr in der Broadway einige Augenblicke. Ich hatte damals Angst, wenn ich einer Rotte solcher Galgengesichter in den Weg kam, weil ich fürchtete, es könnte leicht zu solchen Störungen kommen, wie ein Jahr zuvor in Columbus=Ohio, in Folge dessen sogar der Bahnverkehr einen Moment mußte unterbrochen werden. Doch die eingeborenen Bürger lachten über diese Rotte. Sie hatten recht. Denn eines Tages machte die Polizei eine Gegendemonstration, indem sie in Gala ausrückte, ihren Vorstand in der Mitte, der in einem reich bekränzten Wagen fuhr. Diese Antwort hatte hingereicht. Von dort an hörten die lärmenden Umzüge auf.

In der Büffelstadt verdankte ich es also dem liebens=

würdigen Policeman, daß ich schon um 6 Uhr Morgens beim polnischen Pfarrer Pitaß, Corner of Townsend, d. h. am äußersten Ende der Stadt, mich befand. Zwei Aufgaben hatte ich mir hier gestellt: die Stadt selbst zu sehen und dann von hier aus das amerikanische Naturwunder, den berühmtesten Wasserfall der Welt, zu besuchen.

Buffalo ist eine der bedeutendsten Städte des Staates New-York. Man muß unterscheiden zwischen Staat und Stadt New-York. Der Name ist derselbe, die Bedeutung eine verschiedene. Dieses Buffalo am Erie-See heißt Buffalo-New-York, um es von Plätzen mit demselben Namen zu unterscheiden. Es ist durch seine Lage am See ein hervorragender Handelsplatz, und steht, abgesehen von dem großen Bahnverkehr, mit dem Ocean, mit Canada, mit New-York und dem ganzen Süden zu Wasser in Verbindung. Seine Lage ist nicht schön, den See abgerechnet. Noch ist der Wald zu nahe und die Cultur reicht im Süden nicht zwei Meilen in die Ferne. Der Reichthum der Bewohner liegt im großen Verkehr, in der Schifffahrt und in der Industrie. Der Landbau hat erst im Nordwesten, Tonawanda zu, tiefere Wurzeln geschlagen. Farmer finden sich nur hier. Im Süden ist der Wald. Wie alle andern Städte der Union rechnet auch Buffalo auf die Ankunft neuer Ansiedler. Es stehen ganze Partien von Straßen ausgesteckt; aber noch liegt hier Alles im Urzustande, ohne Häuserreihen, da. Die Geschäftsstockung hatte im Jahre 1878 ihre üblen Wirkungen geäußert.

Buffalo hat mit New-York denselben Ursprung, d. h. es war einmal eine holländische Niederlassung. Im Jahre 1801 erschien der erste weiße Mann an dem Platze und baute sein Blockhaus. Er sah noch die Tonawanda-Indianer in ihrer Wildniß. Im Jahre 1820 wohnten etwa 1500 Menschen am Orte der Büffel, während jetzt die Bevölkerung auf 120 000 gestiegen ist. Darunter befinden sich viele Katholiken, die neunundzwanzig Kirchen und Kapellen besitzen. Auch die Deutschen sind zahlreich und bilden für sich allein fünf Pfarreien. Den ersten Rang unter den katholischen Kirchen nimmt die Cathedrale ein, die dem hl. Joseph geweiht ist und in der nach Franklin benannten Straße steht. Dieser gothische Bau macht durch seine fast zu dunkel gehaltenen Glasmalereien einen etwas düsteren Eindruck. Ich fand hier Statuen und Bilder aus München. Die Orgel ist ein Meisterwerk und wurde auf der Weltausstellung in Philadelphia preisgekrönt. Unter den übrigen Kirchen zeichnen sich die Michaelskirche der Jesuiten und die Marienkirche der Redemptoristen aus.

Ich habe den Leser schon durch viele Städte geführt und habe noch kein sehenswerthes Naturaliencabinet oder eine Alterthümersammlung oder ein seltenes Museum beschrieben. Er wird dieß erklärlich finden, wenn ich ihn auf den Unterschied zwischen der alten und neuen Welt in diesem Punkte aufmerksam mache. In Europa haben die größeren Städte herrliche Kunstschätze gesammelt, und der Reisende beeilt sich, sie zu sehen. Amerika kennt diese Dinge nur dem Namen nach. Die Colonisten mußten bis in die jüngsten Jahre ringen um das tägliche Brod und kämpfen mit der Wildniß; daher konnten die Kunst und die Wissenschaft noch sehr wenig Rücksicht beanspruchen. Die Cultur ist neu. Zudem hat im Norden der Vereinigten Staaten keine untergegangene Civilisation der Nachwelt ihre Schätze zurückgelassen, wie in der alten Welt. Die früheren Bewohner waren Wilde und haben nur in Merico und in Südamerika Spuren ihrer früheren Cultur hinterlassen. Darum fehlt dem Amerika=Reisenden ein wesentlicher Moment, um seine Erzählung interessant und anziehend zu machen.

Am liebsten besuchte ich den schönen, geräumigen Hafen, den Buffalo besitzt. Er ist großartig angelegt, mit Dämmen versehen, von mächtigen Magazinen umgeben, in denen Ma=

schinen rastlos arbeiten, um die Schiffe zu befrachten oder auszuladen. An 5000 Schiffe verkehren jährlich im Hafen, kommen und gehen bei Tag und Nacht. Ein großartiger Leuchtthurm zeigt ihnen bei der Dunkelheit den Weg in den Hafen.

Bei einem Rundgange um die Stadt bot mir der Anblick von zwei Arbeitern mit ihrer Maschine bei Sprengung eines Kanales einiges Vergnügen. Ich konnte hier so recht sehen, wie der praktische Amerikaner nie selbst arbeitet, wofern er sich von einer Maschine helfen oder unterstützen lassen kann. Eine kleine Dampfmaschine mußte die tiefen Schußlöcher in den Felsen bohren. Sie lag auf einem hölzernen Gestelle und arbeitete mit fabelhafter Schnelligkeit. Um es ihr aber möglich zu machen, mit größerem Nachdrucke die lange eiserne Bohrstange in den harten Stein zu treiben, setzten sich abwechselnd die zwei dabei beschäftigten Arbeiter auf die rauchende und dampfende Maschine. Diese Art Kunstreiterei konnte leicht ein Platzen des Cylinders oder des Dampfbehälters herbeiführen und dann war es um denjenigen Arbeiter, der zufällig auf der Maschine saß, geschehen. Aber an eine Gefahr denkt der Amerikaner nie. Die Beiden tauschten die Rolle auf dem Dampfrosse so gelassen und ruhig, wie zwei Knaben ihre hölzernen Spielpferde. Das sind Erlebnisse in Buffalo. Die Stadt, so alltäglich ist ihr Eindruck, würde von Reisenden kaum besucht werden, geschähe es nicht, um von ihr aus das großartige Naturschauspiel des Niagara zu besuchen.

Es ist schon erwähnt worden, daß Buffalo im Staate New=York liegt, dessen nördliche Gegenden gebirgig und schluchtenreich sind. Die Flüsse Hudson, Delaware und Susquehannah, die hier entspringen, müssen sich Anfangs mit vieler Mühe einen Weg bahnen, bis sie in dem schöneren Süden ein besseres und geräumigeres Flußgebiet treffen. Daß sie Anfangs manche interessante Wasserfälle bilden, erklärt sich aus der Beschaffenheit des Bodens. Dasselbe gilt von den Flüssen, die sie auf=

nehmen. Der Canadakreek stürzt in sechs malerischen Abtheilungen 86 Meter tief. Der Geneseefluß bildet bei Rochester einen bedeutenden Fall. Diese zwei Wasserfälle würden in Europa sicherlich das viel besungene und beschriebene Ziel der Touristen sein. Der nahe Niagara ist Schuld, daß man von ihnen selten redet, sie noch seltener besucht, sie in Europa kaum kennt.

Man wird in der Union wenige Gegenden finden, die einen freundlicheren Eindruck machen, als die zwischen Buffalo und Niagara. Sobald man die Stadt im Rücken hat, beginnen die Farmen, einzeln und in Gruppen. Sie liegen in der Mitte von Gärten, Wiesen, Wäldern, Feldern, Alles auf das Beste angebaut. Starke Pferde und hübsche Rinder ziehen den Pflug. Schafe und Ziegen weiden in der Nähe. Die Bahn schlängelt sich, stets am Gestade des Sees sich haltend, durch diese reizenden Fluren sachte hindurch.

Ich hatte Buffalo sehr früh verlassen, um für den Wasserfall genügende Zeit zu haben, und sah daher die Gegend in allem Liebreiz eines sonnigen Morgens. Es fielen mir hier schon besonders die ausgedehnten Erdbeerenfelder auf, die einen ungeheueren Ertrag liefern und einen beliebten Handelsartikel bilden. Der Aermste in Amerika genießt täglich dreimal im Frühlinge von dieser wohlschmeckenden und gesunden Frucht. Auf der Tafel des Reichen fehlen sie bei keiner Mahlzeit. Auch an den Anfang der Weincultur erinnerten mich die Reben, die ich an den meisten Farmen blühen sah. Günstiger als für den Weinbau ist das Klima, wie es scheint, für die Pfirsichcultur. Die Gegend zwischen Niagara und Buffalo hat einen solchen Ueberfluß an Pfirsichen, daß sie damit den ganzen Markt der Union zu versehen im Stande ist.

Die Anlage einer Pfirsichpflanzung ist für den Farmer vortheilhaft. Er pflanzt die jungen Bäumchen in ein Weizenfeld. Der Weizen liefert seinen Ertrag in diesem Jahre wie sonst. Im zweiten Jahre wählt er ergiebige Grassorten oder Klee, die wiederum gut mit den Bäumen sich vertragen. Endlich naht die Zeit, wo die Bäume selbst Früchte bringen. Der Mittelpunkt der meilenweit sich hinziehenden Pfirsich-Pflanzungen ist das Städtchen Tonawanda, die einzige Erinnerung an den rothen Mann, der auch hier mit der Wildniß verschwunden ist.

Bei einem zweiten nicht minder schönen Städtchen, Lasalle, am Kanale, der aus dem Erie-See zum Hudson führt, fiel mir besonders lebhaft ein Unterschied auf zwischen der Union, wo auf den Kanälen noch das regste Leben herrscht, und Europa, wo dasselbe durch die Bahnen fast ganz verödet ist.

Hinter Lasalle sah ich schon die Berge von Canada emporragen. Meine Neugierde war natürlich hoch gespannt. Die Natur ist stets ergreifender, großartiger und überwältigender, als alle Werke der Menschen. Bald drang, ungeachtet des Rasselns der Wagen und des Keuchens der Maschine, ein dumpfes Sausen und Brausen, ähnlich einem fernen Donner, an mein Ohr. Ich befand mich noch in ziemlicher Entfernung vom Niagara. Die Gegend blieb stets gleich schön und anmuthig.

Endlich „stopte" der Zug. „Neiagara" murmelte der Conductor mit der gleichgiltigsten Miene von der Welt. Ich verließ den Wagen mit einer Hast, die durch eine große Erwartung stets erzeugt wird. Wie oft habe ich nicht über den Niagarafall gelesen! Wie oft nicht verlangt, ihn zu bewundern! Und nie hatte sich mir die Aussicht dazu eröffnen wollen. Und jetzt stand ich in seiner Nähe!

Flüchtigen Schrittes eilte ich vom Depot in die Hauptstraße des freundlichen Städtchens, das beim Wasserfall sein Dasein verdankt. Auf beiden Seiten standen Reihen von Kastanienbäumen, die weithin dufteten, und großartige Auslagen von Photographien und Gegenständen der seltensten Art:

Federn, Pfeile, Bogen, Vögel, die alle von den Wilden herstammen sollten. Schon sah ich den blauweißen Schaum über den Häusern in die Höhe steigen und schon hörte ich ein Getöse, das schier betäubte, als ich auf einmal angehalten wurde. Während der ganzen Reise von New-York bis Milwaukee und zurück an den Niagara hatte ich keinen Packträger gesehen und war von keinem Kutscher angesprochen worden. Was ich in der Union fast für unmöglich gehalten, geschah hier. Ein müßiger Yankee drängte sich mir auf und wollte mich begleiten; aber vergeblich. Ich hatte in Vater Pitaß den besten ortskundigen Führer bei mir.

Wer am Depot in Niagara den Zug verläßt, braucht nur dem Getöse nachzugehen, und dieses führt ihn, wohin er will. Doch liegt gerade bei diesem erdrückenden Naturschauspiele viel daran, von wo aus man die Wasserfälle zuerst beobachtet. Viele wählen dazu die mächtige Drahtbrücke, die unterhalb der Fälle in schwindelnder Höhe von einem Bergrücken zum andern lauft. Sie haben schon im ersten Momente ihrer Ankunft das Naturwunder in seiner ganzen Größe vor sich und überschauen es mit einem Blicke. Vor ihnen wälzen sich die Wassermassen dem Abgrunde zu, stürzen in die Tiefe, steigen theilweise als weißer Gischt empor, lagern sich über dem Panorama, wie im Kriege die Pulverwolken über der kämpfenden Armee sich lagern, kreisen mächtige Wellen im Abgrunde und verursachen ein donnerähnliches dumpfes Brausen. Sie fühlen sich überwältigt durch die Macht des ersten Eindruckes, aber nicht vollkommen befriedigt.

Ganz anders verhält es sich, wenn man, wie ich es vorzog, von einem kundigen Führer geleitet, die Fälle in einer bestimmten Reihenfolge besucht. Eine gute Strecke oberhalb der Fälle überschritt ich die eiserne Brücke, die über den südlichen Arm des Niagara zur großen Insel — „Grand Island" — führt und diese mit dem Festlande verbindet. Es liegt nämlich unmittelbar vor den Fällen eine Insel im Strome, der aus dem Erie-See entspringt und die denkwürdigen Fälle bildet. Diese Insel, eine Meile lang und oval geformt, theilt die Gewässer in zwei ungleiche Hälften: in die südliche, kleinere und nördliche, bedeutend breitere. Am Rande der kleineren Hälfte ging ich aufwärts, den daherstürmenden Wassern entgegen. Es war für mich ein seltsames Schauspiel. Hinter mir brauste es, daß ich kein vernehmbares Wort hervorbringen konnte, während das Wasser, welches in der nächsten Minute in die Tiefe stürzen sollte, unter hörbarem Tosen unzählige kleine Fälle bildete. Sie kamen mir wie Vorübungen vor.

Die Insel selbst bot ein überaus reizendes Naturbild dar. Die Vorsehung hat auf diesem Island eine Gesträuch- und Baumsammlung der seltensten Art angelegt. Alle jene herrlichen Bäume, alle jene duftenden Gesträuche, die ich auf der Reise durch Pennsylvanien, Ohio und Wisconsin gesehen, bewundert und beobachtet hatte, fand ich da wieder, jedoch so üppig wachsend und blühend, wie nie zuvor. Da stand die riesige Tanne neben der dunkelgrünen Fichte. Da bildeten Birken, Espen, Erlen, Eschen, Ulmen, Linden, Eichen seltsam abstechende Farbengruppen, hinter deren tiefen Schatten sich der Hollunder-, Wachholder-, und die Haselnuß-Staude verbargen. Es duftete die Robinie neben der Weymuthkiefer. Den Weinstock fand ich wild wachsend. Er wand sich behende um den Stamm der Magnolie. In den luftigen Zweigen zwitscherten die Vögel. An den Blättern perlten unzählige Thautropfen, die der Ostwind vom Gischte, der unten aus der Tiefe stieg, über die Bäume hinjagte.

Inzwischen erreichte ich das westliche Ende des Islandes, wo sich mir ein neuer überraschender Anblick darbot. Im ersten Augenblick glaubte ich auf der Spitze eines Schiffes zu stehen, das stromaufwärts segelte, während die Wasser entgegen kommen. In weiter Ferne funkelte, von den Sonnenstrahlen vergoldet, die spiegelglatte Fläche des Erie=Sees, über die Dampfer und Segelschiffe hinwegglitten. Die Gestade erschienen mir in jener Entfernung niedrig; aber sie erhöhten sich in der Richtung gegen Grand Island zu und zogen sich hier rasch zusammen, dadurch wurde der Raum für die vom See kommenden gewaltigen Wassermassen zu enge. Der Boden, über den der Fluß sich seinen Weg bahnen mußte, ist felsig und reich an Riffen und Klippen, weßhalb die anfangs ruhigen und stillen Wassermassen in einer Entfernung von zwei Meilen schon unruhig werden, kleinere oder größere Kaskaden bilden und in rasender Eile auf die Insel losstürmen, die sie in zwei ungleiche Hälften theilt.

Ich war am südlichen kleineren Arme aufwärts gegangen und folgte nun dem nördlichen in der Richtung zum Wasserfall. Hier bot sich mir alsbald ein neues Schauspiel. Das Gefäll ist auf dieser Seite größer. Die gewaltigen Massen haben in den Jahrtausenden tiefere Furchen in den Felsen gegraben und ihn mehr und mehr zerklüftet. Der Boden ist noch klippenreicher als im Süden, daher sah ich hier die seltensten Wasserspiele auf einem engen Raume vereinigt. Es ist keine Uebertreibung, wenn ich sage, daß auf dem engen Raume von zwei amerikanischen Quadratmeilen sich hunderttausend Wasserfälle finden, größere und kleinere, je nach der Unebenheit der unterirdischen Felsen. Weil aber mehrere Riffe der Wucht der Wasser trotzten, so haben sich diese einen Weg unterirdisch gebahnt. Sie verschwinden auf einer Seite in der Tiefe und kommen sprudelnd, siedend und kochend auf der andern wieder zum Vorschein. Wer frei vom Schwindel ist, kann auf künstlich angelegten Gängen weit hinausgehen und dann mitten in der tosenden, brausenden, kochenden Wassermasse sich umsehen.

Endlich näherte ich mich dem verhängnißvollen Abgrunde. Ich kletterte auch hier von Fels zu Fels, soweit ich's ohne Gefahr thun konnte, und sah in einer Entfernung von fünf=

zehn Schritten den Riesenstrom unter donnerähnlichem Gebrülle verschwinden. Die Wasserfläche schien mir wie abgeschnitten, die zwei Gebirgsrücken setzten sich links und rechts fort, aber der Strom war verschwunden. Ihn sah ich nicht mehr.

Doch Alles dieß, was ich jetzt gesehen, war nur die Vorbereitung auf das große Naturschauspiel selbst gewesen. Ich verließ meinen Platz auf der Felsenspitze und kehrte wieder auf die Insel zurück, nun nach ihrer äußersten Ostspitze mich wendend, wo die beiden bis dahin getrennten Flußhälften sich wieder vereinigen, um gemeinsam in den Abgrund zu stürzen. Von hier aus konnte ich nun den Wasserfall selbst in seiner ganzen, überwältigenden Großartigkeit sehen. Der Rheinfall bei Schaffhausen, die Oefen der Salzach bei Hallein, das Geseiß bei Eisenerz in Steyermark, die Klamm im bayerischen Hochgebirge sind herrliche, durch die Natur geschaffene Wasserspiele, aber mit dem Niagara dürfen sie sich in keinen Vergleich einlassen. Der Niagarafall ist einzig in der Welt, großartig und majestätisch!

Zu meiner linken Seite stürzte sich der breite und mächtige Fluß 41 Meter in Form eines Hufeisens in die Tiefe. Die Wogen erschienen grün und hatten weiße Streifen. Ich sah sie nicht bis in die äußerste Tiefe wegen des aufsteigenden Schaumes; dagegen vernahm ich jetzt die ganze Macht des donnerähnlichen, durch den Fall und durch die sich in der Tiefe an den Felsen brechenden Wogen verursachten Brausens. In demselben Augenblicke drang die Sonne durch die Wasserwolken, fiel auf den bis dahin in Dunkel gehüllten Abgrund und bildete mehrere farbige Bogen, mittels der unzähligen, aus der Tiefe immerfort steigenden Wassertröpfchen.

Zu meiner rechten Seite stürzte der kleinere Fall 46 Meter hinab, um sich mit dem andern Arme wieder zu vereinigen und mit ihm gemeinsam dem Ontario-See zuzueilen.

An der Stelle, wo ich stand, befand sich eine Cypresse.

Ich pflückte einige Zweige zur Erinnerung. Hierauf kehrte ich durch den Wald zur Brücke und auf ihr zur Stadt zurück, um jetzt von der Kettenbrücke nochmals den allgemeinen Eindruck des Wasserfalles zu haben. Die beiden Bergrücken entfernen sich unmittelbar unterhalb der Fälle 277 Meter von einander und haben bis zum Wasserspiegel eine Tiefe von 70 Meter. Ein Deutscher hat den kühnen Plan gefaßt, die beiden Berge durch eine Kettenbrücke zu verbinden, und die kleine Stadt Niagara bot ihm dazu die Mittel. So kann man jetzt an zwei Stellen unterhalb des Falles von den Vereinigten Staaten in das angrenzende englische Canada hinübergehen. Zuerst hat schon eine Bahngesellschaft in einer Entfernung von einer englischen Meile eine Kettenbrücke gebaut, auf der die Züge mit der größten Sicherheit verkehren. In neuester Zeit wurde in Mitte der Stadt eine zweite Kettenbrücke für Fußgänger und Fuhrwerke hergestellt. Die Construction der beiden Brücken ist dieselbe. Zwei mächtige Drahttaue laufen von einer Seite des Ufers auf die andere. Sie sind gedreht aus 3640 einzelnen Drähten. Zwei massive Brückenköpfe dienen den beiden Riesentauen als Stützpunkte. An ihnen hängt nun die eiserne Brücke selbst, so fest und solid construirt, daß die schwersten Fuhrwerke ohne jede Gefahr sie passiren. Allerdings macht sie schon in Folge der Länge starke Schwingungen, wenn man nur zu Fuß sie betritt. Von Weitem nimmt sie sich wie ein leichtes Spinnengewebe aus.

Von der Mitte dieser Brücke aus überschaut man den Fall in seiner Totalität und beobachtet am besten seine Hufeisenform und die ganze Breite von 954 Metern. Man hat vor sich eine lange Wasserwand, gebildet von einem Flusse, unter sich eine kochende oder siedende Masse.

Ich dachte an das Wagniß des Seiltänzers Blondin, der auf seinem Seile über den Abgrund gegangen, und an das eines andern Yankee, der sich unversehrt von den furcht=

baren Stromschnellen hat fortreißen lassen, als ich von der Brücke weg auf das canabische Ufer eilte, wo man sich den Fällen ganz nähern und sogar hinter einen Theil derselben stellen kann. In Kleider aus Wachsleinwand gehüllt, steht man trocken und gefahrlos zwischen der Felswand und den stürzenden Gewässern. Ich zog es vor, auf canabischer Seite über die Flußwand hinabzuklettern in die Tiefe des Stromes, um von da aus auf einer kleinen Barke mich nach Niagara übersetzen zu lassen. Die Wasserfläche hat da eine Breite von 334 Metern und ist entsprechend tief. Man hat während der Fahrt die Fälle gleichsam über sich.

Von der Brücke aus hatte ich das Wasser für sehr ruhig gehalten. In der Nähe des Ufers schaukelte die Barke auch recht angenehm. Als sie aber hinauskam in die Wirbel und in die kreisenden Wellen, wurde ich so heftig auf- und niedergeworfen, wie selten auf dem Ocean. Ich konnte mir hier erklären, warum die Amerikaner von den Fällen (Falls) und nicht von einem Falle sprechen. Man bemerkt nämlich Felsenriffe, welche die Wasserwand scheiden, so daß diese nicht einen, sondern viele Fälle zu bilden scheinen.

So schaute ich dieses einzig in der Welt dastehende Naturwunder. Ich fand bestätigt, was ein anderer Besucher der Fälle schrieb: „Meine Erwartungen waren hoch, sehr hoch gespannt. Aber die Wirklichkeit übertraf das kühne Phantasiebild, das ich mir zum Voraus von diesem Naturwunder entworfen. Es läßt Alles weit hinter sich, was man an Großartigkeit, Kühnheit und Schaudererregendem sich denken und träumen kann. — Wo finde ich Worte, Bilder und Farben, um zu beschreiben, was unbeschreiblich ist, was keinen Vergleich zuläßt, was man nur selbst fühlen, Andern nicht mittheilen kann! Ich will einen Versuch machen, eine Ahnung zu erwecken, was die Niagarafälle in der Wirklichkeit sind. Ein wildtobender Strom stürzt sich in einer Ausdehnung von

3340 Fuß, über den Rand eines überhängenden Felsens weit vorspringend, in eine Tiefe von mehr als 150 Fuß. Trotz des weiten Bogens, den die stürzende Wasserfläche beschreibt, zerschellt sie an Felsenzähnen, die weit vorragen. Der über die Felsenwand springende Wasserbogen spielt, von der Sonne beschienen, in allen Farbentönen, während sie in die aus der Tiefe aufwirbelnden Wolken einen herrlichen Regenbogen zaubert. Im schauerlichen Abgrunde sprudelt, siedet und quirlt, schäumt und rauscht, zischt und murmelt das gejagte, gepeitschte, zerschellte Element im Riesenbecken — eine ungeheuere Schaummasse, aus der sich Dampfsäulen erheben, die hoch emporsteigen, nebelhaft in den Lüften schweben und dann als rosige Lichtschleier verduften. Nachdem der Schaum sich niedergelassen, schreitet das dunkelgrüne Gewässer, von weißen Schaumbändern durchzogen, in seinem tiefen Felsenbette ernst und schweigend dem Ontario zu. Das Donnern, Tosen, Brüllen und Schnauben der Fälle ist betäubend und beängstigend." Am rechten Ufer des Niagara bestieg ich einen Rollwagen, der mich aus der Tiefe rasch emporhob. Dann eilte ich in die Stadt, um bei einem deutschen Landsmanne ein Glas Bier zu versuchen. Der Gastwirth selbst empfing mich und meinen Begleiter kalt, die Frau artig und freundlich. Den Grund dieser Verschiedenheit hatte mir Vater Pitaß' scharfes Auge bald entdeckt, als wir in den hintern Salon eingetreten waren. Der Mann war Freimaurer, die Frau Katholikin; für Beide war der katholische Priester etwas ganz Verschiedenes. Wir verließen das Haus recht bald, ungeachtet die Frau Alles aufbot, uns zurückzuhalten und mit uns über die deutsche Heimath zu reden.

Ein Zug versetzte uns innerhalb einer Stunde wieder nach Buffalo zurück. Das liebliche Landschaftsbild vom Morgen erfreute mich nochmals.

Von Buffalo nach New-York bot mir bald darauf die Landschaft manches Neue. Die Bahn durchschneidet eine inter=

essante Gebirgsgegend. Die letzten Ausläufer der Alleghanies, die wir auf unserer Reise von New=York nach Pittsburg kennen lernten, ziehen sich in das nördlich gelegene Gebiet des Staates New=York hinein, und sie müssen von der Locomotive überwunden werden, ehe diese die Quellen des Delaware erreicht, um in wilder Hast an denselben hinabzustürmen. Doch bleibt sie nicht am Delaware, sondern überschreitet die Hochebene, die ihn vom Hudson scheidet, an dessen Ufern sie endlich New=York erreicht. Mich hatte die Bahn in achtzehn Stunden vom Erie=See an den atlantischen Ocean oder, besser, nach New=York versetzt.

Hier gedachte ich nun mehrere Tage zu bleiben, um diese erste und wichtigste Stadt der Union und in ihr die Verhältnisse des Landes, die mein Interesse erregten, zu studiren. Der erste Tag gehörte der Andacht; es war das Pfingstfest. Dann begannen meine Wanderungen und Studien, aus denen ich dem Leser noch Manches mitzutheilen habe.

13.
Auf dem Erlöserthurme. Wallstreet. Fifth Avenue. Broadway. Streetkars. Sehenswerthes.

Wer über den Ocean schifft und in New=York landet, und in diesem großstädtischen Leben und Treiben sich bewegt, kann mit vielem Rechte sagen, er habe eine Stadt kennen gelernt, der keine andere der Gegenwart gleicht.

Vorerst ist New=York die größte Stadt, wenn auch nicht die Hauptstadt des Staates New=York, der 2376 Quadrat=Meilen groß ist und sich zwischen Pennsylvanien und Massachusetts gegen Norden bis zum Erie=See erstreckt. Seinen Reichthum verdankt er dem ausgebreiteten Seehandel, dem Schiffbau, Ackerbau und seiner Viehzucht in den nördlichen Grafschaften. Wegen seiner reichen Hilfsmittel, seiner starken

Bevölkerung, die nahe an vier Millionen ausmacht, nennt man ihn mit Vorliebe den „Herrschaftsstaat" oder „Empire State" der Union.

Von den vier Millionen Einwohnern des Staates New-York treffen auf die Stadt New-York allein fast zwei Millionen. Sie ist die bevölkertste und auch reichste Stadt der Union, gleichsam ihr Haupt, und nimmt als solches eine ganz hervorragende Stellung ein. Das entgeht keinem Reisenden, der die Stadt besucht. „In New-York," schreibt Hübner, der vier Welttheile bereist hat, „ist Alles interessant. Damit sei nicht gesagt, daß mir Alles gefällt. Man wird nicht müde, den Tag über die unabläsige, fieberhafte Thätigkeit von Wallstreet und Broadway zu beobachten, gegen Abend in der prachtvollen fünften Avenue die elegante Welt, die Masse unbeschäftigter Spaziergänger, die zahlreichen Equipagen zu mustern. Der Luxus der Wagen, deren viele mit Wappen geschmückt sind, die reichen Livreen, die theuern Pferde, die Toiletten der Damen, Alles in diesem wechselvollen Bilde, erregt die Neugierde des Ankömmlings, wenn es ihn vielleicht auch nicht in Allem befriedigt." So ist die Physiognomie eigenthümlich, einzig in ihrer Art, trotzdem nach den bestehenden freien Einrichtungen kein Unterschied unter den Bewohnern herrscht, die alle als Bürger eines Staates durchaus gleich sind. Der ungeheure Gegensatz zwischen Arm und Reich wird durch diese Gleichheit gemildert; man erträgt sich gegenseitig leichter. „Man forscht," schrieb Hübner, „nach dem moralischen Bande zwischen diesem großen Aufwande, der sich auf dem republikanischen Boden breit macht, und zwischen dem Durste nach Gleichheit, dem Lebensprincipe der demokratischen Gesellschaften. Diese vornehme Welt wird vom Proletarier nur geduldet wegen der Hoffnung, die in diesem Lande Jeder hat, zu seiner Zeit zu ähnlichem Wohlstande zu gelangen. Warum soll nicht auch er sein Weib, das heute Wäsche wäscht und im Ginpalaste Gläser spült, eines Tages im schönen Landauer fahren sehen? Warum soll er nicht vor seinen eigenen Gig ein Pferd spannen, das fünftausend Dollars gekostet hat? Warum wäre es ihm versagt, sich einst mit all' dem Luxus zu umgeben und mit all' den materiellen Genüssen, die sich vor seinen Augen entfalten, und deren Anblick sein Gelüste darnach mehr erregt, als seinen Neid?" Der Ocean hat hier Tausende an das Land geworfen, die Bettler waren, jetzt aber in fabelhaftem Reichthum sitzen. Nach außen gelten sie darum nicht mehr als früher. Sie sind Bürger der Stadt und der Union. Aber auch alle Die, die eben noch mit dem Glücke um die Millionen ringen, wissen, daß sie dasselbe sind. Das ist in Bezug auf die Bewohner der Stadt New-York die erste in die Augen fallende Eigenthümlichkeit und trägt bei aller Verschiedenheit der Lebensstellungen nicht wenig bei, um die Massen in Ordnung zu halten, die sich auf engem Raume schieben und stoßen. In dieser Beziehung gleicht sie keiner Weltstadt und keine Weltstadt gleicht ihr.

Die so interessante Stadt hat eine interesselose Geschichte. Die erste schwache Kunde einer Insel, die am Ausflusse des Hudson in den Ocean liegt, kam in jenem Frühlinge nach Europa, wo die Kunde von Ravaillac's That in Paris die Runde durch die Welt gemacht hatte. Der Engländer Hudson entdeckte die Insel, die heute New-York trägt, und die liebliche Bucht im Jahre 1609. Die vier Blockhäuser, welche ein halbes Jahrhundert alle Ansiedler auf Manhattan beherbergten, führten den Namen New-Amsterdam. Erst vom Jahre 1664 an findet man hierfür den Namen New-York. Die Bewohnerzahl mag tausend nicht überschritten haben. Aber schon im nächsten Jahrhundert schuf sich das New-York eine regelmäßige Verbindung mit London, wohin abwechselnd zwei Segelschiffe gingen, und brachte die Einwohnerzahl auf das Vierfache. Es besaß schon im Ganzen zwei dreistöckige Häuser, hatte eine Lateinschule, eine Akademie und eine — Zeitung.

Das war New-York bis zum Unabhängigkeitskriege mit England. Um an seinem Handel mit Europa keine Einbuße zu erleiden, wollte es Anfangs von diesem Kriege nichts wissen; aber die Umstände zwangen es, theilzunehmen. Und nun wohnte das erste Mal ein Mann, der in der Geschichte berühmt geworden ist, in der Stadt New-York. Das war der große Washington, Amerika's erster Feldherr, bester Gesetz=geber und einsichtsvollster Staatsmann.

So lange New-York eine englische Colonialstadt gewesen, hatte es einen recht lebhaften und warmen Antheil an der Verfolgung der Katholiken genommen. Seine Gesetze verbannten jeden katholischen Priester aus der Colonie. Es verdient aus=drücklich bemerkt zu werden, daß noch kein Jahrhundert ver=flossen ist, seitdem die Katholiken die erste Kapelle auf Man=hattan errichtet haben.

Doch erst seit den letzten fünfzig Jahren ist New-York eine riesige Weltstadt von der höchsten Bedeutung des Wortes. Sein Häusermeer, seine Docks, seine Vorstädte, seine pracht=vollen Kirchen, seine unzähligen Straßen, sein Verkehr, seine Reichthümer, all' sein Glanz stammen erst von gestern her. Die zwei Millionen Bewohner hat der Erdkreis an diese einst öde, kaum vom Indianer besuchte Insel innerhalb zwanzig Jahren abgegeben.

New-York ist, wie ich sagte, eine eigene Stadt, die keiner andern gleicht. Wenn ich in der Wallstreet die Millionäre beobachtete, die elegante Welt in der fünften Avenue musterte, mich im Broadway vom Menschenknäuel fortschieben ließ und selbst mitschob, so durfte ich an keine großen Städte der alten Welt und ihre geschichtlichen Monumente denken. In den Städten Asiens sieht man überall die Spuren und Fußtritte ihrer großen Vergangenheit und ihrer großen Männer. Kein Stein in New-York kündet Ereignisse der Vorzeit. Der alte Sessel, auf dem Washington gesessen, und der in der City

Hall steht, hat noch kaum hundert Jahre gesehen. New-York ist eben ein „neues" York in der „neuen" Welt.

Wenn ich das Bild einer Stadt meinem Gedächtnisse fest einprägen will, suche ich vor Allem eine Anhöhe in der Umgebung oder einen Thurm im Innern, um eine allgemeine Uebersicht zu gewinnen. In der Nähe von New-York gibt es keine Anhöhen, die eine ausgedehnte Fernsicht bieten. Dagegen hat die Stadt den berühmten 75 Meter hohen Thurm der Trinitätskirche und die neue Kettenbrücke. Allein von dem Thurme der anglikanischen Dreifaltigkeitskirche konnte ich keinen Gebrauch machen. Die Kettenbrücke aber, die denkwürdigste, die jetzt existirt, wodurch Brooklyn mit New-York verbunden wird, war noch im Baue begriffen und dem Verkehre unzugänglich. Deßhalb begnügte ich mich mit dem Erlöserthurme in der dritten Straße. Ihn bestieg ich an einem heitern Morgen.

Das Bild, welches ich in der Tiefe vor mir sah, war eigenthümlich. Ich habe Constantinopel vom Galatathurme, Kairo vom Thurme der Koptenkirche, Neapel von St. Martino und Rom vom Monte Pincio aus gesehen; aber eine Aehnlichkeit zwischen jenen Städten und der Metropole der Union fand ich nicht. Eigenthümlich ist der amerikanischen Weltstadt, daß sich fast alle Straßen im rechten Winkel durchschneiden und dadurch unzählige regelmäßige Vierecke bilden. In der Mitte der Stadt bemerkte ich das Broadway oder die jeder amerikanischen Stadt geradezu unentbehrliche „breite Straße", die hier erkenntlich war durch die Bahngeleise der Elevated Railway. Mit dem Broadway in derselben Richtung laufen die Avenuen, die von den Streets oder Straßen durchschnitten werden. Während man die Avenuen nach den Buchstaben des Alphabetes „a, e, i" benennt, unterscheiden sich die Straßen oder Streets durch den Beisatz: „erste, zweite, hundertste Street". Eine Ausnahme machen die Fifth Avenue und mehrere alte Streets auf der Südspitze der Stadt, vielleicht dort, wo die ersten Ansiedler ihre Blockhäuser errichtet haben. Nur in diesem Stadttheile sind die Straßen unregelmäßig und enge. Aus dem Häusermeere, das vielleicht zehn englische Meilen lang und drei Meilen breit ist, ragen wenigstens 250 Thürme und Thürmchen empor.

Vom Thurme aus gesehen machte New-York den Eindruck, als wäre es aus dem Meer emporgestiegen. Es ruht nämlich auf einer Insel, wie ich schon wiederholt angedeutet. Im Süden bemerkte ich die Bucht, durch die der Ocean mit der Stadt in Verbindung tritt und wo er den Hudson aufnimmt. Gegen Osten trennt der Eastriver, 487 Meter breit, die Stadt von der Insel Long Island; die Einwohner nennen ihn Fluß, im Grunde ist aber das Ganze eine Bucht, die der Ocean gebildet hat. Uebrigens verdankt die Stadt ihren Reichthum der Insel Long Island, die sich gleichsam als Schutzwehr von Süden nach Norden erstreckt und die Macht des Oceans bricht. Ohne Long Island wäre New-York dem Wellengebiete des Oceans preisgegeben, eine offene Stadt und von geringer Bedeutung. Im Norden und Westen scheidet der vom Gebirge niedersteigende Hudsonfluß New-York vom festen Lande. Das ist dann der sogenannte North-River und der Stadt denkwürdiger Hafen, geräumig, sicher, tief, nicht von Ebbe und Fluth abhängig, wie z. B. der in Havre, also günstig gelegen, wie keiner in der Welt. Die etwas aufsteigenden Ufer des westlichen Festlandes halten die Winde aus dem Innern Amerika's ab, während die anstürmende Fluth des Oceans sich an den Felsen von Long Island bricht.

Der Hafen ist New-York's „goldenes Horn", weil er eine Quelle des Reichthums für die Stadt ist. Seine sichere Lage ist Ursache, daß die Schiffe nicht nördlich in Quebec und nicht südlich in Baltimore landen.

Damit ist aber das allgemeine Bild noch nicht vollendet. Nachdem die Insel Manhattan keinen Raum mehr für neue

Straßen und Häuser bot, haben sich die Einwanderer auf Long Island und auf dem festen Lande niedergelassen, wodurch sieben Töchter- oder Vorstädte entstanden, unter denen Brooklyn und Williamsburgh auf Long Island, Yorkville, Hoboken und Jersey City die bekanntesten sind. Diese Städte mit ihren Gärten, mit ihrem hinter ihnen liegenden, etwas bewaldeten Hügellande geben dem Ganzen Abrundung und Vollendung.

Täglich werden die Einwanderer aus der alten Welt hier von den landenden Schiffen an's Land gesetzt, um da um ihr Glück zu ringen. Sind sie Kinder des Glückes, so mögen sie bald in der Wallstreet Geschäfte machen, und nach einigen Jahren in der Fifth Avenue die Frucht ihres Schweißes genießen. Sind sie keine Kinder des Glückes, dann müssen sie auch hier hart um das tägliche Brod ringen, bis der Tod den Streit entscheidet. Denn „New-York ist mehr als eine Stadt," schrieb Hübner, „es ist ein ungeheurer Bahnhof, ein Depot, wie man in Amerika sagt, für Reisende und Waaren. Eine sich immer erneuernde Bevölkerung strömt ab und zu, und verleiht der großen Metropole den fast allen amerikanischen Städten eigenthümlichen Anstrich der Unruhe, der Sorge, des Unvollendeten und Provisorischen."

Dieses allgemeine Bild bot mir der Erlöserthurm, so oft ich ihn bestieg. Nun begannen die Rundgänge durch die einzelnen Theile von New-York. Die Leute, welche in den zahllosen, vielgestaltigen Kars fahren, gleichen mehr Reisenden als Fahrgästen, und sehen unruhig und geschäftig aus, als ob sie einen schweren Verlust zu befürchten hätten.

Ich begann im Süden meine Wanderung und bewegte mich gegen Norden. Um aber die Schilderung einfacher und verständlicher zu machen, übergehe ich hier die Kirchen und religiösen Institute und wende mein Augenmerk zuerst dem materiellen Leben und Treiben zu, weil dieses die meisten Bewohner bewegt, treibt, elektrisirt. Der Dienst des goldenen

Kalbes hat hier besonders viele Anbeter; seine Heimstätte und seine Altäre stehen in der Wallstreet. „Gehen wir nach Wallstreet," sagt ein Reisender, „dem Stadtviertel der hohen Finanz. Die Gebäude, welche Banken sind, die Menge auf der Gasse, welche Börsenmänner sind, die Luft, die wir athmen, Alles riecht nach Millionen. Doch ist die Analogie nicht vollständig. Ich führe unter tausend Umständen nur einen an. Bankiers haben hier nie baar Geld im Hause. Ihre Fonds sind in einer öffentlichen Bank deponirt, von wo sie mit Hilfe des Telegraphen und eines Dieners ihren Bedarf beziehen, eine höchst verständige, aber bezeichnende Einrichtung. Die öffentlichen Banken sind kleine Festungen. Einbruch und gewaltsamer Raub sind hier kaum möglich. Selbst im Falle eines Aufruhres bieten diese Geldburgen die nöthige Sicherheit; nicht, als ob große Unruhen zu besorgen wären, aber das Geld ist furchtsam: furchtsam und erfinderisch. Am Ende thut es nur, wie Jeder in Amerika. Er sorgt selbst für seine Sicherheit, wie der Offizier im Revier der Rothhäute jede Nacht mit seiner Mannschaft hinter Gräben und Schanzen bivouakirt."

Das ist die Wallstreet von New-York, wo vielleicht mehr Geld aufgehäuft liegt, als in manchem Reiche Europa's. Wenn ganz New-York einem belebten Marktplatz gleicht, wo die Menschen sich endlos stoßen und treiben, so ist es in der Wallstreet anders. Ich fand die Fußgänger stets ruhig, ernst und schweigsam. Das Geld macht selbstbewußt und egoistisch, die Geldmänner sind verschlossen. Ihre Worte sind karg und gemessen, diesem Stadttheile drücken sie ihren Charakter auf: er ist ruhiger, weniger Verkehr herrscht; die engen Straßen schon bieten einen minder großen Spielraum.

Wer reist, braucht Geld, und verschiedenartig geprägtes Geld. Das Gold, einmal aus dem Schooße der Erde genommen, liebt die Abwechslung. Das Gold hatte mich in die Wallstreet geführt. Ich wechsle immer im großen Bankhaus, nie im kleinen Geldgeschäfte, wo ich den Betrug fürchte. In der Wallstreet von New-York mußte ich jedesmal einige Stufen hinabsteigen, um in den kerkerähnlichen, langen und dunkeln Saal zu kommen. Ich traf nie viele Leute; nie Jemanden, der laut und viel sprach. Aber was ich wollte, erhielt ich schnell. Eine Einrichtung war mir neu, das Lokal war in zwei Hälften getheilt: für die Beamten oder Diener und für die Fremden. Im Raume der Diener stand ein viereckiger, aus Eisenstangen bestehender, mit Drahtgittern auf den Seiten verschlossener Raum, einem Gitterkäfig ähnlich, in dem eingeschlossen ein Mann stand, der mit scharfem Auge Alles beobachtete, was im Saale vor sich ging. Er glich einem Löwen im Zwinger, der die Besucher mustert. Sobald der Diener mein Geschäft bereinigt hatte, schob er die Rechnung mit dem Gelde durch eine kleine Oeffnung in den Kasten. Der Mann sah nach, ergänzte, was an Cents an der großen Summe fehlte, und gab es schweigend zurück. Meinen Dank erwiederte er nicht. Ich wurde nicht eingeladen, wieder zu kommen; bis heute begreife ich den Zweck dieser Einrichtung nicht. Hier befindet sich die Börse.

Um von da in die Fifth Avenue zu gelangen, passiren wir vor der Post einen kleinen Platz, den gefährlichsten Punkt der Stadt. Wagen und Fußgänger drängen sich hier Tag und Nacht. Es heißt vorsichtig und flink sein, will man mit heiler Haut davon kommen, besonders wenn es regnet, was in New-York wegen der Nähe des Oceans oft der Fall ist. Wer bei dieser Gelegenheit ausgleiten würde, würde zermalmt.

Wir verlassen den gefährlichen Platz, um die fünfte Avenue aufzusuchen. „Die reiche Welt," schrieb ein Reisender, „die sich in Ruhe setzen und ihr Geld verzehren will, zieht aus der Wallstreet, sowie aus dem südlichen New-York in das nördliche, besonders in die fünfte Avenue. Hier ist es ruhig und still; hier ist eine reine Luft und kein von Rauch und Qualm bedeckter Himmel. Hier sind die Straßen sauber und glatt. Hier duften die herrlichsten Bäume vor den Häusern, besonders Acacien. Zwischen dem Hause und der Straße sind allerliebste Blumenbeete, umschlossen von eisernen Gittern." Hier leben Solche, die sicher über zehntausend Dollar Renten im Jahre verfügen.

Jeder Reisende, der New-York besucht hat, wird im ersten Momente den Unterschied bemerkt haben zwischen dem Süden und Norden der Stadt. Dort nur Geschäfte und Thätigkeit, hier fast die Ruhe des Sabbaths. In der Fifth Avenue herrscht letztere beständig. Hier leben Viele unter Blumenduft und umgeben sich mit den Reizen der schönen Natur, für die sie früher keinen Sinn gehabt. Die Natur gewährt aber reichere und dauerndere Genüsse, als das Geld. Manche Reiche siedeln lieber nach dem lieblichen, aber viel ruhigeren und gesunderen Baltimore über. Ueber die Fifth Avenue schrieb Hübner mit Kennerauge: „Wir sind in der fünften Avenue, also weit weg von den Stadttheilen des Handels und der Betriebsamkeit. Hier ergötzt sich das Auge an Genüssen der dort erworbenen Reichthümer. Den künstlerischen Werth dieser pomphaften, überladenen, anspruchsvollen Prachtgebäude, die sich in das Unendliche an einander reihen, wollen wir nicht allzu kritisch untersuchen. Dieser Stil von fraglichem Geschmacke ist nach Europa gedrungen und verbreitet sich dort immer mehr. Er vermittelt zwischen der französischen und amerikanischen Renaissance den Uebergang. Doch kehren wir in die Fifth Avenue zurück. Die kleinen Vorgärten sind allerliebst. Immer grün, und in diesem Maimonate weiß, roth und lila gesprengelt, ziehen sie sich wie Blumengewinde von Haus zu Haus: ein Gewebe von feinblätterigen Schlingpflanzen, von duftigen Büschen und glänzendem Südlaub. Dazwischen bleibt noch Platz für kleine kokette Rasenplätzchen, welche zierliche Marmorgeländer umfrieden. So niedlich, so reizend, so ideal und poetisch, daß man weder Muße noch Lust hat, zu den überladenen Façaden der Häuser aufzublicken. Alles in Allem fesselt Fifth Avenue das Auge durch den Wechsel großartiger Fernsichten und lieblicher Landschaftsbilder."

In diesem Stadttheile fand ich viele Kirchen der Anglikaner und Methodisten, die einst die herrschende Staatskirche gebildet hatten. Es trifft die materielle Seite des New-Yorker Lebens, wenn ich bemerke, daß die fein gepolsterten Sitze in diesen Kirchen sich Sonntags mit den feinsten Leuten des Stadttheiles füllen. Sie hören die Predigt und singen ein Lied oder hören es singen. Die Sitze in diesen Kirchen werden um fabelhafte Preise alljährlich versteigert, wobei die reiche Lady und der vornehme Gentleman eine Ehre darein setzt, den theuersten oder einen der theuersten Sitze zu ersteigern. Damit wirft das Volk der Millionen einem Prediger, der seinen Geschmack „kitzeln" kann, fabelhafte Summen hin. Im elegantesten Anzug zur Predigt, in das Meetinghouse oder Bethaus zu gehen, gilt für die Fifth Avenue als Mode.

Die nächste Straße von Bedeutung ist das Broadway. Das Broadway ist die Hauptstraße der Stadt und theilt die Streets in „East" und „West". Jene Stadthälfte, die dem North-River zu liegt, ist West und die Long Island zu liegende Ost. Hier in dem Broadway traf ich stets auf beiden Seiten einen wahren Menschenstrom, den Nichts hemmen darf. Nie sah ich Leute langsam einherschreiten, wie die Pflastertreter in unseren Städten es lieben. Der breite Raum zwischen den Trottoirs gehört den Wagen und ist stets so in Anspruch genommen, daß manchmal eine Stockung eintritt. Natürlich, denn es reihen sich hier genau so viele Schienengeleise an einander, als der Raum gestattet, und dieselben kreuzen sich in jeder beliebigen Form. Und es ist an den Fuhrleuten, sich durchzuarbeiten. An etwas gefährlichen Punkten gehen die Streetkars auch unterirdisch, um rasch vorwärts zu kommen.

In Amerika ist Zeit Geld. Daher opfert man das Geld, um die Zeit zu gewinnen. Diese Hast hat die Elevated Railway nothwendig gemacht, eine Einrichtung, die sich aus den großartigen Verkehrsverhältnissen erklärt.

In Amerika besteht die Sitte, die ich früher in Constantinopel getroffen habe. Da wohnt der Kaufmann nicht im Bazar, nicht in der Stadt, sondern er zieht die Vorstädte vor. Zu seiner Bequemlichkeit bestehen die kleinen Dampfer, die von fünf zu fünf Minuten die umliegenden Plätze aufsuchen, zurückkehren in das „goldene Horn", einen Menschenschwarm absetzen und einen andern aufnehmen. Mit ihnen geht der Kaufmann am Abend nach Hause und am Morgen in sein Geschäft. Aber er schläft und wohnt angenehm in der frischen, freien Luft; dort blüht und gedeiht seine Familie.

Auch in New-York macht es der Kaufmann so, er wohnt entfernt vom Getümmel, wo sein Geschäft ist. Um am Morgen in das Broadway oder in die Wallstreet oder zur Börse zu kommen, benützt er die Ferry-Boots, wenn er in den Vorstädten wohnt; wohnt er aber in den nördlich gelegenen Stadttheilen, so verliert er zu viele Zeit, will er mit dem Streetkar an sein Ziel gelangen. Hier hilft ihm nun die Elevated Railway, die ihn in wenigen Minuten an jeden beliebigen Platz der Stadt bringt. Ich habe über diese vielbeschriebenen „Luftbahnen", die ich in der Art nur in New-York getroffen habe, ganz verkehrte Vorstellungen in die neue Welt mitgebracht, und stellte mir dieselbe als ein amerikanisches Wagstück vor, bei dem in der Regel das Leben auf dem Spiele stehe; dieß war ein Irrthum. Die Elevated Railway ist keine gefahrvolle „Luftbahn", sondern eine Eisenbahn, wie jede andere, mit so wenig Gefahren als sie, nur daß sie etwas vom Boden erhöht (elevated) ist. Sie geht nicht über die Häuser oder Kirchthürme weg, sondern lauft in den breiten Straßen von Süden nach Norden und umgekehrt. Jede Eisenbahn kann bei uns unter Umständen „elevated", d. h. erhöht sein, wenn sie über einen Damm oder über eine Brücke läuft. Das Gleiche ist in New-York der Fall. Der Verkehr in den Straßen ist so groß und mannigfaltig und vielseitig, daß man nie wagen dürfte, mit einer Locomotive durchzufahren. Zudem sind alle Straßen mit den Schienen für die Streetkars bedeckt, um die Leute von der ersten in die vierte Street, oder von Avenue A nach Avenue E, oder vom Hafen des West- nach East-River zu bringen. Um nun eine schnell und ohne Aufenthalt von Norden nach Süden laufende Bahn zu erhalten, baute man eiserne Brücken. Es stehen längs der Häuser auf der Grenzscheide der Trottoirs und der Straße eiserne Pfeiler, leicht gearbeitet, die sich oben verzweigen. Auf ihnen ruhen die Schienen. Da die Pfeiler auf beiden Seiten der Straße sich befinden, so entstehen zwei Geleise, eines für die Hin-, das andere für die Rückfahrt. Eisenspangen, welche in der Höhe von nicht 3 Metern über die Straße reichen, halten beide Geleise im Gleichgewichte und geben ihnen die nöthige Festigkeit. So hat man also nun das in Europa angewendete System der Brücken aus Eisen über einen Fluß oder eine Vertiefung einfach in kleinerem Maßstabe in die breiten Straßen verpflanzt, um der Locomotive einen Weg zu bahnen, auf dem sie ohne Hindernisse die Straßen auf- und abstürmt.

An den belebtesten Punkten, bei Banken und Fabriken, führen Schneckenstiegen in die Höhe, auf denen die Reisenden in die ebenfalls in der Höhe angebrachten Wartsäle treten, ein Ticket nehmen und ein- und aussteigen, wie sie wollen. Rechts fährt man von Süden gen Norden, links in der entgegengesetzten Richtung. Ich habe die Elevated gerne benützt, um aus dem großen Centralpark in die 30. Street zu kommen. Dabei konnte ich bequem durch die Fenster des ersten Stockwerkes der betreffenden Häuserreihe sehen, was die Bewohner thaten, oder an Stellen, wo die Häuser niedriger standen, eine hübsche Fernsicht genießen. Die Fahrt geht ganz ruhig von Statten. Die kleine Locomotive macht wenig Lärm.

Wenn nun auch hie und da einmal ein Pferd scheut, sobald der Maschinist die Cylinder reinigt und links und rechts Dampfstrahlen unter leichtem Brausen in die Luft steigen läßt, so sind das Kleinigkeiten, die Niemand beachtet in einer Stadt, die den Grundsatz immer und überall befolgt, dem Verkehre alle Schönheit und Bequemlichkeit zum Opfer zu bringen.

Das Broadway zeichnet sich durch die Eleganz seiner Häuser, durch die Vielseitigkeit seiner Anlagen aus. Es hat schattige Alleen und die meisten Streetkars. Lärmende Aufzüge entfalten sich hier am schönsten. Ueber das Broadway von New-York sagt Hübner: „Broadway ist der Vertreter oder das Vorbild der großen Schlagadern, welche Nordamerika von Meer zu Meer durchziehen. Die Pariser Boulevards, die Ringstraße Wiens und seine hundert verschlungenen Irrgänge sind gewiß ebenso belebt, als Broadway; allein diese Bewegung entspringt aus dem Bedürfnisse jener Städte, während Broadway mehr ist, als die Gasse einer Stadt: es ist eine Heerstraße der Union." Daher ist es auch der Mittelpunkt für den Verkehr der Streetkars, die ständig von seinem Verkehre nehmen und ihm neuen Verkehr zuführen.

Die Streetkars sind das, was die Deutschen „Tramway" heißen. Jedoch ist die Benützung des letzteren ein Kinderspiel, verglichen mit dem, was in New-York die Streetkars leisten. Die Zahl dieser Verkehrsmittel ist Legion. Die Entfernungen sind hier zu groß — die Straßen oft schmutzig —, die Tage meist regnerisch oder heiß; das treibt die Menschen zum Streetkar. Der Zeitungsbube benützt ihn, um hier seine Waare abzusetzen oder schnell in einen andern Stadttheil zu kommen. Die Streetkars laufen durch alle Straßen und sind auf das Beste vertheilt, wie es der schnelle Verkehr fordert.

Der Fremde findet sich Anfangs mit ihnen schlecht zurecht,

weil sie gewöhnlich verschwunden sind, ehe er alle Aufschriften gelesen hat; und mit den Farben, die ihn kennzeichnen, ist er noch nicht vertraut. Auskunft ertheilt der Conductor oder der Policeman. Der Preis ist 5 Cents für jede Fahrt, die nicht selten eine Stunde und mehr betragen kann. Billets oder Tickets kennt man nicht.

Man unterscheidet zwischen Streetkar mit und ohne Conductor. Auf dem letzteren besorgt der Fuhrmann alle Geschäfte und leitet noch die zwei Pferde. Die Streetkars mit Conductor verkehren in der Regel in den allerfrequentesten Straßen. Dem Conductor einen Controleur oder Revisor zu geben, wäre zu theuer! Damit nun die Gesellschaft nicht von einem Spitzbuben hintergangen wird, hat der praktische Amerikaner allerlei Maschinen erfunden, die den Conductor mit Hilfe des Publikums überwachen. In einem Streetkar befindet sich zu diesem Zwecke eine Uhr, die am Abende angibt, wie viele Personen gefahren sind, und wie oftmal der Conductor, war er gewissenhaft, 5 Cents einnehmen mußte. Im andern trägt der Conductor am Rock eine Maschine, die ein Zeichen gibt, wenn ein Reisender einsteigt und der Conductor sie zu berühren hat. Der Conductor darf nie verfehlen, das den Insassen des Kar vernehmbare Zeichen hervorzurufen; denn sehr häufig steigen Mitglieder der geheimen Polizei oder irgend ein Theilnehmer an den Actien der Gesellschaft für den Straßenverkehr, oft im armseligsten Anzug, in den Wagen, zahlen oder zahlen nicht, um den Conductor auf die Probe zu stellen. Der kleinste Verstoß wird mit den höchsten Strafen geahndet.

Diese Controle durch eine Maschine hat viel für sich; sie ist leicht, einfach, praktisch und, was die Hauptsache ist, sehr wohlfeil.

Interessanter fuhr ich mit Streetkars ohne Conductor. Der Kutscher jagt mit den zwei Pferden die Straße hinab. Ich winke ihm vom Trottoir und der Kar hält. Es öffnet sich durch eine Vorrichtung die Thüre des Kar, der nur von hinten zugänglich ist; ich steige ein, die Thüre schließt sich, sobald ich sitze. Der Wagen kommt wieder in die rascheste Bewegung. Vor mir sehe ich eine Maschine aus Glas mit der Aufschrift: „5 Cents". Ich lege das Geld hinein, die Maschine klingelt, der Kutscher schaut hin, ob es das richtige Geldstück ist, und läßt dasselbe dann mittels einer Feder in einen verschlossenen Raum fallen. Es kommt aber Jemand, der nicht einlegt. Ihn mahnt ein Glockenzeichen. Geht er nicht, so folgt ein zweites. Ehe er das dritte hört, hält der Wagen. Der Kutscher spaziert in den Wagen, öffnet die Thüre und wirft den Unverschämten auf die Straße. Im Streetkar mit dem Conductor besorgt der Letztere dieses Geschäft. Es kann sich aber treffen, daß Jemand das passende Geld nicht hat. Im ersteren Streetkar wechselt einfach der Conductor; der Kutscher kann das natürlich nicht. Dafür hat er eine Unzahl versiegelter Geldpaketchen mit Fünf-Cent-Stücken für $1/4$, für $1/2$, für einen Dollar. Diese tauscht er einfach gegen ein beliebiges Geldstück dem, der will, um durch ein Fensterchen. Der Empfänger findet in dem Paketchen genau so viele Mal 5 Cents, als das dem Kutscher überreichte Geldstück betrug, und eines der Fünf-Cent-Stücke wandert in die bekannte Maschine.

Das leistet in New-York ein Kutscher. Er ist jedoch gut bezahlt und verdient schöne Summen. Vielfach wird der Kutscherposten von Solchen benützt, die sich in kurzer Zeit ein Sümmchen zurücklegen wollen, um dann irgendwo ein Geschäft eröffnen, eine Farm kaufen oder sonst eine Stellung einnehmen zu können, die ihnen zusagt. Unterstützt wird der Kutscher in seinem schwierigen Berufe von der Rechtlichkeit des Publikums. Dieses republikanische Volk ruft diese und ähnliche seinen Interessen nützliche Einrichtungen in's Leben und erhält sie. Daher achtet der Einzelne auf Alles. Er duldet nicht, daß Jemand betrügt, sondern tadelt das freimüthig. Diese Ueberzeugung, die bestehenden Verhältnisse durch gemeinsames Zusammenwirken zu erhalten, nehmen schon die Kinder in sich auf. Beschädigungen von Anlagen, von Pflanzungen kommen nicht vor, weil das ganze Publikum sie bewacht.

Ich habe in Chicago die dortige einzig dastehende Wasserleitung geschildert und bemerke hier, daß die größeren Städte der Union wahrhaft wetteifern, sich in großartigen Bauten zu überbieten. Sie scheuen keine Millionen. An jedes kühne Werk wagen sie sich. Das Höchste leisten sie in Bahnbauten, Wasserleitungen und Brücken. New-York schreitet auch hierin an der Spitze der Union. Ich beginne mit einem Brückenbau, gewaltig in seiner Art und wahrscheinlich auf lange unerreichbar!

Wir bemerkten oben, daß eine Meeresbucht, der Ost-River, New-York von seiner berühmten Tochterstadt Brooklyn scheidet. Der Verkehr litt dadurch bis jetzt nicht wegen der fast unübertrefflichen Leistungen der Ferry-Boots. Allein die öffentliche Meinung verlangt eine Brücke. Der deutsche Ingenieur Röbling entwarf den Plan und führt das Riesenwerk aus. Ich sah es der Vollendung nahe. Diese gewaltige Kettenbrücke wird 1788 Meter Länge und eine Spannung von 487 Meter haben und sich 40 Meter über dem Wasserspiegel erheben. Das Werk, ein Ausfluß des amerikanischen Unternehmungsgeistes, wird glücken und sich rentiren und die Ferry-Boots nicht ruiniren. So viel von der „East-River-Brücke".

Reisende, welche Constantinopel, Rom und Antiochia in Syrien besucht haben, schildern mit Vorliebe die Aquäducte, welche in den beiden erstgenannten Städten heute noch gutes Wasser aus weiter Ferne liefern und in Antiochia geliefert haben, bevor sie in Trümmer fielen. Man kann heute Rom und Stambul die Städte der Brunnen nennen, so viel Wasser bringen ihre riesigen Aquäducte in diese Städte. Wer aber die Wasserleitungen der Städte der Union betrachtet, muß den

Republikanern der neuen Welt vor den Kaisern der alten den Vorzug einräumen.

Um New-York gutes Wasser zu geben, leitete man Quellen aus Norden her 30 englische Meilen weit in die Stadt. In der Nähe des Crotonflusses wurde ein künstlicher See angelegt und von da eine gewaltige Wasserleitung über Berg und Thal, über Schluchten und Abgründe, durch Hügel hindurch bis zum Hudson geführt, hier die „hohe Brücke" (high bridge) gebaut und so der Aquäduct in einen unermeßlichen Wasserbehälter im Innern der Stadt geführt. Dieser vermag eine solche Wassermenge zu fassen, daß die Stadt vierzehn Tage Wasser hat, wenn auch jeder Zufluß aufhört. Der Bau, welcher in fünf Jahren ausgeführt und im Jahre 1847 vollendet war, hat der Stadt 56 Millionen Mark gekostet. Ich habe die Wasserleitung, da wo sie durch Westchester geht, besucht, und mich von der imposanten Kühnheit des Baues überzeugt.

Das neue Postgebäude oder Postoffice, das hier für die ganze Union erbaut worden ist, übertrifft an Eleganz und praktischer Eintheilung alle Gebäude dieser Art. Nur der strengsten Umsicht ist es möglich, die Millionen Briefe, die hier täglich eintreffen, sicher zu befördern.

Die City-Hall oder das Stadthaus ist eine Zierde der Stadt. Hier tagt die aus der Wahl des Volkes hervorgehende Obrigkeit der City; hier sieht man noch Washingtons Sessel. Zu den berühmten Gebäuden werden noch der Justizpalast und das Gerichtshaus gerechnet. Daß auch bei dem Baue von Hotels und Privathäusern vielfach das Großartigste geleistet wurde, ist bei dem Verkehre und Reichthum, die hier herrschen, selbstverständlich.

Die amerikanischen Städte sind ohne Ausnahme Schöpfungen der Neuzeit, daher in ihrer Anlage von den Städten der alten Welt verschieden. In Asien ist heute noch fast jedes Städtchen eine kleine Festung mit Mauern und Thoren. In

Europa hat man diese Dinge aus alter Zeit so ziemlich mit vielen Kosten beseitigt. Amerika hat an ummauerte Plätze gar nie gedacht. Daher das andere Aussehen und der veränderte Eindruck der offenen Städte mit ihren breiten Straßen, großen Parkanlagen, Alleen. In New-York sind der Unions- und Washington-Park beachtenswerth, die jedoch von dem „Centralpark" (spr. Centr'lpark) übertroffen werden.

Ich hatte mir, um ihn in seinem ganzen Umfange zu sehen, einen Wagen gemiethet. Eine Fußpartie wäre zu ermüdend gewesen, weil der Centralpark drei Meilen lang und eine Meile breit ist. Wälder und grüne Rasenplätze liebt der Yankee; daher fand ich sie in jedem Parke. Im Centralpark sah ich reizende Waldpartien in allerlei Bildungen: in Ebenen, auf Hügeln, an künstlichen Schluchten, an Seen. Kleine Steige versetzten mich in die Mitte des Urwaldes, weil sie in Dickichte führten, die der Sonnenstrahl nie erhellt. Es wechselten Seen, Schluchten, Wasserfälle. Grotten stehen in Mitte von Blumenbeeten. Schattige Lauben laden zur Ruhe ein. Eine Straße führt an einen See hin, der ein überraschendes Echo gibt. Das ist die ländliche Seite des Centralparkes.

Am großen See hört man aber schon den Bären brummen oder den Löwen brüllen. Die große Menagerie bietet alle Arten von sehenswerthen Thieren, mit Ausnahme der Büffel und Hirsche, die man im Lincolnpark bei Chicago trifft. Ein afrikanischer Löwe, ein Prachtexemplar, wie ich es nie sah, gab, als ich die Menagerie besichtigte, seiner Wuth durch ein schauerliches Gebrüll Ausdruck. Mit ihm heulte dann die Hyäne, brummte der Bär, wieherte das Pferd, heulte die Nachteule, was einen Lärm verursachte, der mich in's Freie trieb. Ein besonders an Fischen reiches Naturaliencabinet ist mit der Menagerie verbunden; der Zutritt ist allerwärts frei. Aufseher bemerkte ich nicht. Der große Gemeinsinn des Amerikaners macht sie entbehrlich.

Die Umgebung von New-York ist schön. Ausflüge machte ich nach Long Island und an den Hudson. Die Bewohner zeichnen sich durch Artigkeit und Freundlichkeit aus. Die Umgangssprache ist englisch, nach ihr nimmt das Deutsche die erste Stelle ein. Außerdem leben hier Franzosen, Spanier, Chinesen, Mongolen. Die Chinesen tragen ihren Nationalzopf sehr ungenirt. Am Hafen herrscht auch an Sonntagen große Bewegung. Die vielen Matrosen, welche sich der Schiffe wegen hier aufhalten, bringen ein etwas ordinäres Leben in die zunächst gelegenen Bierhallen und Speisehäuser. Uebrigens fällt auch hier auf, daß kein Fremder, am wenigsten ein Priester, verspottet oder verlacht wird. Man kann sich in dieser Weltstadt überall sicher und frei bewegen, und man wird kaum Ursache haben, sich jemals über jene Ungezogenheiten und Rohheiten beklagen zu müssen, welche in gewissen „liberalen" Ländern und Städten Europa's immer mehr sich einbürgern.

Das ist New-York der materiellen Seite nach. Aber auch in geistiger Hinsicht verdient die Stadt nähere Beachtung.

14.
Lehrreiches. Traurige Aussichten. Yankee und Katholik. Leben dort. Leben da. Nichtgehoffte Freuden.

Es gibt kaum einen Winkel der Erde, wo ein denkender Mann eingehendere, lehrreichere und nutzbringendere Studien über Religion und religiöse Verhältnisse machen kann, als in den Vereinigten Staaten. Zahllose religiöse Gemeinschaften leben hier neben einander; es entstehen und vergehen jedes Jahr neue. Alle sind auf sich selbst angewiesen. Der Staat wirkt nicht hemmend oder fördernd auf ihr Verhalten ein. Sie stehen ganz auf ihren eigenen Füßen. Unter solchen Umständen hat sich sichtbar und greifbar die innere Kraft einer religiösen

Gemeinschaft zu erproben. Daher ist ein Aufenthalt in der Union für religiöse Studien und Beobachtungen von hoher Wichtigkeit. New=York ist dazu besonders geeignet.

New=York hat nach der Verfassung der Vereinigten Staaten, die seit 1789 besteht, keinen Vorrang erhalten. Es steht mit allen andern Städten auf derselben Stufe. Dennoch behauptet es ein Uebergewicht. „New=York," schrieb Hübner, „wird seine Suprematie bewahren, so lange es den Kopf der großen Brücke bildet zwischen den beiden Welttheilen. Die ungeheure Mehrzahl der Menschen, für die Europa keinen Raum mehr besitzt, schlagen den Weg nach der Mündung des Hudson ein, betreten amerikanischen Boden in New=York, nehmen dort ihre ersten Eindrücke auf und verbreiten sie sodann über alle Theile des Continentes." New=York drückt allen größeren Städten der Union mehr oder weniger sein Gepräge auf; es wohnt dieser Stadt eine centralisirende Kraft inne. „Weder der autonome Geist der Staaten," meint Hübner, „noch die Beweglichkeit der amerikanischen Gesellschaft, noch der fast unbegrenzte Raum, über den man verfügt, vermögen sie zu überwältigen." Auch in religiöser und geistiger Hinsicht zeigt sich dieß.

New=York besitzt allein an 300 Kirchen. Die Zahl der öffentlichen Schulen ist sehr beträchtlich. Die New=Yorker Universität und das College gleichen Namens stehen oben an. Seine Wohlthätigkeitsanstalten sind zahlreich. Die New=Yorker Bibelgesellschaft bringt jährlich 400 000 Dollars auf, um die Heiden mit Bibeln zu versehen. New=Yorker Zeitungen haben 50 000 Abonnenten und mehrere seiner Blätter gehören zu den gelesensten der Union. Der nordamerikanische Buchhandel hat hier seinen Hauptsitz. Es ist demnach begreiflich, daß gerade New=York für das Studium der religiösen Verhältnisse der ganzen Union wichtig ist. Um ein richtiges Bild zu bekommen, unterscheide ich zwischen Sonst und Jetzt, zwischen den Secten und der katholischen Kirche. Einst triumphirten die Secten, als die Colonien noch unter Englands Herrschaft standen. Jetzt hat die Kirche ungewöhnliche Fortschritte gemacht und verlieren die Secten immer mehr jeden christlichen Charakter, und zwar so sehr, daß bald nur noch Heidenthum und katholisches Christenthum sich in das unermeßliche Gebiet theilen werden.

Auch bezüglich der Secten muß man sorglich zwischen Einst und Jetzt, zwischen der Zeit vor und nach 1840 unterscheiden. Während Frankreich in den letzten Jahrzehnten des vergangenen Jahrhunderts seine Priester verfolgte und hinrichtete, hielten die alten Republikaner der Union streng ihre Buß- und Bettage und erzogen ihre Kinder christlich. Damals sprach Washington nur die Ueberzeugung aller seiner Mitbürger aus, wenn er in Philadelphia, der damaligen Bundeshauptstadt, in einem überaus feierlichen Augenblicke erklärte: „Religion und Moralität sind die unerläßlichen Stützen der öffentlichen Wohlfahrt. Der ist kein Mann des Vaterlandes, der diese mächtigen Pfeiler der menschlichen Glückseligkeit untergräbt. Jeder wahre Politiker ehrt und liebt sie ebenso gewiß, wie jeder fromme Mensch. Vernunft und Erfahrung beweisen, daß Moralität im Volke ohne Religiosität nicht bestehen kann." Diese Worte hatten für Diejenigen, die mit Washington lebten, einen tiefen Sinn, weil sie Christen waren.

So lange die Colonien, die jetzt den gemeinsamen Namen „Union" führen, zu England gehörten, gab es Staatsreligionen, denen der Staat die Kirchen baute und die Prediger besoldete, denen er Schulen unterhielt, und deren Mitglieder er nöthigte, die Taufe und Confirmation zu empfangen. Als mit Aufrichtung der Union an die Stelle des Staatszwanges die „Freiwilligkeit" getreten war, zeigten sich allerdings nur zu bald auflösende Momente. Ein berühmter Prediger nennt nicht mit Unrecht den Tag, an welchem die „Freiwilligkeit in religiösen Dingen" eingeführt worden ist, „den düstersten in seinem Leben", der der Sache Jesu Christi einen unersetzlichen Schaden zufügte. Dieser Prediger erkannte gut, daß der Protestantismus in sich keinen Halt hat, sondern zerfällt, wenn ihn nicht die Staatsmacht trägt und stützt. Dennoch traten die schlimmen Folgen nicht sogleich ein. Tocqueville, einer der besten Kenner Amerika's, behauptete noch im Jahre 1832, daß die öffentliche Meinung in der Union entschieden gläubig wäre. "Man finde," sagte er, "in Amerika Ungläubige; aber der Unglaube finde kein Organ. Ebenso verhalte es sich mit den sittenlosen Schriften. Man verurtheile in Amerika Niemanden, der sie verfasse; aber es fühle sich Niemand versucht, sie zu schreiben, nicht weil die Bürger von reinen Sitten seien, sondern weil die öffentliche Meinung sie verdamme."

Seit 1840 besonders ist hierin eine große Aenderung vor sich gegangen; der Unglaube, aus Europa eingeschleppt, hat furchtbare Fortschritte gemacht, besonders deßhalb, weil die Secten ihm nichts entgegenzustellen vermochten. Daher ist es unersindlich, wie Kist behaupten konnte: "Das amerikanische Leben und Treiben macht, wenn man es auch auf den ersten Blick nicht glauben sollte, für die Religion empfänglich. Es macht sie zur absoluten Nothwendigkeit. Dieses rastlose Rennen und Jagen gebietet von Zeit zu Zeit Stillstand und Ruhe; diese wilde Hast im Gewinnen und Genießen hat nothwendig eine geistige Erschlaffung, einen Ueberdruß und Ekel am Sinnentaumel und eine Sehnsucht nach etwas Besserem und Höherem im Gefolge."

Um aber den jetzigen Zustand der vollständigen Auflösung des Protestantismus in der Union zu erkennen, genügt ein Blick auf die hervorragendsten Secten. Obenan standen in der erwähnten Zeit die Methodisten mit mehr als 4 Millionen Anhängern, dann kamen 3 Millionen Baptisten, 2 Millionen Presbyterianer, ½ Million Episcopale, ½ Million Lutheraner, ferner Reformirte, Universalisten u. s. w. Jetzt gibt es im Ganzen sechzig verschiedene, aus dem Protestantismus hervor=

gegangene, religiöse Gemeinschaften, die fast ausnahmslos auch in New-York ihre Anhänger haben. Wie steht es nun mit diesen Secten? Eine protestantische Zeitung schrieb im December 1876: „Es gibt in Amerika 1074 vacante presbyterianische Kirchen und 1799 haben ständige Supplenten, so daß von etwas mehr als 5000 Kirchen im Ganzen fast 3000 ohne Hirten sind." Noch schlimmer steht es in dieser Secte mit dem religiösen Eifer der Mitglieder. Die Communicantenlisten konnten nicht eine einzige Zunahme berichten. Die Leute kommen in geringer Zahl in die Kirchen und lesen dort die — Zeitung. Daher die Erscheinung, daß in Jüngstem zahlreiche Prediger resigniren, weil ihnen Niemand den Unterhalt gibt." Die Prediger beziehen nämlich seit 1789 keinen Gehalt mehr vom Staate und sind daher auf die freiwilligen Gaben der Mitglieder ihrer Secte angewiesen, und diese erscheinen in so geringer Zahl in der Kirche, daß die Kirchen häufig in Folge der Schulden versteigert werden. Es ist deßwegen erklärlich, wenn Dr. Curry, ein hervorragender Methodistenprediger, ausrufen konnte: „Werden wir am Schiffbruch ankommen? Viele unserer Kirchen stehen verlassen; das alte Volk stirbt weg und das junge geht anderswohin. Wir befinden uns in einer schrecklichen Krisis und wegen Geldmangels im Todeskampfe; die schrecklichen Ausgaben des Kirchenunterhaltes liegen auf dem Methodismus, wie ein Alpdrücken. Im oberen Theile der Stadt gibt es sechs unserer Kirchen innerhalb einem Umkreis von zehn Minuten. Jede hat weniger als hundert Mitglieder. Das ist ein ernster und höchst erschrecklicher Zustand." Das gilt von den Methodisten, der ehemals herrschenden Religionsgesellschaft. Daß, abgesehen von einigen Districten auf dem Lande, dasselbe von den übrigen Secten überall gilt, geht aus den Worten der Zeitung „Sun" hervor, die schrieb: „Alle Prediger sprechen, als ob sie sich vorbereiteten zum Besuche des Leichenbegängnisses des religiösen Glaubens."

Aber Zahlen sprechen deutlicher. Es hat die Union zur Zeit ungefähr 38 Millionen Einwohner. Davon rechne ich 7 Millionen Katholiken und 3 Millionen Neger, Indianer und Juden ab. Die übrigen 28 Millionen sollten den verschiedenen Secten angehören; allein darunter sind, nach Hammerstein, kaum 8 Millionen, die noch in der Kirche einen Kirchenstuhl bezahlen. Noch düsterer schildert der Bischof von Savannah den religiösen Zustand auf Seite der Secten, wenn er behauptet, daß man unter zehn Protestanten kaum einen trifft, der getauft ist. Man wird deßwegen diesen trostlosen Zustand nicht übertreiben, wenn man annimmt, daß nicht mehr zwei Millionen Protestanten das Abendmahl nehmen.

Denkende Protestanten sprechen es auch unverholen aus, daß ihr System in vollständiger Auflösung begriffen ist und daher einer andern, vernünftigeren Weltanschauung Platz machen muß. Bischof Heiß von La Crosse erzählt Folgendes: „Vor einigen Wochen traf es sich, daß ich auf der Eisenbahn neben einen sehr gebildeten Amerikaner, der ganz Europa durchreist hatte, zu sitzen kam. Als er vom Conductor hörte, wer ich wäre, drückte er mir seine große Verwunderung über die Fortschritte der katholischen Kirche aus. Er könne nicht umhin, sagte er, die Organisation der katholischen Kirche anzustaunen, die bei so verhältnißmäßig geringen Mitteln, bei so viel Widerspruch von allen Seiten so Vieles in diesem Lande zuwege bringe, während bei den Protestanten sich Alles zersplittere und löse. Wenn man deßhalb, meinte er, das Christenthum, wie es sich im Protestantismus darstellt, betrachte, so scheine dasselbe einer andern Weltanschauung bald weichen zu müssen." So ist es; der Protestantismus erhält in der Union keine Staatshilfe und daher wird er nach wenigen Jahren aus der dortigen Gesellschaft verschwunden sein. Das gibt ein protestantischer Prediger, Rev. Platt, offen zu: „Man behauptet," sagt er, „daß drei Mächte in Amerika um die Herrschaft ringen:

Katholicismus, Protestantismus und Unglaube. Was den Protestantismus betrifft, so werden die Staatsschulen ihn todt machen. Das ist bloß noch eine Frage der Zeit. Der Kampf wird sich deßwegen nur noch auf den Katholicismus und den Unglauben beschränken." Und P. Baumgartner schreibt: „So ist der Untergang des Protestantismus in Amerika nach dem Urtheile eines gläubigen, einsichtsvollen Protestanten nur mehr eine Frage der Zeit; der Unglaube, der seine Erbschaft angetreten, bewährt sich auf Schritt und Tritt als eine Quelle schimpflicher Corruption."

Es ist ein eigenes Gefühl, wenn man sich in Amerika im öffentlichen Leben bewegt, viel auf Bahnen oder in der Stadt mit Leuten verkehrt und sich sagen muß: unter den Hunderten, die ich um mich sehe, sind kaum 10 bis 20 getauft; alle Andern vollkommene Heiden. Es muß aber bemerkt werden, daß zwischen den ungläubigen Amerikanern und den Ungläubigen Europa's ein großer Unterschied besteht. Der ungläubige Yankee ist artig; er scheut sich, über Gott, Bibel und Religion verächtlich zu reden und den Glauben Anderer anzutasten. Die Stimmen aus Maria-Laach bemerken über die wirkliche Lage der Dinge sehr richtig: „Kein Land der Welt, England abgerechnet, hat der Maschine, dieser Haupterrungenschaft des modernen Wissens, eine so großartige, gewaltige, stets voranstrebende, praktische Anwendung gegeben. Es ist lange nicht Alles Schwindel, was da drüben seit einem Jahrhundert geschehen ist. Die Riesenstädte dieses Landes, seine dem Urwalde abgerungenen Staaten, sein Handel und Weltverkehr, seine Industrie, seine Erfindungen, sein Emporkommen von 4 Millionen auf 40 Millionen Einwohner ist kein Humbug, sondern eine greifbare Thatsache . . . . Die modernen Philosophen sind durchweg gegen Amerika heillos ungerecht, weil es den Fortschritt nicht so sehr auf dem Gebiete der Verneinung als auf dem des praktischen Materialismus sucht; weil es Eisenbahnen und neue Städte baut, anstatt sich an die Prairie hinzusetzen, um über Pfaffen zu schimpfen. So große Anerkennung jedoch das Volk von Amerika für jenes gewaltige Stück Arbeit verdient, so ist es nicht zu verkennen, daß dasselbe materialistisch geworden ist. Geld, Handel und Industrie sind in weit höherem Grade die Pole seines Lebens, als bei irgend einer andern neuen Nation; Religion, Wissenschaft und Kunst bilden nur untergeordnete Faktoren. Auch in ihnen macht sich die Gewohnheit geltend, Alles als Geldgeschäft zu betreiben. Ein Streben, das über das Diesseits hinausgeht, findet der ächte Yankee überflüssig. Mag die Majorität der Bevölkerung sich noch taufen lassen, unregelmäßig oder regelmäßig den Gottesdienst besuchen, den Namen einer christlichen Secte führen, zu Sammlungen beisteuern, — den Markt des Lebens beherrscht die Religion nicht. Weder der Staat noch die Gemeinde, weder die Staatsschule noch der Einzelne kümmert sich um sie. Da gilt nur der Bürger und der Geschäftsmann. Alle sind da gleich im Rennen nach Gewinn. Am siebenten Tage aber will der unermüdliche Yankee auch so gut wie seine Väter einen Rasttag halten und da scheut er sich auch nicht vor ein Bischen Predigt. Dieses Bischen Predigt ist freilich noch keine Religion; aber der Yankee ist zu oberflächlich, um es zu verachten, zu gleichgiltig, um etwas Besseres zu verlangen. Diese seichte Gleichgiltigkeit ist die vorherrschende Religion der Amerikaner. Es ist ein Unglaube, der mit der Welt zufrieden ist, ohne jedoch gegen Ueberirdisches feindlich aufzutreten.

„Wenn man indeß genauer zusieht, was die aufgeklärten Deutsch-Amerikaner an den Yankees am wenigsten leiden können, so wird man finden, daß es immerhin ein Rest religiös-sittlicher Ueberlieferungen und socialer Formen ist, welche der gläubige Protestantismus im Leben des modernen Amerika zurückgelassen, oder welche mit der Eigenart der Angelsachsen überhaupt zusammenhängen. Hierher gehört vor Allem die Scheu, von

Gott, Religion, Bibel, Christenthum, Christus würdelos oder verächtlich zu reden, die Religion und ihre Diener unglimpflich zu behandeln, den Glauben Anderer polemisch anzutasten. Hiermit verbindet sich eine Achtung vor dem Sonntag und vor dem Gottesdienste, soweit derselbe zur üblichen Sonntagsfeier gehört, sowie die Scheu, die Sonntagsruhe durch Arbeit oder geräuschvolle Lustbarkeiten zu stören. Bei aller Gleichgiltigkeit gegen die Religion rechnet man es doch Andern nicht zur Schande an, daß sie religiös sind; und die allgemeine Sitte erlaubt die freieste Betheiligung an religiösen Uebungen und Unternehmungen, ohne daß man sich dadurch in Verruf bringt."

Diese Eigenthümlichkeit des Unglaubens in der Union macht es dem katholischen Priester leicht, sich im öffentlichen Leben zu bewegen, sein Brevier, seinen Rosenkranz zu beten im Kar, in der Station, auf öffentlichen Plätzen. Der Yankee stört nie eine Prozession der Katholiken, macht keine spöttischen Bemerkungen, wenn Leute in die Kirche gehen oder aus der Kirche kommen, oder wenn ein Irländer seine Verehrung einem Priester in der dieser Nation eigenthümlichen Weise bezeugt, um den Segen bittet oder die Hand küßt. Das Alles beachtet der Yankee nicht. Dafür will auch er in seinem Thun nicht gestört werden. Es mag sein, daß dieß eine Eigenschaft der angelsächsischen Rasse ist; aber in Amerika tritt das recht auffallend hervor und nimmt den Reisenden, der aus Europa kommt, unwillkürlich für die Yankees ein.

Da die katholische Kirche die vom Protestantismus abgefallenen Elemente nicht bekommen hat, — sie zählt erst ein Fünftel der Nation zu ihren Mitgliedern, — so muß ich erklären, wer die Erbschaft angetreten hat. Die Secten haben die Logen bevölkert. Nirgends in der Welt sind die Freimaurer so zahlreich, als in den Vereinigten Staaten. Ich habe wiederholt mit Reisegefährten über die Maurerei gesprochen, wenn sie die Auszeichnungen derselben trugen. Sie sagten vielfach:

„Ich halte so wenig auf die Maurerei, wie auf eine positive Religion; aber ich wollte in der Loge meine drei Grade haben!" Das Logenwesen ist zur amerikanischen Mode geworden. Dort tauft man, ißt man, hat man ein sonderbares Ceremoniell, um dadurch die Religion vergessen zu machen. Die Loge ist trefflich organisirt. In jedem Staate bestehen mehrere Logen und sind dann einer Großloge untergeordnet. Ganz Amerika zählt sicher 6000 Logen, die ihren Mittelpunkt in Philadelphia, der ehemaligen Bundesstadt, haben.

Um auf die Menge zu wirken, bestehen politische Vereine, z. B. National-Vereine, Liga, freie Vereinigung, die von der Loge geleitet werden, und das Schlimmste ist, daß zahllose Prediger der Secten selbst Logenbrüder sind. Was diese Vereine anstreben, ist kein Geheimniß mehr. Ein Mitglied des National-Vereins schrieb: „Vollziehen wir kühn und großherzig die gewaltige Aufgabe unserer Epoche! Erhebt euch zum großen Werke und befreit Amerika von den Anmaßungen der Kirche! Weihet diesen großen Continent, von einem Ocean zum andern, der menschlichen Freiheit! Bewährt euch als würdige Sprößlinge jener Männer, deren Weisheit und Patriotismus uns eine Verfassung gab, der kein Makel des Aberglaubens anklebt! Schüttelt den Schlummer von euch und sprengt die Ketten, welche ihr nur allzulange friedlich getragen habt!"

Unter dem Einflusse solcher Männer muß aus den Secten Alles, was noch christlich an ihnen ist, verschwinden, weil die Prediger selbst den Logengeist des Unglaubens in sie hineintragen. Bereits gibt es in New-York Vereine, wo man Geister beschwört und einen wirklichen Cultus des Teufels treibt. Nordamerika ist die Brutstelle des Spiritismus. Man ist hier schon in die Greuel des heidnischen Götzendienstes und aller seiner widernatürlichen Erscheinungen hinabgesunken. Und noch ist kein Ende abzusehen außerhalb der Kirche. Den Protestantismus hat die Freiheit ruinirt, und sein Princip, daß Jeder sich seinen Glauben machen kann, hat ihn selbst zuerst dem allgemeinsten Unglauben überantwortet.

Unter den Sectenpredigern bestehen zwei Richtungen. Die Einen gehen mit dem Unglauben und befördern ihn; die Andern suchen durch eine den Katholiken nachgeäffte Art von Missionsthätigkeit noch auf die Massen zu wirken. Sie veranstalten Revivals (spr. Riweiwels) oder Wiederbelebungen des Glaubens. Der amerikanische Volkscharakter unterstützt sie hierin; so habe ich oft in New-York Männer mit vielem Pathos, auf einem Wagen stehend, predigen sehen. Sie erhielten Zuhörer. Die Polizei kümmerte sich nicht weiter darum. Natürlich ist es Vielen, die predigen, nicht um die Bekehrung der Zuhörer zu thun, sondern, um Anhänger zu bekommen und damit ihren Lebensunterhalt zu sichern. Die Revivals werden in einem Meetinghouse oder auch im Freien abgehalten. Stören wird sie Niemand. Es erscheinen Aufrufe in den Blättern und verschiedene Aufforderungen, seine Seele zu retten. Beginnt die Wiedererweckung, so hält der Prediger schauerliche Anreden, um Rührung hervorzurufen. Lieder werden gesungen. „Blitz, Donner, Feuer und Schwefel, alle Schrecken des Weltunterganges und des jüngsten Gerichtes, alle Gluthen des flackernden Sinai und alle Flammenströme der Hölle, alle Teufel der Unterwelt und alle Schrecken der Ewigkeit werden in zündender Volksberedsamkeit, wild, leidenschaftlich, mit Wehrufen und Verwünschungen, Drohungen und Bittgebeten, prophetischen Flüchen und apokalyptischen Bildern über die bange lauschende Versammlung ausgeschüttet. Der Redner wüthet, schäumt, rast, geräth in Krämpfe, die glühenden Augen starren ihm zum Kopf heraus, er poltert und schreit, bis ihm die Stimme versagt — — und dann, wenn er in heisern Bittrufen um Gnade seufzt, kommt die Stunde der Erweckung."

Das Ende ist gewöhnlich, daß die Leute eine Summe

zahlen, um den Prediger für seine physische Anstrengung zu entschädigen, und daß sie vielleicht auch für Missionen etwas geben. Meistens entstehen neue Secten und machen die Zerrüttung ärger, als sie zuvor gewesen ist.

Neben den Revivals nehmen „Lagerversammlungen" einen wichtigen Platz ein. Sie finden in Wäldern statt und gleichen einem Jahrmarkte. Die Leute kommen auf Karren und schlagen Zelte auf, unter denen sie wohnen. Was aber sehr viel beiträgt, den Eindruck eines solchen geistlichen Jahrmarktes zu erhöhen, ist die Wahl des Platzes. Es wird dazu gewöhnlich eine wildschöne Landschaft ausgesucht, ein blumenreiches Feld, von herrlichen Eichen, Ahornen, Platanen umkränzt, mitten im träumerischen Walde. Da, von Schlingpflanzen umrankt, von Vögeln umschwirrt, erheben sich zwischen natürlichen Büschen die Zelte oder Wigwams eines Lagerdorfes.

Allein diese „Campmeetings" haben in der Regel sehr schlimme Folgen. Sie befördern die Unsittlichkeit und verursachen Händel und Streitigkeiten. Nicht selten geht eine Familie einig und zufrieden in's Lager und kehrt verfeindet oder gar geschieden zurück.

Das sind die traurigen Aussichten des Protestantismus in der Union. Er hat hier, wo vollkommene Freiheit herrscht, wo auch ihm kein Hinderniß in den Weg gelegt wird, wo er der katholischen Kirche gleichgestellt ist, seinen Einfluß auf das Volk verloren. Die 150 Kirchen der Secten in New-York stehen leer oder haben an Sonntagen keine Besucher. Die vorzüglichsten Pfarreien der Methodisten, Presbyterianer, Episcopalen haben kaum hundert Pfarrkinder, und „diese lesen die Zeitung", wenn sie im Bethause einen Platz gemiethet haben.

Diese traurigen Zustände muß man in Europa bekannt machen, damit Solche, die nach Amerika gehen, um sich dort niederzulassen, die Verhältnisse kennen und sich einfach der katholischen Kirche anschließen, in deren Schooße ein reges geistiges, religiöses Leben herrscht. Die sieben Millionen Katholiken sind dort in Wahrheit die kleine Heerde, die der Herr ermuntert, sich nicht zu fürchten, weil sie den Sieg erringt und das Reich erobert.

Ein Vergleich zwischen dem religiösen Leben im Schooße der Secten und im Schooße der Kirche wird uns jetzt zeigen, wie gerade die Freiheit auf die Entfaltung des katholischen Lebens und Wirkens günstigen Einfluß ausübt.

15.
Fortsetzung.

„Eines Fortschrittes im guten Sinne des Wortes erfreut sich ohne Zweifel besonders das katholische Leben in den Vereinigten Staaten. Als ich vor zweiunddreißig Jahren in dieses Land kam, gab es im Ganzen kaum 400 katholische Priester, unter welchen etwa vierzig oder fünfzig Deutsche waren. Jetzt gibt es nahezu 5000 Priester, unter denen 1200 Deutsche sind. Fast alle diese Priester sind in der Seelsorge beschäftigt; denn auch Diejenigen, welche in Seminarien oder Lehranstalten wirken, entziehen sich ihr nicht, indem sie den mit Arbeit überladenen Seelsorgspriestern bereitwillig Aushilfe leisten. Ueberall ist ein reges kirchliches Leben. Es wird kaum im Osten oder Westen dieses Landes eine Stadt geben, wo nicht eine Kirche oder eine Schule, ein Hospital oder Waisenhaus jährlich gebaut wird, weil entweder die alten Räumlichkeiten nicht mehr ausreichend sind und vergrößert werden müssen, oder weil neue Gemeinden sich bilden oder neue kirchliche Anstalten errichtet werden. Dieß fällt selbst den Protestanten in die Augen," schrieb vor wenigen Jahren Bischof Heiß.

Ehe ich daran gehe, das religiöse Leben der Anhänger der katholischen Kirche, wie ich es in New-York, Brooklyn, Williamsburgh, Dobbs-Ferry, Baltimore, Milwaukee gefunden habe, zu schildern, möchte ich aufmerksam machen auf die Nachtheile, die die katholische Kirche erlitten hat im Vergleiche mit den Secten. Die Protestanten besaßen, als die Union entstand, herrliche Kirchen, Schulen, Waisenhäuser, Institute aller Art. Diese wurden ihnen bei Gründung der Union gelassen. Nur erhielten sie fortan vom Staate aus keine Hilfe mehr. Die Katholiken hingegen besaßen zu jener Zeit nur eine Privatkapelle in Philadelphia, keine Schule, keine Anstalt, kein Waisenhaus, kein Hospital.

Ich habe früher vom blühenden Zustande erzählt, in dem ich die katholische Kirche in den Vereinigten Staaten gefunden habe. Jetzt gebe ich in New-York die Ursachen dieser Blüthe an. Das rege religiöse Leben der Katholiken hat den herrlichen Zustand der Kirche mit Hilfe der göttlichen Gnade, ungeachtet vieler Schwierigkeiten, die die Protestanten gar nicht kannten, herbeigeführt. Die Protestanten durften, um nur das hervorzuheben, ihre Kinder in die Staatsschulen schicken, weil diese protestantisch waren. Die Katholiken durften es nicht thun, und wo es geschah, verloren sie die Jugend. Die Katholiken legten den Protestanten kein Hinderniß in den Weg. Die Protestanten benützten ihre Waisenhäuser, Gefängnisse, die Hospitäler, um Katholiken ihrem Glauben zu entfremden. Und dennoch hier die Blüthe und dort das gänzliche Aufhören des religiösen Lebens! Wer sieht nicht, daß hier eine höhere Macht thätig gewesen sein muß?

Die Katholiken besitzen nach einer Schätzung vom Jahre 1870 ein Kirchenvermögen in den Vereinigten Staaten von 61 Millionen Dollars. Auf diesen Werth schätzt man ihre Kirchen, Schulen, Pfarrwohnungen, Waisenhäuser, Hospitäler und Klöster mit den dazu gehörigen liegenden Grundstücken. Dieses Wort besagt viel; denn die ersten 25 000 Katholiken unter Bischof Carroll haben nicht einen Dollar vorgefunden. Man sage auch nicht, daß Europa dieses Vermögen geschickt hat.

Die Missions-Vereine können eine Million gegeben haben. Das Andere haben die pflichteifrigen Katholiken in Nordamerika selbst unter sich gesammelt. Für die Katholiken besteht das gleiche Verhältniß, das ich schon bei den Protestanten erklärt habe. Ihnen zahlt der Staat nichts. Alles muß die freiwillige Opferwilligkeit der Gläubigen aufbringen. Niemand darf gezwungen werden. Gegen den Zwang in religiösen Dingen würde die Polizei einschreiten.

Die Katholiken fanden in der Union dieselben Verhältnisse, wie in Rom die ersten Christen zur Zeit des hl. Petrus und noch 300 Jahre später sie gefunden haben. Zwischen der ersten Kirche und der Kirche der Union besteht eine auffallende Aehnlichkeit. Das römische Reich anerkannte die Kirche nicht. Daher besoldete es keinen Priester oder Bischof, baute nicht Kirchen, Waisenhäuser, Hospitäler, unterstützte keinen christlichen Armen. Es blieb daher den einzelnen Gläubigen überlassen, die Mittel aufzubringen, welche die Kirche nothwendig hatte.

Die nordamerikanische Republik kümmert sich um die katholische Kirche eben so wenig. Sie erhält von den einzelnen Staaten nicht die geringste Unterstützung. Sie muß ihre Bischöfe, Priester, Kirchen, Schulen, Waisenhäuser, Hospitäler aus eigenen Mitteln unterhalten. Wer eine Kirche haben will, muß sie bauen; wer eine Schule will, muß sie gründen.

Die Kirche in Amerika erhält die ihr nothwendigen Geldmittel im Allgemeinen wie die erste Kirche sie erhalten hat.

Der hl. Justin, der Martyrer, welcher im zweiten Jahrhundert nach Christus gelebt hat, erklärte es bereits für „eine bestehende und uralte Gewohnheit, bei der heiligen Messe nach der Communion eine Sammlung bei den Vermöglichen vorzunehmen", welche Demjenigen, der den Vorsitz führte, entweder dem Bischofe oder dem Priester, eingehändigt wurde, auf daß „sie mit diesem Gelde Waisen, Wittwen, Kranke, Nothleidende,

Gefangene, Fremdlinge und Reisende unterstützten. Man erwartete von ihnen, daß sie für alle Bedürfnisse der Heerde sorgten". Dieser herkömmlichen Ordnung in der Kirche that der Heilige Erwähnung in seiner Schutzschrift an den Kaiser Antoninus Pius.

Die während des Gottesdienstes gesammelten Gelder wurden in vier Theile getheilt. Ein Viertel gehörte dem Bischof, „damit er Gastfreundschaft übe und Gefangene erlöse". Er galt als „Vormund der Armen", wie Justinus ihn nennt. Das nächste Viertel gehörte den Armen ganz. Die noch übrigen zwei Theile wurden auf die Unterhaltung des Klerus, auf die Wiederherstellung und Ausschmückung der Kirchen verwendet. Es galt in Bezug auf den Klerus der Grundsatz: „Wer dem Altare dient, soll vom Altare leben."

In späteren Jahrhunderten änderten sich die ursprünglichen Verhältnisse. Reiche Laien wollten ein gutes Werk thun und erbauten aus eigenen Mitteln Kirchen, wie Kaiser Constantin in Rom, Helena in Jerusalem und Bethlehem, ein Patricier Johannes auf dem Esquilin, Kaiser Justinian in Constantinopel und in Jerusalem auf dem Berge Moria gethan haben.

Als nach dem Sturze des Römerreiches und den Stürmen der Völkerwanderung die Germanen in die katholische Kirche eintraten, schenkten ihre Herzoge den Bischöfen und Priestern, die in ihrer Mitte wohnten, Kirchen, bauten Schulen und Anstalten, errichteten Ländereien, von deren Ertrag sie lebten, und befahlen den christlichen Unterthanen, an die Kirche den Zehnt zu zahlen. Auf diese Weise erhielten die Bischöfe und Priester in unserem Lande ungemein reiche Hilfsquellen, so daß sie mit Leichtigkeit die glänzendsten kirchlichen Gebäude, Institute und Klöster bauen konnten. Das war in Europa die Ordnung, um die Kirche zu erhalten.

Ich schildere jetzt die Einrichtungen in Nordamerika, um die Kirche zu unterhalten. Kaum war von Pius VI. John

Carroll zum ersten Bischof von Baltimore ernannt worden, berief er seine zwanzig Priester, die Mitarbeiter im Weinberge des Herrn, unter ihnen Pellentz, Molineux, Fleming, Nagot, in diese genannte Stadt, um die Vertheilung der Almosen, „an welche die junge Kirche", schreibt P. Baumgartner, „wie in den Erstlingstagen des Christenthums gewiesen war", juxta antiquum Ecclesiac morem, d. h. nach altem Herkommen, zu regeln. Ein Dritttheil derselben wurde dem Unterhalte des Priesters, das zweite den Armen, das dritte dem Kirchenbaue und den gottesdienstlichen Requisiten zugetheilt. Aus diesem Almosen, das in den Kirchen bei den gottesdienstlichen Verrichtungen gesammelt wurde, bauten die ersten Missionäre das Seminar in Georgetown, gründeten die erste katholische Universität in St. Mary's und die erste Congregation der Sulpicianer. Diese erste Ordnung, die der Bischof Carroll mit seinen Missionären für Nordamerika geschaffen, ist geblieben bis auf den heutigen Tag. Die Republikaner Washington und Franklin, die ersten Stützen des jungen Staates, die Freunde des Bischofs Carroll, haben den Katholiken kein Stücklein Land für eine Kirche, keinen Dollar für ein Seminar geschenkt, haben keinen Cent zur Unterhaltung eines Missionärs gegeben. Aber sie sind gerecht genug gewesen, den Secten die reichen Kirchen, die trefflichen Seminarien, die Waisenhäuser und Hospitäler zu belassen, nur mit dem Unterschiede gegen früher, daß diese so gut wie die Katholiken auf die freiwilligen Almosen ihrer Heerden angewiesen wurden.

Und nun begann ein eigenes Schauspiel. Die Mitglieder der einzelnen Secten verminderten sich rasch und opferten von Jahr zu Jahr weniger. Die Mitglieder der römischen Kirche mehrten sich jedes Jahr und opferten mehr, so daß bald statt des einen Bischofs deren vier mit vielen Missionären leben konnten und in den Stand gesetzt wurden, herrliche Cathedralen und Kirchen, Seminarien, Waisenhäuser, Schulen und Hospitäler zu bauen. Dieser Eifer dauert fort bis auf den heutigen Tag. Vom kirchlichen Almosen leben gegenwärtig 67 Bischöfe und Erzbischöfe, fast 6000 Priester, und werden 8000 Kirchen und Kapellen, 34 Priesterseminarien, 1217 Studirende der Theologie, 62 Unterrichtsanstalten, 540 höhere Mädchenschulen, 1590 Volksschulen, 221 Waisenhäuser und Hospitäler unterhalten.

Ich habe schon die herrlichen Kirchen, Schulen, Institute, Klöster, Waisenhäuser geschildert, die ich in Pittsburg, in Columbus-Ohio, in Chicago, in Milwaukee, in Buffalo gefunden habe. Die Kirchen übertreffen die in Europa nicht selten durch ihre Eleganz und glänzende Ausstattung. Die Waisenhäuser und Asyle sind den Anforderungen der neuen Zeit entsprechend eingerichtet. Die Schulen gleichen Palästen und haben die neuesten Einrichtungen in Bezug auf Beheizung. Die Seminarien sind trefflich organisirt, wie ich am Salesianum nachgewiesen habe. Mehrere Klöster erfreuen sich der höchsten Blüthe. Und fragen wir jetzt: wer hat alles Dieses geschaffen? so ist die Antwort: „der Eifer der Katholiken der Union."

Ich habe früher von den glänzenden Einrichtungen New-Yorks erzählt, von seinen Elevated Railroads, Parkanlagen, von Wallstreet und Fifth Avenue. Von den Schöpfungen der katholischen Einwohner, welche bereits die Hälfte der Bevölkerung ausmachen, und von ihrem religiösen Leben habe ich dort nichts erzählt. Ich thue es hier. New-York hat für seine 500 000 katholischen Einwohner 57 große Kirchen und 31 Kapellen eingerichtet. Es unterhält 50 Pfarrschulen. An 200 Priester mit einem Cardinalerzbischofe an ihrer Spitze versehen die Seelsorge. Es befinden sich in der Stadt ein Seminar, 3 Collegien und 22 Akademien, 13 höhere Schulen, 19 Waisenhäuser, ein Haus für arme alte Männer, 3 für arme alte Frauen, 4 Krankenhäuser, 17 Manns- und 22 Frauenklöster.

Zwei von den Waisenhäusern der Stadt sind so großartig organisirt, daß ich später eigens über sie erzählen will.

Im schönsten Theile der Stadt, da, wo die vornehme Welt wohnt und jedes Haus ein Palast ist, steht auf einem ganz freien Platze die dem hl. Patrick geweihte Cathedralkirche. Es wurde noch an ihr gebaut, als ich sie sah. Der Baustil ist gothisch, genau nach dem Plane des Kölner Domes. Sie wird unstreitig eine Prachtkirche und ein Dom, der den deutschen Domen und jenen von Amiens, Rheims und Toul in Frankreich an Zierlichkeit und Großartigkeit nicht nachstehen wird. Er hat bisher schon mehrere Millionen Dollars gekostet und der Eifer der Katholiken hat sie geopfert. Diese „Patrickkirche" wird alle umliegenden Kirchen der Secten, die gerade da sehr zahlreich sind, die Dreifaltigkeitskirche nicht ausgenommen, in Schatten stellen. Mit Staunen wird selbst der Yankee an dieser Stätte die Macht und Schönheit des katholischen Gottesdienstes, gefeiert von einem Cardinal der römischen Kirche, sehen und die herrlichen, ergreifenden Gesänge hören, womit die Kirche ihren Gottesdienst feiert.

Der Cathedrale steht würdig die Erlöserkirche in der dritten Straße, die den Redemptoristen gehört, zur Seite. Die drei Altäre aus weißem Marmor, genau nach den kirchlichen Rubriken erbaut, haben stets meine Aufmerksamkeit gefesselt. Hier habe ich am öftesten den Volksgesang gehört und mich an der Andacht der Jugend, beaufsichtigt von den Lehrern, und an dem Eifer der Erwachsenen erbaut. Diese Kirche zeichnet sich äußerlich durch ihren in zartester Form ausgeführten Thurm aus.

Die Kirche in der dreißigsten Street, erbaut vom deutschen Kapuzinerguardian Bonaventura Krey, zeichnet sich durch Zierlichkeit im Innern aus und faßt sicher dreitausend Andächtige.

In der sechzigsten Straße steht die dem hl. Franz Xaver geweihte Kirche. Sie zeichnet sich wie alle Kirchen der Jesuiten durch großen Schmuck aus. In neun größern Kirchen wird nur deutsch geprediget, weil sie den Deutschen gehören. Aber auch die Polen, Böhmen, Italiener, Franzosen besitzen eigene Kirchen in dieser Weltstadt.

Damit die Priester der Stadt und der Umgebung, welche sich erneuern wollen durch Gebet und Betrachtung und stärken für ihren schweren Beruf, Gelegenheit haben, das zu thun, haben die Jesuiten ein „Manresa" gegründet.

Aus dem Gesagten geht hervor, daß sich die Kirche in der Weltstadt in einem noch viel blühenderen Zustand befindet, als in Chicago und Buffalo, und von den Städten, die ich bisher geschildert habe, nicht übertroffen wird, Pittsburg und Milwaukee etwa abgerechnet. Und hier, wie überall in der Union, ist die ungezwungene Opferwilligkeit der Katholiken die Ursache dieser Schöpfungen.

So oft ich an Sonn= und Festtagen oder auch an Werk= tagen dem feierlichen Gottesdienste in der Kirche beiwohnte, brachten eigens für dieses Geschäft bestellte Männer kleine Körbchen, vertheilten sie an die Reihen der Gläubigen und diese legten, sie von Hand zu Hand gebend, ihre Opfer hinein. Selbst die Kinder opferten. Dieses Opfer, welches in großen Kirchen nicht selten 100—500 Dollars an einem Sonntag ausmacht, wird dem Pfarrer eingehändigt und in Ueberein= stimmung mit den Trustees oder Vertrauensmännern verwendet für den Unterhalt der Priester, der Kirche, der Schule, der Kirchenmusik, der Anstalten und Institute. Eine bestimmte Summe wird alljährlich an den Bischof abgeliefert, der von jeder Kirche seiner Diöcese ein bestimmtes Einkommen bezieht. Außer diesen freiwilligen Gaben zahlen die Gläubigen nichts, keine Zehnten, keine directen Stolgebühren, die üblichen Meß= stipendien ausgenommen.

Unter den Katholiken herrscht allgemein ein reger Eifer, etwas in dieser Weise zur Erhaltung der Religion zu thun.

Aber alle Andern übertreffen die Irländer. Diese Nation zeigt eine Opferwilligkeit, die unerhört und ohne Beispiel in der Weltgeschichte ist. Der ärmste Irländer darbt lieber, als daß er nicht am Sonntag sein Opfer darbrächte. Die Gleichgiltigsten indeß sind bis heute die Böhmen; sie thun am wenigsten für die Kirche und für die Religion.

Dieses sind die regelmäßigen Einnahmsquellen der Kirche in der Union. Es besteht aber noch eine Einrichtung, um für außerordentliche Fälle außerordentliche Mittel zu bekommen, das sind die „Picknicks" und „Fairs", die man in keinem andern Lande der Christenheit kennt. Durch sie erzielt der Priester außerordentliche Summen, etwa um einen schönen Altar, eine herrliche Statue, eine Orgel anzuschaffen, oder ein neues Waisenhaus einzurichten.

Das Wort Picknick kennt man in Deutschland, jedoch in einem andern Sinne. Hier veranstaltet es ein Verein, um seinen Mitgliedern eine heitere Stunde zu verschaffen. Damit hat das amerikanische Picknick nichts gemein. Der Zweck ist ausschließlich „Geld machen", natürlich für einen guten Zweck.

Hervorragende Katholiken einer Gemeinde berathen mit dem Pfarrer einen bestimmten Tag zur Abhaltung eines Picknick. Ist man darüber einig, so beginnen die Sammlungen. Der reichste Bierbrauer schenkt eine größere Quantität Bier. Ich bemerke hier, daß in Amerika reiche Leute nie gerne im Kleinen Almosen geben. Die Knickerei ist dort verhaßt, wie überhaupt jeder Bettel. Ich bin während der vielen Wochen, die ich in Amerika zugebracht habe, im Ganzen einmal, und zwar in New-York, angebettelt worden. Außerdem sah ich keinen Armen weder im Hause noch an Kirchthüren betteln. Der Yankee will das nicht. Er gibt gerne im Großen für Armenhäuser, Waiseninstitute, und dort will er die Armen sehen. Doch zurück zum Picknick. Zu demselben schenken

Brauer für wohlthätige Zwecke 2000 und mehr Liter Bier. Dazu kommen die Bäcker, welche gutes Brod umsonst geben, und die Conditoren, welche Süßigkeiten auf dieselbe Weise schenken. Am bestimmten Tage verkündet der Pfarrer das Picknick von der Kanzel und fordert zum Besuche auf. Benachbarte und befreundete Pfarrer laden ebenfalls die reichsten Leute ihres Ortes ein, und so finden sich dann Tausende von Katholiken und nicht selten auch Andersgläubige im Garten eines Waisenhauses oder einer Schule ein. Es erscheinen immer ganze Familien. Die Musik spielt heitere Stücke. Mitglieder der Gemeinde, die dazu sich eignen, schenken das Bier aus, verkaufen das Brod und die Süßigkeiten: Alles natürlich zu den höchsten Preisen. Da die Gegenstände umsonst gegeben wurden, ist Alles Gewinn. Die Jugend schaart sich zusammen um eine Schaukel. Die größeren Knaben ererciren. Die Erwachsenen geben sich der Heiterkeit hin. Es beginnt das Treaten, d. h. eine Abtheilung von 5—10 steht zusammen und Jeder zahlt ein Glas Bier. Auf diese Weise verkauft man das Bier rasch und erzielt mit kleinen Gläsern hohe Preise.

Ist das Geschenkte aufgezehrt und die Gegenstände verkauft, so hat das Picknick ein Ende. Der Ertrag wird jenem Trustee ausgehändigt, der an der Spitze jenes Institutes steht, zu dessen Gunsten das Picknick stattgefunden hat. Doch werden auch Picknicks abgehalten, wozu man die Sachen kauft und den Gewinn nur durch den höheren Verkaufspreis erzielt.

Ich wohnte in der 89. Straße von New-York am Pfingstmontag einem Picknick bei, welches die Deutschen zu Gunsten des Waisenhauses in dieser Straße veranstalteten. Die Leitung des Institutes haben die Schulschwestern vom Mutterhause in Milwaukee. Die Kinder sind trefflich untergebracht. Am Ende eines Gartens steht ein palastähnliches Haus mit Kirche. Daran reiht sich ein ungemein großer Garten mit der Aussicht auf das Meer. In der Mitte ist der Spielplatz für die Kinder und daneben die Wohnung des katholischen Geistlichen. Im Garten fand das Picknick statt. Viele Priester, unter andern zwei Jesuiten, waren anwesend. Die einzelnen Katholiken unterhielten sich vortrefflich. Die verschiedenen Familien, die alte Bekannte waren, aber sich lange nicht mehr gesehen hatten, fanden sich zusammen, „treateden" sich und erzählten sich dabei ihre Erlebnisse. Die Jugend machte Spiele. Die Musik trug zur Erheiterung bei. Einzelne Reiche kauften verschiedene Gegenstände um fabelhafte Preise für die Waisenkinder. Erst am Abende trennte man sich. Die Geistlichen waren die Letzten, welche fortgingen mit den Trustees des Waisenhauses. Ich sah das ganze Treiben, das Treaten der Erwachsenen, die Spiele der Jugend: konnte aber nichts entdecken, was mich unangenehm berührt hätte. Das Benehmen der Gäste war anständig und gemessen. Dem Priester begegneten sie mit zartester Rücksicht. Stets war ich umgeben von Solchen, die den Father aus Bayern sprechen wollten. Ich sah nicht einen Betrunkenen, Keinen, der gelärmt hätte. Als der Pfarrer das Picknick schloß, entfernten sich Alle ohne Zögern.

Daher scheinen mir die amerikanischen Picknicks im Allgemeinen durchaus nicht so verwerflich, als man oft liest. Es liegt natürlich auf der Hand, daß sie mitunter mißbraucht werden; allein, was gibt es auf der Welt, das nicht mißbraucht worden ist? Bei uns hält man Musikproductionen, Bälle und Theater ab zu Gunsten der Armen. Die Amerikaner ziehen zu demselben Zwecke ihre Picknicks vor.

Ein anderes Mittel, um „Geld zu machen", ist die „Fair". Diese Unterhaltung ist verschieden von der andern eben erzählten und findet noch öfter statt, aber zum gleichen Ziele, um Institute zu gründen oder zu unterhalten. Vertraute Männer und Frauen veranstalten Sammlungen von mehr oder weniger werthvollen Gegenständen: Kleidern, Schmucksachen, Hauseinrichtungen, die entweder umsonst oder für geringe Preise gegeben werden. In einem Locale werden sie gesammelt und zierlich aufgestellt, dann Loose verfertigt und ein Tag bestimmt für die Fair. Geladene und Nichtgeladene kommen, nehmen eine Anzahl Loose, gewinnen oder gewinnen nicht. Aber die Verloosung bringt viel Geld ein. Es werden auch Getränke verkauft. Zu diesen Fairs, die sehr beliebt sind, kommen nicht selten Leute, die nie in der Kirche erscheinen, und opfern, und geben riesige Summen, 50—60 Dollars einen Abend. Solche, welche die Fair bloß schauen wollen, zahlen ebenfalls. Der Erlös gehört dann zum bestimmten Zwecke.

Ich habe eine Fair an der polnischen Kirche, bei Brooklyn, gesehen; sie hatte den Zweck, die innere Einrichtung der noch armen Kirche, auf der Schulden lasteten, abzuzahlen. Zu derselben waren wohlthätige Katholiken aus dem drei Meilen entfernten New-York gekommen. Wie das Picknick kann auch die Fair mißbraucht werden. Aber der Pfarrer beaufsichtigt und leitet sie. Er schließt die Unterhaltung, wann er will. Und bei den Zuständen, die seit den allerletzten Zeiten erst bestehen, beim regen religiösen Leben, das allerwärts herrscht, bei der Begeisterung der Katholiken für ihre Sache wird es kaum mehr vorkommen, daß die Trustees dem Priester trotzen würden, wenn er in Folge eines unanständigen Vorkommnisses die Fair schließen wollte. Alle Gutgesinnten der Gemeinde stehen auf Seite des „Father". Und diese republikanisch angelegten Naturen — ich wiederhole das — haben eine große Selbständigkeit. Gewöhnlich lassen sich einige Mitglieder von der Behörde die Rechte der Policemen geben, was überall gewährt wird, und tragen unter dem Rocke die Auszeichnung, damit sie jeden Augenblick Ordnung machen können. Es ist dieß ein eigenthümliches Verhältniß in der Republik, daß jeder Bürger als Policeman autorisirt wird und mit allen Befug=

nisse desselben in einem gewissen Kreise auftreten darf. Dieß trägt sehr viel zur allgemeinen Ordnung bei.

Ich habe nun alle jene Mittel und Wege angegeben, die man in der Union anwendet, um alljährlich die Millionen Dollars zu gewinnen und herbeizuschaffen, welche nöthig sind, um Bischöfe, Priester, Kirchen, Schulen und Institute zu unterhalten, und nöthig sind, um immer neue zu bauen. Das Ergebniß der Sammlungen beim Gottesdienste, die Picknicks und Fairs sind gewiß ein sprechender Beweis, daß unter den Katholiken das religiöse Leben mehr blüht als bei den Secten, wo „die Prediger resigniren, weil sie ihren Unterhalt nicht mehr finden". Diese großartigen Geldopfer sind sicherlich ein Zeichen des lebendigen Glaubens. Sie sind aber nicht das einzige Zeichen, daß in New-York und in den andern Theilen der Union katholisches Leben herrscht. Die Katholiken bilden überall unter sich Bruderschaften und nehmen an deren Versammlungen regen Antheil. In der Erlöserkirche gibt es verschiedene Bruderschaften, und so oft ein Fest einfiel, wohnten zahlreiche Andächtige der Predigt und dem Gottesdienste bei. Auch an Werktagen sah ich viele Andächtige in der Kirche. Es besteht dort ein Mütter-Verein zur Verbesserung des Familienlebens. Die Mitglieder bringen unter sich viele Opfer.

Die Maiandachten, die Andachten zum kostbaren Blute, zum heiligen Herzen Jesu sind über die ganze Union ausgebreitet. Die ärmste Framekirche hat im Mai einen zu Ehren der heiligen Jungfrau geschmückten Altar. Im Monat Juli finden Andachten zum kostbaren Blute statt. Dazu gibt es wiederholte Missionen, die auch besucht werden.

Bei zwei Feierlichkeiten habe ich das religiöse Leben besonders kennen gelernt. Die erste war ein Kinderfest auf der Insel Long Island, bei dem ich die Festpredigt auf Einladung des Pfarrers Arnold hielt. Die zweite war die feierliche Frohnleichnamsprozession.

Ich erzähle hier zuerst das Kinderfest auf Long Island am Dreifaltigkeits=Sonntag. Von dieser Insel habe ich schon gesprochen und gesagt, daß sie östlich von New=York liegt und es gegen den Andrang des Oceans schützt. Sie ist 44 Quadrat=Meilen groß und sehr fruchtbar. Das Klima ist feucht, wie bei allen Inseln unter diesem Breitengrade. Die größte und volkreichste Stadt der Insel ist Brooklyn (spr. Bruklyn), mit ungefähr 300 000 Einwohnern. Darunter befinden sich so viele Katholiken, daß sie eine für sich bestehende Diöcese bilden und 40 große und schöne Kirchen besitzen. In 45 Pfarrschulen werden die Kinder unterrichtet. Es bestehen auch viele höhere Unterrichtsanstalten für Knaben und Mädchen, geleitet von den Schulbrüdern, von den guten Hirtinnen und von den Josephsschwestern. Doch gibt es hier auch viele Schulen, an denen weltliche Lehrer den Unterricht ertheilen. Unter den Kirchen nimmt die Borromäuskirche den ersten Rang ein, in der nur englisch geprebigt wird. Sie ist die Kirche der vornehmen Welt. Unter den neun Kirchen der Deutschen ist die Dreifaltigkeitskirche die größte. Dort habe ich gelegentlich einem Nachmittagsgottesdienste beigewohnt, der ungemein be=sucht war. Die weiten Räume füllten Leute aus allen Ständen, und die Männerwelt war ungemein vertreten. Der Pfarrer ist ein geborener Bayer und kann zufrieden sein mit dem Eifer seiner Pfarrkinder. Eine zweite deutsche Kirche ist die Allerheiligenkirche in der Thorntonstreet. Zwei deutsche Priester, darunter Pfarrer Arnold, aus Tölz gebürtig, sind da ange=stellt. Die erste Kindercommunion war auf den Sonntag nach Pfingsten verlegt und ich eingeladen worden, die Predigt zu halten. Mit Freude nahm ich die Einladung an, um auch im Osten der Union mit dem Leben der Katholiken vertraut zu werden, wie vorher im Westen.

Die Theilnahme der Gemeinde war eine außerordentliche. Das Kinderfest in Brooklyn war ein wirklich religiöses

Volksfest. Am Vorabend kamen alle Kinder zur heiligen Beicht und mit ihnen fast alle Eltern und Taufpathen. Ferner brachte jedes Kind ein bekanntes oder deren zwei mit, die an der Ehre theilnahmen und dem Erstcommunicanten ihre Freude und Freundschaft bezeugen wollten. So dauerten die Beichten bis um Mitternacht. Im festlichsten Schmucke empfingen die Kinder, Eltern, Pathen und Freunde die heilige Communion. Hierauf folgte der feierliche Gottesdienst. Ich habe nie eine größere Rührung gesehen und bin selbst nie mehr gerührt gewesen, als damals, wo ich zu diesen Amerikanern über die Grundsätze katholischer Kindererziehung sprach und erklärte, daß Amerika's „unbändige Freiheit" doppelte Vorsicht nothwendig mache, wollten die Eltern Freude an ihren Kindern erleben. Ich habe selten im Leben freimüthiger geredet, und man lud mich unmittelbar nach der Predigt schon wieder für den nächsten Festtag zur Predigt ein.

Am Nachmittage kamen die Kinder wieder in die Kirche und feierten ihr Fest überhaupt im strengen christlichen Geiste. Hierin ist uns Amerika voraus. Allerdings halten die Katholiken die Sonntage nicht nach der Sitte der Puritaner und Quäker, die jede Unterhaltung als sündhaft verabscheuen. Ihre Sonntagsfeier hat etwas Aehnlichkeit mit dem jüdischen Sabbath. Aber die Kirche hat den Sabbath gemildert und an seine Stelle den freudigeren Sonntag gesetzt zur Erinnerung an die Auferstehung des Herrn; daher verbietet sie ihren Kindern erlaubte Unterhaltungen nicht. Dennoch herrschte in Brooklyn eine große, feierliche Stille an jenem Sonntage. Die Gemeinde begriff vollkommen die Erhabenheit des Festes, an dem fünfundsiebenzig Kinder zum ersten Male im Leben waren genährt worden mit dem kostbaren Fleische und Blute des Gottmenschen, um so ein sicheres Unterpfand zu haben ihrer einstigen Auferstehung zum ewigen Leben.

Der katholische Geist, der in den Katholiken Amerika's

lebt, trat ferner recht augenscheinlich am Feste des heiligen Frohnleichnams hervor. An diesem Tage legt der Katholik, der an der Prozession theilnimmt, ein feierliches Bekenntniß seines Glaubens ab.

Die in der Kirche so beliebten und begünstigten Prozessionen haben einen hohen Werth nach zwei Seiten hin. Zuerst geben sie den Katholiken selbst eine passende Gelegenheit, vor aller Welt zu sagen: „Ich bin Katholik!" „Wer mich bekennt vor den Menschen, den werde auch ich bekennen vor meinem himmlischen Vater," sagte der Herr. Die Feierlichkeit gibt Gelegenheit, die Streitkräfte seiner Kirche zu mustern. Eine betende Prozession ist eine Macht und der einzelne Theilnehmer erfährt, daß er nicht allein steht, sondern Hunderte mit ihm denselben Glauben bekennen. Zweitens nenne ich eine Prozession vor Ungläubigen eine Mission. Unter den Protestanten in Amerika ist ungeachtet ihrer bekannten Ohnmacht die Ansicht noch immer verbreitet, daß es mit der katholischen Kirche nicht gut stehe, der Papst selbst an der Zukunft verzweifle. Die Frohnleichnamsprozession sagt dem Yankee, daß der Katholicismus eine Macht ist, die nicht an sich verzweifelt, sondern siegesbewußt in die Zukunft blickt. Daher werden die Prozessionen in der Union bereits an vielen Plätzen öffentlich gehalten. Die Polizei läßt es geschehen; denn es herrscht vollkommene Freiheit.

Mit besonderer Pracht feierten die Deutschen in der Third Street das Fest. Ohne beeinflußt zu sein von irgend einer Seite, bildete sich eine Abtheilung uniformirter junger Männer. Der Amerikaner ist nicht gerne Soldat. Dazu nimmt man vielfach auch nur Leute, die sonst kein Unterkommen finden können. Allein, wenn es die Ehre Gottes gilt, ist der Amerikaner auch Soldat, wie ich das in der „dritten Straße" bemerkt habe. Unter den feierlichen Klängen der Musik rückte die reichgekleidete Schaar die Straße herauf und in die Kirche ein, um das Allerheiligste zu begleiten. Auf der Straße donnerten die Kanonen, daß das Echo vom Hafen herüberhallte. Die Begeisterung war eine allgemeine und die Freude las ich auf allen Gesichtern.

In dieser Weise habe ich das Leben der Katholiken gesehen. Die religiöse Ueberzeugung spricht sich stets offen aus. Der Glaube ist lebendig und offenbart sich auf verschiedene Art. Welche Gegensätze des religiösen Lebens auf Seite der Secten und auf der der Kirche! Dort allgemeine Auflösung, Fahnenflucht in das Lager des Unglaubens, hier enges Anschließen an die Priester und an den kirchlichen Gottesdienst; dort die tiefste Corruption, die sich in Geisterklopfen, Tischrücken, Dämonendienst und verzerrter religiöser Schwärmerei Luft macht, hier einfacher religiöser Glaube und meistentheils sittliches Benehmen. Es wäre zu wünschen, daß die leitenden Staatsmänner der Union die Vortheile und Vorzüge der katholischen Kirche erkännten und einsähen, daß die Secten ein Fundament für eine solide Grundlage eines Staatengebäudes nicht mehr bieten können. „Es ist klar," sagt Baumgartner, „daß der Staat seitens der Secten alle jene Vortheile entbehrt, welche die Existenz einer streng-kirchlichen Organisation ihm bietet. Welchen Antheil die katholische Kirche als Hort der Autorität, als Bollwerk wahrer Freiheit, als Schutzwall historischen Rechtes auf die staatliche Entwickelung Europa's ausübte, ist bekannt. All' der Vortheile, die hierin liegen, war der amerikanische Staat seitens der protestantischen Secten völlig beraubt. Sie ließen den Gedanken an eine kräftige Autorität gar nicht aufkommen, lösten den Begriff der Freiheit in den der Zügellosigkeit auf und boten in ihrer Organisation ein Vorbild dar, das, auf politischem Gebiete vollkommen nachgeahmt, die Revolution zum ständigen Zustand haben müßte."

Diese Lehren boten sich mir dar in New-York und den übrigen Städten, wo ich mich um das religiöse Element küm=

merte, um es kennen zu lernen. Der Protestantismus ist dort ein ohnmächtiges System, das, der äußeren Stütze beraubt, zusammenfällt; die Kirche steht fest auf eigenen Füßen; sie fördert die Autorität nach allen Richtungen und erzieht ihre Anhänger zu den treuesten und besten Bürgern der Union. Daher ist es eine einfache Thatsache, daß der Kirche die Zukunft in Nordamerika gehören wird.

16.
Der rothe Mann und seine Schulmeister. Ein blutiges Blatt der Geschichte. Unerwartete Erbschaft.

Sieben verschiedene Staaten der Union habe ich bis jetzt geschildert, ohne über den „rothen Mann" zu sprechen, der mehrere tausend Jahre vom atlantischen Ocean an bis zum stillen und von der Südspitze des amerikanischen Continentes bis in die Eisregionen gewohnt hat. Als Columbus den Continent, den wir Amerika nennen, entdeckte, fand er ihn bewohnt vom „Indianer". Diesen Namen gab man allen Ureinwohnern, die jedoch in zahllose Stämme zerfielen, die alle dieselbe Hautfarbe und manche äußere Eigenthümlichkeiten gemein hatten, sich aber doch in andern Stücken oft wesentlich unterschieden. Dem Körper nach waren die Patagonier hochgewachsen, die Eskimos winzige Zwerge. Sie legten sich verschiedene Namen bei. Es gab Irokesen, Mohawks, Senekas, Hasen=, Zänker=, Sioux=, Osagen=, Schwarzfuß=, Jakis=, Motis=, Karibis=, Caraiben= und Potokuden=Indianer. Für ihre Abstammung aus Asien sprechen ihre Sprachen, deren mehrere eine Aehnlichkeit mit Dialekten haben, die man in Mittelasien noch hört. Aber mehr beweisen dasselbe die Traditionen der einst Mexico bewohnenden Rothhäute, die in Bezug auf Cultur eine höhere Stufe erstiegen haben als die mehr nördlich und

mehr südlich wohnenden Brüder. Sie wußten von der Sünd=
fluth und von der Rettung ihres Stammvaters.

Die Mehrheit der Indianer führte ein ungeregeltes No=
madenleben. Dieses und die beständigen Kriege scheinen nach=
theilig gewirkt zu haben, so daß sie sich nicht in der Weise
vermehrten, wie andere geschichtliche Stämme. Viele Geschicht=
schreiber und Geographen, unter den letzteren auch Ungewitter,
lassen das später zu Spanien gehörige Südamerika am dichtesten
bevölkert gewesen sein. Allein eine solche Annahme widerspricht
der Erfahrung. Die heißen Zonen der alten Welt haben stets
eine dünnere Bevölkerung gehabt, als die der gemäßigten.
Deßhalb möchte ich lieber Marshal beistimmen, der behauptet,
daß die Indianer in Südamerika einst weniger zahlreich waren,
als sie jetzt sind, daß aber Nordamerika 6—8 Millionen
Rothhäute ernährt hat. Die gegentheilige Ansicht scheint mir
die ausgesprochene Tendenz zu haben, die Spanier zu Gunsten
der Yankees, oder deutlicher, die Katholiken zu Gunsten der
Protestanten anzuschwärzen, weil es sich nun einmal nicht
läugnen läßt, daß Südamerika noch 2 Millionen Indianer
bewohnen, wo die Einwanderer stets Katholiken waren, dort
aber nur noch 300 000 betragen, wo der Yankee mit dem
rothen Manne sich in das Gebiet getheilt hat.

Ich habe mit diesen Zahlen der Geschichte vorgegriffen.
Kehren wir zu ihr zurück.

Columbus hat Amerika entdeckt und seine Entdeckung zu
Gunsten Spaniens in Besitz genommen. Die Ureinwohner
zu Christen zu machen, war sein großer Plan. „Ich habe
sie," schrieb er in sein Tagebuch, „milde behandelt, weil ich
glaube, sie dadurch leichter für unsern Glauben zu gewinnen."
Natürlich war es der Glaube der römischen Kirche gewesen, die
damals (1492) noch ausschließlich in Europa herrschte, den
die Indianer kennen lernen sollten. Es kam anders. Zwanzig
Jahre nach der Entdeckung der neuen Welt predigte man in der

alten ein neues Christenthum ohne Opfer, ohne Priester, ohne göttlichen Stifter. Und mit Zulassung der Vorsehung fiel die nördliche und meist bevölkerte Hälfte der neuen Welt fast ganz dem Protestantismus als Missionsgebiet zu, so daß nur den Indianern Südamerika's der Glaube ihres Entdeckers geprebigt werden konnte.

Früher habe ich darauf hingewiesen, daß der eine amerikanische Continent in zwei ungleiche Hälften von der Natur geschieden worden ist, die eine schmale Landenge, die von Panama, zur Noth verbindet. Es bleibt immerhin denkwürdig, daß diese zwei Erdhälften von dem Augenblicke an, wo ihre Cultur begonnen, einen verschiedenen Entwickelungsgang genommen haben. Der südlichen Hälfte haben die lateinischen Völker Europa's, der nördlichen die angelsächsischen Stämme, letztere in der Zeit ihrer Auflehnung gegen Rom, das Christenthum vermittelt. Die Ausbreitung des Christenthums folgte dem Laufe der Sonne, von Osten nach Westen. Asien hat es Europa, dieses Amerika überliefert. Man hat oft versucht, von Syrien oder vom westlichen Asien aus das Christenthum über die Mongolei nach China zu verbreiten, und es ist nicht gelungen. Der Engländer Marshal, welcher dem Studium der Verbreitung der christlichen Religion über den Erdkreis sein Leben geweiht, kam zur Ueberzeugung, daß dieser Gang im Plane der Vorsehung lag. „Man hat bemerkt" sagt er, „daß die Gnaden und Verheißungen Gottes von Osten nach Westen, vom Aufgange der Sonne zum Niedergange gezogen sind. Jedem Stamme der menschlichen Familie hat der Engel der Verkündigung der Reihe nach die Botschaft des Friedens überbracht und ist alsdann weiter geschritten. Zur bestimmten Stunde ist er über den großen Ocean geflogen, das Antlitz westwärts gerichtet. Hierauf wurde der Name Jesu zum ersten Male in jenem gewaltigen Lande verkündet, das sich beinahe von Pol zu Pol erstreckt, und auf dessen ungeheueren Flächen ein neuer Akt der Weltgeschichte seinen Schauplatz und seine handelnden Personen gefunden hat. Hier, unter vielen Stämmen und Völkern verschiedener Sprachen, haben die Diener des Lichtes und der Finsterniß lange mit einander um die Herrschaft gekämpft. Wenn wir die Geschichte ihres Kampfes gelesen haben, können wir unser Buch schließen; die Erde hat uns dann nichts mehr zu bieten. Wir werden der Reihe nach alle ihre Provinzen besucht haben, und, indem wir von dem fernen östlichen Meere ausgingen, dessen Wogen wider die langgestreckte Küste China's schlagen, werden wir zuletzt an der entgegengesetzten Grenze der engen Heimath des Menschen, an der westlichen Schranke seiner Wanderungen, stehen und können wieder über den Ocean nach dem Lande schauen, von dem aus wir unsere Reise angetreten haben."

Mehr als ein Jahrtausend hatte das Christenthum die alte Welt, Asien, Afrika und Europa, schon erleuchtet, ehe es in Amerika zu leuchten begonnen hat. Warum dem rothen Manne die Sonne der Gerechtigkeit erst so spät aufgegangen, ist ein Geheimniß der Vorsehung. Noch geheimnißvoller aber gestaltete sich das Bekehrungswerk selbst auf dem neuen Continente. Sein Anfang fiel zusammen mit dem Beginne der Reformation in Europa. Verschiedene Religionsgesellschaften wollten den rothen Mann bekehren. Daher „zeigt kein Theil der Erde," sage ich mit Marshal, „den Contrast, den wir zeichnen wollen, in einem größeren Umfange, keinen in lebhafteren Farben, als Amerika. Als die Natur den großen amerikanischen Continent in zwei Theile trennte, scheint sie schon im Voraus einen besonderen Schauplatz für die Ereignisse, deren Bühne Jeder sein sollte, und für die handelnden Personen, die eine so grundverschiedene Rolle darauf zu spielen haben, vorbereitet zu haben. Der eine sollte das ausschließliche Gebiet der Kirche, der andere das Schlachtfeld aller Secten sein", die aus dem Schooße der sogenannten Reformation hervorgegangen waren. „Die Rassen des Südens haben sowohl ihre Religion als ihre Civilisation von den Missionären des Kreuzes abgeleitet; die Stämme des Nordens, zur raschen Zerstörung verurtheilt, sind Lehrern einer andern Schule und Propheten eines andern Glaubens überlassen worden."

Unmittelbar nach der Entdeckung Amerika's begann die römische Kirche das Bekehrungswerk des rothen Mannes im Süden und Norden des Continentes. Sobald aber die Sachsen in Deutschland durch Luther, und in England durch Heinrich VIII. von Rom getrennt worden waren, suchten sie ein Missionsfeld. Sie fanden es in Nordamerika. Wo immer Holländer und Engländer sich niederließen auf dem Boden der neuen Welt, legten sie den Missionären der Kirche Hindernisse in den Weg, und störten und hemmten ihr Wirken. Dazu kam noch ein anderer Umstand. Die sogenannte Reformation hatte in Europa die Gewissenstyrannei im Gefolge. Auf einer Seite hatten die Neuerer das Wort „Freiheit" auf ihre Fahne geschrieben und gelehrt, daß der Mensch in Glaubenssachen sein eigener Herr und Rathgeber sei und einer lehrenden Kirche nicht bedürfe; auf der andern Seite jedoch verfolgte man alle Andersgläubigen mit den furchtbarsten Mitteln. Dieser Gewissenszwang, der um so grausamer und härter war, weil er gegen das ganze protestantische System verstieß, trieb nun eben aus den Ländern, wo die sogenannte Reformation eingeführt worden war, Tausende in die neue Welt, um dort den Protestantismus bis in die äußersten Folgerungen auszubilden. Auf diesem neutralen Boden suchten die englischen Quäker, die schottischen Puritaner, die holländischen Reformirten, die französischen Hugenotten eine neue Heimath. Allerdings wanderten auch Katholiken aus England, Irland und Schottland in die neue Welt und ließen sich dort nieder; allein sie erfuhren auch dort von den Secten dieselbe brutale Verfolgung. Außerdem erlangte das protestantische England bald das Uebergewicht im Lande der Colonisten, besonders in Virginien, und es unterstützte nun die Secten gegen die Kirche, und den katholischen Missionären wurde jede Missionsthätigkeit beim rothen Manne am Potomac, Hudson, Delaware, Susquehannah, Gunpowder=River, am Ohio, am Mississippi und Missouri und an den Seen unmöglich gemacht.

Fragen wir, warum die göttliche Vorsehung diesen Gang der Dinge zugelassen hat, so stehe ich vor einem andern Ge= heimniß. Unerforschlich sind Gottes Rathschlüsse! Aber Eines ist doch offenbar geworden, was anders nie so überzeugend an's Tageslicht gekommen wäre. Der Protestantismus hat seine völlige Ohnmacht als Religion bewiesen. Er ist bis auf wenige Ueberreste dem vollkommenen Unglauben verfallen. Er hat die schwerwiegende Erfahrung gemacht, daß er gänzlich außer Stande ist, eine im Zustande der Wildheit lebende Nation zu civilisiren. Er hat sich als eine Macht der Zerstörung, nicht des Aufbaues, erwiesen. Der Protestantismus erhielt, um mit der Bibel zu reden, einen Weinberg im Norden der neuen Welt, wo schon der Natur nach die Ureinwohner, wie Ungewitter sagt, „eine größere Charakterfestigkeit und geistige Selbständigkeit als in der südlichen Hälfte besitzen." Und selbst unter so günstigen Verhältnissen hat der Protestantismus keine Erfolge errungen. Die Wahrheit und Richtigkeit dieses Zustandes liegt in der Gegenwart so klar, bestimmt, offen, unläugbar da, daß selbst Protestanten ihre Mißerfolge ein= gestehen müssen. Gestützt auf ihre Zeugnisse sagt Marshal: „Im Süden von Amerika hat die Kirche Alle von jeder Rasse und trotz der Unwissenheit oder Wildheit der Barbaren, trotz der Thorheiten und Verbrechen einiger ihrer Kinder, in ein Haus und in eine Familie vereinigt. Im Norden sind die rechtmäßigen Erben vertilgt oder vertrieben worden ohne Mit= leid und ohne Gewissensbisse, damit die Secten in der Wüste, welche sie geschaffen hatten, ein Pandämonium von Tumult und Unordnung aufbauen konnten, so voll Spaltung und Uneinigkeit, daß sich die bösen Geister von ‚allen dürren Stellen' der Erde wohl hier versammeln und glauben konnten, sie hätten endlich ihre wahre Heimath gefunden."

Als die Missionsthätigkeit im Süden und Norden, nur durch verschiedene Religionsboten vollzogen, begann, haben die Secten noch zugegeben, daß alle wahre Bildung, Cultur und Civilisation sich auf das Christenthum gründen müßte. Das Christenthum, das dem Süden geboten wurde, bewährte seine bildende, civilisirende Macht; das Christenthum, das die Secten dem Norden brachten, nicht: denn „mehr als anderthalb Millionen," sagt der Verfasser der Naturgeschichte des Menschen, „von den rein ursprünglichen Rassen leben in Südamerika im Bekenntnisse des Christenthums"; aber „die Geschichte der Versuche, die Indianer Nordamerika's zu bekehren," schrieb der Annalist der protestantischen Missionen, „ist ein Bericht über eine Reihe von Mißgeschicken". Und „dieß ist," bemerkt Marshal zu diesen Eingeständnissen, „der erste große Zug in seinen groben Umrissen, der sich unserer Wahrnehmung darbietet; und es ist einer, wie ein eminenter englischer Ethnologe bemerkt, der der römischen Kirche alle Ehre macht, auf die Geschichte des Protestantismus aber einen tiefen Schatten wirft."

Marshal beleuchtet diese wichtige Thatsache weiterhin also: „Ein zweiter und ebenso bedeutungsvoller Zug, der die Aufmerksamkeit vieler Schriftsteller aller Nationen erregt hat, wird von einem vorurtheilsfreien Reisenden, der unter den Stämmen des Südens gelebt hat, so ausgedrückt: „Weit davon entfernt, sich zu vermindern, hat die Zahl der Indianer vielmehr bedeutend zugenommen. Eine gleiche Vermehrung hat allgemein in jenem Theile Amerika's stattgefunden, der in den Tropen liegt, die indianische Bevölkerung in den Missionen vermehrt sich fortwährend." „Dagegen vermindert sich in der Nähe der Vereinigten Staaten die Zahl der Indianer schnell . . . .

Dort werden sie, wie die Civilisation fortschreitet, fortwährend aus ihrem Bereiche vertrieben." Damit ist von Reisenden, die die Verhältnisse aus eigener Anschauung kannten, widerlegt, was Ungewitter in seiner Erdbeschreibung sagt: „Die Spanier fanden bei der Entdeckung Amerika's hier allerdings eine sehr starke Bevölkerung vor, allein dieselbe ist seitdem aus verschiedenen Ursachen, unter denen die unmenschliche Behandlung dieser geistig unselbständigen Völker nicht die geringste ist, so zusammengeschmolzen, daß sie wenig mehr als 12 Millionen beträgt." Die Spanier haben eine verhältnißmäßig dünne Bevölkerung von Ureinwohnern im Süden gefunden und haben sie nicht vermindert. Dagegen hat England im Norden eine geistig entwickeltere und stärkere Bevölkerung gefunden und beinahe vernichtet.

Es zeigt sich daher ein merkwürdiger Unterschied zwischen der Civilisation, welche die lateinische Rasse auf den südlichen Theil Amerika's gepflanzt hat, und jener der Angelsachsen im Norden desselben Continentes. Das Kreuz hat viele Stämme des rothen Mannes gewonnen. Die Wilden haben sich unter dieser sanften Herrschaft vermehrt und sind fast 200 Jahre trotz vieler Unglücksfälle im Glauben erhalten worden, während die Secten nicht einen Stamm gewonnen haben. Das bestätigt der Augenschein. Die Reisenden in Südamerika finden Indianerstämme, welche eine hohe Cultur verrathen; von den Staaten Indiana, Illinois, Wisconsin, Minnesota ist es zweifelhaft, ob dort 2000 civilisirte Rothhäute leben. Daher werden die weißen Männer des Nordens von Reisenden aus ihrer Mitte verspottet. „Die Protestanten Amerika's," schreibt Möllhausen, „betrachten die Heiden vor ihrer Thüre mit Gleichgiltigkeit, senden aber Missionäre aus, um in den fernsten Theilen der Welt das Christenthum zu verkünden! Wenn die freien Bewohner der Steppen durch die Habgierde der Weißen werden ruinirt und vertilgt worden sein, wird die christliche

Liebe den Weg zu ihren leeren Wigwams finden, und auf den Gräbern der armen geopferten Eigenthümer der grünen Prairien werden sich Kirchen und Versammlungshäuser erheben." Daher kann man zwei Behauptungen aufstellen und entweder mit einem deutschen Protestanten sagen: „Man ließ die Indianer gleichgiltig zu Grunde gehen," oder auch: „Die Angelsachsen haben das Heidenthum im größeren Theile Nordamerika's vertilgt, aber mit ihm den größeren Theil der rothen Männer vernichtet."

Dieses Benehmen gegen die unglücklichen Wilden darf nicht damit beschönigt werden, daß man sie als der Civilisation unzugänglich hinstellt. Wir haben gehört, daß die Rothhäute im Süden Amerika's geistig tiefer standen. Und über sie schreibt ein Protestant: „Die Eingeborenen entsagten unter der väterlichen Leitung der Jesuiten ihren wilden Sitten und wurden in den Künsten und Pflichten des civilisirten Lebens unterrichtet." Warum sollte im Norden unmöglich gewesen sein, was im Süden erreicht worden ist? An den Wilden lag die Schuld nicht. Der Protestant Southey schreibt über die Zustände im Süden: „In allen Theilen dieses großen Continentes war eine Kette von Missionen gezogen worden. Jene der Spanier von Quito trafen mit denen der Portugiesen von Paraguay zusammen, indem sie so den stillen Ocean mit dem atlantischen Meere verbanden. Von Paraguay aus sandten die unermüdlichen Jesuiten ihre Arbeiter zum Chaco und unter die Stämme, welche die großen Ebenen nach dem Süden und Westen von Buenos-Ayres einnehmen. Wären sie in ihrem herrlichen Laufe nicht durch boshafte Maßregeln unterbrochen worden, so wäre vielleicht jetzt die Bekehrung und Civilisation der eingeborenen Indianer vollendet." Wie wandelten, wie lebten, wie benahmen sich diese durch die Jesuiten bekehrten Wilden? Derselbe Reisende sagt: „Am Schlusse des achtzehnten Jahrhunderts waren die Indianer dieser Gegend ein tapferes, fleißiges und verhältnißmäßig gebildetes Volk. Sie waren vortreffliche Bildschnitzer, tüchtige Metallarbeiter, taugliche Handwerker im Allgemeinen, und die Frauen verfertigten Calico der feinsten Qualität.... Sowohl in den nützlichen als schönen Künsten war ein bedeutender Fortschritt gemacht worden. Außer Zimmerleuten, Maurern, Schmieden hatten sie Dreher, Bildschnitzer, Maler und Vergolder. Sie gossen Glocken und bauten Orgeln. Sie verstanden so viel Mechanik, um Mühlen zu construiren, genug Hydraulik, um durch künstliche Wasserleitungen die Ländereien zu bewässern und die Cisternen mit Wasser zu versehen.... Dort war das Lesen, Schreiben, Rechnen nicht bloß allgemein, sondern es gab auch einige Indianer, welche fähig waren, Spanisch und Latein so gut zu lesen wie ihre Muttersprache."

Dagegen sagt Humboldt, daß die Ueberreste der ureingeborenen Indianer Nordamerika's, welche in Berührung mit den Agenten der englischen und amerikanischen Religionen kamen, „in einen niedrigeren Zustand versanken, als der war, den sie zuvor eingenommen hatten". Der Umgang mit den Secten machte die ehemals gutmüthigen Wilden falsch, hinterlistig, diebisch, grausam. Sie sahen vor sich Leute, die sich Christen nannten, aber sich verfolgten, und weder durch Liebe, noch Sittlichkeit, noch durch Kenntnisse sich auszeichneten. „Viele der protestantischen Geistlichen," schreibt der anglikanische Bischof Berkeley, „welche nach Amerika gesendet wurden, haben sich sowohl im Wissen als in der Sittlichkeit für die Würde ihres Amtes als sehr wenig befähigt erwiesen. Und wirklich kann von der Belehrung und dem Beispiele solcher, die ihr Vaterland aus keinem andern Motive verlassen, als weil sie nicht im Stande sind, sich daheim ihr Brod zu verdienen, was bekanntlich oft der Fall ist, nur wenig erwartet werden." Solche Männer hatten gar keinen Beruf und kein Geschick, mit den Wilden umzugehen, vielmehr „lagen sie," berichtet

Bancrofts, „mit ihren Heerden immer im Streite und machten nur wenige Bekehrungen. Sie brachten bei diesen auch keine wirkliche Besserung zu Stande".

Da sie keinen feierlichen Gottesdienst hatten, keinen lieblichen Kirchengesang, um die Indianer zu fesseln, so griffen sie zum einzigen Mittel, das ihnen geblieben war, zur Schule. Aber es offenbarte sich hier nur wieder die alte Wahrheit, daß die Schule ohne Gottesdienst, daß der Schulmeister durch sich allein nichts zu leisten im Stande ist. „Die Belehrung in den Schulen unter den in großen Städten ansäßigen Europäern war eine andere Methode, die angenommen wurde," fährt Bancrofts fort, „aber keinen besseren Erfolg hatte; diese Schüler kehrten zu ihren nackten und jagenden Brüdern zurück als die lasterhaftesten und faulsten Glieder der indianischen Dörfer!" Man kannte unter den Secten des Nordens jenes Mittel nicht, das allein die Welt überwindet, den Wilden civilisirt und ihn zum Menschen macht. Ein amerikanischer Protestant, Richter Hall aus Cincinnati, hat das richtig herausgefunden, indem er sagte: „Während die Peguoden und andere nördliche Indianerstämme vertilgt oder in die Sklaverei verkauft wurden, lauschten die glücklicheren Wilden von Mississippi auf die frommen Räthe der katholischen Missionäre. Diese übten mit freier Wahl ein ausgedehntes Wohlwollen aus zu einer Zeit, da die ähnlich gestellten Protestanten blutdürstig und raubgierig waren." Den Indianerstämmen des Nordens wurde nicht selten der Krieg aufgenöthigt, um ihre Wigwams niederbrennen zu können. Frauen, Kinder, Greise der Wilden kamen im Feuer um. Daher beklagten gutgesinnte Reisende das Bekanntwerden der Wilden mit den Europäern: „Für die Indianer," sagen sie, „ist das Bekanntwerden mit der Civilisation traurig gewesen. Das erste Schiff, das an ihre Küste kam, schleppte ihre Verwandten hinweg und der einzige Sohn Philipps, der harmlose Knabe, der als der künftige „Sachem" ihres Stammes und als der Letzte der Familie Massasoit erzogen worden war, wurde in Banden verkauft, um als Sklave unter der Sonne von Bermuda zu arbeiten." Ein englischer Offizier erschoß einen harmlosen Wilden und der Prediger feierte ihn als Helden. Einst nahm man in Nordamerika einen mehr als hundert Jahre alten Indianerhäuptling gefangen und stellte ihn in Jamestown, im heutigen Virginien, öffentlich aus. Dieser fühlte das Abscheuliche dieser Handlung und sagte: „Wenn ich den englischen Befehlshaber würde gefangen haben, so hätte ich ihn nicht ausgestellt und meinem Volke gezeigt."

Gestützt auf solche Thatsachen haben einsichtsvolle Protestanten schon vor Jahren die jetzigen Zustände ihrer Glaubensgenossen vorausverkündet. Dr. Noed sagte einst: „Aus Mangel an fähigen und gewissenhaften Geistlichen werden diejenigen von der reformirten Religion selbst außerordentlich roh, so daß es wahrscheinlicher ist, sie werden selbst Heiden, als daß sie diese zum Christenthum bekehren." An den Secten ist das Wort Tertullians wahr geworden: „Die Sectirer können verkehren, aber nicht bekehren!"

Hierin liegt auch die tiefere Ursache, daß die Lage der Wilden sich seit 1776 oder seit der Errichtung der Union nicht gebessert hat. Niemand wird von der katholischen Kirche verlangen, daß sie schon in ihrer Kindheit auf nordamerikanischem Boden an die Wilden dachte. In den ersten dreißig Jahren, nachdem sie 1789 die Freiheit erlangt hatte, mußte sie um das Dasein kämpfen. Es fehlte Alles, was nöthig war, um die Indianer-Missionen mit Erfolg zu beginnen. Etwas geschah dennoch. Marshal sagt: „Während die Prediger der Secten nichts leisteten, zeigten katholische Glaubensboten am Mississippi den staunenden Wilden, was die Religion des hl. Paulus war, und wie die in seiner Schule gebildeten Männer leben und sterben könnten." Doch blieben die Versuche stets vereinzelt, weil man der Kirche alle Hindernisse in den Weg gelegt hatte.

Die Verfassung der Union widersprach sich vom Anfange an in der Behandlung der Neger und Indianer, die man von der allgemeinen Gleichheit ausschloß. Und weil sich die ehemaligen Eigenthümer der Prairien und Urwälder nicht zu Sklaven machen ließen, wurde ihre Vernichtung beschlossen. Das neue Heidenthum und die Barbarei, geschaffen durch das Treiben der Secten, war und ist ohne Mitleid mit dem armen, unglücklichen Wilden, dem man die Wildniß genommen hatte, die ihm zu seiner Existenz unentbehrlich war, den man aber nicht gelehrt hatte, die Cultur sich zu Nutzen zu machen. Man schickte wohl Agenten an ihn, um Bibeln zu vertheilen; aber was nützt dem Barbaren die Bibel? Dafür nahm man ihm ein Stück Landes um das andere, gestattete den habsüchtigen Händlern, ihm geistige Getränke der giftigsten Art zu verkaufen und ihn mit den Lastern der weißen Ankömmlinge bekannt zu machen. Auf diese Weise nahm auch nach der Vernichtung der englischen Herrschaft und nach der Errichtung der Union die Zahl der Indianer reißend ab. Die Katholiken sahen das und hatten allein den Muth, es rückhaltlos auszusprechen. Der unerschrockene Sohn des hl. Ignatius, P. Weninger, benützte die hundertjährige Jubelfeier zu Philadelphia im Jahre 1876, um Amerika mit hohem Ernste zu sagen, worin es gefehlt habe: „Die katholische Kirche in ihrer Arbeit hindern," rief er aus, „um aus schlechten Katholiken noch schlechtere Protestanten zu machen — das können die Secten — aber nicht Heiden bekehren. Was wären nicht die Erfolge der Katholiken auch unter den Indianern des Nordens gewesen, hätten sie ihr Werk fortsetzen können? Laßt sie heute noch in Ruhe arbeiten und gewährt ihnen den Beistand, — ihr Herren in Washington! — den ihr euren Predigern zuwendet, und sie werden heute noch, und zwar bald, das Werk siegreich vollenden!" Hierin liegt das Unglück; die katholische Kirche hat nicht den geringsten Einfluß auf den Staat, um, in Verbindung mit

ihm, die Indianer zu retten, so weit sie noch gerettet werden
können. Sie muß zusehen, wie die heidnischen Agenten der
Regierung in Washington die Rothhäute betrügen, wie ihre
Soldaten sie zur Empörung reizen, um sie niedermetzeln zu
können; sie muß zusehen, daß gewissenlose Händler giftigen
Schnaps (Feuerwasser) den Rothhäuten für das Pelzwerk an=
bieten, um sie noch vollends zu vertilgen. Dennoch haben die
Indianer=Missionen im Staate Minnesota, den wir als das
zukünftige katholische Deutschland bezeichnet haben, einen neuen
Aufschwung genommen. Die Kirche ist zur Zeit in ihrer
Hierarchie auf dem Boden der Union ausgebaut, ist stark und
kräftig geworden. Daher kann sie jetzt mit Energie an ihr
Werk gehen. Die Früchte werden sich in wenigen Jahren
zeigen. Die katholische Presse wird nicht säumen, die Verbrechen,
welche das amerikanische Heidenthum an den Wilden verübt,
öffentlich zu brandmarken und die Aufmerksamkeit der Welt
auf diese unnennbaren Greuel zu lenken.

Es ist an den Katholiken Europa's, die Missionäre aus
dem Orden der Benedictiner in Minnesota, die Bischöfe der
westlichen Diöcesen Utah, Idaho, Colorado, Arizona mit ihren
Gebeten zu unterstützen und mit materiellen Mitteln auszu=
statten, damit das Werk der Civilisation der Indianer in der
Union gelingt. Es ist eine unerwartete, aber ehrenvolle Erb=
schaft, die die katholische Kirche hier antritt. Die Secten sind
zur Stunde sogar unfähig, irgendwie noch einen Versuch zu
machen, auf die Rothhäute einzuwirken. Dazu hat allein noch
in der Union die Kirche den Willen, den Beruf und die göttliche
Gnade. Vielleicht gelingt es ihr, ein günstiges Resultat, wie
einst in Südamerika, zu erzielen, damit auch der gebildete
Indianer eintritt in die eine katholische Kirche der Union, in
der bereits alle Nationen und Stämme vertreten sind; wo der
Neger, der zwar frei, aber doch vom Yankee verstoßen ist,
ebenfalls in der Gegenwart die ausgiebigste Hilfe findet.

Das sind die Studien, die ich in New-York gemacht habe. Nach einem Aufenthalte von acht Tagen entwarf ich einen zweiten Plan. Ich entschloß mich, über Philadelphia, Baltimore nach Washington zu gehen, um den Sitz der Bundesregierung der Union zu sehen und jenes Maryland kennen zu lernen, von dem ich einst las: „Ein wahrhaft katholischer Geist unterscheidet Maryland und den District Columbia von allen Staaten der Union, und man darf wohl sagen, daß die Stadt Baltimore wegen der gründlichen Frömmigkeit ihrer Bewohner mit Recht berühmt ist."

17.
Die Stadt der Freunde. Am Potomac. Das Capitol. Washington und sein Werk.

Die Morgensonne vergoldete die hüpfenden Fluthen des Hudson und ein kühlender Ostwind kräuselte seine Oberfläche, als ich mich, von der dritten Straße kommend, durch ungeheure Menschenmassen durcharbeitete, die im Hafen sich stießen und drängten, um rechtzeitig ein Ferry-Boot zu erreichen. Ich hatte mich deßwegen recht frühe und in guter Morgenstunde auf den Weg gemacht, um möglichst viele Zeit für Philadelphia und Baltimore zu haben. Diese Städte sollten das Reiseziel für die ersten Tage meines Ausfluges nach Süden sein.

Das Glück war mir hold. Ich hatte dießmal, was ich wünschte: gute Witterung und einen kundigen Führer.

Mein Führer war ein Deutsch-Amerikaner, dessen Wiege am lieblichen Rheine gestanden, den aber das Schicksal an den Delaware verschlagen hat. Durch viele Missionsreisen hatte er die Union kennen gelernt und ich konnte an seiner Seite Land und Leute im Süden noch besser kennen lernen, als ich sie im Norden hatte kennen lernen können.

Ein Ferry-Boot brachte mich vom Hafen an das Depot

der „Philadelphia=Baltimore=Linie". Der Andrang der Passagiere war ein sehr geringer; die Ursache mußte ich einstweilen noch nicht, erfuhr sie aber. Wir saßen unser Vier in einem Wagen, den fünfzig Reisende nicht überfüllt hätten, und fanden daher keinen Platzmangel.

Meine ganze Aufmerksamkeit nahm die liebliche Landschaft in Anspruch. Die Bahn durchschnitt den kleinen Staat New=Jersey, der südlich vom Staate New=York und östlich von Pennsylvanien, am atlantischen Ocean, liegt, nur 391 Quadrat=Meilen umfaßt, mit einer Bevölkerung von etwas über eine halbe Million. Die wichtigsten Städte dieses kleinen Staates sind Trenton am Delaware und New=Jersey bei New=York. Die Lage wäre für Handel und Schifffahrt die trefflichste; allein die ganze Küste bietet keinen einzigen günstigen Hafen. Man sieht hieraus, welche Bedeutung ein guter Seehafen hat. Den Staat New=York erhebt sein einziger Hafen am Hudson=fluß zum ersten Rang in der Union; der daneben am selben Meere gelegene Staat New=Jersey ist ohne Bedeutung, weil er keinen bedeutenden Seehafen besitzt. Die ersten Colonien dieses Staates haben die Holländer gegründet, die aber von den Engländern verjagt worden sind. Die ganze Gegend ist sehr reich an Obst, aus dem viel Cider oder Obstwein bereitet wird. Die vielen Gärten und Anlagen verleihen dem Lande sein malerisches Aussehen.

Der Zug hielt zum ersten Male in Elizabethtown oder auch St. Elisabeth genannt, einem kleinen Städtchen, mitten in einer blumigen Au. Wiesen, Felder, Farmen waren hübsch vertheilt und von kleinen Waldpartien durchzogen. In einiger Entfernung gegen Osten sah ich noch den Ocean. Die Cultur ist hier alt; alle Häuser und Kirchen sind aus Stein gebaut.

Das Städtchen Plainfield, an dem der Zug wieder an=hielt, liegt, worauf schon der Name hindeutet, in einer male=rischen Ebene, westlich bekränzt von einer kleinen Hügelkette und durchschnitten von einem Bächlein, das Erlen und verschiedenes Gesträuch beschatten. Der Amerikaner hat eine Vorliebe für die Baumcultur, für Gebüsch und Gesträuch. Es ist das ein Erbtheil der Angelsachsen, die die Baumwelt mit Vorliebe pflegen und dem Bache gerne seinen Schmuck, seine Erlen und Weiden lassen. Der Baum am Bache ist eine Zierde und ein Nutzen, weil er den Boden festigt und den Fischen ein schattiges Versteck gewährt. Bei uns in Deutschland schreitet die Cultur über Bäume und Gesträuche hinweg, indem sie dieselben vernichtet und die Landschaft öde und kahl macht.

Vor dem Städtchen Hapewell näherte sich in östlicher Richtung eine andere Bahnlinie, auf der eben ein anderer Expreßzug neben dem unserigen daherbrauste. Ich sah, daß die beiden Maschinisten sich Complimente machten, und bemerkte, wie die Schnelligkeit der beiden ohnehin rasch fahrenden Züge zunahm; wir waren das Opfer amerikanischer Eitelkeit, die darin bestand, zuerst in die Station einzulaufen und sich in der Schnelligkeit zu überbieten. Es sind das die bekannten Eisenbahnwettrennen, die manchmal so unglücklich enden. Meine Unruhe über das Treiben dauerte nicht lange. Im Städtchen Hapewell hielten beide Züge und verließen den Platz in verschiedener Richtung.

Hinter Hapewell wurde die Landschaft eben. Der Zug näherte sich den Gestaden des mächtigen Delaware, der sich bei Philadelphia in den Ocean ergießt. Es war das dritte Mal, daß ich mich an diesem denkwürdigen Flusse fand; zum ersten Male sah ich ihn auf der Reise nach Pittsburg, das andere Mal auf der Fahrt von Buffalo nach New-York, jetzt an seiner Mündung. Hier ist er ein Riesenstrom. Das Meer staut ihn; daher wird er ungewöhnlich breit, ruhig, majestätisch. Er hat bei Philadelphia bereits Ebbe und Fluth mit dem Ocean gemein und trägt die größten Segelschiffe und

Dampfer. Da, wo die Bahn ihn überschreitet, hat er flache
Ufer, die wenig Reiz bieten. In der Ferne, gegen Osten,
sah ich die Stadt Trenton, berühmt aus dem Jahre 1789.
Dort landete Washington, der Union erster Staatsmann und
Präsident, kommend von seinem Landgute Mount=Vernon in
Virginien, um in Philadelphia seinen feierlichen Einzug zu
halten. In Trenton erwarteten ihn die Abgesandten der jungen
Republik und weiß gekleidete Jungfrauen streuten ihm Blumen
und geleiteten ihn bis nach Philadelphia, das sieben Meilen
von Trenton entfernt liegt.

Nach zweistündiger Fahrt stopte der Zug um 9 Uhr
Morgens in Mitte der Stadt Philadelphia. Ich stieg aus
und trat meine Wanderung zur Bonifazkirche zu Fuß an.
Philadelphia gehört unter die ältesten Städte der Union. Ich
ergänze hier ihre schon früher berührte Geschichte. William
Penn, welcher Pennsylvanien colonisirte, baute auch die Stadt
am Delaware und gab ihr den Namen „Philadelphia", die
Stadt der „Freunde", um damit auszudrücken, daß die Quäker
in der neuen Welt nicht handeln wollten, wie die Protestanten
in der alten. Die günstige Lage in der Nähe des Oceans
vergrößerte die Colonie schnell. Besonders die Quäker fanden
hier ein ruhiges Asyl, denen man in England nicht gestatten
wollte, den Eid zu verweigern, keinen Militärdienst zu leisten,
kein Priesterthum, auch das von Heinrich VIII. neu geschaffene,
anzuerkennen. Das religiöse Bewußtsein, erklärten sie, komme
ihnen durch unmittelbare Einwirkung des heiligen Geistes zu,
der sich beliebig Frauen, Kindern, Männern, Greisen mittheile
und diese befähige, Wunderbares zu reden. Dadurch erhielt
ihr religiöses System etwas Schwärmerisches und Gefährliches.
Anderseits verabscheuten sie jeden Rangunterschied unter den
Menschen, hielten Theater, Tanz, heitere Unterhaltungen für
Verbrechen. Und dieses machte sie finster und abstoßend im
Umgang. Sie haben wesentlich beigetragen zu der übertriebenen

puritanischen Sonntagsfeier, die in den Vereinigten Staaten üblich und allgemein geworden ist. Mir fiel auf den ersten Blick durch die Stadt die Monotonie der Häuser auf. Hierin schien mir das religiöse System der Quäker sich zu veranschaulichen.

Bei der Gründung der Union war Philadelphia die Hauptstadt und blieb es, bis Washington erbaut war. Die Zahl der Einwohner war eine geringe. Im Jahre 1840 wohnten noch nicht über 200 000 Menschen hier und jetzt ist Philadelphia die bevölkertste Stadt der Union nach New=York und hat weit über eine halbe Million Einwohner. Hier war die Heimath Benjamin Franklins, neben Washington schon vor 1776 der erste Bürger der Republik.

Das wichtigste geschichtliche Ereigniß der neuesten Zeit war für die Stadt das große Fest, welches die gesammte Union 1876 feierte und das seinen Centralpunkt in Philadelphia hatte. In jenem Jahre war es nämlich ein Jahrhundert, daß Nordamerika seine Unabhängigkeit erklärt hatte. Man hatte eine Weltausstellung zu diesem Zwecke veranstaltet und dafür den Park von Philadelphia gewählt. Der Ausstellungspalast steht noch. Hier hat Nordamerika gezeigt, was es in hundert Jahren, vom 4. Juli 1776 bis 4. Juli 1876, geworden ist. Am denkwürdigen 4. Juli war die Stadt mit Menschen überfüllt. Alle Vereine waren daselbst vertreten. Die Freimaurer weihten ihren Centraltempel ein, wozu 100 000 Maurer erschienen waren. Aber auch die Katholiken verherrlichten den Tag des Centenariums durch außerordentliche Demonstrationen. Es war in ihrer großen Festversammlung, wo Amerika's berühmtester Redner, P. Weninger aus Cincinnati, die denkwürdigen Worte sprach: „Die Gründung der Vereinigten Staaten hat für die Kirche im Allgemeinen und für uns Katholiken, die wir hier eine neue Heimath gesucht und uns ein neues Vaterland geschaffen haben, eine höchst wichtige Bedeutung. Es ist das ein welthistorisches Ereigniß. Die ersten

Europäer, und das für lange Zeit, waren nur Kinder der katholischen Kirche. Der Name selbst, der diesen Welttheil kennzeichnet, ist der eines Kindes der katholischen Kirche. Das ist der Fall nicht bei den übrigen Theilen der Erde; und darin scheinen eine Mahnung und ein Fingerzeig zu liegen, daß Amerika jener Theil der Erde ist, in welchem der katholischen Kirche eine große Zukunft vorbehalten ist und zwar gegen die Neige der Zeiten."

Die geschichtlichen Denkwürdigkeiten Philadelphia's lassen sich kurz in die Worte zusammenfassen: Es war die ehemalige Quäkerstadt, die Bundeshauptstadt und der Sitz des Präsidenten Washington, endlich der Mittelpunkt des Centenariums 1876.

Meiner Gewohnheit gemäß suchte ich einen erhöhten Punkt, um vorderhand ein allgemeines Bild von Philadelphia zu gewinnen. Der Thurm der Bonifazkirche bot mir dazu Gelegenheit. Mein Auge konnte das unermeßliche Häusermeer der zweitgrößten Stadt der Union nicht beherrschen wegen des Dampfes der Fabriken und eines starken Höhenrauches. Die ganze Stadt liegt auf der Halbinsel Schuylkill, gebildet von dem Flusse gleichen Namens, der hier in den Delaware mündet, und ist in vier Quadrate von fast gleicher Größe durch die zwei berühmtesten Straßen, die sich in der Mitte kreuzen und mit einander 60 Meter breit sind, getheilt. Sie heißen Market= und Broadway=Street. Die vier großen Quadrate zerfallen wieder — ein Bild ermüdender Einförmigkeit — in zahllose kleine Quadrate, aus denen, außer den Kaminen, als einzige Abwechslung nur die Thürme der Kirchen hervorragen. Im Westen sind die Hügel zu ferne und zu umhüllt, als daß sie einen passenden Hintergrund bilden könnten. Im Osten aber verliert sich die Küste und verschwindet im Ocean. Viele Städte habe ich im Leben von einer Anhöhe oder von einem Thurme aus gesehen, aber minder befriedigt war ich nie gewesen, als damals, wo ich vom Thurme der Bonifazkirche herabstieg.

Philadelphia hat zahlreiche Lehranstalten, Collegien, Buchdruckereien und eine Sternwarte. Außerdem ist es Fabrikstadt. Besonders strenge ist die Ordnung im städtischen Zellengefängniß, wo den Sträflingen nur bei ausgezeichneter Aufführung Arbeit gegeben wird.

Hier hat sich vor einiger Zeit ein Gottesläugner dadurch verewigen wollen, daß er in seinem Testamente sein Vermögen zu dem Zwecke hergab, in der Stadt ein Haus einzurichten, wo allgemein und öffentlich der Unglaube gelehrt werden sollte. Aber der Gerichtshof erklärte das Testament für ungiltig, indem er entschied: „In Pennsylvanien darf eine Atheistengesellschaft gar nicht anerkannt werden, weil die Gesetze nur Gesellschaften für literarische, wohlthätige und religiöse Zwecke Corporationsrechte verleihen. Durch den Atheismus wird der Mensch nicht bloß dem Glauben und der Hoffnung entrückt, sondern auch der Wohlthätigkeit entfremdet. Wenn auch die christliche Religion nicht als Staatsreligion anzusehen ist, so ist sie doch die Religion der Mehrzahl der Bürger, und durch Verspottung derselben macht sich Jeder eines Vergehens gegen den öffentlichen Frieden schuldig. Die Gesetze und Einrichtungen Pennsylvaniens sind auf das Fundament der Ehrfurcht gegen die christliche Religion gegründet. Soviel wenigstens muß als ausgemacht betrachtet werden, daß die in der Bibel geoffenbarte Religion nicht öffentlich verspottet werden darf, wodurch die Gläubigen, die einen großen Theil der Bevölkerung ausmachen, geärgert würden."

Philadelphia ist ein wahres Babel der verschiedensten religiösen Gemeinschaften, wie New-York. Dennoch ist es der katholischen Kirche gelungen, hier glänzende Fortschritte zu machen. Im Jahre 1781 stand auf dem Platze nur eine Kapelle, in welcher der Priester der französischen Gesandtschaft ein Te Deum gesungen hat zur Danksagung für die glückliche Beendigung des Unabhängigkeitskrieges. Seitdem ist die Stadt zum Bischofssitze geworden und bilden die Katholiken mehr als ein Viertel der Gesammt-Bevölkerung. Natürlich werden nur Solche gezählt, welche durch den Besuch des Gottesdienstes und durch den Empfang der Sacramente sich als Katholiken bekennen. Unter 400 Kirchen gehören den Katholiken 93. Sie haben ein Seminar für Jünglinge, die sich für den Priesterstand ausbilden, und außerdem noch höhere Schulen für Studirende. Die Jesuiten, Redemptoristen und Augustiner haben ebenfalls Klöster in der Stadt; ebenso sind 14 Frauen-Congregationen in der Schule und Krankenpflege thätig.

Um von der Stadt mehr zu sehen, benützte ich 1½ Stunde einen Streetkar. Der Genuß von dieser Fahrt war äußerst bescheiden. Die Blocks reihten sich an Blocks, wie uniformirte Soldaten in Reihe und Glied. Unter den einzelnen Wohnhäusern konnte ich eigentlich gar keinen Unterschied und kein Erkennungszeichen wahrnehmen, die Hausnummer abgerechnet. Fast alle hatten zwei Etagen, ebene Dächer, weiße Fensterläden, weiße Thüren. Bei allen führten von der Straße zwei Marmorstufen zur Hausthüre. Die Mauern, aus gebrannten Ziegeln aufgeführt, waren ohne jeden Schmuck: Quäkermonotonie! Die armseligen arabischen Städte mit ihren engen Gäßchen und dem Schmutze in jedem Winkel sind für das Auge anziehender oder bieten doch wenigstens mehr Abwechslung, als die „Stadt der Freunde".

Von außen gab es während der langwierigen Fahrt gar nichts zu sehen. Dafür entdeckte ich im Wagen eine „Notice": „Man bittet alle edlen Menschen, insbesondere die Ladies, die ein so zartes Herz haben, nie in Mitte eines Block, sondern nur an den Straßenecken auszusteigen und von da den Weg in die Wohnung zu Fuß zu machen, um die armen Pferde zu schonen!" Eine passende Erinnerung an die menschen- und thierfreundliche Quäkerstadt!

Die westliche Seite von Philadelphia ist gar nichts als

ein Depot der Eisenbahnen, die hier aus allen Theilen der Union münden. Sie kreuzen sich, gehen über Dämme hinweg und sausen durch Tunnels. Ich sah nur in Chicago einen so gewaltigen Bahnverkehr.

Mein nächstes Reiseziel war die 16 Meilen entfernte Stadt Baltimore. Hinter Philadelphia wurde die Gegend ernster wegen der vielen Wälder. Nach einer Stunde stand der Zug eine geraume Zeit stille. Ich öffnete das Fenster, um mich über die Ursache der Zögerung zu unterrichten. Eine ungeheure Wasserfläche, wie ein Ocean, dehnte sich vor der Locomotive aus. Es war der Susquehannah, der aus den blauen Bergen oder Alleghanies niedersteigt und hier in's Meer fällt. Seine Tiefe ist eine außerordentliche. Die flachen Gestade gestatten keine Kettenbrücke, und so ist es selbst den amerikanischen Ingenieuren bisher nicht möglich gewesen, eine andere als eine Holzbrücke über den eine Meile breiten Fluß zu bauen. Früher hatte man den ganzen Zug auf einen Dampfer geladen und übergesetzt. Jetzt wagte sich die Locomotive schüchtern und langsam hinaus auf das gebrechliche, allem Unglück so leicht gefügige Gerüste. Der Zug wackelte, ungeachtet wir nur langsam vorwärts kamen, entsetzlich.

Vom andern Ufer weg flog mit Windeseile die Locomotive, gleich als freute sie sich des glücklichen Entkommens, durch einen langen Eichenwald. Die Gegend selbst war wenig cultivirt. Bald stockte der Zug auf's Neue und passirte dann langsam, wie das erste Mal, den Gunpowder=River oder Schieß=pulver=Fluß. Diese Brückenfahrten hatten mir die Bahn verleidet. Ich beschloß, mit einer andern Linie die Rückfahrt zu machen. Auch wußte ich nun, warum diese Bahn so wenig benützt wurde.

Noch stand die Sonne hoch am Himmel, als der Zug in Baltimore stopte. Aber ich hielt mich nicht lange da auf, sondern nahm den „Sechzig=Meilen=Zug", der zwischen Baltimore und Washington nur einmal stopt, um nach „Columbia" zu eilen, und Washington, die politische Metropole der Union, den Sitz des Präsidenten und der Centralregierung, kennen zu lernen.

Wer die europäischen Hauptstädte Wien, Paris, Rom, Constantinopel, München besucht hat, erlebt in der Bundeshauptstadt der gewaltigsten Republik der Welt eine große Enttäuschung. Er hofft bei seiner Ankunft Alleen, Landhäuser, Chausseen, Lustschlösser in lieblichen Gärten zu sehen, und sieht von Allem nichts. Der Zug, der mich nach Washington brachte, stürmte durch einen recht armseligen Fichtenwald, wie er sicher nicht ordinärer in Amerika existirt, dann über eine öde, nicht bebaute Haide, und stopte in Washington.

Die ersten Häuserreihen waren aus Holz und die Gassen fand ich noch im Urzustande, ohne jedes Pflaster. Erst vom Bahnhofe aus, der keine 200 Schritte vom Capitole lag, begann die gepflasterte Straße und führte gerade hinauf auf eine Anhöhe zu einem Riesengebäude mit zwei Sternenbannern, die von der Höhe flatterten, ein sicheres Zeichen, daß Senat und Deputirtenkammer Sitzungen hielten. Ich stieg eilig die Anhöhe hinauf, ohne der Umgebung irgend welche Aufmerksamkeit zu schenken. Zwei weite Treppen aus geschliffenem Marmor führten mich in die dunklen Gänge des Erdgeschosses, wo bei Tage die Gasflammen brannten. Ich traf da und in den weiteren Aufgängen eine Menge Menschen, die ausruhten oder lasen, oder sich unterhielten. Endlich stand ich vor einer Thüre, die ein Mohr öffnete und schloß. Es war ein feierlicher Augenblick! Ich sollte hier versammelt sehen den Senat eines der größten Reiche der fünf Welttheile. Ohne jeden Anstand stieg ich hinab in die geräumige Gallerie. Sie war spärlich besetzt. Mein Erscheinen fiel Niemanden auf. Unten im runden Saale standen oder giengen oder saßen die Senatoren. Es ging urgemüthlich zu. Der Amerikaner ist eben nie steif, nicht einmal im Sitzungssaale. Ein Redner schrie sich heiser, während Viele laut plauderten. Ich verließ den Sitzungssaal so ungenirt, wie ich ihn betreten hatte, und eilte auf die Südseite in den Saal des Repräsentantenhauses; auch dieser bot nichts Merkwürdiges. Ich blieb nur kurze Zeit.

Nach der Verfassung, welche sich jene dreizehn Staaten gaben, die sich 1776 in Philadelphia feierlich von England losgesagt hatten, bildet Nordamerika eine Föderativ=Republik.

Diese Verfassung ist 1787 vollendet und 1789 in's Leben eingeführt worden. Jeder einzelne Staat, z. B. New=York, Ohio, Pennsylvanien, Illinois, Indiana, Wisconsin u. s. w., ist in vieler Hinsicht durchaus für seinen Bereich unabhängig und hat seine eigenen Gesetze und seine Regierung für seine inneren Angelegenheiten. Dagegen besorgt die Unions=Regierung die allgemeinen Angelegenheiten der Vereinigten Staaten in Bezug auf die Vertheidigung des Landes, auf das Geldmünzen, auf den Handel. Die vollziehende Gewalt hat ein Präsident, auf 4 Jahre gewählt, mit einem Vicepräsidenten und 7 Cabinetsmitgliedern. Die gesetzgebende Gewalt liegt in der Hand des Congresses, der aus zwei Körperschaften, Senat und Repräsentanten, besteht, die sich alljährlich auf dem Capitole versammeln.

Der Senat besteht aus Abgeordneten der verschiedenen Staaten, und zwar wählt jeder Staat je zwei Senatoren auf sechs Jahre. Da gegenwärtig die Union 39 Staaten zählt, so hat der Senat 78 Mitglieder.

Die Repräsentanten werden ebenfalls in den einzelnen Staaten, aber nur auf zwei Jahre gewählt. Hier gilt die Bewohnerzahl. So hat New=York 31, Pennsylvanien 24 Repräsentanten. Ich habe schon früher angedeutet, daß die Katholiken ihre Leute in die oberste Landesvertretung bringen müssen, um tiefer eingreifen zu können in die Verhältnisse des Staates. Zu diesem Zwecke müssen sie sich politisch besser organisiren, mittels der Presse entschiedener das öffentliche

Leben beeinflussen, sich im Westen in geschlossenen Counties ansiedeln und dann Leute aus ihrer Mitte in den Congreß entsenden. Dasselbe gilt von den Deutschen im Westen, die nur Einfluß gewinnen können, wenn sie politische Vereine bilden.

Aehnlich, wie die Unions=Regierung für alle Staaten ist, sind auch die Regierungen der einzelnen Staaten organisirt; sie werden gebildet aus dem Gouverneur und aus der Versammlung der Repräsentanten. Jeder Staat zahlt eine bestimmte Summe für die allgemeine Regierung der Union; er erhebt die Steuern für seine eigenen Bedürfnisse. Der Sitz der Regierungen der Einzelstaaten ist immer in irgend einer kleineren Stadt des betreffenden Landes; die Unions=Regierung hat ihren Sitz auf dem Capitole in Washington.

Der Name Capitol erinnert an den Mittelpunkt der größten Republik des Alterthums. Das amerikanische Capitol, das größte und prachtvollste Gebäude der Union, erhebt sich auf einer Anhöhe in Mitte der Stadt Washington und besteht aus zwei Seitenflügeln, einem großartigen Mittelbau, der oben mit einer herrlichen Kuppel abschließt. Drei Treppen aus weißem Marmor führen in die oberen Säle und Säulenhallen. Die Hallen sind mit Oelgemälden verziert. Das erste verherrlicht den Columbus, wie er in Spanien das Schiff besteigt, um die kühnste Fahrt zu wagen, die je ein Sterblicher gewagt hat. Das zweite stellt den Entdecker Amerika's vor, wie er den Fuß auf den festen Boden der neuen Welt setzte. Die zwei nächsten Bilder beziehen sich auf die spätere Geschichte Amerika's. Das eine verewigt die Auffindung des Mississippi und das andere die Taufe der Indianerin Pokahontas. Sie hatte dem Kapitän Smith, der den Wilden in die Hände gefallen war, das Leben gerettet. Zum Danke nahm er sie zu seiner Frau, verließ sie aber später treulos, weßhalb sie aus Gram starb. Die vier letzten Gemälde stellen die Unabhängig=

keitserklärung in Philadelphia dar, dann einzelne Siege Washingtons und zuletzt seine Abdankung.

Die Kuppel, aus 82 000 Zentner Eisen erbaut, überragt das kolossale Gebäude und trägt auf ihrer Spitze das Bild der Göttin der Freiheit. Um den richtigen Eindruck vom Baue und vom Capitole zu erhalten, muß man es aus der Ferne betrachten; den Nahestehenden erdrückt es. Ich ging auf der künstlich angelegten Ebene in östlicher Richtung weg und stieg hierauf in westlicher Richtung hinab in die Hauptstraße. Von da aus erhielt ich einen besseren Eindruck. Hier übersah ich die Anhöhe und in weiter Ferne die Reihen der Häuser der Stadt, die eigens des Capitols wegen erbaut und zu Ehren des ersten Staatsmannes der Union „Washington" genannt worden ist.

Den Grundstein zum Capitole hat Washington noch selbst gelegt. Dieser Mann ist der Abgott aller Amerikaner, gleichviel ob Heiden, Christen oder civilisirte Farbige. Man stellt ihn den gefeiertsten Kriegern, Gesetzgebern, Staatsmännern an die Seite. Zweihundert Städte in dem Umkreise der Union tragen seinen Namen. Seine Monumente sind zahllos in den verschiedenen Städten.

Georg Washington wurde 1732 auf dem Landgute Mount-Vernon im Staate Virginien am Potomac geboren. Er erhielt nur einen mangelhaften Schulunterricht und wuchs als Kind der Natur auf. Wie so viele große Männer verdankt er seine geistige und sittliche Größe nicht der Schulstube und der Zuchtruthe eines Schullehrers. Die Jugend des Farmersohnes von Mount-Vernon fiel in eine erregte Zeit. Die endlosen Kriege, welche England im siebenzehnten und im achtzehnten Jahrhunderte namentlich gegen Frankreich führte, hatten dessen Finanzen sehr zerrüttet und zu einer falschen Colonialpolitik verleitet, welche zur Losreißung der nordamerikanischen Colonien führen sollte.

Die nächste Veranlassung dazu war die Forderung, die Colonisten in Virginien, in Maryland, Pennsylvanien, New-Jersey, New-York und Neu-England sollten einen Theil der Kriegsschuld zahlen. Die Colonisten weigerten sich, und ihre Abgesandten wiesen freimüthig im englischen Parlamente auf die Folgen jeder tyrannischen Behandlung hin. Da England nicht nachgab, die Colonisten aber ihre Freiheit um jeden Preis zu wahren entschlossen waren, kam es zum Kriege. Die Colonisten beriefen einen General-Congreß nach Philadelphia. Dreizehn Staaten oder Colonien, nämlich Pennsylvanien, Delaware, Maryland, Virginien, Carolina, New-York, New-Jersey, Connecticut, Providence, Rhode-Island, Massachusetts, New-Hampshire, schickten Gesandte nach Philadelphia. Jetzt schon zog Washington, der Vertreter Virginiens, die Augen der Colonisten auf sich. Anfangs beschloß man, ein Bittgesuch an den englischen König zu senden, den Colonisten keine Lasten aufzulegen, sondern ihre Freiheiten zu schützen. Als dieser letzte Versuch gescheitert war, organisirte Washington den bewaffneten Widerstand; die Armee nahm als Kriegsfahne ein weißes Banner mit dreizehn Sternen an, zur Erinnerung an die dreizehn Staaten. Der Krieg begann in Boston 1775.

Im Jahre 1776 versammelte sich der Congreß zum zweiten Male in Philadelphia und beschloß hier am 4. Juli die Unabhängigkeit der Colonien von England und die Bildung der Union. Um aber alle Bürger auf gleiche Weise für die junge Republik und ihre Interessen zu begeistern, verkündete man eine allgemeine Toleranz in religiösen Angelegenheiten; die oberste Gewalt mischte sich nicht mehr, wie bis dahin England gethan, in die Religion ein, sondern überließ das den Gemeinden, die sich bilden würden.

Anfangs ohne Bundesgenossen, gelang es den Amerikanern endlich, Frankreich zu gewinnen, das auf England eifersüchtig war. Franklin wurde als Gesandter nach Paris geschickt.

„Ein ehrwürdiger, klug aussehender Greis," sagt Menzel, „im schlichten Bürgerkleide, mit schlichtem Haare und ein wenig mit edler Einfachheit großthuend, stach zu Versailles im bunten Kreise vergoldeter Höflinge wie eine Erscheinung aus anderer Welt ab, und da er die Erklärung der Menschenrechte mitbrachte, erschien er in der That wie ein Prophet einer neuen Zeit. Weit aber entfernt, ihn die Mißachtung fühlen zu lassen, die jeder Hof- und Edelmann damals dem französischen Bürger erwies, wetteiferten Hof und Adel, dem amerikanischen Bürger zu huldigen."

Frankreich griff in den Krieg gegen England ein und unterstützte die Vereinigten Staaten. Zu Versailles kam schon im Jahre 1783 der Friede zwischen England und der Union zu Stande, durch den England die Unabhängigkeit der Vereinigten Staaten anerkannte.

Kaum war der Friede unterzeichnet, so entließ Washington seine Armee, verabschiedete sich am 4. December 1783 in New-York von seinen Offizieren und kehrte als einfacher Farmer auf sein Landgut in Mount Vernon zurück.

Nicht so edel wie er dachten Andere. Es bestand bereits in der neuen Republik eine angeblich monarchische Partei, die, unzufrieden mit den Verhältnissen, Washington als den gefeiertsten Mann der Union bewegen wollte, die Rolle eines Cäsar oder Augustus zu spielen, sich den Titel eines Königs beizulegen und die dreizehn Colonien zu einem Staate zu vereinigen. Man höre die Antwort Washingtons: „Mit Staunen habe ich gelesen, was Sie mir übersendet. Seien Sie versichert, daß kein Umstand während des Krieges mir mehr Schmerz verursachte, als Ihre Mittheilung. Ich sehe, daß man in der Armee an Dinge denkt, die ich verabscheue und zurückweise. Vorderhand soll das, was Sie mir mitgetheilt haben, in meinem Busen verschlossen bleiben. Ich begreife nicht, wie mein Benehmen Sie ermuthigt hat, mir einen solchen Antrag zu stellen, der nach meiner Ueberzeugung das Vaterland mit einem Uebel, das größer nicht mehr sein könnte, erfüllen würde. Wenn ich mich nicht selbst täusche, so gibt es in Amerika keinen Menschen, dem diese Pläne verhaßter sein könnten, als mir."

Was die Union heute ihrem besten Kerne nach ist, ist sie durch den Edelmuth, durch Selbstverläugnung Washingtons, der, zufrieden mit der Ehre, dem Vaterlande die Freiheit erkämpft zu haben, auf seinem Landgute blieb. „Endlich lebe ich wieder," schrieb er damals, „als friedlicher Bürger an den Gestaden des Potomac unter dem Schatten meines eigenen Weinstockes und meiner Feigenbäume. Aus dem Lärmen des Lagers erlöst, erquicke ich mich an den stillen Freuden, von denen weder der Soldat, der dem Ruhme nachjagt, etwas weiß, noch auch der Staatsmann, der schlaflose Nächte zubringt, indem er Pläne entwirft, die seinem Vaterlande nützen sollten."

Allein, noch sollte er keine ungestörte Ruhe genießen. Die alte im Jahre 1776 entworfene Verfassung stellte sich bald als mangelhaft heraus. Ein dritter General-Congreß wurde nach Philadelphia berufen, um eine bessere Verfassung auszuarbeiten. Im Jahre 1787 war dieselbe fertig und besteht bis heute als der Stolz der Union und das Fundament ihres bisherigen Emporblühens. Washington selbst wurde der erste Präsident und erwarb sich das neue Verdienst, die neue Verfassung in's öffentliche Leben seiner Nation einzuführen.

Die oben genannten dreizehn vereinigten oder unirten Staaten erhielten eine Central-Regierung. Um aber dieser eine thatsächliche Unabhängigkeit zu sichern, um sie von keinem Staate beeinflussen zu lassen und um keinem Staate durch sie einen Vorrang zu verleihen, wurde eine besondere Einrichtung geschaffen. Die Bundes-Regierung erhielt ihren Sitz weder in New-York noch in Pennsylvanien, noch in Maryland; denn das hätte jedem dieser gleichberechtigten Staaten wenigstens einen Schein von größerem Ansehen vor den übrigen Staaten verliehen. Vielmehr wurde vom Staate Maryland im Westen ein kleiner Landstrich von 160 Quadrat=Kilometer abgetrennt und daraus nicht ein Staat und nicht ein Territorium gebildet, sondern der „District Columbia", ein regelmäßiges Vier= eck, auf beiden Seiten des Potomac. Da wurde der Grund= stein zum amerikanischen Capitole gelegt.

Die politischen Verhältnisse Columbia's, das vielleicht jetzt 100 000 Einwohner zählt, sind verschieden von denen der einzelnen Staaten der Union. Es hat keine eigene Regierung wie die übrigen Staaten, sondern wird vom Congresse regiert; es wählt nie mit den Staaten, weder bei der Wahl des Präsi= denten noch der Mitglieder des Congresses — „es ist voll= kommen neutraler Boden", vollkommen unabhängig von den 39 Staaten, die jetzt die Union bilden, in politischer und religiöser Beziehung.

Um aber der Union eine große Zukunft zu geben, wurde der Central=Regierung auf Columbia das Recht eingeräumt, in allen Länderstrecken, die nicht zu den dreizehn vereinigten Staaten gehörten, Territorien zu bilden, und diese dann, wenn sie 60 000 Bewohner zählten, zum Range eines Staates zu erheben und der Union einzuverleiben. Allerdings brachte diese Einrichtung die Central=Regierung in Widerspruch mit den Indianern, die noch am Mississippi, Ohio, Illinois, Mis= souri und an den Rocky Mountains wohnten; aber die Rechte des rothen Mannes waren für den Yankee nicht da. Und so entstanden nach und nach Territorien und aus diesen Staaten, bis die Union sich jetzt vom Golfe von Mexico bis an den Oberen See und vom atlantischen bis zum stillen Ocean erstreckt.

George Washington regierte die junge Republik als Prä= sident von 1789 bis 1797. Seiner Klugheit ist es zuzu= schreiben, daß die revolutionäre Bewegung, von der ganz

Europa bis in die tiefsten Tiefen erschüttert wurde, spurlos an der Union vorüberging. Im Jahre 1797 lief sein Amt ab und er nahm eine dritte Wahl nicht mehr an. Als einfacher Republikaner und Bürger kehrte Washington nach Mount Vernon zurück und starb dort, tiefbetrauert von der Union, die ihm Alles verdankte, im Jahre 1799, im selben Jahre, wo Pius VI. in der Verbannung auf französischer Erde gestorben ist, mit dem Washington in freundschaftlicher Beziehung stand. Als nämlich dieser Papst in Philadelphia anfragte, ob es dem Congresse genehm sei, daß er ein Bisthum in Baltimore errichte, erhielt er die Antwort: „In der Union können alle Religionsgesellschaften sich frei organisiren und bedürfe der heilige Stuhl keiner Erlaubniß, um einen Bischofssitz zu errichten."

Dieser große Mann und sein noch größeres Werk schwebte mir auf der Höhe des amerikanischen Capitols vor. Ich warf, ehe ich hinabstieg, noch einen Blick nach Süden, nach Virginien, wo er das Licht der Welt erblickt hat und gestorben ist.

Auf dem weiten Platze vor dem Capitole stieg ich in einen Streetkaar, um durch die Hauptstraße Washingtons bis an den Potomac zu fahren. Der District Columbia hat nur zwei Städte: Washington und Georgetown. Sie verewigen mitsammen den ganzen Namen des größten Mannes der Union: George Washington.

Berühmtheiten hat die junge Stadt Washington noch nicht viel. Ich sah das „white house" oder das „weiße Haus" an, in dem jetzt Präsident Hayes wohnt, dann das berühmte Museum und mehrere katholische Kirchen. Die Katholiken besitzen auf Columbia zwölf schöne Kirchen, ein Beweis, wie zahlreich sie hier sind, darunter eine deutsche und eine für die Neger. Die vorzüglichste ist die dem hl. Joseph geweihte Jesuitenkirche, wo P. Weninger vor Jahren eine Mission gehalten und ein Missionskreuz errichtet hat, bei dessen Ein-

weihung ein Kreuz am Himmel erschienen ist, wie die Missions=
annalen eingehend berichtet haben.

Das Museum der Stadt liegt in einem Parke von solcher
Ausdehnung, daß jede Hauptstadt darin Platz finden würde.
Die Säle sind mit sehenswerthen Alterthümern, Thierskeleten,
Muscheln, Vögeln aus der amerikanischen Vogelwelt, mit
Thieren aller Art gefüllt. Meine Aufmerksamkeit fesselte nur
der Indianersaal, wo ganze Gruppen Indianer aufgestellt sind
in ihrer ehemaligen Kleidung, mit Kopfschmuck, Bogen und
Pfeilen, um sie herum ihre Hauseinrichtungen und Götzen=
bilder. Man fühlt sich hier auf amerikanischem Boden lebhaft
in die Wigwams der Indianer versetzt.

Ermüdet durch die Wanderungen nach allen Richtungen
Columbia's und durch die Hitze des Tages belästigt, suchte
ich ein schattiges Plätzchen. Ich mußte hier immer wieder an
eine Aeußerung P. Weningers denken. Derselbe wollte den
Amerikanern klar machen, wie nothwendig dem Papste der
Kirchenstaat ist, um unabhängig den katholischen Erdkreis re=
gieren zu können; er kommt auf Avignon zu sprechen, wo die
Päpste so nachtheilig von Frankreich beeinflußt wurden, und
fährt hierauf wörtlich fort: „Wollt ihr ein Gleichniß von
dieser Unabhängigkeit, so betrachtet euer eigenes Land. Warum
ist der District Columbia von demselben unabhängig gemacht
worden? Einzig deßhalb, weil der Sitz der Regierung dorthin
verlegt wurde. Die Nation wollte nicht, daß irgend ein Staat
der Union durch den Besitz des Capitols auch nur einen Schatten
von Bevorzugung in den öffentlichen Angelegenheiten haben
sollte. Derselbe Zweckmäßigkeitsgrund spricht für die Unab=
hängigkeit des Papstes."

Befriedigt kehrte ich gegen Abend über Annapolis, der
Hauptstadt von Maryland, nach Baltimore zurück. Ich fand
die Gegend durchweg schlechter angebaut, als in den Staaten
des Nordens. Ich fragte um die Ursache und erhielt als

Antwort: die Freilassung der Neger habe nachtheilig auf Columbia, auf Maryland und auf alle Südstaaten gewirkt und sei in Folge derselben die Cultur in allen diesen ehemaligen Sklavenstaaten zurückgegangen. Die Negerbevölkerung ist in Columbia und Maryland ungemein dicht. Ich sah oft mehrere Neger, bis ich wieder einmal einem Weißen begegnete.

Unterwegs sah und erlebte ich etwas für die amerikanischen Verhältnisse sehr Charakteristisches. An einer Station wechselte ich den Zug und stieg mit einem Geistlichen in denselben Wagen. Dieser grüßte einen Mann in sehr bescheidener Kleidung mit den Worten: „Good day, mayor!" (spr. gud be, mehr). Auf meine Frage, wo der Mann Bürgermeister sei, erhielt ich die Antwort: „In Annapolis." Aber mein Erstaunen wuchs noch, als dieser Bürgermeister der Hauptstadt von Maryland mir später mein Ticket abnahm. Auf erneutes Fragen hörte ich von meinem Gewährsmanne, es sei in Maryland üblich, keinen Bürgermeister für seine Amtsführung zu bezahlen, weßwegen er sich seinen Unterhalt verdienen müsse, wie jeder andere Bürger. Ein besseres Mittel gegen ehrgeizige Streberei und wachsende Steuern, als diese Selbstverwaltung, kenne ich nicht.

18.
Das amerikanische Rom. Maryland und seine Geschichte.

Wer die Kirchengeschichte Nordamerika's, seit der Zeit seiner Entdeckung, mit einiger Aufmerksamkeit verfolgt hat, kennt die hohe Bedeutung der Stadt Baltimore und des Staates Maryland.

Baltimore ist eine alte englische Colonie. Unter König Jakob I. lebte in England ein hoher Beamter, mit Namen Calvert. Beim Anblicke der beständigen blutigen Verfolgungen

der Katholiken, Puritaner und Quäker entstanden in ihm
Zweifel, ob eine Religion, die so grausam mache, die wahre
sein könnte. Er studirte aufmerksam die Geschichte der eng=
lischen Hochkirche seit Heinrich VIII. und kam zur Ueber=
zeugung, daß die anglikanische Religion falsch sei. Er ent=
sagte allen Würden und Aemtern im Jahre 1624 und
kehrte zur katholischen Kirche zurück. Der König verlieh dem
treuen Diener den Titel „Lord Baltimore". Weil aber die
Bedrückung der Katholiken fortdauerte, so schiffte er über das
Meer, um seinen Glaubensgenossen ein Asyl zu suchen. In
Neu=England war ihm das Klima zu rauh. Er wendete sich
nach Virginien. Da fand er dieselbe Verfolgung der Religion
wie in England. Deßhalb verließ er Virginien wieder und
zog weiter aufwärts. Er kam an die Ufer des kleinen Pa=
tapsco=Flusses, fand dort fruchtbares Land und kehrte hierauf
nach England zurück, um vom Könige die Erlaubniß zu er=
halten, daselbst eine katholische Colonie gründen zu dürfen.
Der Tod ereilte ihn, ehe er sein Werk vollendet hatte.

Sein Sohn Leonhard nahm den Plan seines Vaters auf
und segelte im Jahre 1633 mit zweihundert meist katholischen
Familien und zwei Jesuiten nach Nordamerika ab. Sie landeten
1634 in der neuen Colonie, errichteten am Meeresufer ein
mächtiges Kreuz, bauten einen Altar und brachten das heilige
Opfer dar. Um mit den Indianern in freundschaftlicher Be=
ziehung zu bleiben, kaufte er das Land. Zwei Meilen von
der Chesapeakbai, am Patapsco, baute er das erste Blockhaus,
ein Gegenstand der Neugierde für die Potomac=Indianer, die
in der Bucht fischten und auf ihren Canoës über den Fluß
setzten. Die Niederlassung erhielt vom ersten Gründer den
Namen „Baltimore". Fast hundert Jahre lang blieb die
Niederlassung ein unbedeutender Platz. Mit der Gründung
der Union begann ihre Blüthezeit. Im Jahre 1797 erhielt
sie den Rang einer Stadt und brachte es bis 1800 auf

24 000 Einwohner. Darunter befand sich John Carroll, der reichste Mann der Umgegend, ein eifriger Katholik. Diesen Platz, also eine uralte katholische Ansiedlung, hatte der erste Bischof zu seinem Sitze gewählt; heute ist der Bischof von Baltimore der Primas unter den Bischöfen Amerika's. Jetzt hat die Stadt Baltimore 360 000 Einwohner, wovon die Mehrzahl katholisch ist. Es gehöre hier Alles der katholischen Kirche an, wurde mir gesagt, was in der Stadt hoch angesehen, was einflußreich und reich ist. Der Gouverneur ist ein Katholik, der aus seinem Bekenntnisse kein Hehl macht und zu den Sacramenten geht. Die Einwohner des katholischen Bekenntnisses sind in 21 Pfarreien vertheilt. Außerdem gibt es noch mehrere Kapellen. Von der Anhöhe, auf der das Denkmal Washingtons steht, hatte ich einen entzückenden Ueberblick über das weit ausgedehnte, äußerst mannigfaltige Häusermeer, das viele Hügel bedeckte. Der Name „amerikanisches Rom" ist durchaus gerechtfertigt. Das hügelige Terrain erinnert an die Weltstadt an der Tiber. Die alte Cathedrale, noch von Bischof Carroll erbaut, liegt auf einer Anhöhe, ein schwerfälliges und massives Gebäude. Viel schöner ist die Patrickskirche in der Broadway. Hier wohnen besonders die Fremden, welche wegen der gesunden Lage Baltimore aufsuchen. In der Calvertstreet haben die Jesuiten ihre Ignatiuskirche. Die eleganteste, größte und schmuckvollste unter den katholischen Kirchen ist unstreitig die Alphonsuskirche der Redemptoristen auf der Höhe der Parkstraße.

In Baltimore befindet sich die älteste katholische Universität der Union; das ehemalige Marien-Seminar hatte schon im Jahre 1805 die Rechte einer Universität erlangt. Außerdem befinden sich hier zwei Seminarien für Weltpriester. Eine Macht und eine Zierde des kirchlichen Lebens sind die Klöster der Redemptoristen, Jesuiten, Kapuziner, Passionisten, Carmeliten. Zahlreiche Ordensschwestern leiten die Schulen und be-

sorgen die Pflege der Waisen und Kranken in den Asylen und
Hospitälern. Die Knaben finden in den vielen Pfarrschulen
Unterricht und die beste Erziehung. Daher hat diese Stadt
auch ein ganz katholisches Aussehen, wie ich früher schon von
Milwaukee gesagt habe. Die Ordensleute können sich ohne
Scheu im Ordenskleide auf den Straßen zeigen. Es fällt
nicht auf, wenn ein Priester auf den schattigen Straßen auf=
und abgehend sein Brevier betet. Wo ein Priester geht, wird
er auf's Freundlichste gegrüßt.

Das ist Baltimore in religiöser Beziehung. Ebenso her=
vorragend ist es in Bezug auf seinen Verkehr und auf seine
Lage. Als Handelsplatz ist es der dritte der Union und reiht
sich würdig an New=York und Chicago an. Der Hafen ist
vorzüglich. Ausfuhrartikel bilden Mehl und Tabak. Berühmt
sind die Baltimore=Austern.

Malerisch ist die Lage. Ueberall Alleen und Anlagen
in den schönen, breiten, gutgepflasterten Straßen und auf den
geräumigen Plätzen. Unter allen Städten der Union gleicht
sie am meisten den Hauptstädten Europa's. Anmuthig erhebt
sich auf seiner Anhöhe das 45 Meter hohe Denkmal Washingtons.
Von hier aus genießt man eine reizende Fernsicht auf die
Meeresbucht, aus der zahllose Masten emporragen. Gegen
Westen bilden waldige Höhen einen hübschen Hintergrund.

Baltimore ist die erste und größte Stadt in Maryland.
Seine Geschichte ist mit jener des ganzen Landes so verwachsen,
daß ich sie theilweise schon erzählt habe. Beifügen muß ich
noch, daß Maryland nicht in die Fußstapfen der andern ameri=
kanischen Colonien trat; denn in allen sind die Katholiken
mehr oder weniger verfolgt worden. Das katholische Parlament
von Maryland faßte zu einer Zeit, wo die religiöse Unduld=
samkeit in der alten und neuen Welt Mode war, folgenden
Beschluß: „Gewissenszwang in Glaubenssachen hat immer,
wo er geübt wird, schlimme Folgen. Daher soll innerhalb

der Grenzen dieses Landes Niemand, der an die Gottheit Jesu Christi glaubt, wegen seiner religiösen Ueberzeugung und in der freien Uebung seiner Religion gestört, belästigt oder beunruhigt werden. Das geschieht, um Ruhe und Frieden in dieser Provinz und um gegenseitige Liebe und Zuneigung unter den Einwohnern aufrecht zu erhalten." „Lord Baltimore," ruft der amerikanische Geschichtschreiber Bancroft, „verdient unter die weisesten und mildesten Gesetzgeber gezählt zu werden."

Nach Maryland eilten alle des Glaubens willen Verfolgten: Puritaner, Quäker, Protestanten, um im Schatten des dort feierlich verkündeten Gottesfriedens friedlich neben einander zu leben. Die Geschichte Marylands ist im Kleinen die Geschichte der römischen Kirche. Sie verabscheut den Gewissenszwang. Sie bekehrt nicht mit dem Schwerte, nicht durch die Folter. Daher erhielt sich in Rom, nachdem die Kirche oder das Christenthum schon gesiegt hatte, das Heidenthum noch lange. Darum konnten sich in Rom zahllose Kunstschätze aus heidnischer Zeit erhalten. Anders haben von jeher die Secten gehandelt. Hat nicht der Protestantismus in England die katholischen Gräber entweiht? Hat derselbe nicht in Deutschland herrliche Kunstschätze verbrannt, weil sie den Katholiken einmal gehört hatten? Wo und wann haben Katholiken so gehandelt?

Die Colonisten in Maryland verfolgten keinen Indianer. Dieß Zeugniß gibt ihnen Cooper. Und ein Protestant berichtet: „Die Katholiken Marylands bezahlten die Eingeborenen gut für das Land, und ihre Freigebigkeit gewann ihnen die Herzen ihrer neuen, indianischen Freunde. Das Glück dieser Colonie war beneidenswerth. Die Eingeborenen drängten sich zum Gebiete des wohlwollenden Fürsten. Wenn Baltimore in gewissem Sinne Monarch war, so war doch seine Monarchie für den Verbannten, der Freiheit und Ruhe suchte, erträglich. Zahlreiche Schiffe fanden in seinem Hafen Beschäftigung. . . .

Von jedem Klima kamen Auswanderer, und die Gesetzgebung dieser Colonie dehnte ihre Sympathien sowohl auf viele Nationen als auf viele Secten aus. Aus Frankreich kamen die Hugenotten; aus Deutschland, Holland, Schweden, Finnland suchten die Kinder der Unglücklichen Schutz unter dem milden Scepter der römischen Katholiken. Selbst Böhmen, das Vaterland des Ziska und Huß, sandte seine Söhne, die sofort zu Bürgern von Maryland mit gleichen Rechten gemacht wurden."

Der Segen Gottes ruhte sichtbar auf der Colonie. Bancroft sagt: „Binnen sechs Monaten war die Colonie von Maryland weiter fortgeschritten, als es bei Virginien in vielen Jahren der Fall gewesen war. Doch weit merkwürdiger war der Charakter von Maryland. Jedes andere Land hatte zu jener Zeit Verfolgungsgesetze. Der katholische Gouverneur von Maryland schwor: ‚Ich werde nicht, weder selbst noch durch Andere, weder direct noch indirect, Jemanden, der den Glauben an Jesum Christum bekennt, der Religion wegen beunruhigen.' Unter den milden Einrichtungen und der Freigebigkeit Baltimore's blühte die traurige Wildniß bald mit dem regsamen Leben und der Thätigkeit glücklicher Ansiedlungen. Die römischen Katholiken, welche durch die englischen Gesetze unterdrückt wurden, waren sicher, in den ruhigen Häfen von Chesapeak ein friedliches Asyl zu finden, und auch Protestanten wurden dort gegen protestantische Intoleranz geschützt. Dieß waren die schönen Auspicien, unter denen die Provinz Maryland in's Dasein trat. Ihre Geschichte ist die des Wohlwollens, der Dankbarkeit und der Toleranz."

Den Amerikanern ist diese ewig denkwürdige Geschichte Marylands nicht unbekannt geblieben. Professor Walters aus Philadelphia schrieb: „Es ist ein merkwürdiges und lehrreiches Schauspiel, zu sehen, wie die Puritaner ihre protestantischen Brüder in New-York verfolgten, wie die Episcopalen dieselbe

Strenge gegen die Puritaner in Virginien anwandten, und wie die Katholiken, gegen die sich alle Andern verschworen, in Maryland ein Heiligthum bildeten, in dem Alle anbeten und Keiner unterdrücken wollte, und wo selbst Protestanten eine Zuflucht vor der protestantischen Verfolgung finden konnten. Aber diese letzteren, durch ihre Undankbarkeit noch mehr als durch ihre Ungerechtigkeit abscheulichen Menschen projectirten nicht bloß die Abschaffung des katholischen Gottesdienstes, sondern auch jeden Theil jenes Systems der Duldung, unter dessen Schutze sie im Stande waren, sich zu seinem Sturze zu verschwören."

Der glückliche Zustand und die Blüthe von Maryland dauerten indeß nicht lange. Lord Baltimore starb und alsbald verlangte der anglikanische Bischof, daß seine Priester eine Station in Maryland bekommen müßten. Diese waren mit der Gleichstellung nicht zufrieden, sondern wollten einen Vorzug. Sie sollten auf Kosten der Provinz unterhalten werden. „Das englische Ministerium erließ einen Befehl, die Regierung in Maryland Protestanten anzuvertrauen. Die römischen Katholiken wurden im Lande, das sie cultivirt, der bürgerlichen Rechte beraubt."

Noch unerträglicher und trostloser wurde der Zustand des ehemaligen glücklichen Asyls aller Verfolgten nach dem Jahre 1649. In diesem Jahre ging von dem Königsmörder Cromwell in England eine neue Verfolgung durch die von ihm begünstigten Puritaner aus. In Virginien erhoben sich die Puritaner, um mit Feuer und Schwert gegen Anglikaner, Quäker und Katholiken zu wüthen. Sie eroberten das katholische Maryland, erklärten alle da wohnenden Katholiken in Acht, setzten eine puritanische Regierung ein, die sogleich die milden und duldsamen Gesetze umstieß. „Die Puritaner," schrieb Bancroft, „haben ganz und gar sowohl die Dankbarkeit gegen eine Regierung, die sie aufnahm und ernährte, als auch die Großmuth eines Mannes vergessen, dem sie die Gewissensfreiheit und gastliche Aufnahme zu danken hatten." Und die Missionsannalen berichteten seiner Zeit: „Noch waren keine 25 Jahre seit dem Eindringen der Puritaner verflossen, und schon sahen sich die Katholiken ihrer bürgerlichen, religiösen und politischen Rechte beraubt. Fremde, vor Kurzem noch verbannt, zogen die Güter Jener ein, von denen sie gastlich waren aufgenommen worden, machten Jagd auf ihre Priester, wie auf schädliche Thiere, setzten, um die Bekenner des wahren Glaubens herabzuwürdigen, auf einen einwandernden Irländer dieselbe Eingangstaxe wie auf einen Neger. Der Neger durfte ungehindert seine Götzenbilder anbeten, die Irländer aber nicht ungestraft das Kreuz verehren." Dieses wird bestätigt durch den Reisenden Buckingham: „Während die Katholiken dieses Landes mit so viel Liebe gegen ihre protestantischen Brüder handelten, vergalten diese Letzteren, von denen Viele gekommen waren, um Zuflucht vor protestantischer Verfolgung zu suchen, diese Liebe mit dem niedersten Undank und strebten durch jedes Mittel Diejenigen zu vernichten, von denen sie so gastfreundlich waren aufgenommen worden. Und als die englische Kirche in Maryland als Staatskirche war erklärt worden, wurden die Katholiken durch strenge Strafen von allen Handlungen des öffentlichen Gottesdienstes und selbst von der Ausübung des Lehrberufes im Unterrichte abgehalten." „So hatten," sagt Bancroft, „die Anhänger der katholischen Kirche in Amerika keine Hilfe; sie allein blieben der Unduldsamkeit und Ungerechtigkeit ihrer protestantischen Mitbürger ausgesetzt und wurden in dem Lande als Heloten behandelt, das sie durch ihre wahrhaft katholische Freisinnigkeit nicht nur für sich, sondern für alle verfolgten Religionsgesellschaften zum Asyle umgeschaffen hatten, und zwar viel früher, als Penn (in Pennsylvanien) seine Gewissensfreiheit eingeführt hat."

Es gibt nicht leicht ein Land, dessen Geschichte so interes=

sant ist, als die Marylands. Wer sie liest, wird sich am besten über die genaue Lage der Dinge in Nordamerika bis zum Jahre 1776 unterrichten können. Dieselben grausamen Secten, die die Katholiken wie Bestien behandelten, morbeten kaltblütig den rothen Mann, der ihnen in der Colonie begegnete.

Nach dem Jahre 1789 „bildete Maryland den Hauptsitz des Katholicismus", sagt Ungewitter in seiner Länderkunde. Von hier aus hat sich ein Senfkörnlein über ganz Nordamerika ausgebreitet, wie seiner Zeit von Rom aus über Europa. Diese Eigenthümlichkeit ist nie einem Reisenden entgangen. Buckingham hat Maryland vor 35 Jahren besucht und Baltimore in folgender Weise geschildert: „Von allen religiösen Gesellschaften, welche Baltimore bis jetzt bewohnen, stehen die römischen Katholiken, die an Zahl und Eifer jede Secte übertreffen, oben an. Der Erzbischof und die Priesterschaft, die jetzt 19 Kirchen in der Stadt haben, sind gelehrte und tüchtige Männer. Unter den barmherzigen Schwestern gibt es viele fromme Frauen, und diese mit den Seminarien sichern nicht bloß die Fortdauer des jetzigen Vorherrschens der Katholiken an Zahl und Einfluß, sondern auch des allmählichen Zunehmens."

Wie bisher Maryland ein Bollwerk des Katholicismus in der Union war, so wird es dasselbe auch in der Zukunft sein. Hier bestehen die zwei ältesten Universitäten: Georgetown und St. Mary. Neben ihnen blühen zahlreiche Collegien und höhere Schulen für Knaben und Mädchen, mit denen die Staatsschulen nicht mehr concurriren können. Außerdem haben die Jesuiten in Woodstock ihr blühendes Noviziat und die Redemptoristen das ihrige in Jlchester; die Passionisten besitzen das berühmte Josephs-Institut, 4 Meilen von Baltimore. Kein Wunder, daß gegen den Katholicismus in Maryland ganz besonders der Kampf tobt. Dasselbe Loosungswort, das die geheimen Gesellschaften in der alten Welt ausgegeben haben, hat auch in der neuen seinen Wiederhall gefunden. Die 5000 Logen, welche in der Union bestehen und in jedem Staate einer Großloge untergeordnet sind, haben sich seit 1876 ein Centrum in Philadelphia geschaffen. Ihre Zahl nimmt reißend zu. Die Stimmen aus Maria=Laach wiesen nach, daß sie sich im Jahre 1869 auf 1870 um 15 000 Mitglieder vermehrt haben. Im letztgenannten Jahre sollen allein 5000 Katholiken dem Vereine beigetreten sein. Besonders thätig sind in diesen Tempeln des Unglaubens die Frauen.

Die Katholiken genießen nicht in allen Staaten gleiche Freiheiten. Die einzelnen Staaten haben eben verschiedene Gesetze. In Californien sind die bestehenden Gesetze der katholischen Religion günstiger, als z. B. in Ohio. New=York wird den Katholiken viel gerechter, als die Staaten von Neu=England, wo sie bis zur Stunde noch nicht die gleichen bürgerlichen Rechte mit den Secten besitzen. In Maryland ist die Regierung katholisch. Daher kann man sagen, daß dieses bis jetzt der einzige katholische Staat der Union ist, wo natürlich auch für Neger, Secten und Juden volle Toleranz besteht, wie überhaupt in der Union. Hier wird also naturgemäß der große Entscheidungskampf zwischen Christenthum und Neu=Heidenthum beginnen. Ich sage absichtlich nicht, zwischen Katholicismus, Protestantismus und Heidenthum. Der Protestantismus existirt nicht mehr als Religion. Ich habe daher auf das wichtige Maryland ebenso die Aufmerksamkeit der deutschen Katholiken lenken wollen, wie in anderer Beziehung auf Wisconsin und Minnesota.

19.
Sahara und Prairie oder der Neger und der Yankee.

Der Union sind auch mehrere Staaten mit sehr heißem Klima beigetreten: Florida, Alabama, Georgia, Carolina,

Mississippi, Tennessee, Virginien. In diesen Staaten war die schwere Feldarbeit in Folge der im Sommer herrschenden Hitze für die eingewanderten Europäer schädlich, besonders dort, wo Zucker, Tabak, Baumwolle und Kaffee gepflanzt wurden. Es erklärt sich, warum die Colonisten in Südamerika und diejenigen in den Südstaaten Nordamerika's kräftige, ausdauernde und das heiße Klima gewöhnte Arbeiter zu haben wünschten. Die Portugiesen waren die Ersten, welche zu diesem Zwecke an die Neger Afrika's dachten. Portugal hat frühzeitig Besitzungen in Afrika erworben und ist mit den Völkern dieses heißesten aller Welttheile näher bekannt geworden. „Die Uebersiedlung der Neger aus Afrika," schreibt Menzel, „als Sklaven nach Amerika ist von den Portugiesen ausgegangen. Diese haben zuerst, weil der weiße Europäer im heißen Klima Brasiliens keine Feldarbeit verrichten kann und der Indianer sich nicht zum Sklaven machen ließ, Neger aus Afrika geholt, um ihren Zucker, Kaffee, Baumwolle, Cacao zu bauen. Die Neger, kräftig von Körper und an die heiße Sonne gewöhnt, dazu eine kindische Rasse, die auch in der afrikanischen Heimath schon in sklavischen Verhältnissen lebte, welche beherrscht sein will und sich leicht abrichten läßt, taugten in der That zu dieser Bestimmung am besten. Die Spanier, Franzosen, Holländer, Engländer nahmen daher keinen Anstand, die Portugiesen nachzuahmen und auch in ihre in der heißen Zone liegenden Colonien Neger aus Afrika einzuführen. Sie brauchten die Waare nicht lange zu suchen. In Afrika selbst bot man sie ihnen an. Die Negervölker machten seit uralter Zeit ihre Gefangenen zu Sklaven und verkauften sie. Könige verkauften ihre Unterthanen, Eltern ihre Kinder. Man ist es dort gar nicht anders gewöhnt. Der Portugiese und Spanier geht milder mit dem Sklaven um. Das Verhältniß zwischen Herren und Sklaven ist dort patriarchalisch. In den spanischen Colonien ist die Zahl der Farbigen überhaupt nicht groß. Klagen über grausame Behandlung der Negersklaven verlauteten zuerst aus den französischen, englischen, holländischen Colonien, und zwar in dem Maße, in welchem die Zahl der Sklaven wuchs und die Arbeit mit ihrem Werthe sich steigerte. Der Neger war da nicht mehr der treue Diener eines begüterten Herrn, der ihn gut behandelte, sondern Hunderte von Negern mußten compagnieweise vom Morgen bis Abend unter der Peitsche grausamer Aufseher schwere Arbeit verrichten, um die Waarenvorräthe des Herrn zu verdoppeln und zu verdreifachen. Man hat berechnet, daß von 1733 bis 1766 über 20 000 Neger alle Jahre aus Afrika nach Amerika geliefert wurden. Von da an stieg die Zahl rascher: Alles in dem Verhältnisse, als das Verlangen nach Colonialwaaren in Europa zunahm. Je mehr Zucker und Kaffee verbraucht wurden, desto mehr Neger brauchten die Plantagenbesitzer im südlichen Nordamerika." So weit Menzel. Es ist ehrenvoll für ihn, als Protestanten, daß er den Spaniern Gerechtigkeit widerfahren läßt und hervorhebt, wie liebevoll der Sohn der Wüste vom Manne der Prairie dort behandelt wurde.

Anders verhielten sich die Dinge in Nordamerika. Das Verhältniß zwischen Neger und Yankee war ein feindseliges und unchristliches. Die folgenden Andeutungen beziehen sich nur auf die Südstaaten Nordamerika's. Der Sklavenhandel reicht hier bis in das Jahr 1620 zurück, wo durch holländische Kaufleute die ersten Neger als Sklaven nach Jamestown in Virginien gebracht wurden. Von hier aus verbreitete sich der Sklavenhandel in die südlichen Colonien, 1750 nach Georgia; aber auch im Norden wurde die Zahl der Sklaven beträchtlich. Die großbritannische Regierung, welche den Sklavenhandel vortheilhaft fand, trat demselben natürlich nicht entgegen, obwohl sich einige Stimmen gegen alle Sklaverei erhoben. Man nimmt an, daß bis zum Jahre 1776 mehr als 300 000 Neger eingeführt wurden. Man verwendete dieselben vorzüglich zum

Anbau der Tabak= und Reispflanzungen, später besonders für Indigo= und Baumwollencultur. Das gesetzliche Verhältniß zwischen Herren und Sklaven war hart, härter als selbst im Alterthum. Ungewitter sagt: „Sklaven gelten als persönliches Menschenvieh. Der Herr konnte seinen Sklaven verkaufen, über seine Person, Thätigkeit und Arbeit verfügen. Der Sklave konnte nichts thun, besitzen oder erwerben, was nicht seinem Herrn gehörte. Die Sklaven konnten vermacht oder vererbt werden und waren wie andere Sachen der Theilung unterworfen. Sie konnten weder eine Ehe eingehen, noch eine Familie begründen. Die Verpflegung derselben hing vom Interesse des Herrn ab, weil der Sklave sein unbedingtes Eigenthum war, weßhalb er ihn strafen und züchtigen, nur nicht verstümmeln konnte. Es war nicht gestattet, dem Sklaven Unterricht zu ertheilen. Er konnte getauft werden; aber es hing vom Belieben des Herrn ab und von der Ortsbehörde, ob derselbe sich in der Kirche sehen lassen durfte."

Das waren die gesetzlichen Bestimmungen. Die Behandlung selbst war aber insoferne verschieden, als die einzelnen Sklavenbesitzer ihre Sklaven besser oder schlimmer hielten, je nach ihrer religiösen Ueberzeugung. Daß einzelne Plantagenbesitzer sie mit Hunden hetzten, sie schändlich mißhandelten, unterliegt keinem Zweifel, wenn wir an das denken, was man sich in Virginien und Maryland gegen Katholiken erlaubt hat.

Im Jahre 1776 wurde die Union gegründet. Nach der Verfassung von 1787 waren alle Bürger der Vereinigten Staaten gleich; jedoch blieben die Farbigen von dieser Begünstigung ausgeschlossen. Der Congreß hat die Sklaverei als eine innere Angelegenheit der einzelnen Staaten behandelt und sich nicht eingemischt. Im Jahre 1820 wurde bestimmt, daß die Union in zwei Hälften zerfalle, deren südliche der Sklaverei, deren nördliche der Freiheit gehören sollte. Vom Jahre 1854 an wurde die Sklavenfrage auf's Neue im Congreß zu Wash=

ington behandelt. Die Nordstaaten verlangten die Aufhebung der Sklaverei, und als endlich Präsident Lincoln gewählt wurde, der entschlossen war, die Abschaffung der Sklaverei in der Union durchzuführen, hatten sich die Südstaaten von der Union losgesagt. Merkwürdig bleibt das Benehmen des Staates Maryland und des Districtes Columbia, wo viele Katholiken wohnten und Sklaven hielten. Hier hatte es früher schon mehr freigelassene Farbige gegeben, als in jedem andern Staate im Süden. Als die Sklaverei nun mit Einem Schlage abgeschafft wurde, empörte sich Maryland nicht, schloß sich dem Norden an und hielt treu zur Union.

Der vierjährige Bürgerkrieg zwischen den Nordstaaten und den südlichen Sklavenstaaten endete mit dem Siege des Nordens, nachdem die Hauptstadt der Sklavenhalter, Richmond in Virginien, erobert war. Washington blieb wie zuvor der Sitz der Central-Regierung der ganzen Union.

Die Sklaverei aber ist seit 1863 aufgehoben. Seit dem 1. Januar des genannten Jahres gibt es in Nordamerika keine farbigen Sklaven mehr. Wie jeder andere Bürger der Union kann der Neger sich niederlassen, wo er will, kann sich seinen Herrn wählen, dem er dienen will, kann sich unterrichten lassen und darf unterrichtet werden. Welches ist nun die Lage der ehemaligen Negersklaven oder des „farbigen Volkes" in der Union?

Ich schildere die Verhältnisse, wie ich sie gefunden habe. Ich bleibe aber bei der in der Union jetzt allgemein üblichen Bezeichnung „die Farbigen", worunter man überhaupt die Schwarzen (Neger), die Mulatten, Creolen, Mestizen, Zambos, Chinos u. s. w. versteht. Diese Namen bezeichnen zwar dieselbe Menschenrasse, die jedoch in Bezug auf Farbe, Größe und Körperbildung von einander abweicht.

Am 1. Januar 1879 waren es 16 Jahre, daß die Sklaverei aufgehört hat, in der Union zu existiren. Man kann jetzt schon ein annähernd richtiges Urtheil fällen, wie die Verhältnisse sich gestalten werden. Besonders ist Maryland geeignet, sich über die Negerfrage Rechenschaft zu geben, wo die Weißen und Schwarzen am friedlichsten neben einander leben, wo bereits Schulen und Klöster und Pfarreien für die Farbigen bestehen. In Maryland und Columbia ist der Irrthum widerlegt worden, als seien alle Farbigen dumm und arbeitsscheu und unempfänglich für die Bildung, die der weiße Mann besitzt. Hübner, der vor neun Jahren Nordamerika besuchte, führt die Worte eines Staatsmannes in Washington an, und diese lauteten: „Die Arbeitsscheu der Neger galt allgemein als erwiesen. Aber die Zeit hat bewiesen, daß sie vortreffliche Arbeiter geworden sind. Sie galten als dumm. Und nun zeigt es sich, daß sie seltene Fähigkeiten besitzen, sowie den lebhaftesten Wunsch haben, sich und ihre Kinder zu unterrichten." Ich habe die Farbigen beobachtet in den Schlafwagen. Sie benahmen sich artig, waren anstellig, dienstfertig, umsichtig; sie bereiteten die Betten, ordneten am Morgen den Salon wie der beste Steward im Hotel. Mit Vorliebe treiben die Farbigen das Gewerbe des Baders. In diesem Fache sind sie geradezu unübertrefflich. Für ihre Tüchtigkeit und Geschäftsgewandtheit sprechen, daß sie sich Vermögen zu erwerben wissen. In Annapolis, in Washington, in Baltimore bin ich mit farbigen Ladies und Gentlemen gefahren, die vornehm und ganz nach der modernsten Form gekleidet waren. Sie trugen goldene Ohren- und Fingerringe, goldene Uhren und Ketten. Daß sie Unterricht suchen, dafür zeugt, daß jene Negerkinder, die während des Tages beschäftigt sind, die Abendschule besuchen, welche die Redemptoristen in Annapolis für sie ausschließlich halten.

Das Verhältniß zwischen dem Farbigen und dem Yankee ist indeß kein günstiges. Ungewitter schrieb in seiner Völkerkunde bald nach der Abschaffung der Sklaverei: „Obgleich Lincoln alle Sklaven für frei erklärt hat, so sind sie doch von allen Aemtern und selbst von den meisten Gewerben ausgeschlossen. Der Farbige hat keinen Zutritt zu einer Gesellschaft der Weißen, selbst nicht zum Theater. In der Kirche ist ihm ein abgelegener Winkel angewiesen. Nur die römische Kirche läßt eine Absonderung und Unterscheidung nicht zu." Hübner hat beobachtet, daß der Yankee nie eine Freundschaft mit dem Farbigen unterhält oder eine Unterredung mit ihm anknüpft.

Diese Zustände haben sich seither nicht geändert. Der Farbige ist frei, aber noch nicht auf jener Stufe angelangt, daß er dem Yankee Achtung abnöthigen könnte. Zwischen Beiden besteht eine Kälte, die in den Südstaaten bis zum Hasse sich steigert. Daher drohen namentlich in Carolina, einem ehemaligen Sklavenstaate, ernste Verwickelungen. „Die Zustände in Südcarolina," schrieb eine nordamerikanische Zeitung, „sind nachgerade unerträglich. Dieß ist zwei Ursachen zuzuschreiben: die Schwarzen sind zahlreicher als die Weißen, und die ehemaligen Sklaveneigenthümer, empört durch die neue Ordnung der Dinge, verschmähen es, die Gesetzgebung und die Regierungsgewalt mit den Schwarzen zu theilen. So geschieht es, daß die Letzteren in den Besitz der Macht gelangt sind. Unter 125 Mitgliedern der Kammer sitzen 90 Schwarze. Im Senate besteht dasselbe Verhältniß. Die Mehrzahl dieser Leute sind käuflich. Hierzu kommt noch, daß die Grundbesitzer durch den Krieg Alles verloren haben außer Grund und Boden, daß ihnen Geld mangelt und daß sie von Steuern erdrückt werden." So besitzen die Farbigen im Süden bereits eine Macht und einen Einfluß, der bedenklich für die Zukunft wird. Vor einigen Jahren verrichteten sie Sklavendienste und jetzt herrschen sie, und zwar mit Ungestüm und mit dem Ausdrucke des Hasses, über ihre einstigen Herren. Ein Uebergang, eine gegenseitige Aussöhnung hat nicht stattgefunden. Die Plantagenbesitzer hatten Tausende von Dollars ausgegeben, um die Farbigen zu kaufen. Diese Capitalien sind verloren, und die

Arbeiter dazu. Sie haben die Kriegslasten zu tragen und müssen ihre Plantagen unbebaut lassen. Zudem können die Neger nicht vernichtet werden, wie einmal der rothe Mann; ihre Zahl beläuft sich auf mehr als vier Millionen. Die Central=Regierung muß mit ihnen rechnen. Es liegt die Möglich= keit vor, daß sie bei der nächsten Präsidentenwahl den Aus= schlag geben.

Bei dieser Lage der Dinge ist es immerhin denkwürdig, daß die katholische Kirche eben jetzt erstarkt ist und vollkommen ausgebaut in ihrer Hierarchie dasteht. Sie hat es bewiesen, daß sie die wilden Völker zu civilisiren im Stande ist. Ihr fallen die Farbigen als Erbschaft zu. Und die Central= Regierung muß sie in ihrer Arbeit im eigenen Interesse unterstützen.

Und die Kirche ging bereits muthig an ihr Werk. Mary= land liegt auf der Grenzscheide, wo der Yankee und der Farbige sich begegnen. Es ist vorderhand nicht möglich, die beiden Rassen zu versöhnen. Noch lange wird es dauern, bis die galante Lady neben dem Farbigen Platz nimmt, der, mag er auch noch so gut gebildet sein, doch immerhin seine üble Aus= dünstung behält, die für die Weißen belästigend ist, sowohl in der Kirche als in der Schule. Daher sind in der jüngsten Zeit eigene Kirchen und Schulen eingerichtet worden, wo die Schwarzen unter sich sind. Die Kirche für die Farbigen in Washington ist dem hl. Augustin geweiht. In Baltimore ist die Xaveriuskirche für ihren Gebrauch bestimmt worden.

Weil aber die Kirche weiß, welchen Einfluß auf die sitt= liche Umgestaltung einer Nation die Frauen ausüben, so hat sie in Baltimore den Versuch gemacht, ein Frauenkloster zu gründen. Der Erfolg ist ein sehr günstiger. Unter der Leitung der Jesuiten wirken diese schwarzen Schwestern von der gött= lichen Vorsehung auf dem Forestplatze sehr viel. Auch die Oberin, Lousa Noël, ist eine Farbige. Diese Stätte zarter

Jungfräulichkeit ist ein Anziehungspunkt für die Farbigen. Sie sind stolz, schon ein Kloster zu haben.

Außerdem haben die Benedictiner und Jesuiten ihre Vorposten schon weiter nach Süden vorgeschoben. In der Diöcese Savannah, im Staate Georgia, sind zwei große Neger-Missionen von den genannten Orden begründet worden.

Treffen sich nach einigen Jahren der Farbige und Yankee auf dem Boden der katholischen Kirche, so ist eine Aussöhnung denkbar. Dann sind aber die Neger nicht ohne Gottes weise Vorsehung aus der Sahara in die Prairien geschleppt worden. Sie werden auf dem freien Boden der freien Republik freie Männer und ein freies Volk, und können dereinst ihrem Welttheile die Gnade des Christenthums vermitteln. Insoferne haben Kirche und Union einen unermeßlich wichtigen Beruf für die nächste Zukunft.

Mit diesen Erfahrungen bereichert kehrte ich aus Maryland nach New-York zurück. Ich hatte während der Reise das Vergnügen, den Bischof Becker von Wilmington begleiten zu dürfen.

20.
Am „amerikanischen Rhein". Die Fahrt in die Berge. Ein interessanter Besuch.

Was den Deutschen ihr Rhein, ist den Amerikanern der Hudson. Dieser Fluß entspringt im äußersten Norden der Union, fast an den Grenzen Canada's, wird bei der Stadt Albany schiffbar und ergießt sich bei New-York in den Ocean. Er gehört unter die wenigen Flüsse der neuen Welt, die ihren ursprünglich indianischen Namen verloren haben. Der Engländer Hudson hat ihn entdeckt und die Nachwelt hat ihm den Namen des Entdeckers beigelegt.

Wenn man ihn mit dem deutschen Rheine vergleicht, so ist das keine Uebertreibung. Ein Reisender, der ihn vor vielen Jahren gesehen, schrieb: „Das Thal des Hudson, durch welches sich die Bahn bis Albany hinaufzieht, ist sehr reizend und interessant, voll Abwechslung und Leben. Bald ist es anmuthig und lachend, bald lieblich und malerisch, bald großartig und imposant. Kaum hat man die Manhattan-Insel aus dem Gesichte verloren, wird der Blick gefesselt durch die zu mächtiger Höhe ansteigenden Pallisaden. Es sind dieses ungeheuere Basaltsäulen und glatte, schroffe Basaltwände, die sich senkrecht am linken Ufer erheben, eine Höhe von mehreren hundert Metern erreichen und sich ungefähr 24 Meilen hinziehen. Man erreicht die herrliche Partie der Manhattanville, das in einem schönen Thale liegt. Nachdem die Pallisaden sich abgedacht, erweitert sich der Hudson und wird zum See. Bald erscheint das umfangreiche Sing-Sing, am linken Ufer gelegen, einer Festung oder einer ungeheueren Burg ähnlich; es ist das Staatsgefängniß für New-York. Das Flußbett verengt sich wieder, indem waldgekrönte Felsen und Höhen sich dem Ufer nähern und sich über zwanzig Meilen an demselben hinziehen. Das sind Hochlande mit prachtvollen Wald- und Felspartien. Eine prächtige Lage hat Westpoint. Bei Windsor erweitert sich das Thal, bis die Cattskill-Berge es in einen engen Rahmen fassen. Diese Berge gehören zu den interessantesten Gegenden, die Amerika besitzt, und die darum von zahllosen Touristen besucht werden." Was würde dieser Reisende jetzt sagen, wenn er die Rebenhügel auf beiden Ufern, das paradiesische Dobbs-Ferry und andere neue Culturpunkte heute sähe?

Schon ehe ich nach Maryland gegangen war, hatte mich ein deutscher Farmer am Hudson eingeladen, bei ihm einige Tage zu verweilen und den umliegenden Deutschen zu predigen. Die Ansiedlung Dobbs-Ferry ist englisch. Die wenigen Deutschen, die dort wohnen, hören selten eine Predigt. Eines Nachmittags reiste ich mit der Bahn von New-York nach Dobbs-Ferry. Der Zug passirte den East-River und erreichte auf diese Weise das linke Ufer des lieblichen Hudson. Sogleich begannen die Pallisaden, die durchbrochen werden mußten, um der Locomotive einen Weg zu bahnen. Städtchen, Villen und einzelne Farmen flogen auf beiden Ufern an mir vorüber. Waldpartien waren allerdings noch vorherrschend, doch hatte auch die Cultur schon tiefe Spuren zurückgelassen. Unweit New-York stand auf dem rechten Ufer, hoch oben im Gebirge, eine Villa, so anmuthig und schön, so lieblich beleuchtet von der Sonne, wie wenn Geisterhände sie in jene Höhe getragen hätten. Die weite glänzende Wasserfläche war sehr belebt. Die Ferry-Boots eilten auf- und abwärts. Der Hudson ist nämlich der beliebteste Platz für Solche, die außerhalb New-York einmal frische Bergluft einathmen wollen. Mit diesen zierlichen Dampfern wechselten größere und kleinere Segelschiffe, Fischerbarken, Dampfboote mit Frachten. Der Fluß war ruhig und nicht eine Welle bewegte ihn. Der Lauf des Hudson ist bis Albany ungemein ruhig und still. Die heftigen Winde brechen sich an den Bergen, die sich links und rechts aufthürmen. Das Meer staut ihn erst bei New-York. Das erklärt, warum er eine der beliebtesten Wasserstraßen der Union ist. Den Verkehr vermehren die beiden Bahnen an den Ufern, mit je drei Geleisen, auf denen jede Stunde das keuchende Dampfroß mehrmals auf- und abstürmt.

Um den deutschen Rhein zu übertreffen, fehlen dem Hudson einzig und allein die zahlreichen Burgen und Ruinen. Die Rebgelände sind schon da. Die ersten Versuche des Weinbaues waren von glücklichem Erfolge. Wenn derselbe noch keine rascheren Fortschritte gemacht hat, so lag dieß in der Natur der Verhältnisse. Der Farmer mußte vorerst denken, sein tägliches Brod zu sichern und seine Farm mit Wiesen und Feldern zu umgeben. Dem Pfluge folgt erst später das Messer des Winzers.

Die Ansiedlung in Dobbs-Ferry war vor wenigen Jahren

noch eine unwegsame und unwirthbare Schlucht für Schlangen und Nattern. Jetzt steht dort ein liebliches Landhaus, umrankt von Blumen, umgeben von künstlichen Anlagen, geschmückt mit duftenden Rosen. Im Weiher wiegt sich der Schwan und im kleinen See spielt der glänzende Goldfisch. Ein murmelnder Wasserfall erfrischt den weiten, grünen Rasenplatz, der vor keiner amerikanischen Farm fehlen darf. Im höher gelegenen Garten gedeiht die Rebe und liefert alljährlich einen Ertrag, der hinreicht für den Weinbedarf der Kapelle und für den häuslichen Verbrauch.

Der fromme Besitzer dieser lieblichen Ansiedlung hat als hochherziger Spender des Peterspfennigs vom Papste Pius IX. die weiße Calotte, welche er damals trug, erhalten. Sie wird pietätsvoll in der Hauskapelle aufbewahrt.

Zur bestimmten Stunde versammelten sich die deutschen Katholiken aus der Umgegend, um in der schön eingerichteten, mit Blumen reich verzierten Hauskapelle der Predigt und dem Gottesdienste beizuwohnen. Man sah es den guten Leuten an, daß es sie freute, wieder einmal der Predigt eines Landsmannes beiwohnen zu können. In der Fremde ist das Gefühl der Zusammengehörigkeit und das Bewußtsein der Nationalität viel stärker. Mehrere Erwachsene empfingen die heiligen Sacramente. Jeden Abend kamen einige Schulkinder in die Kapelle, wo ein Lied gesungen und eine kleine Prozession veranstaltet wurde zur oben auf dem Berge liegenden, sehr frischen und gesunden Quelle, die der Farmer in seiner Frömmigkeit der Mutter Anna geweiht hatte.

Die Hausandachten haben im Leben der Farmer eine wichtige Bedeutung. Wenn auch alle Missionäre, selbst die in den Städten, wo ein eigentlicher Priestermangel nicht mehr besteht, die Erlaubniß haben, an Feiertagen zweimal die heilige Messe celebriren zu dürfen, so ist es wegen der großen Entfernungen noch immer nicht möglich, daß alle Farmer einem

Gottesdienste beiwohnen. Im fernen Westen der Union sehen Farmer vielleicht zweimal im Jahre den Priester bei sich. Um das religiöse Leben wach zu erhalten, sind die Hausandachten unerläßlich. Sie sind auch in den meisten katholischen Familien eingeführt. Sie tragen vorzüglich dazu bei, daß sich selbst in der Tiefe des Urwaldes die katholische Religion in den Familien forterhält.

Zu den reichsten Grafschaften des Staates New-York gehört Westchester-County, in nördlicher Richtung von der Stadt New-York, zwischen dem Hudson und den Staaten Connecticut und Massachusetts gelegen. Es bildet eine sehr fruchtbare Hochebene. Dort hat die Cultur, unterstützt durch die Nähe der Stadt, durch viele Eisenbahnen und gutgebaute Straßen, bereits große Fortschritte gemacht. Die Bevölkerung ist in einzelnen Gegenden dieses County bereits sehr dicht. Hier wohnen viele Kaufleute der Stadt, die am Abende mit der Bahn aus New-York hierher zurückkehren und am Morgen wieder in derselben Weise in's Geschäft eilen. Für sie hat auch die Elevated Railway eine besondere Bedeutung, die sie schnell in das Innere der Stadt wirft. Der Boden ist hier sehr werthvoll, weil Viele der Hoffnung leben, daß die Städte Yonkers und Mount Vernon, die jetzt mehr als 15 Meilen von der Weltstadt entfernt liegen, sehr bald unter deren Vorstädte gerechnet werden.

Ich hatte viele Tage in New-York, Philadelphia, Baltimore, Washington, Annapolis zugebracht und sehnte mich ordentlich, einmal eine gut cultivirte Provinz kennen zu lernen, um eine richtige Vorstellung von der Ergiebigkeit des Bodens der neuen Welt zu bekommen. Mein Gastfreund in Dobbs-Ferry machte mit mir einen Ausflug über Yonkers, Mount Vernon nach Protectory. Das Wetter begünstigte uns. Es war ein lieblicher Morgen, als ich mit Mr. Biegen Dobbs-Ferry verließ. Der Mai war über die liebliche Gegend hinweggezogen und hatte dem Juni eine kostbare Erbschaft hinterlassen. Das Klima hier weicht etwas von dem in Deutschland ab. Meistens ist der Winter kurz und auch der Frühling eilt schnell vorüber. Dagegen nehmen Sommer und Herbst einen längeren Zeitabschnitt ein. Im Winter ist der Januar vielfach sehr kalt, dagegen der August lästig heiß und drückend. Die Ostwinde kommen vom Meere her und bringen regelmäßig Regen, weil sie die Dünste des Meeres über das Land hinjagen. Die Westwinde kommen dagegen über die blauen Berge, machen trocken und heitern das Wetter auf.

Wir fuhren von Dobbs-Ferry weg auf einer guten Straße südöstlich, Anfangs durch gut angebaute Gegenden, mit schattigen Alleen an den beiden Seiten; später aber bogen wir in einen Wald von wunderbarer Schönheit ein. Es gab auf beiden Seiten des Weges so herrliche und imposante Waldpartien, daß ich mehrmals die Pferde anhalten ließ, um mich des schönen Naturbildes zu erfreuen. Obschon die Sonne wolkenlos am Himmel stand, sah ich sie zeitweilig nicht, weil die mächtigen Kronen der Eichen, Linden, Acacien ihre Strahlen nicht durchbrechen ließen. Ich habe früher die Ansicht ausgesprochen, daß Amerika jener Welttheil sei, den die Natur unter allen bevorzugt hat. In Bezug auf die Baumwelt bestätigt es Westchester.

Reich ist Europa an Wäldern. Wir finden nicht selten die dunkelgrüne Tanne, Fichte und Föhre mit der lieblichen, hellgrünen Buche, mit der niedlichen Birke und der zitternden, blaßgrünen Espe zu einem großen Ganzen geeint. Das Bild wird schön im Herbste, wenn die Birke ihre Blätter röthlich und gelb färbt, das Grün der Fichte sich noch mehr verdunkelt und die Buche braun sich ansieht. Noch mannigfaltiger ist der amerikanische Wald, wo Tannen, Fichten, Föhren, Eichen, Buchen, Birken, Espen, Eschen, Ulmen, Ahorn, Erlen in bunten Durcheinander sich finden, nur mit dem Unterschiede, daß auf dem Raume, wo etwa in Europa vier Gattungen Nadelhölzer stehen, man in Amerika deren fünfundzwanzig unterscheidet. Der einzige Wallnußbaum kommt in sechzehn Gattungen vor und die Eichenarten sind noch kaum gezählt. Dazu kommt die Weymouthskiefer, die das beste Bauholz liefert. Dort erreicht die Cypresse eine wunderbare Höhe und kommt die Ceder vor, die in Syrien fast ganz verschwunden ist. In Westchester gedeiht die ächte Kastanie am Wege und tragen die Parsimonen ihre aprikosenartigen Früchte. Zur Lieblichkeit des Waldes trägt das verschiedenartig blühende Gesträuch bei; und auch dieses fehlt dem amerikanischen Walde nicht und verbreitet nicht selten den lieblichsten Wohlgeruch.

Wir mochten vielleicht zwei Stunden im reizenden Walde gefahren sein, als die Straße sich mit einem Male gegen Osten wendete und etwas steil aufging. Ich benützte das langsame Tempo, das die Pferde der Anhöhe wegen einschlugen, um der Gegend mein Lob zu spenden. Aber Mr. Biegen war ernst und schweigsam. Ich sollte bald den Grund erfahren. Bei glaubenstreuen Katholiken in Amerika, wo so viele Secten ihr Unwesen treiben, ist das religiöse Bewußtsein sehr lebendig. Sie suchen den Glauben zu verbreiten, opfern für jede gute Sache, beklagen den Ungläubigen. Geht der wahren Religion irgend ein Nachtheil zu, so fühlen sie es tief. Und ein solcher Fall schmerzlichster Art lag hier vor.

Wir erreichten ein freundliches Dorf. Rechts stand eine saubere Kirche auf einer Anhöhe. „Ist sie eine katholische?" fragte ich. „Sie war es," erhielt ich zur Antwort. Nun erfuhr ich, daß ein abgefallener katholischer Priester, der geheirathet, sich da niedergelassen und die Trustees bewogen hatte, ihm die Kirche zu überlassen. Sie thaten es. Auf diese Art verloren die gläubigen Katholiken des Ortes ihre Kirche, und es gibt kein Mittel, den Eindringling zu vertreiben.

Weiter rollte der Wagen auf einer Ebene. Gegen Osten

genoß ich die Aussicht auf die Berge des Staates Connecticut.
Wir passirten das erste Bahngeleise im County. Es gibt in
Amerika keine Schlagbäume, die geschlossen werden, wenn ein
Zug naht. Hier hält am Geleise jeder Fuhrmann und horcht.
Dagegen gibt der Zug, sobald er in die Nähe einer Straße
kommt, ein Signal. Um die Mittagszeit stopten wir in Mount
Vernon. Das Städtchen erinnert an Washington, der während
des Freiheitskrieges von 1775—1783 in einem kleinen Land=
hause mitten in einem recht einsamen Haine gewohnt haben
soll. Die Gemeinde unterhält dasselbe und schmückt den Rasen=
platz, auf dem es steht, immer auf's Neue.

Mount Vernon hat zwei katholische Kirchen. Eine ge=
hört den Irländern. Die andere ist eine recht schmucklose
Holzkirche. Da wohnt ein deutscher Priester, der eine deutsche
Gemeinde gründet. Er vernahm, daß hier deutsche Katholiken
sich niedergelassen haben. Sogleich war er entschlossen, ihnen
zu folgen. Anfangs zeigten sich nur einzelne Familien. Der
gute Priester wurde nicht müde, immer wieder Umschau zu
halten, zum Gottesdienste in der armen Framekirche einzuladen,
und sah bald eine zwar arme, aber doch ansehnliche Gemeinde
um sich. Schwestern ließen sich ebenfalls nieder, um eine
Schule zu eröffnen. So verfährt man in der Mission, so
sucht man die Leute zusammen und rettet sie.

Mein nächster Besuch von Mount Vernon aus galt
einem Waisenhause, das an Größe und praktischer Einrichtung
alle ähnlichen Institute übertreffen sollte.

Die Gegend, durch die uns der Weg führte, blieb gleich
schön und lieblich. Wir mußten die Richtung New=York zu
nehmen. Allerwärts war der Boden angebaut und die Cultur
auf einer Stufe, die kaum mehr vervollkommnet werden konnte.
Endlich stand vor uns ein schloßähnliches Gebäude. Nach
amerikanischen Begriffen von Gastfreundschaft machten wir keine
Umstände, sondern fuhren zum Hause hin, in der Absicht, dort

mehrere Stunden zu bleiben. Ein Diener besorgte ohne Weiteres die Pferde. Ein Ordensmann empfing uns, um uns über eine breite, helle, äußerst zweckmäßige Treppe in die Säle des Hauses, die für Fremde und Gäste bestimmt sind, zu geleiten. Das unermeßlich große Gebäude ist Eigenthum der „christlichen Schulbrüder" und nur mit Hilfe der Liebesgaben erbaut worden, die katholische Wohlthäter spendeten. Mein Gastfreund hatte allein tausend Dollars geschenkt. Sobald das Haus fertig dastand, machten die Brüder und mit ihnen hervorragende Katholiken der Stadt New-York den Antrag, alle ihre katholischen Waisenkinder hier unterzubringen und erziehen zu lassen. Das Haus wurde geprüft, ebenso der Plan, die Waisenkinder für das Leben auszubilden, und der Magistrat war so befriedigt, daß seitdem alle katholischen Waisenkinder hier untergebracht werden. Die Stadt zahlt für jeden Knaben 125 Dollars jedes Jahr. Ich besuchte die Knaben, als sie eben bei Tische versammelt waren. Ein Bruder genügte, um sie zu überwachen. Die Tische waren so gestellt, daß alle Reihen nach jener Richtung schauten, in welcher der Ordensmann saß. Die Knaben übernahmen abwechselnd die Aufwartung bei Tische. Zum ersten Male im Leben sah ich 1474 Waisenknaben mit einer Ruhe, Ordnung und mit einem Anstande essen, der mich in Erstaunen setzte.

Es müssen aber die Schulden, welche noch auf der Anstalt lasten, gedeckt und muß das Bestehen der Anstalt gesichert und die Knaben für das Leben ausgebildet werden. Das Alles geschieht auf folgende Weise. Die Anstalt besitzt eine ungewöhnlich große Dampfmaschine, welche die verschiedensten kleinen Maschinen in Bewegung setzt. Die Schaar der Knaben ist vertheilt, je nach Talent und Neigung. Im ersten Saale befindet sich eine Buchdruckerei. Ein Factor ist der oberste Aufseher. Unter seiner Leitung bilden sich Knaben der Anstalt als Setzer, als Drucker, als Maschinisten aus. Daneben sind zwei Säle für Schneider und Schuster. Zwei tüchtige Männer unterrichten hier eine Anzahl Knaben in diesen beiden Handwerkszweigen. Natürlich benützen sie alle neueren Maschinen und arbeiten nach Art der Fabriken, um die Arbeit für den billigsten Preis zu liefern. Ein Saal enthält Sesselflechter. Daran reihen sich Schlosser, Schmiede, Schreiner, Gärtner, Farmer. Zu einem der genannten Geschäfte eignet sich irgend ein Knabe. Durch die gemeinsame Arbeit jedoch bekommt er einen Einblick in alle verwandten Handwerke, lernt die Bedeutung und Handhabung der Maschinen kennen und anwenden. Somit kann der Knabe, welcher die Anstalt verläßt, ohne Weiteres in ein Geschäft eintreten.

Die von den Knaben verfertigten Artikel: Schuhe, Kleider, Sessel, Drucksachen, Schreinerarbeiten, werden mittels der Maschinen, die in einander greifen, um den möglichst billigen Preis hergestellt und auf den öffentlichen Markt geworfen. Kaufleute nehmen die Artikel ab, weil sie dieselben erhalten um einen Preis, bei dem sie selbst wieder verdienen. Der Reingewinn, welchen die Anstalt erzielt, wird an die Verwaltung abgeliefert und davon zwei Theile gemacht. Einen Theil erhält die Anstalt, um die Gebäude zu unterhalten und die Schulden zu decken. Einen Theil erhalten die Knaben selbst. Die Anstalt gleicht einer wohlgeordneten Fabrik, wo aber die Arbeiter auch einen Antheil am Gewinn haben. So kommt es, daß Knaben das Waisenhaus oder Protectory verlassen mit einer ersparten Summe von 500 bis 1000 Dollars.

Mit der Anstalt sind Fortbildungsschulen und Volksschulen verbunden, in denen die Waisen alle jene Kenntnisse sich aneignen, die ihnen für das Leben nützen. Theorie und Praxis sind hier wirklich harmonisch vereint.

Die Anstalt ist Privatanstalt und die unumschränkten Leiter sind Ordensmänner. Ich habe hier die trefflichste Ordnung in Beziehung auf die Krankensäle gefunden. Ferne von der Anstalt, in der Mitte des Gartens, steht ein einstöckiges, corridorähnliches Häuschen. Das ist die Abtheilung für kranke Knaben. Sie liegen entfernt vom Geräusche der Maschinen, in der besten Luft, allein, still für sich.

Und alles Dieses hat ein einfacher Ordensmann geschaffen. Er hat den Plan des Gebäudes entworfen, die Maschinen aufgestellt, in Gang gebracht und dann der Stadt New=York erklärt: „Hier habt ihr ein Gebäude, das euch nichts kostet. Benützt es und lasset da die Waisenkinder, für die ihr sorgen müßt, zu nützlichen Menschen ausbilden, die der Union als gute Bürger dienen." Den Bruder, welcher die Anstalt einrichtete, traf ich nicht mehr. Er wurde nach Südamerika gerufen, um dort eine ähnliche Anstalt zu gründen.

Ungefähr eine halbe Meile entfernt steht das zweite katholische Protectory unter der Leitung der Schwestern der christlichen Liebe für die Waisenmädchen. Dort fand ich 757 Kinder. Die Erziehung ist dieselbe. Die Mädchen werden in allen weiblichen Arbeiten unterrichtet; jedoch arbeiten auch sie mit Maschinen und nach Art der Fabriken. Sie verfertigen Artikel und Gegenstände für den häuslichen Bedarf. Diese Waisenmädchen verlassen die Anstalt nicht, ehe sie den vollständigen Schulunterricht genossen und in irgend einem Zweige weiblicher Arbeit eine vollkommene Ausbildung erlangt haben. Auch sie sind im Stande, schon am Tage ihres Austrittes ehrlich ihr Brod zu verdienen.

Auf dem Rückwege vom Protectory nach Dobbs=Ferry schlugen wir den Weg ein, der an der Wasserleitung hinlief, von der ich bei New=York erzählt habe, daß sie den ersten Wasserleitungen der alten Welt in Rom und Constantinopel an die Seite gesetzt werden kann. Der Weg führte uns nach Yonkers, wo ein deutscher Priester, ein Bayer, Pfarrer ist.

Die Nacht brach an, ehe wir die Heimath erreichten. Die vorausgehende Dämmerung traf uns wieder im dichtesten

Walde und machte die riesigen Bäume nur noch majestätischer. Der Wind lispelte und bewegte die Zweige und Blätter. Eine geheimnißvolle Sprache redete die Natur. Wo die Waldung lichter wurde, blinkten die Sterne nieder.

Einige Tage hielt ich mich noch am Ufer des amerikanischen Rheines auf. Dann kehrte ich nach New-York zurück, um meine Abreise von der neuen Welt vorzubereiten.

Die Gesellschaft auf den deutschen Dampfern hatte mich so sehr abgestoßen, daß ich mich entschloß, einen andern Dampfer für die Rückreise nach Europa zu wählen. Die Auswahl ist in New-York die allergrößte. Ich irre nicht, wenn ich sage, daß in jeder Woche zehn Dampfer aus dem Hafen von New-York auslaufen, um die Reise nach Europa zu machen. Es gibt amerikanische, englische, holländische, deutsche und französische Schiffe, die ein Deutscher benützen kann. Für Priester und Ordensleute ist die beste Linie die nach Rotterdam. Sie hat die wohlfeilsten Preise und behandelt die Passagiere mit vieler Artigkeit. Die Gesellschaft unterhält vier Dampfer, von denen zwei etwas klein sind. Wer an die See nicht gewöhnt ist und wen die Reise nicht drängt, möge warten, bis die großen Dampfer gehen. Die meisten Schiffe schickt England. Es unterhält einen täglichen Verkehr. Als die nobelste Linie gilt die des Inman von Liverpool, die „Inman-Linie". Sie hat die größten Passagier-Dampfer, die zur Zeit die Reise auf dem Ocean machen. Ich habe sie gewählt, weil ich auf der Rückkehr Irland und England berühren wollte.

Ehe ich die Reise antrete, fühle ich mich genöthigt, über einen wichtigen Punkt meine Ansicht niederzulegen. Nach den Erfahrungen, die ich gemacht, lieben es viele Reisende, jene Gegenden als unsicher zu schildern, die sie besucht haben. Auch ich hatte von Amerika, oder besser, von der Union, eine unrichtige Vorstellung in Bezug auf die Sicherheit des Verkehrs.

Wer nach Nordamerika kommt, wird natürlich vielfach

gewarnt. Aber nicht Alle, die warnen, sind frei von Egoismus: sie wollen vielfach, daß man sich ihrer bedient, um die Tickets zu kaufen, die Wechsel umzusetzen, Besuche zu machen. Dabei wollen sie profitiren und Geld machen. Ich halte dafür, daß man in der Union ebenso sicher und unsicher reist, wie in Europa, und sicherer, als in Asien. Ich rathe daher jedem Reisenden, gestützt auf die Erfahrungen, welche ich gemacht habe, ohne Furcht und Angst in Amerika aufzutreten und besonders jedes schüchterne Wesen zu meiden. Dem Yankee muß man imponiren!

21.

Das Neue vom Alten. Abschied. Acht Tage auf dem Ocean. Die grüne Insel. Sunset um 9½ Uhr.

Am Morgen meiner Abreise von Amerika hatte der Himmel seine Schleußen geöffnet und Wasser in solcher Menge auf die Straßen New-Yorks geschüttet, daß sie Gießbächen glichen. Ein Streetkar nahm mich auf, und so kam ich zur rechten Zeit an das Dock, wo der englische Dampfer, der mich nach Europa zurückbringen sollte, rauchend und ruhig lag. Mein Gepäck war an Bord; daher konnte ich ohne Weiteres zu Schiffe gehen. Das geräumige Deck war mit Menschen überfüllt, die, ungeachtet des strömenden Regens, wie angenagelt standen, obschon die Schiffsglocke das zweite gellende Zeichen gegeben hatte. Die Matrosen lösten die Taue, machten die Stiegen los und die Dampfpfeife ließ ihr Gebrüll hören. Jetzt erst begannen die Thränen des Abschiedes aus manchen Augen zu fließen.

Die Passagiere standen in Reih' und Glied auf der dem, Lande zugekehrten Seite des Dampfers, die Freunde am Gestade, die Tücher schwenkend und „good bye" rufend. Die Schraube griff auf ein Zeichen des Lootsen ein, der Koloß begann sich zu regen, um, erst langsam, dann immer rascher in die Mitte des Hudson zu schwimmen. Dort machte er eine Schwenkung nach Osten und im selben Momente schien es, als wären die Stadt und die Küste lebendig geworden, so eilig zogen sie an uns vorüber.

Und nun begann das Neue vom Alten, nur in umgekehrter Ordnung. Amerika floh und verschwand. Es kamen die Neufundlands=Banken, ihnen folgte das Teufelsloch, dann die hohe See und endlich tauchte Europa's Küste auf.

Dasselbe Verhältniß herrschte auf dem Dampfer. Eintönig arbeitete die Maschine; regelmäßig ließ die Schiffsglocke sich vernehmen und die schrillende Pfeife des Bootsmannes. Es gab jedoch auch kleine Verschiedenheiten. Auf der Reise über den Ocean in die neue Welt hatte ich die Uhr täglich zurückgerichtet; auf der Reise von der neuen Welt in die alte richtete ich sie bei jedem Grade, den wir passirten, um vier Minuten vor. Das Schiff war ein englisches, daher commandirte es nicht mehr ein „Herr Kapitän", sondern „the Captain" (spr. Cäpt'n). Er erhielt nicht den Titel „Herr", sondern sein Titel war sein Rang; also: „good morning, Captain!" Die Offiziere hießen Officers (spr. Oaffis'rs). Der Matrose war der Sailor (spr. Sehl'r). Nur der Bootsmann hatte seinen Namen behalten, schrieb ihn aber „Boatsman". Anstatt der Kellner bedienten Stewards (spr. Stuards). Das Wort Dampfer kam aus der Mode. Ich machte die Reise nach Irland mit dem Steamer (spr. Stim'r) „City of Richmond". Allein dieses Wort hat sich auf allen Meeren ein Monopol zu verschaffen gewußt; selbst der Franzose bedient sich dieses Wortes in englischer Aussprache. Daher brüllte uns beim dichten Nebel auf Neufundlands=Banken und im Teufelsloch nicht mehr die Dampfpfeife an, sondern die „Steamsistle". Leider schnitt die Steamsistle ebenso durch Mark und Bein, wie die deutsche Dampfpfeife. Statt Sonnen=Auf= und Sonnen=Untergang sah ich auf dieser Reise nur „Sunrise" (spr. Sunreis) und „Sunset".

Der Steamer, mit dem ich reiste, den man einfach am liebsten die City of Richmond nannte, galt als der zweitbeste Segler auf dem Ocean. Der Name erinnerte an Richmond in Virginien, das während des amerikanischen Bürgerkrieges die Hauptstadt der Secessionisten gewesen war.

Doch diese Bemerkungen haben uns auf die hohe See hinaus geführt, ehe noch der Steamer aus dem Hafen von New-York war. Geleitet durch den Lootsen, eilte die City of Richmond die lange Bucht hinab. Hoboken flog vorüber. Ihm folgte New-Jersey, während im Westen New-York dem Blicke um so rascher entflog, je schneller die Schraube arbeitete. Ein winziger Steamer folgte uns in einiger Entfernung. Sein hohes Verdeck war mit Menschen angefüllt. Es waren Freunde von Passagieren, die sich nicht trennen konnten. Sie hatten den kleinen Steamer gemiethet, um dem großen durch die Bucht das Geleite geben zu können. Die Ufer prangten in lieblichem Grüne. Wie hatten sie mich entzückt, als ich im Mai vom Meere kam und sie sah! Jetzt, zurückkehrend von Ohio, Pennsylvanien, Wisconsin, Westchester, ließen sie mich kälter. Mehr zog mich der kleine Steamer an, dessen Räder mit der äußersten Geschäftigkeit arbeiteten, um hinter dem großen Steamer nicht zurückzubleiben, da die City of Richmond bereits mit voller Schnelligkeit segelte. Auf einmal ertönte ein vielstimmiges Hurrah durch die Luft. Der kleine Dampfer entfloh, so rasch er konnte. Wolken hatten sich am Himmel zusammengezogen; ein Blitz zuckte und nur ein Donner rollte. Wir waren auf freiem Meere. Von jetzt an kam es mir vor, als würden die Küsten von Long Island und von New-Jersey über eine sanfte Anhöhe hinabgleiten. Ehe sie verschwanden in westlicher Richtung, stopte die Schraube; der Steamer stand unbeweglich; der Lootse ließ sich am Taue hinab in eine bereitstehende Barke, stieß ab und verschwand. Eine Brise schwellte unsere Segel. Die Fahrt begann ungewöhnlich günstig. Schon nach zwei

Stunden sahen wir nur noch den blauen Ocean und das tief=
blaue Firmament.

Nach zwölf Uhr rief die Glocke zum Lunch. Er war
sehr reich und mannigfaltig, mannigfaltiger, als auf dem
deutschen Steamer das Diner gewesen war. Ich wohnte dieß=
mal für 80 Dollars erster Cajüte und speiste erster Klasse.
Auf dem Hamburger Steamer hatte man mich für 75 Dollars
in die zweite Cajüte verwiesen. Auf englischen Steamern
reist man überhaupt nur erster Klasse. Zwischendeck=Passagiere
gibt es dort fast gar nie. Die Umgangssprache war bei Tisch
englisch. Die meisten Reisenden waren Amerikaner und dießmal
auf der Fahrt zur Weltausstellung in Paris begriffen. Ge=
wöhnlich waren in früheren Jahren die nach Amerika segelnden
Schiffe überfüllt gewesen durch die zahlreichen Auswanderer.
Im Jahre 1878 fand ein umgekehrtes Verhältniß statt.
Die reiselustigen Amerikaner überfüllten die nach Europa
segelnden Schiffe in den Monaten Mai, Juni, Juli, August;
sie zogen für ihre Reise die englischen Steamer vor. Die
Schiffsgesellschaften gewährten ihnen große Vortheile, um sie
zugleich auch nach England zu ziehen und den Ertrag der
Bahnen aufzubessern. Man gab Retourbillete für 140 Dollars
aus. Und die Bahnen richteten directe Züge von London nach
Paris ein über Dover=Calais, die nur 9 Stunden in Anspruch
nahmen. Sie gaben auch für ermäßigte Preise Rundreisebillete
durch Frankreich und Italien und einen Theil von Deutschland.
Solchen Begünstigungen widerstand ein amerikanischer Gentle=
man nicht. Auch Ladies machten die Reise nach Paris ohne
jede Begleitung. Diejenigen, welche nur Paris besuchten,
konnten nach 24 Tagen wieder in New=York sein und die Aus=
stellung 5 bis 6 Tage besehen. So in einander greifend war
der Verkehr zwischen New=York und Paris über Liverpool=
London in jenem Jahre organisirt.

Nach dem Lunch konnte ich in meiner Cabine ein Werk

christlicher Nächstenliebe üben. Einem Irishman, der vor Jahren als Bettler nach Amerika ausgewandert war, hatte das Glück in der neuen Welt gelächelt und er war reich geworden. Alt an Jahren, wollte er nochmals die Heimath sehen und machte daher die Reise mit seinem Sohne in derselben Cabine mit mir. Diese hatte eine sehr günstige Lage auf dem Verdecke; sie war eigentlich für Offiziere bestimmt, aber der vielen Reisenden wegen abgetreten und auf sechs Betten eingerichtet worden. Ich hatte eine Bett=Nummer nach der Länge des Schiffes erhalten, wo ich weder das Burren der Schraube noch das Getöse der Maschine vernahm und auch das Schwanken des Steamers weniger fühlte. Dagegen lag der alte Mann in einem Bette in der Richtung der Breite des Schiffes. Ich tauschte mit ihm den Platz und hatte damit rasch zwei Freunde gewonnen auf einem Steamer, wo ich auch nicht einen Menschen kannte.

Sobald die Angelegenheiten der Cabine geordnet waren und die Bewohner sich eingerichtet hatten, eilte ich auf's Hinter=theil des Schiffes. Noch waren Himmel und Ocean günstig. Das Meer lag vor mir wie ein riesiger Spiegel. Amerika, nach dem ich zurücksah, war schon 50 Seemeilen entfernt. Von Europa trennten mich noch fast 3000 Seemeilen. Auf dem reinlichen Verdecke herrschte frohes Leben. Die Reise fiel ja in die beste Jahreszeit, sagt man gewöhnlich, wenn man in den Monaten Mai, Juni, Juli, August über den Ocean reist. Mehrere Gentlemen ruhten im Sorgenstuhle von den Anstrengungen des Lunch aus. Andere promenirten. Die Ladies unterhielten sich. Am Geländer des Schiffes standen viele hölzerne Stühle, eigens für Seereisen construirt. Sie haben einen niedrigen Sitz und eine hohe, aber sehr nach hinten sich neigende Lehne, auf denen man mehr liegt, als sitzt. Sie sind für Seekranke vortrefflich und angenehm, wenn die See hoch geht. Ich hielt dafür, daß alle diese Stühle von der Gesellschaft auf den Steamer geschafft worden wären, damit die Passa=

giere sie benützen könnten. Mehrere Ladies und Gentlemen
griffen zu. Ich that dasselbe. Bald lag ich in angenehmen
Träumen. Ein Gentleman kam, besichtigte mich und den Sessel
einige Minuten, was mich nicht weiter kümmerte. Da ich
nicht Miene machte, zu gehen, ging er. Erst später habe ich
den Grund dieses Besuches erfahren. Die Reisenden, welche
öfter zur See sind, nehmen sich die Stühle mit. Wer sich
aber keinen mitnimmt, besitzt auch keinen, und ich benützte da=
mals fremdes Eigenthum, freilich im guten Glauben, dazu
berechtigt zu sein. Der Yankee war artig genug, mir mein
Benehmen hingehen zu lassen. So konnte ich fortträumen über
Amerika und über das, was ich in den letzten Wochen erfahren
und erlebt hatte. Ich hatte im Leben Vieles von der neuen
Welt gehört. Nun hatte ich sie gesehen. Aus den Büchern
hatte ich mir meine Meinung gebildet. Sie war nicht in allen
Stücken richtig gewesen. Ich las Manches über Diebstahl
und amerikanische Verschmitztheit, über Schwindel und Betrug,
über Mordthaten und heimliches Verschwinden von Reisenden.
Nach den Erfahrungen, die ich gemacht, scheint es mir, als
liebte man Uebertreibungen. Mir wurde kein Cent entwendet
und hat mich Niemand um einen Dollar betrogen. Ich habe
bei Tag und Nacht die Streetkars benützt. Nie hat sich ein
Mensch an mich hin gemacht, dessen Benehmen Argwohn erregend
gewesen wäre. Grob war kein Amerikaner. Wen ich irgend=
wie zu Rathe zog, gab mir die beste Auskunft. Wie oft
ward ich überrascht, wenn ich ein Ticket kaufte, durch einen
nebenan stehenden Yankee mit den Worten: „Sie sind ein
Deutscher. Ich bringe Ihre Sache in Ordnung!" In Amerika
gibt es jetzt mehr Heiden als Christen; aber Niemand tritt
einem Priester zu nahe. Wer das sogenannte römische Colar
trägt, wird stets mit Achtung behandelt, bewegt er sich, wo
nur immer. Die Armuth macht sich nicht breit vor Thüren
und im Salon. Ich sah nie einen zudringlichen Bettler. Die

Privatwohlthätigkeit verweist die wahrhaft Armen in die Häuser der kleinen Schwestern und in die Asyle für alte Leute, die unverschämten Armen an die Arbeit. Man sieht allerwärts geschäftige Leute. Niemand, der darbt, sucht sich die Arbeit aus; geht ein Geschäft nicht, so fängt er ein anderes an. In Europa ist die Trinkgeldwuth so ekelhaft geworden, daß man meint, in dieser gewiß tollen Mode den Orientalen überbieten zu müssen, dem der „Bakschisch" Alles ist. In Amerika sind Trinkgelder nicht üblich. Die Katholiken habe ich achten gelernt. Sie machen ihrer Religion Ehre und haben es weit gebracht mit Hilfe der Gnade von oben. Es herrscht ein Geist der Liebe zwischen Laien und Priestern, Priestern und Priestern und zwischen diesen und den Bischöfen. Ich habe mehrere Bischöfe kennen und zugleich sehr hoch verehren gelernt. Während dieser meiner Gedanken über Amerika waren Himmel und Wasser gut und günstig geblieben. Die Glocke hatte acht Schläge vernehmen lassen — 4 Uhr Nachmittags. Die Wachen wechselten. Wir waren ungefähr 80 Meilen von der Küste entfernt. Zwei Ladies standen in meiner Nähe. Anfangs dachte ich, sie beobachteten das blaue Meer — sie waren „seasick". Ich mußte lachen. Die See war ruhig und das Schiff rührte sich kaum.

Da fuhr ich mit einem Schlage auf. Die Steamfistle stieß ein schauerliches Gebrüll aus. In zwei Minuten sah ich nicht mehr zehn Schritte weit. Der Wind kam eiskalt vom Westen und das Meer bildete unzählige weiße Blasen und wurde dunkel wie Tinte. Die Segel mußten eingezogen werden, die jauchzende See aber schlug bereits über das Vordertheil. Von der Sonne sah ich nur einen matten Schimmer, ähnlich einer erlöschenden Oellampe. Das Alles war das Werk weniger Minuten gewesen.

Unsere Lage war, wenn der Nebel mehrere Stunden anhielt, keine beneidenswerthe. Noch hatten wir die Neufundlands-

Banken nicht berührt und hatten vom Eise nichts zu fürchten. Dagegen segelte die City of Richmond vor dem gemeinsamen Thore, aus dem alle Schiffe auslaufen und in das alle einlaufen, — vor der Mündung des Hudson. Mit uns waren viele Dampfer, nach Europa bestimmt, ausgelaufen; ebenso hatten Segelschiffe ihre Reise angetreten. Sie hatten mit uns denselben Kurs und die Segler mußten des widrigen Windes wegen laviren. Aus Europa waren, das wußte ich damals zuverlässig, die Woche zuvor etwa 10 Dampfer mit der Bestimmung New=York abgegangen. Sie segelten wie wir zwischen Neufundlands=Banken und der Mündung des Hudson. Alle hatten die gerade, weil kürzeste Linie und begegneten uns in nächster Nähe. Und weder sie noch wir sahen zehn Schritte, obgleich wir mit der Schnelligkeit von zwei in voller Kraft fahrenden Güterzügen uns gegenseitig im selben Fahrwasser näherten. Wenige Passagiere kennen die Gefahr, weil sie die Verhältnisse nicht kennen.

Hübner beschreibt in seiner Reise von Irland nach New=York dasselbe Mißgeschick, das mich getroffen hatte.

„Wir sind," so beginnt er, „in den Gewässern von Neu=Schottland. Der Tag wundervoll. Majestätisch rollt der Ocean seine langen, flachen, heute von keinem Sturme gepeitschten Wogen. Sie spiegeln die helle leuchtende Sonne, den wolkenlosen Himmel, dessen Blau bereits die Nähe des Landes verräth. Ueber dem Meere, in der Luft, am Decke herrscht Ruhe. Die Natur hat ihr Sonntagskleid angezogen. Die Passagiere sind in der großen Cajüte versammelt. Dort liest in Abwesenheit eines Geistlichen der Schiffsarzt die Gebete. Dann folgen die Gesänge. Auf dem Hinterdeck sitzend, lauschte ich ihrer. Die etwas schrillen Stimmen der Schotten, die näselnden der Yankees bringen zu mir empor, gemildert durch die Entfernung und die freie Luft. Sanft und feierlich verklingt der Choral über der weiten Wasserfläche.

„Nachmittags änderte sich die Scene mit einem Male. Plötzlich sind wir in Nebel gerathen. Schwarze Schleier sinken nieder. Der Himmel verdunkelt sich wie auf der Bühne. Die Sonne, eben noch so strahlend, gleicht einem dürftigen, röthlichen Oelflämmchen. Jetzt ist auch dieses erloschen. Der Wind bläst mit steigender Heftigkeit. Ein Schneegestöber umhüllt das Schiff. Aber Bankeis und Eisberge sind hier nicht zu besorgen. Dagegen befinden wir uns so recht auf der Hauptstraße nach New=York. Keine oder wenige Fischer= barken mehr, aber gewiß viele große Segelschiffe. Allerdings trennen uns noch 500 Meilen von der Mündung des Hudson; da aber Jedermann die gerade Linie, als die kürzeste, vorzieht, so gleicht der in der Theorie so weite Ocean thatsächlich einer breitausend Meilen langen, aber sehr schmalen Gasse, viel zu schmal für die Zahl der Passanten. In diesem Augenblicke befinden sich auf dieser Linie fünf große Postdampfer, die sämmtlich gestern, Samstag, von New=York ausgelaufen sind. Glücklicherweise sind sie noch ferne. Aber die Segelschiffe! Vom Froste geschüttelt, sitzen wir beisammen im hatch way (Weg in die Cabine), einem kleinen Raume am Decke, wo die Matrosen ihren Grog fassen und die Passagiere rauchen dürfen. Natürlich bespricht man unsere Lage. Der Kapitän tritt für einen Augenblick ein. Das Wasser strömt von seiner Kautschukjacke. Sein Bart gleicht einem Eiszapfen. Er zündet ein Cherut an und erleichtert sich das Herz, indem er über das Wetter schimpft. In der That ist seine Lage die eines Menschen, der, so rasch er kann, in einem gänzlich finsteren Gange läuft, ohne zu wissen, ob es da Stufen gibt, aber ziemlich gewiß ist, daß ein Anderer ihm entgegenläuft! Nie und nirgends sah ich eine so dichte Luft, eine so finstere Nacht; und wir dampfen mit der Schnelligkeit von dreizehn einen halben Knoten in das Blaue hinein! Das sind die üblen Augen= blicke im Leben der Befehlshaber der atlantischen Paketdampfer.

Findet ein Zusammenstoß statt, so führen die Beschädigten Klage. Ist das Ergebniß ungünstig für die Compagnie, so wird in den meisten Fällen der Kapitän verantwortlich gemacht. Auf der See steht also sein Leben, zu Lande sein Ruf und sein Vermögen auf dem Spiele. Ein hartes Brod! Eine greuliche Sache, dieser abscheuliche Nebel!"

Womit tröstet man sich in einer so verzweifelten Lage? Ich fahre über den Ocean nicht gerne mit kleinen Dampfern, nicht weil sie die See schlecht halten oder etwas langsamer gehen, sondern weil sie am ehesten verloren sind, wenn bei dichtem Nebel ein Zusammenstoß stattfindet. Da die City of Berlin, das einzige noch größere Schiff, im Hafen von Liverpool lag, waren wir auf dem Ocean die Stärkeren. „Wir Passagiere," schrieb Hübner, „haben nichts zu fürchten. ‚Wir sind die Stärkeren,' hat uns der Kapitän beruhigt. ‚Kein Segelschiff ist im Stande, uns die Stirne zu bieten. Wird in der Nacht Jemand in den Grund gebohrt, so sind sicher nicht wir es.' Diese tröstlichen Worte geben der Gesellschaft die ganze Heiterkeit wieder. Ein Jeder trägt in seine kalte Cabine das Gefühl seiner Kraft und Unverletzlichkeit. Ein Jeder ist fest entschlossen, die Unglücklichen, welche ihm in den Weg geriethen, unbarmherzig zu vernichten. In dieser heroischen Stimmung suchen und finden wir, ungeachtet des unabläſſigen Stöhnens der Lärmpfeife, den erquickenden Schlaf des Gerechten."

Um 4 Uhr hatte uns der Nebel eingehüllt. Um 6 Uhr rief die Glocke zum Diner. Ich erschien, aber nur Wenige mit mir. Bereits schwankte der Steamer entsetzlich und „schiffte Wasser ein". Die Seekrankheit war in aller Form eingezogen. Nach Tisch fand ich das Deck leer. Ein Matrose stand in seinen Lederkittel gehüllt auf dem Vordertheile. Wenn die matten Strahlen vom Lichte des Compasses, oder wenn in Folge einer Wendung des Schiffes die Strahlen vom grünen und rothen Lichte auf beiden Seiten auf ihn fielen, so sah er geisterhaft aus. Die Kälte trieb mich in die Cabine. Die Nacht verging schlaflos, denn die Steamfistle brüllte ohne jede Unterbrechung hinaus in die rabenschwarze Nacht.

Am Morgen des zweiten Tages fand ich das sonst leere Verdeck mit Seewasser übergossen. Am Kamine suchte ich mich zu halten. Die schneidende Kälte war beinahe unerträglich. Um 8 Uhr läutete die Glocke zum Breakfast, d. h. zum Frühstück. Es gab Thee, Kaffee, weiche und geröstete Eier, Fische, Beefsteak, kalte und warme Fleischsorten, geräucherte Zungen, Orangen. Die Stewards warteten vor leeren Tischen. Sie liefen mit Speisen in die Cabinen, kehrten aber unverrichteter Dinge zurück.

Es schlug 10 Uhr. Der Kapitän geht über das Verdeck im feinsten Sonntagsstaat. Die Offiziere sind ebenfalls festlich gekleidet. Der Bootsmann pfeift. Matrosen, Köche mit weißen Schürzen und mit der Zipfelhaube von derselben Farbe, Stewards rennen in Eile und sondern sich in kleine Häufchen ab. Jeder Abtheilung näherte sich sofort ein Offizier, der die Mannschaft grüßte, worauf sie dankte. Das sind die Abtheilungen, je von einem Offiziere commandirt, welche bei Feuersgefahr die Löschmannschaft bilden, die beim Scheitern des Schiffes die Rettungsboote flott machen, Lebensmittel hineinschleppen und retten, was gerettet werden kann.

Nach einer halben Stunde war das Verdeck wieder frei. Die Mannschaft hatte den gewöhnlichen Dienst wieder aufgenommen. Der Wind blies kalt. Ich stand wieder am Kamine. Da kam ein Steward auf mich zu, mich anredend: „The lecture is begining!" „Where?" fragte ich: „In the saloon," antwortete er und verschwand. Ich eilte hinab in den Speisesaal, um zu sehen, was man dort lese, und fand den Kapitän in Mitte vieler Passagiere. Der Erstere las aus einer mächtigen Bibel verschiebene Abschnitte vor, welche die Letzteren wiederholten. Ich blieb nicht lange, sondern eilte, meine

Sonntagsandacht allein auf dem Verdecke zu halten. Allein der Brauch, auf den englischen Schiffen eine Sonntagsandacht zu halten, gereicht der angelsächsischen Nation zum Ruhme.

Das Sonntags-Diner am Abend war noch lückenhafter besetzt, als Tags zuvor. Doch hatte der Koch Alles aufgeboten, um auch den Kranken etwas zu bieten. Es gab außer Fleisch- und Fischspeisen die seltensten Leckerbissen, Gefrorenes, Süßigkeiten, reiches Dessert. Dießmal passirte mir, was mir noch auf keiner Seereise begegnet war. Ich wurde am Tische seekrank, mußte in Eile flüchten, um nur nicht den Anstand zu verletzen. Ich hatte mich bis dahin für so unverletzlich gehalten, daß ich mich nicht einmal mehr mit Rum und rothem Weine versehen hatte. Vom Schlafe war natürlich auch in dieser Nacht keine Rede. Die Lärmpfeife schwieg nicht eine Sekunde. Das erzürnte Element spülte Welle auf Welle über Bord und nicht selten drang das Wasser bis an die Thüre meiner Cabine vor.

Es brach der Morgen des dritten Tages an. Wir näherten uns den Neufundlands-Banken, der bekannten Straße der von Norden kommenden Eisberge. Auf der Hinreise hatten wir da an der Stelle nur wenig Nebel gefunden. Dießmal umhüllte uns bereits vierzig Stunden eine undurchbringliche graue Hülle, und die Kälte, die hier herrschte, war ein schlimmer Bote. Der Kapitän sah während der ganzen Zeit keine Sonne und war daher nur auf das Log und auf den Compaß angewiesen. Deßwegen mußte er auch später den Kurs corrigiren, wie ich deutlich auf der Seekarte wahrnahm, wo er die Fahrt Tag für Tag verzeichnete. Die Lage war wirklich nicht beneidenswerth. „Wir sind nun auf Neufundlands-Banken," schreibt Hübner, der sie in ähnlicher Weise erfahren. „Diesen Abend werden wir Cap Race umschiffen. Glücklicher Weise ist die Luft klar. Hätten wir aber hier Nebel gefunden, was die Regel ist, wären wir auf einen Eisberg gestoßen, was dann? ‚Oho,' sagte der Kapitän, ‚binnen zwei Minuten in den Grund gebohrt.' Dieses ist die Schattenseite dieser Ueberfahrten. Ich mache sie jetzt zum dritten Male innerhalb zehn Monaten, und fast immer bei dunklem Himmel und dichtem Nebel. Daher meistens die Unmöglichkeit, den Meridian zu nehmen, weil Sonne und Horizont unsichtbar sind. Ungeachtet der nützlichen Dienste des Nebelhornes, dieses wohlthätigen, aber nervenangreifenden Instrumentes, das von Minute zu Minute seinen Angstruf in die Nacht hinausbrüllt, sind die Zusammenstöße häufiger, als man erfährt. Gelingt es, Einen oder Einige von der Schiffsmannschaft zu retten, oder wenigstens den Namen des in Grund gebohrten Schiffes zu erkennen, so erstattet der Kapitän Bericht und seine Gesellschaft zahlt die Entschädigung. Ist aber der Zusammenstoß bei tiefem Dunkel erfolgt, ist das Schiff mit Mann und Maus versunken, konnte sein Name nicht erörtert werden, so zieht der große Leviathan einfach seines Weges." Was menschliche Vorsicht zu leisten vermag, geschieht, um ein Unglück abzuwenden. Darüber besteht nicht der geringste Zweifel. Wenn alle Jahre nach Ausweis der Schiffer=Zeitung mehrere Schiffe verschwinden, von denen kein Mensch mehr etwas erfährt, so wissen wir jetzt, wie das zu geschehen pflegt. Eisberge, an denen sie scheitern — Schiffe, die sie in den Grund bohren — bei Nacht und Nebel! Es bietet nämlich keine andere Dampfschifffahrtsverbindung solche Schwierigkeiten, wie ich schon früher bemerkt habe. Im Winter herrschen Stürme vor. März und April, meistens auch der Mai sind die schlimmsten Monate. Um diese Zeit schifft das Bankeis von Neufundland, von der Strömung weiter gezogen, an den Rand des Golfstromes, der hier nach Europa ablenkt. Kann dieses ihn nicht durchbrechen, staut es sich am Rande oder auf der Grenze des kalten und warmen Wassers, so entsteht Nebel, weil der Eisberg schmilzt. Diese Gefahr bringt der Golfstrom mit. Er ist die Hauptursache, daß die

Luft selten rein ist während der zweiten Hälfte der Hinreise nach Amerika oder während der ersten der Rückreise. Im Juni und Juli erscheinen dann die Eisberge aus den höheren Eisregionen. Sie haben einen großen Tiefgang und scheitern daher leicht auf den 40 Faden tiefen Banken. Sie liegen da, Klippen bildend, die auf keiner Karte verzeichnet stehen.

Unfähig an jenem Morgen, Nahrung zu mir zu nehmen, war ich lange auf dem Verdecke herumgeirrt. Die Kälte trieb mich endlich in den sogenannten Rauchsalon. Ein Steward bot mir „Breakfast" an. Ich lehnte ab. Dafür rauchte ich eine Cigarre. Nach einer Weile kam der Steward wieder mit einer rauchenden, flüssigen Masse auf einem Teller. Wie war ich überrascht! Es war Haferschleim, die einzige Speise, die ein Seekranker essen kann. Ich hatte den englischen Ausdruck zuvor nie gehört. Der Steward nannte mir ihn: „Porridge" (spr. Poaridsch). Von da an aß ich vor jeder Mahlzeit meinen Porridge und wurde dadurch in kurzer Zeit wohl. Die Seekrankheit war unter den herrschenden Verhältnissen kaum zu vermeiden. Das Gebrüll der Steamfistle seit 40 Stunden ohne jede Unterbrechung, das beständige Schwanken des Steamers, das über Bord Schlagen der Wellen, die dichte, nebelige Luft, die eisige Kälte, die sichtlich gefährliche Lage hatte die stärksten Naturen gebrochen. Es gab keinen gesunden Reisenden mehr an Bord der City of Richmond. Wenn ich die Lage des Steamers gefahrvoll nenne, so ist das begründet. Von dem Platze, auf dem wir schifften, schrieb Hübner: „Während die Atmosphäre sich fortwährend verdichtet, zeigt das Thermometer eine plötzliche Abkühlung von Luft und Wasser. Also Eisgang in der Nähe. Aber wo? Das ist die große Frage. Zu meiner Verwunderung wird die Geschwindigkeit des Laufes nicht vermindert. Um den Eisberg zu umgehen, muß man ihn nicht bloß sehen, sondern auch noch im Stande sein, den Kurs rechtzeitig zu ändern." In solchen Momenten hängt das

Schiff und das Leben aller Reisenden am Auge der Matrosen, die vorne mit Luchsaugen schauen, ob nicht die Nebelhülle irgendwo eine eigenthümliche Färbung zeigt. Das ist der Eisberg. Sehen sie ihn rechtzeitig und gelingt die Wendung, und ist kein zweiter in der Nähe, so ist der Steamer für dießmal gerettet.

Um die Mittagszeit verstummte die Steamsistle auf einmal. Ich traute kaum meinen Ohren. Der Nebel hatte sich so gehoben, daß ich eine halbe Meile weit das Meer sehen konnte. Die Nebeldecke bildete ein graues Gewölbe mit einem hellen Punkte im Zenith. Das war die Sonne. Sogleich holte der Kapitän den Sextanten, um den Meridian zu nehmen. Hier hatte er den Kurs corrigirt. Wahrscheinlich hatte die Strömung das Schiff etwas von seiner Linie gegen Norden abgezogen. Am Nachmittag verschwand die Sonne wieder vollständig; dennoch blieb die Nebeldecke so, daß die Steamsistle nicht mehr ertönte.

Eiskalt blies der Wind aus Südost über das Verdeck hin und jagte mir große Wassertropfen in's Gesicht, als ich am vierten Tage auf das Verdeck kam. Die See ging noch hoch, der Dampfer war ruhiger. Der Wind kam von Südost, aber so, daß bereits ein Decksegel aufgezogen werden konnte. Er unterstützte allerdings die Schraube noch nicht, sondern drückte nur das Schiff auf die linke Seite, wodurch die Schraube wirksamer arbeiten konnte.

In der Nacht vom vierten auf den fünften Tag hörte ich bis in die Cabine das Gejohl der Matrosen und das Commando ihres Bootsmannes. Ich freute mich darüber, denn ich wußte, was es bedeute, und konnte kaum die anbrechende Morgenstunde erwarten. Halb angezogen eilte ich auf das Verdeck. Der günstige Wind schwellte bereits drei Breitsegel und zwei am Bugspriet. Bis zum Abende glich die City of Richmond bereits einem stolzen Dreimaster, der mit vollen

Segeln über den Ocean fliegt. Der Kiel theilte das schäumende Meer und die Schraube zog eine grüne, weiß geränderte Furche im ruhigen Ocean. Die Sonne trat aus der Nebelhülle hervor, ehe sie schied. In die Reisegesellschaft kam mit ihr neues Leben.

Während der Nacht dauerte der günstige Wind fort, so daß am **sechsten Morgen** die Maschine von siebenzehn Segeln unterstützt wurde. Um 7 Uhr flog das Log über Bord. Knoten auf Knoten wickelte sich ab. Alles war gespannt auf das Resultat. Der Steamer legte in der Stunde 14 Meilen zurück. Ich erwartete mit Sehnsucht den Mittag.

Auf den englischen Steamern herrscht eine viel bessere Ordnung, als auf denen der Hamburger Gesellschaft. Auf den letzteren wird alle Mittag ein kleiner Zettel im Salon befestigt, auf dem angegeben ist, wo man segelt und wie viele Meilen man gemacht hat. Weil aber, sobald ein neuer Zettel angeheftet worden ist, der alte entfernt wird, ist ein genauer Ueberblick nicht möglich. Die englischen Steamer führen eine große Seekarte mit, die am Eingange zum Salon in einer Rahme aufgerollt hängt. Sie ist mit den Meridianen und Breitegraden versehen. Darauf wird jeden Mittag das Ergebniß der Messungen verzeichnet. Dadurch gewinnt man leicht einen Ueberblick und kann sich von der Richtigkeit der Berechnung überzeugen, weil man am Meridian die zurückgelegten und die noch zurückzulegenden Meilen nachzählen kann. Auf jener Reise von New-York bis Queenstown in Irland hat nicht eine Seemeile gefehlt. Ich habe am letzten Mittag auf hoher See, als ich die Schnelligkeit des Schiffes durch das Log erfahren hatte, berechnet, zu welcher Stunde Morgens das Land in Sicht kommen müßte. Und es kam so.

Die mildere Temperatur, die ruhige See, der leichte Lauf des Steamers bevölkerte das Verdeck und verscheuchte die letzten Reste der Seekrankheit. Zum ersten Male lernte ich meine Reisegesellschaft kennen. Mit einer gewissen Aengstlichkeit war ich an Bord gegangen, voraussetzend, keinen Deutschen zu treffen und die Yankees einsylbig wie im Kar der Railroad zu finden. Es war anders gekommen. Ein „good day, Sir!" genügte am Morgen, um ein Gespräch anzuknüpfen. Mir machte die Sprache viele Schwierigkeiten; aber man achtete nicht darauf, sondern unterhielt sich nur um so länger.

Ein stämmiger Senator aus Washington fragte mich über die schönste Linie von London nach Karlsbad in Böhmen. Da ich im Jahre 1853 die böhmischen Bäder besucht hatte, so konnte ich ihm jede Auskunft über die Schönheit jener Gegend geben. Er erkundigte sich auch nach dem Eindruck, den Amerika auf mich gemacht hatte. Nichts hört der Yankee lieber, als das Lob seines Landes. Manchmal lobt man auf Kosten der Wahrheit. Ich kam in eine solche Lage nicht. Er unterhielt sich gerne mit dem altbayerischen Priester. Betete ich zufällig mein Brevier, so störte er mich nie. „Make your devotion," pflegte er zu sagen.

Ein Gentleman aus Philadelphia hatte seine Frau durch den Tod verloren, und seine Tochter, sein einziges Kind, war äußerst schwach. Er ging nach Europa, das beste Plätzchen zur Erholung zu suchen. Sein Reiseziel wäre Rom gewesen. Ich rieth ihm ab, weil im Juli und August dort die „Malaria" herrsche, und bewog ihn, das unvergleichliche Nizza zu wählen.

Um mich kurz zu fassen: die ganze Reisegesellschaft bestand, die Offiziere mitgerechnet, aus äußerst anständigen Männern, die Alles vermieden, was irgendwie Anstoß erregen konnte. Dasselbe kann ich von den Ladies sagen. Sie waren Amerikanerinnen und ließen sich nach dortiger Sitte sehr bedienen. Dafür benahmen sie sich auch mit hohem Anstande und gemessener Feinheit. In Folge dieser Erfahrungen auf der City of Richmond ziehe ich englische Dampfer allen andern vor. Der Reisende wird fein und nobel behandelt. Wer nur einen

22*

Besuch in Amerika zu machen gedenkt, darf nicht versäumen, sogleich einen Vertrag für die Rückreise abzuschließen, weil er viel gewinnt.

Ein Wort, das gewiß unter andern Umständen niemals erwachsene Männer aufregt, elektrisirte die ganze Reisegesellschaft. „Ein Geier!" riefen mehrere Stimmen. Darüber entstand eine allgemeine Bewegung. Er war das erste lebende Wesen aus der alten Welt. Jetzt konnten wir bald das Erscheinen der Möven und Schwalben hoffen. Alexander von Humboldt behauptet, daß unsere Schwalben bis nach Südamerika ziehen. Sie fliegen nach Senegambien, von dort auf die äußersten Inseln und setzen dann nach Brasilien über. In 12 Stunden vermögen sie 216 Meilen zurückzulegen.

Beim Lunch herrschte großer Jubel. Die City of Richmond hatte in 24 Stunden 353 Seemeilen gemacht.

Der Abend war ungemein schön und lieblich. Es war ein Concert vorbereitet, das aber äußerst schlecht besucht wurde. Kein Mensch wollte unter Deck gehen. Die Sonne senkte sich, wie ein Diamant strahlend, hinab in's Meer, um sich am Morgen des *siebenten Tages* majestätisch zu erheben. Seit New-York war dieses der erste „Sunrise". Der Wind drehte sich noch günstiger, so daß wir um Mittag 363 zurückgelegte Seemeilen verzeichnen konnten. Das ist wohl jene Schnelligkeit, die nur selten von einem Dampfer übertroffen wird. Die City of Berlin hatte nur einmal bei einer Fahrt nach Amerika 400 Meilen in 24 Stunden gemacht. Dieser siebente Tag bot viele Abwechslung. Mehrere Dreimaster flogen vorüber. Fische hatten sich bis dahin nur selten gezeigt. Am siebenten Tage kamen sie ganz in die Nähe des Steamers und spielten in den Wellen und Furchen, welche der Kiel verursachte. Gegen Abend schoß ein mächtiger Walfisch auf das Schiff zu und machte den bekannten Regenbogen, von welchem die Italiener ihn Arcobalena oder Balena nennen. Der

Steamer verrieth nicht das leiseste Schwanken. Man mußte mit Aufmerksamkeit den Horizont mit dem Geländer vergleichen, um wahrzunehmen, daß er sich leise senkte und hob. Leicht wie ein Schwan zog das Riesenschiff, 142 Meter lang, 11 Meter breit und 15 Meter tief, über und über mit Segeln bedeckt, über die glänzende Fläche des Oceans hin.

Ganz verschieden war der folgende Morgen. Der Wind hatte umgeschlagen und kam von Osten. Es mußten in der Nacht alle Segel eingezogen werden. Nicht lange, und auch der bis dahin so ruhige Ocean gerieth in Unruhe. Bald bäumten sich die Wellen auf und schossen über das Verdeck hinweg. Das ist der treulose Ocean. Wiederum feierte die „Seasickneß" herrliche Triumphe. Viele Cabinen wurden zu Lazarethen. Zum Glück hielt der heftige Wind nicht bis zum Abende dieses **achten Tages** an.

Um 8 Uhr war die See bereits wieder so ruhig, daß man einen Spaziergang auf dem Verdecke machen konnte. Da sah ich ein seltenes Schauspiel. Zwei Steamer, die am sechsten Tage unserer Fahrt von England abgegangen waren, begegneten uns in derselben Minute. Der eine war die City of Berlin, der größte Steamer auf dem Ocean, der wie ein Pfeil vorüberflog.

Am **neunten Tage** herrschte eine vollkommene Windstille. Die Atmosphäre verrieth nur die Bewegung, welche der vorwärts eilende Steamer verursachte. Weil Sonntag war, hielt der Kapitän wieder seinen Gottesdienst. Ich wurde nicht mehr geladen. Die Mannschaft machte die gewöhnlichen Uebungen. Die Seekarte war am Mittag der Gegenstand der lebhaftesten Neugierde. Die Frage: „Wo stehen wir?" hatte Jedermann auf der Zunge. Ein Raum von 200 Seemeilen trennte uns nur noch von der Küste der „grünen Insel". Himmel und Meer blieben günstig. Daher zeigten sich schon um 3 Uhr Morgens die ersten dunklen Umrisse vom Cap Clear. Die Dämmerung verhinderte, die einzelnen Punkte genau zu unter=

scheiden. Endlich erhob sich die Sonne im Osten und beleuchtete die liebliche Küste. Auf einer Anhöhe erblickte ich den Pharus, den die Engländer viel passender Firehouse nennen.

Irland verdient wahrlich, „grüne Insel" genannt zu werden. Doch hat es ein eigenthümliches Grün, verschieden von dem unserer Wiesen; es spielt mehr in das Gelbe. Die günstige Lage verleiht dem viel mehr nördlich liegenden Irland einen größeren Reiz, als unsere Gegenden bieten können. Der Golfstrom ergießt sich an die Küsten dieser Insel und das verleiht ihr eine so glückliche Temperatur.

Um 5 Uhr fielen die Anker vor Queenstown, d. h. Stadt der Königin. Sie liegt in einer sehr freundlichen Bucht und bildet den Hafen für Cork. Zwischen dieser Stadt und New-York findet fast ein täglicher Verkehr statt. Die Luft war mild und warm und mit Wohlgerüchen angefüllt. Der Platz selbst ist reizend. Es herrscht ein fast südliches Klima. „Abgerechnet die Orangenbäume," schrieb ein Reisender, der im Monat Mai Queenstown besucht hat, „die leuchtende Sonne und die tiefblauen Tinten des Südens, besitzt Queenstown die Vegetation, das Klima, den Himmel Portugals. Als ich zur Kirche hinauf wanderte — sie krönt eine der Höhen im Rücken der Stadt —, da ging ich unter einem Blüthenregen, im Schatten ehrwürdiger Lorbeerbäume, zwischen wohlriechenden Gebüschen und Hecken entlang, welche seufzten unter der Last von Rosen und Jasmin, und deren sich Cintra, die Tapada und die Gärten Lissabons nicht rühmen können, auf dem smaragdgrünen Sammetteppiche Alt-Englands."

In Queenstown wurde die amerikanische Post abgegeben, um mittels der Bahn schneller nach London befördert zu werden. Reisende, welche das Meer satt hatten, schifften sich nicht mehr ein. Nachdem die Anker wieder gelichtet waren, machte die City of Richmond eine recht liebliche Küstenfahrt um die Südspitze Irlands herum. Im Georgskanal bemerkte ich noch viele

Felsen, die aus dem Meere herausragten. Sie sind ein Zeichen, daß Irland und England einst eine einzige Insel gebildet haben. Um 3 Uhr Nachmittags zeigte sich die Küste Alt=Englands.

Der Abend war einer der schönsten der ganzen Reise. Es wurde 9 Uhr, und noch stand die Sonne am Himmel. Erst $9^1/_2$ Uhr tauchte sie als blutrother Feuerball hinein in die hüpfende, spielende, flimmernde Fluth. Anfangs schien es, als wollte sie auf dem Meere ruhen. Aber bald sank sie tiefer hinab wie ein überladenes Schiff. Endlich sah man nur noch einen kleinen, gleichsam glühenden Kegel emporragen. Das war der „Sunset" an Alt=Englands Küste. So spät hatte ich die Sonne nie untergehen sehen. In Aegypten bleibt der Tag fast das ganze Jahr gleich lang. Der Unter=schied zwischen ihm und der Nacht ist nie groß. Je weiter wir nach Norden gehen, desto größer wird dieser Unterschied.

22.
Mitternacht. Mersey-Bucht. Good bye. Liverpool. Alt-England. Eine der größten Fabrikstädte der Welt. An der Themse.

Die schweren Anker der City of Richmond rasselten auf ein Zeichen des Kapitäns in die Tiefe, und unbeweglich wie eine Mauer stand das mächtige Schiff. Die Thurmuhr einer nahen Kirche der Hafenstadt Liverpool schlug die Mitternacht=stunde. Es trat eine eigenthümliche Stille auf dem Schiffe ein. Die Maschine stand still; die Schraube ruhte. Es war ein sonderbares Gefühl! Acht Tage und acht Nächte hatte ich nichts Anderes gehört, als das dumpfe Burren der Schraube und das mühevolle Arbeiten der Maschine, dieser beiden be=wegenden Elemente des Schiffes. Mein Ohr hatte sich so da=ran gewöhnt, daß ihm in jener Nacht etwas abzugehen schien.

Diese Ruhe auf dem Schiffe dauerte jedoch nur bis zum

Morgen, wo eine andere Thätigkeit begann. Die bei der Maschine beschäftigte Mannschaft fing an, die Maschine zu zerlegen, um jedes einzelne Stück zu prüfen, ob es nicht Schaden gelitten habe. So fordert die Maschine fast mehr Arbeit im Hafen, als auf hoher See in Thätigkeit.

Bei der finstern Nacht war mir der Hafen, in dem wir geankert hatten, wie ein dunkles Labyrinth, wie ein Gemisch von Schiffen, Häusern und Wasser vorgekommen. Der anbrechende Morgen setzte mich in den Stand, die Umgebung zu unterscheiden. Die City of Richmond lag in einer sehr weiten und bequemen Bucht, die der Stadt Liverpool als Hafen dient. Der kleine Fluß Mersey bildet sie und scheidet zugleich das ausgedehnte Häusermeer in zwei Hälften.

Um 6 Uhr Morgens kam ein kleiner Dampfer, um uns nach dem Breakfast an's Land zu bringen. Auf dem Ocean wird der Passagier besser behandelt, als in den Häfen des Morgenlandes. Hier muß er selbst für seine Ausschiffung Sorge tragen und für theures Geld von habgierigen Leuten eine Barke erhandeln. In England und Nordamerika sorgt die Gesellschaft, daß die Passagiere wohlbehalten an das Land kommen. Ich brachte in der Cabine mein Reisegepäck in Ordnung.

Die Noblesse der englischen Schiffsgesellschaft ist groß. Man konnte uns am Morgen an's Land setzen und 200 Dollars ersparen. Aber man bereitete zur rechten Zeit noch das Breakfast, gab, um es genießen zu können, noch eine Stunde Zeit und setzte uns also später an's Land. Ich überließ mein Breakfast der Mannschaft. Vom kleinen Dampfer aus, der die Passagiere erster Klasse mit ihrem Gepäck aufgenommen hatte — die Deck=Passagiere erhielten für sich einen eigenen, weniger noblen —, brachten wir dem braven Kapitän, seinen Offizieren, seiner Mannschaft ein donnerndes, dreimaliges Hurrah, dessen Echo in der Bucht wiederhallte; dann dampften wir dem Ufer zu.

Die Zollwache übertraf an Rücksicht meine Erwartungen. Weil ich nichts hatte, als mein Handgepäck, durfte ich ohne Weiteres die Schranken passiren. Ich sagte den vielen Ladies und Gentlemen „good bye". Sie drückten mir die Hand und riefen mir wiederholt „good bye" zu.

Die Engländer gelten auf dem Continente allgemein als steife, hochmüthige und abstoßende Leute. Bei denjenigen, die man im Hotel unserer Großstädte trifft, mag man Recht haben. Diese Gattung Engländer ist aber nicht zu verwechseln mit dem eigentlichen englischen Volke. Der Mann aus dem Volke besitzt große Erfahrung, ist dienstfertig, zuvorkommend, gefällig, wenn auch etwas einsylbiger als der Deutsche. Davon habe ich mich am ersten Morgen überzeugt, als ich von Liverpool in die Vorstadt Wavertree fuhr, um eine Dankmesse zu lesen, weil die Anfangs so mißliche Ueberfahrt einen so günstigen Verlauf genommen hatte.

Diese Vorstadt, wo die Redemptoristen eine Niederlassung haben, liegt 3 Meilen östlich von Liverpool. Kirche und Kloster fand ich in einem weiten Parke, umgeben von der schönsten Natur. Die Priester, welche dort die Seelsorge haben, sind Irländer. Ich celebrirte in der prachtvollen Kirche in Mitte vieler Katholiken, die der Messe beiwohnten und die Communion empfingen. Ihr Ernst, ihre seltene Andacht, besonders bei den Männern, haben mich erbaut.

Während des Breakfast erzählte mir der liebenswürdige Rector, ein Irishman, recht interessante Einzelheiten über die Bewegung zur katholischen Kirche, in welche England wider Willen hineingerathen ist. Es bestätigt sich hier der Erfahrungssatz, daß die Verfolger der Kirche Christi sich zuletzt bekehren. England nimmt immer mehr den Glauben der früher so gehaßten und verachteten Irländer an. In dieser Hinsicht ist Englands Gegenwart gerade so interessant, als jene von Amerika. Die angelsächsische Rasse geht in Europa wie in Amerika einer

Wiedergeburt entgegen. „Denen, die für solche Dinge offene Augen haben," sagte jüngst ein amerikanischer Schriftsteller, „ist es klar, daß Gott in unseren Tagen dem englischen Volke besondere Gnaden verleiht, und daß die Hoffnung fest gegründet ist, die da vorwärts schaut in die Zeit, wann England wieder eine Stelle unter den katholischen Nationen einnehmen wird."

Dieser nämliche Schriftsteller ist auch der Ueberzeugung, daß die angelsächsische Rasse das jetzt der Kirche feindliche Norddeutschland auch für die katholische Religion gewinnen werde und daß auch hier der Verfolger sich bekehrt. „Wer will die Behauptung wagen," schreibt er, „daß die zwei gemischten sächsischen Nationen Englands und der Vereinigten Staaten in der Ordnung der göttlichen Vorsehung nicht als die Führer bestimmt sind in der großen Bewegung der Rückkehr aller Sachsen zur heiligen katholischen Kirche? Die Sonne berührt in früher Dämmerung zuerst die Berggipfel und dann erfüllt sie aufsteigend die tiefsten Thäler mit ihrem herrlichen Lichte; so hat die Sonne der göttlichen Gnade begonnen, die Herzen der höchsten Persönlichkeiten in England, in den Vereinigten Staaten und in Deutschland zu erleuchten. Und welche menschliche Macht will die Ausbreitung ihres heiligen Lichtes in allen Seelen der gesammten Bevölkerung dieser Länder hindern?"

Was nun England angeht, so waren die Katholiken in Liverpool bis in unsere Tage hinein sozusagen geächtet. Und jetzt hat diese Handelsstadt den Katholiken dreißig Kirchen und dem Bischofe eine Cathedrale erbaut. Das ist ein Fortschritt, wie ich ihn nur in Amerika wahrgenommen habe.

Der Engländer und Yankee entstammen derselben Menschenrasse; daher haben sie mit einander die Liebe zur schönen Natur gemein. Sie wollen in ihrer Nähe Gärten mit Gesträuchen, Bäumen, Rosenbeeten und Rosen haben. Diese Eigenthümlichkeit hat einen guten Einfluß auf ihre Städte. Liverpool dehnt sich über ein wellenförmiges, vom Gestade des

Meeres sanft aufsteigendes Terrain aus. Doch hatte ich nicht ein einförmiges Meer von verschiedenen Häuserreihen vor mir; Baumgruppen, die überall hervorragten, verliehen dem Bilde eine ungemein große Mannigfaltigkeit. Ulmen, Eschen, Linden, Cypressen wechselten in den Straßen, Gärten und Parken ab.

Nach London ist Liverpool die erste Handelsstadt Großbritanniens. Sie steht mit allen größeren Fabrikstädten Alt-Englands durch Kanäle und Bahnen in directer Verbindung. Zur See unterhält sie einen regelmäßigen Verkehr mit allen europäischen, asiatischen und amerikanischen Häfen. Sie ist — und das gibt ihm eine besondere Wichtigkeit — der erste Stapelplatz zwischen London und der „grünen Insel". Wer von London nach Irland gehen will, hat keinen kürzeren Weg, als über Liverpool-Dublin. Daß bei einer so günstigen Lage die Industrie in Blüthe steht, ist selbstverständlich. Die Waarenlager bieten Alles, was man sonst nur in der Hauptstadt sucht. Natürlich treten auch solche Gegenstände in den Vordergrund, die mit der Schifffahrt in Beziehung stehen. Die Bevölkerung nimmt rasch zu und ist bereits auf eine halbe Million gestiegen. Irländer haben sich da in großer Zahl niedergelassen. Sie sind die fleißigsten Arbeiter und bleiben dabei, treu ihrem providentiellen Berufe, opferwillige Katholiken, welche Kirchen erbauen, Klöster gründen und damit ganz entschieden das Meiste beitragen zur religiösen Wiedergeburt Alt-Englands, das ohnehin nicht so tief gesunken ist in religiöser Beziehung, wie das sectenreiche Nordamerika. Indeß verdankt Liverpool seine Blüthe den Vereinigten Staaten. Seit Nordamerika das englische Joch abgeworfen hat und eine freie Handelsmacht geworden ist, wurde es aus dem einfachen Fischerdorfe der berühmte Stapelplatz. Bisher nahm die Baumwolle aus den Südstaaten der Union den Weg über Liverpool, von wo sie erst England bezog.

Um die Stadt in ihren einzelnen Theilen zu sehen, bestieg

ich einen Omnibus, der durch die belebtesten Straßen fuhr. In Liverpool wie in ganz England herrscht die Sitte, daß die Ladies den Platz im Wagen einnehmen und die Gentlemen sich begnügen, auf dem Wagendache zu fahren. Daher erklettert dort der zitternde Greis die schwankende Höhe auf der eisernen, schmalen Stiege und sitzt dann sehr unbequem, während die junge Lady leicht und behend in den Wagen steigt. Ich achtete natürlich die Sitte und nahm den luftigen Platz. Der Tag war schön, die Aussicht ungemein lieblich. Es entging mir kein Monument, keine Kirche, kein wichtiges Institut. Mein Nachbar, ein schlichter, gesprächiger Bürgersmann, hatte alsbald aus dem tiefen Braun meiner Gesichtsfarbe den richtigen Schluß gezogen, daß ich eine lange Seereise hinter mir hatte. Seine Unterhaltung bot mir viel Neues. Die vier Pferde, die an den Wagen gespannt waren und von einem Kutscher geleitet wurden, griffen bergauf und bergab tüchtig aus. Bogen sie manchmal rasch um eine Ecke, so machte der Wagen meistens ein Compliment nach der entgegengesetzten Seite, geeignet, um weggeschleudert zu werden. Mitten im Gespräche mit dem artigen Englishman überraschte mich der Conducteur mit der Frage, die im reinsten Wiener Dialecte gestellt wurde: „Seind a Bayer?" So finden sich die Leute zusammen. Ein ehemaliger österreichischer Soldat verdient sich sein Brod in Alt-England als Conducteur. Von da an hörte ich auf, englisch zu reden, erhielt aber noch bessere Auskunft über die Stadttheile, die wir passirten. Ein kostbares Museum und ein neu angelegtes Athenäum bilden den Stolz der Bewohner der Hafenstadt Liverpool.

Mein ferneres Reiseziel war Stafford-Birmingham. Es dauerte lange, bis ich mich über die richtige und die interessanteste Bahnlinie unterrichtet hatte. Diese beiden Momente sind für jeden Reisenden maßgebend. Liverpool ist mit einem ausgeprägten, vielverzweigten Bahnnetze umgeben. Von Rei=

senden, die in England gewesen, wurde mir erzählt, es werde auf den englischen Bahnen nichts gesprochen, kein Zeichen gegeben, keinem Fremden das richtige Coupé angewiesen. Das ist unrichtig. Nirgends wird der Reisende mit mehr Aufmerksamkeit behandelt. Sobald ich meine Reiseroute dem Conducteur genannt hatte, wurde ich höflichst ersucht, in den Wagen Stafford-Birmingham zu steigen. In England tragen die Personenwagen, wie bei uns die Güterwagen, die Aufschrift, wohin sie laufen. Wer diese Aufschrift liest und in den passenden Wagen steigt, gelangt unfehlbar an sein Ziel. Ich reiste mit einem Express-Zuge, der 35 Meilen in der Stunde zurücklegte.

Sobald die Bahn aus der nächsten Umgebung der Stadt sich entfernt hatte, begann ein recht liebliches Landschaftsbild sich aufzurollen. Neben dem Damme liefen zwei Reihen lebendigen Zaunes hin, um das allerwärts weidende Vieh von der Bahn abzuhalten. Der Boden Alt-Englands lohnt die Arbeit des Landmannes. Die Felder waren mit wogendem Getreide bedeckt. Die Wiesen prangten im Blumenflor. Baumanlagen fehlten nirgends. Die weidenden Rinderheerden standen im Ueberflusse. Ausgedehnte Waldungen bemerkte ich nie, sondern nur kleinere Partien, die sehr üppig standen. Die Birke bemerkte ich sehr häufig und schloß daraus, daß sie zu den beliebtesten Bäumen gehört. Ebenen, die weite Ausdehnungen haben, besitzt Alt-England in jener Gegend nicht. Die Oberfläche ist hügelig.

Ueberall rieselten Bäche durch die Auen. Berühmt ist das englische Bewässerungssystem. Es wird in neuester Zeit vielfach nachgeahmt. Wegen der Nähe des Meeres ist die Luft feucht und mit Nebel gefüllt. Die Winter sind selten auffallend kalt; Schnee und Frost kennt man kaum. Auch im Sommer mildert der Ocean die Hitze. Nebel und Regen herrschen vor. Die feuchtwarme Luft fördert die Vegetation wunderbar. Gräser, Futterpflanzen, alle Arten von Getreide und Obst gedeihen vorzüglich. Die Rebe entbehrt ungern die anhaltende Sommerhitze und reift daher nur im Weinberge am Hause oder an der Wand.

In die Augen fallend ist der Unterschied zwischen Nordamerika und Alt=England. Dort trägt Alles den Charakter der Neuheit, des erst Entstehenden. In England dagegen ist Alles vollendet und alt. Man baut z. B. Bahnen nicht für den Moment, die Häuschen nicht aus Holz. Was England noch ferner vor Nordamerika und vor allen Ländern der Welt voraus hat, ist sein ausgebildetes landwirthschaftliches System. Die Ackerbauwerkzeuge sind das Vollkommenste. Auf allen Weltausstellungen ragt in dieser Hinsicht England hervor. Auf der Weltausstellung in Paris habe ich vor Allem die Maschinen, Pflüge, Eggen, Säemaschinen bewundert, die England dort ausgestellt hat. Die Viehzucht ist nicht minder blühend. Englische Pferde, Rinder, Schweine machen die Runde durch die Welt. Es kann also nicht in Abrede gestellt werden, daß Alt=England in Bezug auf seine Lage, Bodenbeschaffenheit und seinen natürlichen Reichthum eines der meistbegünstigten Länder der Erde bleibt. Es ist daher nur zu beklagen, daß in Rücksicht auf den Grundbesitz das verderbliche altrömische System eingeführt worden ist. Dort in Rom war der Grundbesitz in wenige Hände vereinigt. „Sechs Reiche" theilten sich in die ganze afrikanische Provinz, „zehntausend" in die Ländereien Italiens. Die Landbebauer waren kaum etwas Anderes, als Sklaven. In England herrschen gleiche Verhältnisse heute noch. Hundert Grundbesitzer haben mitsammen 4 Millionen Aren. Darunter befinden sich Einzelne, die allein 100 000 haben. Unter ihnen stehen 100 000 Grundbesitzer, die mitsammen wenig mehr als 100 000 Aren ihr Eigenthum nennen können. Wenige Aristokraten und die Staatskirche besitzen die Ländereien.

Auf den wichtigen Mittelstand haben solche Mißverhältnisse einen schlimmen Einfluß. Es besteht noch ein Mittelstand in England; und es ist falsch, wenn gesagt wird, derselbe sei ganz verschwunden.

Um 4 Uhr Abends näherte sich der Zug der Stadt Birmingham. Die Gegend war sehr einförmig geworden. Keinen Wald, keine Wiesen erblickte ich mehr, sondern nur einsame, rauchgeschwärzte Gebäude. Kohlendampf roch ich durch die Fenster. Birmingham ist eine der ersten Fabrikstädte der Welt. Auf beiden Seiten der Bahn gab es nur rauchende Schlote, geschwärzte Gebäude, armselige Hütten. Die Stadt verdankt ihre Berühmtheit ihrer Metallindustrie. Von der größten Dampfmaschine bis zur kleinsten Stecknadel werden alle Artikel verfertigt. Wer diese Fabriken nicht gesehen, hat keine Vorstellung von Englands Leistungen auf diesem Gebiete. Englische Maschinen arbeiten in allen Welttheilen. Seiner Industrie wegen steht die Fabrikstadt mit allen Städten durch Bahnen und mit dem Meere durch Kanäle in Verbindung.

Ich fuhr bis in das Centrum der Stadt. Die Straßen wurden mir bald langweilig. Daher flüchtete ich mich zu Birminghams Heiligthum in Edgbaston, in das Oratory des Convertiten Newman. Ich fand das klosterähnliche Gebäude in Mitte eines Gartens, von Bäumen bedeckt und beschattet, daneben die herrliche Kirche. Wer möchte es vermuthen, daß dieses Heiligthum ein religiöses Asyl von seltener Anziehungskraft für die Riesenstadt ist? Im Vergleich zu ihr erscheint das Plätzchen unansehnlich und klein. Aber wer immer die Wahrheit sucht, eilt an Sonntagen hierher, um den greisen Convertiten Newman predigen zu hören. Sein Wort, so einfach es ist, zündet in den Herzen seiner Zuhörer. Seine Vergangenheit ist tadellos. Seine Gelehrsamkeit kennt die ganze Welt. Ich erhielt die Erlaubniß, im Oratory celebriren zu dürfen. Alle Mitglieder dieser Congregation sind Convertiten.

Mein weiteres Reiseziel war Birmingham-London. Die Gegend, durch welche die Bahn führt, ist Hügelland. Die Fruchtbarkeit schien mir dieselbe zu sein, wie zwischen Liverpool und Stafford. Anfangs folgte Tunnel auf Tunnel. Der Engländer zieht die geraden Linien vor, um rascher fahren zu können.

In London erwartete ich, daß ich am unrechten Bahnhofe „stopen" würde, weil ich mir eine Vorstellung von dem Verkehre dieser Weltstadt machte. Ich hatte mich auch nicht getäuscht. Anstatt im Südosten stieg ich im Nordwesten aus und war von der Vorstadt Clapham genau um den Raum entfernt, welchen London einnimmt. Mein Unglück ist entschuldbar, wenn man bedenkt, daß London 18 Hauptbahnhöfe und 300 Stationen hat. London ist daher für jeden Reisenden eine Riesenstadt, mag er kommen von welchem Welttheile nur immer. Sie dehnt sich von Osten nach Westen 25 und von Norden nach Süden 13 Kilometer aus. Oder wo ist eine Stadt, die sich rühmen kann, daß sie 400 000 Wohnhäuser und 10 000 Straßen zählt? Das Königreich, welches vier Millionen Bewohner hat, gilt als mächtig. London hat für sich allein eine Bevölkerung von $4^{1}/_{2}$ Millionen.

Konnte ich unter solchen Verhältnissen der Glücksgöttin es verübeln, wenn sie mich bei meinem Eintritt in diese Stadt im Stiche ließ? Uebrigens war mit dem Unglück ein Glück verbunden. Ich bekam gleich am ersten Tage eine Vorstellung von Londons ungewöhnlicher Ausdehnung, weil ich es von einem Ende zum andern mittels eines Fiakers durchschnitt. Die Städte des Continentes kennen zwei Klassen von Fiakern, mit je einem oder zwei Pferden. In London gibt es eine dritte Fiakerklasse. Und es ist diese dritte Klasse die wohlfeilste, schnellste und bequemste, wenn Jemand allein reist. Ein solcher Fiaker britter Klasse hat viele Aehnlichkeit mit einer venetianischen Gondel; man sitzt in einem runden, zierlichen Kasten.

Der Sitz ruht auf zwei Rädern. Man hat während der Fahrt die freieste Umsicht, weil der Kutscher seinen Platz hinter dem Sitze des Reisenden einnimmt und so das Gleichgewicht des Fuhrwerkes herstellt. Ich sah bei meinem Aussteigen aus dem Wagen der Bahn mehrere Fiaker dieser Art mit Blitzes=schnelligkeit die breite Straße hinabjagen. Diese Fahrten gefielen mir so wohl, daß ich sogleich einen ähnlichen Wagen wählte. Ich hielt sie für die theuersten Fiaker. Erst am Ende meiner Fahrt erfuhr ich das Gegentheil.

Wer diese volkreichste, denkwürdige und uralte Stadt in ihren Einzelheiten studiren wollte, müßte Monate verwenden. Londons Geschichte reicht hinauf bis in das vorchristliche Alterthum. Es hat in den vielen Jahrhunderten seines Bestehens schon oft maßgebend auf die Geschicke der ganzen Welt eingewirkt. London besitzt altehrwürdige Kirchen, wichtige Paläste, sehenswerthe Häuser, insbesonders in der City, d. h. in jenem Stadttheile, der der älteste ist. An interessanten Museen übertrifft es alle Städte der Welt, Rom nicht ausgenommen. Ich hatte für dieses Mal nicht im Sinne, länger als drei Tage an der Themse zu verweilen. Daher suchte ich aus den Sehenswürdigkeiten die wichtigsten und für mich nützlichsten heraus. An der Hand eines kundigen Führers begann ich sogleich nach meiner Ankunft die Wanderungen. Es ist wahr, daß ich dennoch wenig gesehen habe von dem, was man sehen kann; aber so viel ist mir klar geworden, daß wir auf dem Continente bisher der Stadt London eine viel zu geringe Aufmerksamkeit zugewendet haben. Weil jetzt eine sehr kurze und wohlfeile Linie zwischen Köln und London eingerichtet worden ist, sollten die Söhne der Musen nicht verfehlen, eine Ferienzeit in Londons Museen zuzubringen; sie würden sicher mit Vergnügen noch in spätesten Jahren sich an ihren „Spaziergang über den Kanal" erinnern.

Auch in London galt den religiösen Verhältnissen meine

erste Aufmerksamkeit. In der Stadt an der Themse wohnten Heinrich VIII., Elisabeth, Jakob I. und Karl I., Cromwell, Karl II. und Jakob II., Wilhelm der Oranier, Fürsten, die in der Geschichte berühmt geworden sind wegen ihrer Feindseligkeit gegen Rom. Sie waren erfinderisch in Mitteln, die römische Kirche in ihrer Hauptstadt gänzlich auszurotten. Was hat es gefruchtet? Es hat gegenwärtig ein Cardinal der römischen Kirche seinen Sitz in London in der Person des ehemaligen berühmten Gelehrten und späteren Convertiten Manning. Die Katholiken treten in einer Stärke von 140 000 Seelen auf, besitzen 70 Kirchen, viele Schulen und Klöster. Im kleinen und im großen Oratory wirken mit dem höchsten Segen zahlreiche Männer, die einst als Priester oder Gelehrte der anglikanischen Staatskirche angehörten, jetzt als katholische Priester. Unter ihnen lebte, schrieb und starb der unvergeßliche, heiligmäßige Faber, der für London das war, was Newman heute für Birmingham ist. Wer glaubt, daß die Katholiken noch schwach vertreten sind, möge bedenken, daß die Schwierigkeiten, welche überwunden werden mußten, Anfangs fast unbesiegbar erschienen. Es ist endlich ein gutes Fundament gelegt, auf dem sich die Katholiken Londons bald weiter ausbilden und ausbreiten werden.

Die anglikanische Hochkirche, d. h. die von Heinrich VIII. gegründete religiöse Gemeinschaft, besitzt in London ihr politisches und religiöses Centrum. Sie hat 480 Kirchen und Kapellen. Unter diesen Kirchen befinden sich zwei, über die viel geredet und geschrieben wurde. Sie waren das Ziel meiner Neugierde, während ich andere nur im Vorbeigehen sah.

Die Westminster=Abtei, einst eine weltberühmte Kirche der Katholiken, liegt auf dem linken Ufer der Themse, südlich von der Westminsterbrücke. Da ich in Clapham wohnte, mußte ich, um nach Westminster zu kommen, am Parlamentsgebäude vorübergehen. Soweit ich ein Urtheil mir bilden konnte aus den äußeren Formen desselben, ist es ein Prachtmonument. Hier in diesem Hause tagen seit Jahrhunderten die Wächter der englischen Freiheit, dieses Erbtheils der Klugheit des altenglischen katholischen Adels. Es gab eine Zeit, wo kein Katholik mehr seinen Fuß in dieses Haus der Freiheit setzen durfte, bis O'Connells Genie ihnen wieder seine Thore öffnete.

Altehrwürdig im Aeußern, ergreifend in ihrem Innern ist die Westminsterkirche. Die gothischen Säulen, auf denen das Gewölbe ruht, ragen gleich schmucken Palmen empor, verzweigen sich wie zahllose Palmenkronen in der Höhe und lassen in kleinen Windungen das blaue Himmelsgewölbe sehen. Die Fenster sind mit uralten Glasgemälden von besonderer Feinheit und Zartheit geschmückt. Wäre ich nach einem allgemeinen Ueberblick wieder fortgegangen, so würde sicher auf lange Jahre die Erinnerung an die ehrwürdige Westminsterkirche in meinem Gedächtnisse gehaftet haben. In der Absicht, die einzelnen Theile des großen harmonischen Ganzen zu studiren, fing ich an, die Altäre, die Wände u. s. w. zu besehen. Allein ich entdeckte sogleich viele Grabdenkmäler, die einer christlichen Kirche unwürdig sind. Wer die Kaiserpaläste in Rom besucht, wer einen Gang durch das wieder aufgefundene Pompeji gemacht, findet in Westminster wieder, was ihm dort sein moralisches Gefühl verletzt hat. Das nackte Heidenthum trat mir in den verschiedensten Formen entgegen in jenem Bethause der anglikanischen Kirche, wo Knaben und züchtige Mädchen, wo Matronen und Jungfrauen hingehen, um ihre religiösen Pflichten zu erfüllen. Ich verließ alsbald die Kirche.

Der Ruf von der Paulskirche in London ist durch die Welt gedrungen. Sie übertrifft an Größe die Sophienkirche in Constantinopel, St. Paul in Rom, die Dome von Florenz und Mailand, und ist nach St. Peter im Vatican die größte

Kirche in Europa. Ich brachte eine hohe Idee mit, weil ich über diese anglikanische Kirche viel gelesen hatte — die Aehnlichkeit mit St. Peter ist unverkennbar. Aber der Eindruck im Innern? Kein Schmuck, keine Zierde, ganz ordinäre Grabsteine mit prosaischen Inschriften, leere Wände, kahle Mauern — das ist St. Paul. Wenn es doch restaurirt wäre! Die englischen Bibelgesellschaften mit dem Sitze in London geben alljährlich mehrere Millionen aus, damit Bibeln gedruckt werden für alle Länder der Welt. O, möchten sie ein Jahr das Bibelgeschäft einstellen und dafür die Paulskirche tünchen lassen! Jetzt ist sie ein Unterhaltungsplatz, ein Stelldichein Derjenigen, die nach dem Morgenspaziergange auf Trafalgar-Square oder in der Regentenstraße einen schattigen, kühlen Sitz haben wollen. Wie können die anglikanischen Geistlichen noch Ansehen im Volke besitzen, wenn sie das Heilige nicht höher achten? Ich traf ihrer viele in den Straßen, erkennbar an der weißen Cravatte und am niederen runden Hute. Sie müssen im Streite mit den Ritualisten in den Augen des denkenden anglikanischen Volkes unterliegen, weil die letzteren wenigstens im Schmucke ihrer Kirchen das Heiligthum heilig behandeln.

Um den „Trafalgar-Square", die „Regentenstraße" und das Leben und Treiben in der City mit Muße betrachten zu können, bestieg ich einen der 10 000 Omnibusse, welche London für seine Verbindungen in jenen Theilen hat, die die Bahn nicht berühren kann, für den Road-Verkehr, der durch die Regentenstraße am Tower vorüber nach den Gestaden der Themse sich hinzieht. Die Regentenstraße bildet das Centrum der City, wo die vornehme und reiche Welt wohnt. Es ist in London wie in Wien. Dort und hier ziehen die Bewohner die engen, finstern Häuser der ursprünglichen Stadt den viel bequemeren Vorstädten vor. Ich bestieg also einen Omnibus und kroch auf der engen Stiege auf das Dach. Ein günstiges Schicksal brachte mich hier mit einem Manne zusammen, der deutsch

sprach und Katholik war, der seine einzige Tochter in einem
katholischen Kloster hatte. Die Häuser beider Seiten der
Regentenstraße sind schmal, klein, aber zierlich. Alleen fehlen
ganz. Auf dem Trafalgarplatz steht die schmucke Säule,
welche die Statue Nelsons trägt.

Der Tower (spr. Tauer) hat eine Aehnlichkeit mit vielen
alten Ritterburgen, wie man sie heute noch auf deutscher
Erde findet. Einst diente er als Staatsgefängniß. Heute
beherbergt, oder besser behütet der Tower die werthvollen
Kronjuwelen. Was wird bei der allgemeinen Abrechnung
zwischen Gott und der Menschheit dieser Thurm aus der
englischen Geschichte zu erzählen wissen! Was wird er erzählen
müssen!

Londons Verkehr ist der erste der Welt. Die Stadt am
Hudson ist durch die Stadt an der Themse in Schatten ge=
stellt. Auf der Themse, die die letztere in zwei Hälften theilt,
laufen Tag aus Tag ein 300 kleine Dampfer. Sie ver=
mitteln den Menschenverkehr zwischen jenen Straßen, welche
an die Themse münden. Ich wählte, um gleich einen bedeutenden
Theil von London und seiner Umgebung zu sehen, einen kleinen
Dampfer nach Greenwich. Auf dieser Fahrt sah ich vom
Wasser aus Westminster, Tower, Londonbridge und ein unab=
sehbares Häusermeer, endlich den denkwürdigen Hafen, in dem
damals gewiß 10 000 Segelschiffe und 1000 Dampfer vor
Anker lagen oder landeten, oder die Anker lichteten. Unser
Dampfer suchte sich, fast wie eine Natter sich windend, den
Weg durch die Schiffe hindurch, landete bald rechts, bald
links, Menschenmassen aufnehmend und abgebend. Diese Fahrten
haben ihre Gefahren. Es finden manche Zusammenstöße statt,
die Menschenleben kosten. Wer einmal da gefahren ist, wundert
sich nicht, wenn Unglücksfälle berichtet werden, sondern er
wundert sich, daß deren nicht mehr vorkommen.

Greenwich liegt 5 Meilen von London abwärts an der

Themse. Es besitzt reiche Sammlungen, Museen, ein Invaliden=
haus. Aber seine Berühmtheit verdankt es seiner Sternwarte.
Hier haben sich die Engländer ihren ersten Meridian gezogen,
während die Franzosen die Meridiane von Paris aus berechnen.
Würden alle Nationen den Meridian von Ferro aus berechnen,
so wäre in dieser Hinsicht das Studium der Geographie ein=
facher. Aber bisher ist das Mittel für die Ueberwindung der
Nationaleitelkeit noch nicht gefunden. Rechnen ja die Russen
noch sogar die Monatstage falsch, d. h. nach dem alten unver=
besserten Kalender, um nicht in den Verdacht zu kommen, von
den westlichen Ländern geistig abhängig zu sein!

Ich traf die Zöglinge der Marineschule von Greenwich
um ein riesiges Segelschiff im Hofe versammelt. Sie übten
sich im Seedienste. Mein Interesse fesselten sie so wenig, als
die Invaliden. Den Sammlungen galt mein Besuch. Hier
zahlte ich wieder das erste Eintrittsgeld. Die Völker Europa's
lassen ihre Kunstschätze nicht umsonst sehen, wie die Yankees
es thun. Diese Sammlungen beziehen sich besonders auf Gegen=
stände der Schifffahrt. Daher spielt Nelson, dieser kühne und
glückliche Admiral, der seinen unsterblichen Ruhm seinen See=
siegen, besonders bei Abukir 1798 und Trafalgar 1805, ver=
dankt, die hervorragendste Rolle. Ich fand von ihm, sorgfältig
aufbewahrt, alle Kleidungsstücke, sein blutgetränktes Wams,
seine Strümpfe und Schuhe. Man sieht, auch England kennt
den Reliquiencult.

Einen eigenen Besuch machte ich dem „Krystallpalaste",
worin die erste englische Weltausstellung stattgefunden hat.
Ich mußte dießmal die Bahn benützen. London hat ein Bahn=
netz, theils über den Häusern angelegt, theils unterirdisch
laufend, wie in der Welt kein zweites besteht. Die verschiedenen
Linien, die überirdischen und unterirdischen, begegnen sich an
verschiedenen Knotenpunkten. Hier muß der, welcher unter=
irdisch angefahren ist, über eine Stiege oder über zwei zur

überirdischen Bahn laufen, um seine Tour fortsetzen zu können.
Im umgekehrten Falle steigt man in die Tiefe. Mittels dieses
Schienennetzes, dessen Bau in New=York unmöglich wäre, weil
das Meer eindringen würde, gelangt man in wenigen Minuten
von einer Vorstadt in die andere, fährt über die Themse und
unter derselben durch. Die Karte oder der Stadtplan sind un=
entbehrliche Begleiter, um sich auf der Bahn zurechtzufinden.
In 15 Minuten brachte mich die Bahn zum Krystallpalaste.
Dieses aus Glas und Eisen aufgeführte Riesenhaus verdient
einen Besuch. Um Besucher anzuziehen, veranstaltet man
täglich Concerte, Versammlungen, und unterhält eine ununter=
brochene Ausstellung von bewunderungswürdiger Reichhaltigkeit.
So sind von der Pflanzenwelt alle Zonen und Länder ver=
treten. Von der Palme Afrika's bis zur Föhre des Nordens
sah ich alle Baumgattungen; ebenso Gesträuche und Blumen.
Die Wasserwerke sind mannigfaltig. In jener Abtheilung,
wo die Zone Amerika's veranschaulicht wird, sind verschiedene
Indianerstämme, täuschend aus Marmor gemeißelt, gruppirt.
Weniger den Forderungen des Anstandes und der Sittlichkeit
gemäß ist die Mythologie behandelt. Diese Abtheilung ist und
bleibt eine Schule der Verführung für Alt und Jung.

Die zahlreichen und ausgedehnten Parke im Innern der
Stadt sind eine andere Sehenswürdigkeit Londons. Sie sind
verschwenderisch ausgestattet. Im Hydepark reitet und spaziert
die vornehme Welt. Diese Lustwälder sind kein Luxus für
die Stadt, vielmehr ein Bedürfniß. Wo $4^1/_2$ Millionen
Menschen und eine Million Thiere athmen und zahllose
Kamine dampfen, darf die Baumwelt nicht fehlen; sie reinigt
die Luft.

Der letzte Nachmittag, den ich an der Themse verlebte,
gehörte dem National=Museum. Ich habe deren viele, auch
jenes in Kairo, gesehen. Aber die Museen von London über=
treffen Alles. Die Alterthümer aus Heliopolis, aus Ninive,

Babylon, Pompeji findet man hier vertreten und vereint. Das Interessante für Katholiken ist indeß das, was von Ninive und Babylon sich vorfindet. Wer die Stimmen aus Maria-Laach gelesen, weiß, was dort auf assyrischer Erde, am Euphrat und Tigris vorgefunden wurde, nämlich unter Anderem die Bibliothek des Assurbanipal, die in Keilschrift die Angaben der heiligen Schriften über Paradies, Sündfluth und Thurmbau bei Babylon bestätigt. So verkünden die Steine in unsern Tagen die Wahrheit der Schriften, welche die katholische Kirche „heilig" nennt. Es ist ein Zeichen der Zeit, daß die angelsächsische Rasse der Wahrheit solche unschätzbare Dienste leistet. Ich blieb viele Stunden in Mitte dieser Sehenswürdigkeiten, wurde aber in Folge der Aufmerksamkeit so erschöpft, daß ich fast umsinken zu müssen glaubte.

Ich benützte daher auf Victoria-Station einen Eilzug nach Dover, um auf's Land zu kommen und einige freie Stunden zu haben, ehe ich auf's Meer ging. Die Holländer haben in allerneuester Zeit eine kurze Linie eingerichtet, welche ich Allen zu nehmen rathe, die das Meer nicht scheuen. Sie heißt „London-Queensboro-Vliessingen-Köln-Linie". Mit ihr ist es möglich, in 17 Stunden von London nach Köln und umgekehrt zu reisen. Ich habe über Seereisen in der Gegenwart schon Vieles erzählt und bemerke hier, daß die neunstündige Reise zwischen Vliessingen in Holland und Queensboro an der Themse ohne jede Gefahr ist. Stellt sich ein bischen Seekrankheit ein, so ist das wünschenswerth und vortheilhaft.

Wenn die Alten Grauen empfunden haben vor einer Scylla und Charybdis, wenn sie die Straße aus dem rothen Meere in das indische Meer Bab-el-Mandeb oder Thränenpforte nannten, weil ihre Schiffe so oft scheiterten: so sind bei unseren Einrichtungen Seereisen von 1 bis 2 Tagen Lustfahrten, weil die Schifffahrtskunde eben unbeschreibliche Fortschritte gemacht hat.

Damit schließt der „Spaziergang". Ich verließ Queensboro Abends 10 Uhr mit einem holländischen Dampfer, landete 7 Uhr Morgens in Holland und war Nachmittags am Rhein im weltberühmten Kölner Dome, wo ich Gott dankte für den Schutz auf dieser gefahrvollen und ausgedehnten Reise in den vierten Welttheil. Mich hat die Vorsehung Gottes gnädig geleitet. Ich danke ihr dafür. Die Mutter Gottes war mir Schirm und Schutz. Und gar Vieles hat gewirkt — „das Gebet frommer Kinder", das für mich, wie ich gewiß weiß, während der Reise zum Himmel stieg.

www.ingramcontent.com/pod-product-compliance
Lightning Source LLC
Chambersburg PA
CBHW020224240426
43672CB00006B/407